高等学校教师教育创新培养模式
“十三五”规划教材

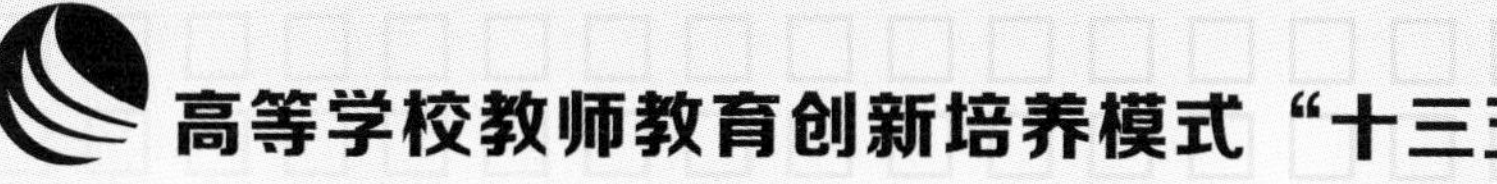

高等学校教师教育创新培养模式“十三五”规划教材

丛书主编◎靖国平

心理学教程

·（第三版）·

主　编　徐学俊　王　文　刘启珍

副主编　徐碧波　张裕鼎　吴　鹏

参　编　（以姓氏笔画为序）

王凤霞　邓晓红　吕　莉　杨　璟　吴贤华

张　颖　张立春　陈建新　曹中保　谢云天

谢桂阳

華中科技大學出版社

http://www.hustp.com

中国·武汉

内 容 简 介

本书融普通心理学、发展心理学、社会心理学、教育心理学、中学生心理学、学校心理健康教育等于一体。本书的特色是：目标准确，符合师范生培养目标，凸现心理学课程的教育价值；内容全面，涉及心理学的各个领域；融合性强，体现心理学多个学科的整合；突出应用，注重理论与实践的有机结合；形式活泼，做到图文并茂，栏目丰富，版面灵活，可以增添学习情趣。书中每一章后面有思考与练习、课外延伸等，可供读者学习和练习。

本书可以作为师范院校本科生和专科生心理学公共课的教材，也可作为中小学教师、幼儿园教师继续教育的培训教材，同时也适合广大心理学爱好者自主阅读。

图书在版编目(CIP)数据

心理学教程/徐学俊，王文，刘启珍主编. —3 版. —武汉：华中科技大学出版社，2015.8
ISBN 978-7-5680-1159-4

Ⅰ.①心… Ⅱ.①徐… ②王… ③刘… Ⅲ.①心理学-教材 Ⅳ.①B84

中国版本图书馆 CIP 数据核字(2015)第 200709 号

心理学教程(第三版) 徐学俊 王 文 刘启珍 主编

策划编辑：曾 光
责任编辑：沈婷婷
封面设计：龙文装帧
责任校对：刘 竣
责任监印：张正林
出版发行：华中科技大学出版社(中国・武汉) 电话：(027)81321913
武汉市东湖新技术开发区华工科技园 邮编：430223
录 排：华中科技大学惠友文印中心
印 刷：武汉科源印刷设计有限公司
开 本：787mm×1092mm 1/16
印 张：22 插页：2
字 数：468 千字
版 次：2011 年 1 月第 1 版 2013 年 7 月第 2 版 2019 年 1 月第 3 版第 4 次印刷
定 价：42.00 元

总序

教师兴则教育兴，教师强则教育强。当今世界，大力加强教师队伍建设，创新教师教育培养模式，提高教师专业化水平，是各国教育改革与发展的一个共同目标。我国颁布的《国家中长期教育改革和发展规划纲要(2010—2020年)》提出，“教育大计，教师为本。”“有好的教师，才有好的教育。”“加强教师教育，构建以师范院校为主体、综合大学参与、开放灵活的教师教育体系。深化教师教育改革，创新培养模式，增强实习实践环节，强化师德修养和教学能力训练，提高教师培养质量。”

教材建设与开发是创新教师教育培养模式、促进教师专业化发展的一个重要手段，也是深化教师教育改革、提高教师培养质量的一项重要举措。2009年6月，教育部启动实施“教师教育创新平台项目计划”，明确提出要努力创新教师培养模式，加强教师教育学科群建设，深化学科专业、课程教学改革。在这种背景下，我们组织一批教学经验丰富、研究成果突出的高校专业教师，根据教师教育创新培养模式以及教师专业化发展的新形势、新目标和新任务，以华中科技大学出版社为平台，编写了“高等学校教师教育创新培养模式‘十二五’规划教材”，包括《教育学教程》、《心理学教程》、《现代教育技术教程》、《课程与教学论教程》、《中国教育史教程》、《外国教育史教程》、《教师伦理学教程》、《学与教的心理学》、《学校心理咨询与辅导》、《公关心理学》、《班主任工作教程》、《多媒体课件设计与制作》、《教育科研技能训练》、《教师教学技能训练教程》、《教师口语》和《人格心理学——理论·方法·案例》共16本。

通过教材建设与开发创新教师教育培养模式，探索教师专业化成长之路，是一种新的尝试，也是一项比较复杂的系统工程。本系列规划教材的编写，以《国家中长期教育改革和发展规划纲要(2010—2020年)》精神为指导，在坚持教材编写的科学性、创新性、系统性、规范性等基本原则的基础上，力图从以下三个方面进行有益的探索。

(1) 在传承教育学专业基础知识的基础上，突出教师教育教材编写的实践取向。教师教育教材体系的变革，是当前创新教师教育培养模式的一个重要课题。教师教育教材的编写，既要体现系统、严密、扎实的教育理论知识，又要突出丰富、生动、具体的教育实践情境；既要注重将抽象的理论知识引入鲜活的实践领域，还要注意将日常实践经验导向富有魅力的理论阐释。其重点和难点在于达成理论与实践两方面的动态平衡和相互转化，并始终专注于教材的现实取向和实践立场，以克服理论脱离实际、知识与能力相分离、所学非所用等方面的流弊。本系列规划教材的编写，力求在简明介绍、评述相关理论知识及其背景的基础上，凸显教材的实践取向和实用价值。如《班主任工作教程》、《多媒体课件设计与制作》、《教育科研技能训练》、《教师教学技能训练教程》、《教师口语》等教材，都充分体现了这种取向。

（2）在坚持教材编写为教师服务的基础上，突出教材编写的学习者取向。任何教材的编写，既要考虑教师“教”的需要，又要考虑学习者“学”的需要，好教材通常是教师“好教”，学生“好学”，教学一致，师生相长。本系列规划教材的编写，力求在为从事教师教育的专业教师提供优质的课程与教学设计的基础上，坚持“以学习者为主，为学习服务”的基本原则。基于创新教师教育模式所要达成的目标，教师的“教”需要满足学生的“学”，“教材”需要趋向于“学材”。尽管许多教材名曰“教程”，但我们更倾向于将它转化为“学程”，追求“教程”与“学程”的有机统一。同时，在教材的编写过程中注重学习资源与问题情境相结合、文字表述与图表呈现相结合、文本学习与思想交流相结合、知识掌握与能力训练相结合。

（3）在坚持教材编写的普适性、通用性原则的基础上，突出教材编写的区域性特色。湖北是我国的教育大省，湖北教育尤其是教师教育在中部地区具有重要的比较优势与特色。未来10年湖北将努力从教育大省迈进教育强省，而教师教育必将是湖北省基础教育改革与发展的一项重点工作。本系列规划教材的编写者以湖北省属高校专业教师为主，旨在充分利用湖北省丰富的高校教师教育方面的教学和研究资源，以及广大中小学校教育教学改革的先进经验，凸显教师教育教材编写的区域特色和比较优势。同时，也注意充分吸收其他地区教师教育的理论和实践成果。

本系列规划教材的编写，是一次较大规模的集体劳动的成果。湖北大学、江汉大学、长江大学、三峡大学、湖北师范学院、湖北第二师范学院、湖北民族学院、黄冈师范学院、孝感学院、咸宁学院、襄樊学院、荆楚理工学院、郧阳师范高等专科学校等10余所院校的百余名专业教师的热诚加盟，华中科技大学出版社领导和各位编辑的大力支持，各位同仁的精诚团结与通力合作，使本系列规划教材的编写得以顺利进行。编委会同仁深知编写系列规划教材是一件非常不易的大事，有的教材或许存在某些问题、差错，欢迎广大读者及时指出，以便修订时完善。

新修订的本系列规划教材作为教师教育“十三五”规划教材，适用于高等师范院校学生和综合性大学师范专业学生学习，同时可作为在职教师培训教材和专业教师教学参考用书。

靖国平

2015年9月30日

前言

随着基础教育课程改革的全面推进，基础教育在内容、方法及管理等方面发生了深刻变革。事实表明，推进课程改革，教师是关键。新课程对教师队伍建设提出了新的要求，教师素质已成为制约课程改革是否能够深入进行的瓶颈。只有加强教师教育，用新课程理念武装师范生，才能让这些未来的教师更好地把握新课程理念，以适应新课程改革的需要。

课程改革的最终目的是培养高素质人才。当今世界，综合国力的竞争在于人才的竞争、科技的竞争及教育的竞争，而这些竞争归根结底还是教师教育的竞争。我国改革开放发展到今天，从社会发展角度提出了培养创新型人才的要求，而培养创新型人才需要从小抓起，以培养高素质、全面、合格的教师为前提。

基于上述背景，我们编写了这本心理学公共课教材。目前师范院校心理学公共课教材的版本很多，且特色各异，但是，如何编写出一本既能体现最新研究成果、科学性强的教材，又能体现基础教育课程改革及满足师范生学习需要的教材，一直是我们思考的重点。本书作为心理学公共课教材，力图体现以下特点。

(1)注重学科体系的完整性。本书以师范生未来教育实践活动为依托，构建教材的框架体系，兼收并蓄各心理学科的有关内容，有机串接，组成独特的整体结构。本书包括普通心理学、发展心理学、社会心理学、教育心理学等学科的知识，系统阐述了本学科的基本概念、基本理论，力求做到表述清楚、准确规范，紧紧围绕教师教育人才的培养目标，力求突出对师范生能力的培养。本书参考和引用了大量国内外文献资料，以反映本学科最新的研究成果。

(2)注重学科内容的系统性。本书共计十五章，包括绪论、心理的实质与青少年心理发展、感觉与知觉、注意与观察、记忆与遗忘、思维与问题解决、知识学习与迁移、需要与动机、情绪与情感、意志、气质与性格、能力、人际交往与群体心理、态度与品德心理、心理健康与咨询辅导等内容，使学习者对心理学知识有一个整体印象。

(3)强调学科知识的应用性。考虑到适用对象的专业特点和实际需要，本书以心理学的各个分支模块为基本框架，同时针对基础教育课程改革中的教育、教学、管理等范围所涉及的一些心理学理论和方法进行了重点阐释，以帮助学习者认识心理学的实用价值。本书的大部分章分设三节。第一节着重阐明某一心理现象的内涵和外延，力求简明扼要。第二节着重揭示这一心理现象与教育实践应用有关的具有一般规律性的东西，也就是把在一般教材里蕴涵的规律性的内容抽取出来，集中论述，力求明确、清楚。这里要指出的是，规律是客观存在的，但人们对规律的认识则是一个不断深入、逼近甚至反复的过程。第三节着重指出有关规律在社会生活及教育实践中的应用。

（4）体现知识链接的趣味性。在保证教材的思想性和科学性的前提下，重点强调教材内容对教育实践（即对师范生未来教书育人的实践和现时自我教育的实践）的富有实效的指导意义。由于目前大多数学校本课程课时偏少，因此在本书编写体例设计上将学习目标、案例分析、阅读资料、知识链接、思考与练习、课外延伸等融于各章内容中，力求做到深入浅出、图文并茂，体现教辅合一，非常适合学生、心理学爱好者自学阅读。

本书第三版由徐学俊、王文、刘启珍担任主编，徐碧波、张裕鼎、吴鹏担任副主编。徐学俊负责大纲编写、初稿修改和统稿定稿，王文、刘启珍、徐碧波、张裕鼎、吴鹏协助审稿。全书各章编写人员如下：王文（第一章）、陈建新（第二章）、吕莉（第三章）、张立春（第四章）、杨璟（第五章）、吴贤华（第六章）、张裕鼎（第七章）、王凤霞（第八章）、曹中保（第九章）、邓晓红（第十章）、徐学俊（第十一章）、刘启珍（第十二章）、张颖（第十三章）、谢云天（第十四章）、谢桂阳（第十五章）。本书参考了国内外众多文献资料，在编写和出版过程中得到了湖北大学、湖北师范学院、湖北第二师范学院和华中科技大学出版社的大力支持，湖北大学教育学院心理学系王琦、周武、华竞芳、王静、徐海燕、李凡繁、李晨、胡晨、解微微、袁吕发等研究生参与了文稿的校对工作，在此，一并致以最衷心的感谢！虽然希望能将本书编写成一本独具特色的心理学公共课教材，但由于作者自身水平和时间等方面的限制，书中难免存在不足及纰漏，敬请广大读者批评指正。

编　者

2015 年 7 月

目录

第一章 绪 论

本章学习目标 ……

- 掌握心理学的定义、研究目标
- 理解心理学的研究方法
- 了解心理学的发展概况
- 掌握现代心理学流派的主要观点
- 了解当代心理学的研究取向、研究领域
- 明确学习心理学的理论和实践价值

某初中对新入学的一年级学生进行IQ测试(智商测试),并根据IQ测试的分数编班。校方声称,这是为了了解学生,以便因材施教。当地教育行政部门对这一行为紧急叫停。相关部门规定:在办理入学手续时,学校可适当了解儿童的有关情况,但不得进行IQ等各种测试,否则将追究相关责任。有专家指出,学校的这种做法的确存在诸多问题:一是依据多元智力理论,传统的IQ测试只能测出部分智力因素,这将导致对学生了解的片面性;二是依据"罗森塔尔效应",IQ测试的分数会引起教师对学生的不同期待,造成对待学生的不公平;三是依据非智力因素理论,学习是智力因素和非智力因素共同参与的活动,仅仅根据智力来编班教学,实在是对因材施教的极大误解。

你了解IQ测试吗?你参加过IQ测试吗?你如何看待IQ测试?你能够运用科学心理学的知识对生活中遇到的心理学问题进行鉴别和分析吗?

不管你是否意识到,心理学正在以前所未有的速度渗透到我们生活的方方面面:书摊上摆满了各种以心理学命名的书籍;媒体上频频出现"心理专家"的身影和言论;市场上提供心理学服务的机构日益增多;人才选拔环节中许多用人单位增加了心理测试内容;大学里的专业教育大多设置了心理学课程;中小学的心理健康教育已经蓬勃兴起……

但是,时至今日,对大多数人来说,心理学仍然是一个充满神秘、误解、迷惑和争议的学科。"学心理学的人知道别人在想什么",这仍然是时下许多人对心理学的误解。科学、严谨的心理学著作少人问津,"心灵鸡汤"类读物颇有市场。真正对心理科学发展作出贡献的心理学家通常仅为业内人士所知晓,民众心目中的心理学家往往鱼龙混杂。究竟什么是心理学?心理学的研究目标是什么?心理学家是如何做研究的?心理学的形成和发展经历了怎样的过程?学习心理学有什么意义?等等。

这些问题本章将与你一起探讨。

·名人名言·

心理学有一个悠久的过去，但却只有一段短暂的历史。

——艾滨浩斯

第一节　心理学的研究对象、目标和方法

“心理学”译自英文 psychology，由拉丁文“psyche”和“logos”两个词合并而成，前者意为“灵魂”，后者意为“讲述”，合起来即指阐释灵魂的学问。中国古代书籍中有“心理”但没有“心理学”一词。“心理学”一词的创译者是近代的日本学者。19 世纪末 20 世纪初，“心理学”作为一门学科的名称术语在我国使用，从产生到现在，其含义发生了巨大的变化，初期“有关灵魂的学问”的哲学解释与当代心理学的科学主张相去甚远。这种实变而名不变的现象，被一些心理学家称为“旧瓶装新酒”，这也是心理学容易引起公众误解的原因之一。

一、心理学的定义

在当代，对心理学较为公认的定义为：心理学是研究心理和行为的科学。该定义明确界定了心理学的研究对象和研究方法。

（一）心理学的研究对象

独特的研究对象是学科存在和划分的依据。学科通常是根据其研究对象命名的。按照惯常的理解，心理学自然是研究心理的，但这看似理所当然的事，却在一段较长时期内，在心理学界内部存在着激烈的争论。在漫长的哲学时代，心理学一直以人类灵魂作为自己的探索对象。后来，科学心理学诞生了，心理学家们致力于用科学方法来揭示意识的奥秘。但是，很快就有心理学家指出，科学的研究方法与心理这个主观难测的研究对象之间存在难以调和的矛盾，心理学要想成为一门真正独立的科学，必须避开心理“黑箱”，以可观测的行为作为自己的研究对象。这个主张曾在一段时期受到推崇，甚至主导了当时的心理学研究，造成“心理学不研究心理学”的尴尬局面。当代心理学则取折中的观点，强调心理学的研究对象包括心理和行为。

实际上，心理和行为是紧密联系的表里关系。脱离心理的行为难以理解，脱离行为的心理不易洞察。当代心理学既研究感知、记忆、思维、情感、归因等心理活动，也研究眼动、表情、攻击等外在行为。这不是一种简单的调和，而是完整揭示心理规律的需要，因为任何心理现象无不包含知、情、意、行等因素。从科学研究的角度看，由于研究手段的局限，一些内隐的心理过程难以进行直接研究，但可通过外显行为进行间接研究。随着科学研究手段的日趋发达，许多内隐的心理过程也可以直观地予以展现，使研究更为便捷。

（二）科学研究的特征和程序

科学研究是指以一种有组织的方式对关于事物之间关系的命题进行证实或证伪的研究。科学研究具有以下基本特征。①客观性。科学研究要依据客观事实，遵循公认的基本程序和规范。②验证性。科学研究的结果或依据研究结果所建立的科学理论，要经得起他人的重复检验。③系统性。科学研究必须按照一定的程序，系统全面地搜集数据，在此基础上通过分析、综合得出结论。

科学研究的基本特征是由其特定研究程序来体现和保证的。这个程序通常包含 6 个基本步骤（见图 1-1）。①观察。许多科学研究的问题来自人们的日常观察。②对问题进行定义。进一步明确问题，给出所研究变量的操作性定义。③提出假设。假设是对研究结果的预测，是需要验证的关于研究变量之间关系的命题。④搜集证据和检验假设。运用实验、调查、观察、相关、个案等方法搜集证据并验证假设。⑤发表研究成果。⑥建构理论。在大量研究的基础上，通过深入思考和总结，将不同的概念和事实联系起来，建构一种理论。好的理论能解释现有资料、预测新的研究结果和指导进一步的研究。事实上，科学研究大多不是一次完成的，而是需要反复多次才能完成，各步骤之间也多有交叉。

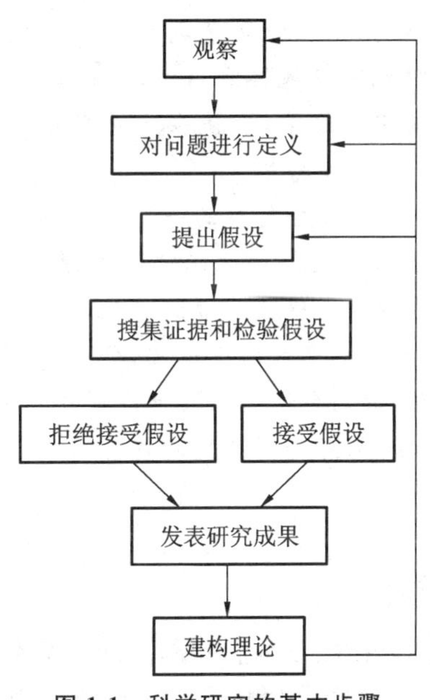

图 1-1　科学研究的基本步骤

心理学是一门科学。并非所有研究心理和行为的学科都是心理学，当代心理学只接纳那些运用科学手段获得的关于心理和行为的知识。在科学心理学诞生前的漫长历史时期，人类主要依据体验和思辨对心理和行为进行探讨，虽然取得了大量的认识成果，但不是现代意义上的心理科学。今天，许多学科仍在研究心理和行为，许多人也在思考心理和行为，但只要未采用科学研究，其结论就不被心理学承认，这样的研究者也不能算是心理学者。

经典研究

拉坦关于社会浪费的研究[①]

生活中存在一种普遍的现象(也许你已在许多场合看到过这种现象)，在集体中工作的人们常常会“放松”他们的努力。似乎集体中大多数人倾向于让少数人去做事情。社会心理学家拉坦注意到了这种现象并决定对此进行研究。首先，为了了解是否曾有人研究过这种被他称为社会浪费的现象，拉坦查阅了以往的研究文献，结果发现，最早的研究是由一位法国农业工程师——林格曼进行的。林格曼设计了拉绳实验，他把被试分成一人组、二人组、三人组和八人组，要求他们用尽全力拉绳，同时他用灵敏的测力器来测量被试拉绳时的力量。如果被试一起拉绳的时候和单独拉绳的时候所发出的力量相同，那么一起拉绳的合力应是各人单独拉绳的力的总和。但是林格曼发现，二人组的拉力只是二人单独拉绳时拉力总和的95%；三人组的拉力只是三人单独拉绳时拉力总和的85%；而八人组的拉力下降到八人单独拉绳时拉力总和的49%。所以，并非只有我们注意到了别人(或者也包括我们自己)合伙工作时会出现这样的现象，即工作时集体中的个人常常会不尽全力，林格曼关于社会浪费的研究给我们的观察提供了一个典型例证。

接下来，拉坦及其同事对社会浪费现象进行了一系列的实验研究。首先，他们证明了在拉绳以外的事情中也可以观察到这种现象；其次，他们还提出了社会浪费现象在各种不同文化背景中都会发生，即使在儿童当中也会发生。由此可见，社会浪费是集体工作时存在的一个普遍特征。

拉坦把他的发现与说明人类社会行为的一个更为普遍的理论联系起来，他认为社会浪费很可能是责任扩散引起的。独立工作的人通常认为自己要对所从事的工作负责，然而集体工作时，这种责任感就扩散到其他人身上去了。同样道理，当教授提问时，若是处于连你在内只有三个人的小班里，你会觉得回答问题是责无旁贷的；但若在一个两百人的大班里，你则会认为回答问题是旁人的事。紧急危难中如果非你帮忙不可，你会觉得义不容辞；可是还有别的许多人也能助上一臂之力时，你的感受就不同了。

二、心理学的研究目标

科学研究的目标是描述、解释、预测和控制。这四个层面由浅入深，从理论走向应用。心理学的研究以描述、解释、预测、控制心理和行为为目标，增进人类的自我了解，帮助人类进行自我改善，提高人类的生活质量。

1. 描述

描述是指客观地呈现所研究问题的事实，不涉及价值判断，也不寻求造成事实

---

① B. H. 坎特威茨，H. L. 罗迪格(Ⅲ)，D. G. 埃尔姆斯，等. 实验心理学——掌握心理学的研究[M]. 郭秀艳，等，译. 上海：华东师范大学出版社，2001：4-5.

的原因。准确描述是正确解释的前提,是科学研究的起始目标。描述性研究通常是对典型行为进行系统观察和详细记录,进而予以命名和分类。例如,儿童的智力发展可分为哪几个阶段,攻击性行为有哪些类型,这些问题都可以通过描述性研究来予以回答。

2.解释

解释是指揭示客观事实形成的原因,分析现象间的因果联系。正确解释是有效预测和控制的前提,是科学研究的关键。因为因果关系的复杂性和隐蔽性,解释性研究比描述性研究要困难得多,因为解释需要理论。在尽可能的情况下,心理学家们总是试图在实验的基础上建构理论,并通过新的实验去检验和完善。由于存在多因一果和因果交互作用的现象,加上不同的实验设计所控制的条件不同,就会出现一种现象的多种理论解释。例如,关于攻击性产生的原因,有挫折攻击理论,认为人在遭受挫折时会激发攻击性行为;有模仿学习理论,认为攻击性行为是学习榜样的结果。这些解释各有合理之处,在实际应用中,往往是整合各种理论并根据具体情境进行具体分析。

3.预测

预测是根据已有的知识和信息去估计某种事物或现象在将来发生的可能性。预测力是判断理论优劣的重要标准。相对于"事后诸葛亮"式的解释,人们更需要事前准确的预测。例如,运用职业测验技术,预测一个人的职业成就,或者通过对一个人近期生活事件的了解,预测其随后的身心健康状况等。预测虽然可行,却是有条件的,既要考虑已有的研究基础,又要考虑事实的发展变化。尤其是对人的发展的预测,要相当谨慎,否则会产生难以弥补的负面效应。

4.控制

控制是指采取有效措施,使事物朝着人们所期望的方向发展,从而避免消极事件的发生或将其危害减少到最小。控制的方法通常是根据预期结果改变行为发生的条件。例如,通过对集体中个体作业业绩的监测,使每个个体竭尽全力工作,避免社会浪费现象的出现;通过对驾驶环境的优化,提高驾驶者的安全性和舒适感。需要特别强调的是,科学是把双刃剑,既能造福世界,也会危害世界。这里所说的"控制"并非受不当利益驱使而随意"操纵"他人,心理学的专业服务只能用于增进人们的生活品质。这是每一位心理学人应有的专业精神和人文情怀。

三、心理学的研究方法

科学研究的结论之所以令人信服,是因为其特有的研究程序和方法。遵循这一程序,运用这些方法,使得研究结果更可靠,更有效。在搜集证据和检验假设阶段,心理学家常用的方法有观察法、实验法、相关法、调查法和个案法等。了解这些基本的研究方法,既是掌握心理学常识的需要,又是深入理解心理学理论的需要。若能熟练掌握并运用这些方法,你会发现,其实心理学的研究并不神秘,或许你也可以加入这一行列,并有所作为。

（一）观察法

观察法是指研究者直接观察、记录研究对象的行为，从而了解观察对象的特征或规律的方法。需要注意的是，对要观察的行为特征，必须预先界定，并编制记录表格，及时记录所观察到的事实；观察要达到一定的时间，每次观察的时段采取抽样法确定，以保证结果的客观性；若有多位观察者，或委托他人进行观察，则要进行必要的培训，以确保观察和记录标准的一致性。

根据观察情境的不同，观察法可分为自然观察法和控制观察法。前者是在自然情境中的观察，后者是在预先设置的情境中进行观察。根据观察者身份的不同，观察法有参与观察法与非参与观察法之分。在参与观察法中，观察者实际参与被观察者的活动。在非参与观察法中，观察者以旁观者的身份从事研究。

观察法是获取研究资料的重要方法。它既可以单独使用，也可以与其他方法结合起来使用。因为观察法只能获得一些描述性的资料，不足以解释造成事实的原因，故单独使用多在研究之初，后期的深入研究常常把它作为其他方法的辅助。

为保证观察的客观性，研究者要避免下列现象。①观察者效应。当被观察者觉察到自己被观察时，可能会产生行为改变。为了获得真实可靠的观察结果，要多使用参与观察。在使用非参与观察时，可借助一些特殊设备，如单向玻璃、隐蔽摄像机等。②观察者偏差。观察者只注意符合其假设的事实，对与假设相左的事实往往不易察觉。例如，如果假定男性的攻击性高于女性，就可能会忽略女性那些不同于男性的攻击方式。③拟人化错误。观察者常常不自觉地将自己的思维、情感或动机加到动物或他人身上，以解释其行为。拟人化错误最初是在进行动物观察时发现的，如巴甫洛夫研究小组的一些观察者经常使用“狗想……”、“狗要……”等报告自己的观察结果。后来发现，这种想当然的错误也时常发生在对儿童甚至成年人的观察过程中。

（二）实验法

实验法是指控制无关变量，系统地操纵自变量，观测因变量随自变量改变而受到的影响，验证自变量与因变量之间的因果关系的方法。变量是可以量化的因素、特征或情境。变量可分为自变量、因变量和无关变量。自变量由实验者操纵，它被假定为影响行为的可能原因。因变量是自变量所造成的结果。无关变量是自变量以外所有可能影响因变量变化的条件，是实验的干扰因素。为了控制无关变量，通常把被试分为实验组和控制组，实验组实施自变量，控制组不实施自变量，两组被试在无关变量上等值。为了保证实验组和控制组在无关变量上等值，分组要求采用随机的方式，即任何一个被试被分到任何一个组的机会必须均等。

根据实验场所的不同，实验法可分为实验室实验法和现场实验法。前者在实验室进行，后者在实际生活情境中进行。实验室实验法便于控制无关变量，真实显示因果联系，但有时结果的推广和应用存在局限性。现场实验法减少了实验室实验法的人为性，但无关变量的控制较为困难。

在科学研究方法中，实验法被认为是设计最严谨、结论最可靠的一种方法。实验法在心理研究中的运用,使心理学的科学地位得以确立,解释、预测和控制等研究目标得以实现。由于心理学研究对象的主观复杂性,一些心理和行为难以进行实验研究,或目前还不具备实验研究的条件,所以心理学研究既要重实验,又不能唯实验。

为保证研究结果的可靠性,实验过程要避免下列现象。①安慰剂效应。即使不施以自变量的影响,仅仅贴上“被实验”的标签,就可能使被试产生研究者所期望的改变,这就是安慰剂效应。这种因变量的变化来自被试自己的期望。为了预防安慰剂效应的发生,可采用单盲设计。单盲实验中,被试不知道自己是否真正接受了实验处理。②实验者效应。实验者的期望或无意识的行为可能影响到实验结果,这就是实验者效应。为了预防实验者效应的发生,可采用双盲设计。双盲实验中,研究者和被试都不知道谁真正在接受实验处理,实验者效应和安慰剂效应都能得到较好的控制。

经典实验

动物中的拥挤:实验室研究①

卡尔霍恩(Callhoun)在国家精神健康研究所进行了长期的系列研究,得出了一些有关老鼠拥挤的长期影响的惊人发现。卡尔霍恩把他的老鼠放在一个有4个隔间的“老鼠空间”中(见图1-2)。由于隔间1和隔间4没有被连接起来,于是它们成了死端,老鼠则聚集在隔间2和隔间3中。这种过度的拥挤导致了一些病理行为的出现。在隔间2和隔间3中,幼鼠的死亡率高达96%,雌鼠无法建造适宜的巢穴,并且常常丢弃幼鼠。这些幼鼠在它们被丢弃的地方死去,而且常被成年老鼠吃掉。雄鼠也表现出怪诞的性行为。最古怪的老鼠被卡尔霍恩称为“刺探者”。这些“刺探者”并不进行正常的鼠类求爱活动,它们会将雌鼠追逐到它们吃死去的幼鼠的洞穴中。所以,自变量(高密度)导致了古怪的母性行为和性行为(因变量)的发生。

图1-2　卡尔霍恩研究的老鼠空间

① B. H. 坎特威茨,H. L. 罗迪格(Ⅲ),D. G. 埃尔姆斯,等. 实验心理学——掌握心理学的研究[M]. 郭秀艳,等,译. 上海:华东师范大学出版社,2001:504.

（三）相关法

相关法是研究两种变量之间的关联程度的方法。如人的身高和体重，智力水平和学业成绩有无关联，有什么样的关联，都可以通过相关法来探测。相关法一般采用测量和统计两种技术，测量出两组变量的数据，借助统计技术了解两组变量的关联情形。

相关法具有描述和预测功能。例如，根据同卵双生子在智力上的关联情形，我们可从同卵双生子中一人的智力测验分数推测另一人的智力测验分数。相关法对因果关系有提示作用，但不能检验和揭示因果关系。例如，人均居住面积狭小的地区盗窃案件频发，并不意味着人均居住面积狭小是盗窃的原因，可能是贫穷导致了这两种变量的高相关，抑或是其他的原因。所以，建立在相关研究基础上的预测只具有参考价值。

相关系数（r）用来表示两个变量之间的相关程度和方向。相关系数是从＋1.00到－1.00之间的一个数。其中，＋1.00表示完全正相关，－1.00表示完全负相关，0表示完全不相关。正相关意味着一组变量的分数增加时，另一组变量的分数也随之增加，如身高和体重就是正相关。负相关意味着一组变量的分数增加时，另一组变量的分数反而减少，如超过适度焦虑水平后，焦虑程度越高，考试成绩越糟糕。图1-3表示从完全负相关到完全正相关的若干情形。在心理学研究中，相关系数在0.60及以上就被认为是高度相关，在0.20到0.60之间具有实际价值和理论价值并对预测有用，在0到0.20之间预测作用很小，需谨慎判断。

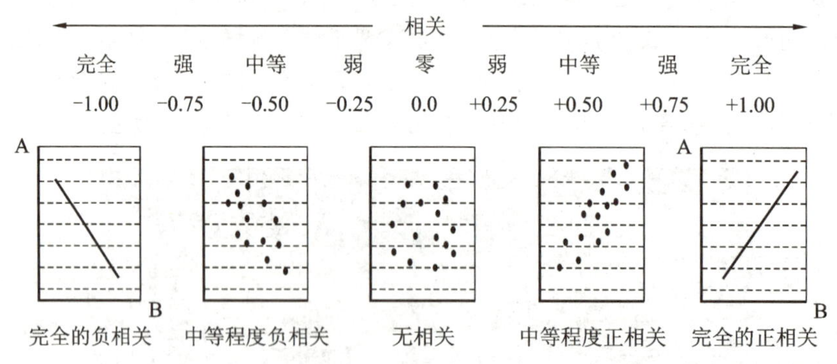

图1-3　从完全负相关到完全正相关的几种情形

（四）调查法

调查法是指预先拟定所要了解的问题，让被调查者回答这些问题，以获得研究所需资料的方法。调查研究中，通常将问卷调查和访谈调查结合使用。问卷调查可以获得大样本数据，时间和经济成本也比较低廉。访谈调查是面对面进行的，访谈对象不可能很多，但可以了解得比较深入。

使用调查法要注意以下问题。①样本选择的代表性。由于难以对研究所涉及的每一个对象进行调查，习惯的做法是在全体中随机抽取样本，将样本调查的结果推及全体。这样，样本选取的代表性就直接制约结论的可靠性，故取样时务必遵循科学抽样的规则。一个著名的例子是，在1936年美国总统竞选中，著名杂志《Literary Digest》根据民意测验预测，兰登将会以绝对优势击败罗斯福，但结果是罗斯福以绝对优势战胜了兰登。预测失败的原因是民意调查时样本选择有误。调查大多数是通过电话进行的。1936年正值经济大萧条，只有富人家才有电话，而富人支持兰登。②问题表达的恰当性。语言表达模糊、太过专业或存在歧义时，就会导致受访者难以回答或随意回答。1991年，在海湾战争期间进行过一项调查，问人们是否关心由于轰炸伊拉克而引起的"间接伤害"，只有55%的被调查者回答关心；而问人们是否关心战争造成的"平民死亡和意外损失"时，回答关心的有82%。③问题本身的敏感性。对于涉及个人隐私或个人试图回避的问题时，被调查者可能会虚伪作答；涉及道德评价的问题时，被调查者可能会按社会所赞许的行为作答。故在调查的指导语中，通过保密等承诺打消被调查者的顾虑是十分必要的。

(五)个案法

个案法是指对某个人或某个团体(一个团队、企业、家庭或班级等)进行全面、深入了解的方法。例如，弗洛伊德(Sigmund Freud，1856—1939)的精神分析理论就来自他长期对自己临床个案的观察与思考。个案法能够描述事件发生过程，引发研究者的合理猜测。一些可遇而不可求的个案，为心理学的研究提供了机遇，作出了贡献。但个案研究中得出的结论不一定是牢靠的或建构良好的。

使用个案法时要注意以下问题。①案主报告的真实性。评估案主的叙述是否有迎合研究者期望或记忆失真的情况。②研究态度的客观性。评估研究者是否按照假设或某种理论去引导或暗示案主为自己提供"证据"，去解释案主为自己提供的资料。③个案的典型性。将个案研究的结论进行推广时，一定要对个案的代表性和典型性进行评估。④研究要全面深入。要围绕个案获得丰富细致的资料。

第二节　心理学的发展概况

心理学是一门源于数千年前的学科，但其作为一门独立学科的发展历史不过百余年。人类对自己心理和行为的探索历史与人类自身的历史一样久远。在春秋战国时期的中国，诸子百家就形成了丰富的有关人性和人的心理的思想体系。古希腊时期，西方先哲们对灵魂的认识成果和方法已达到了相当的高度。作为独立学科的、基于科学方法的心理学产生于近代西方国家。

一、科学心理学的诞生

1879年，德国莱比锡大学教授冯特(Wilhelm Wundt，1832—1920)在该校建立起世界上第一个心理学实验室，标志着心理学从哲学中分离出来，成为一门独立的科学。冯特因此被誉为"实验心理学之父"，或敬称为"心理学之父"。

冯特（Wilhelm Wundt，1832—1920）

科学心理学的产生有两大源头：一是西方古典及近代哲学，二是兴起于18世纪的西方生物学和生理学。

在古希腊时期，哲学家亚里士多德（Aristotle，公元前384—公元前322）对灵魂的实质、灵魂与身体的关系、灵魂的种类和功能等问题从理论上进行了探讨。其著作《论灵魂》是人类历史上第一部系统论述各种心理现象的著作。近代哲学中，法国的唯理论和英国的经验论对心理学的影响最大。唯理论的代表人物笛卡儿（Rene Descartes，1596—1650）认为，理性才是真理的唯一尺度。灵魂与身体具有密切关系，但身体因素不足以解释全部的心理活动，为了引起心理活动，还必须有灵魂参加。笛卡儿倡导"天赋观念"，认为某些观念不是由经验产生，而是由人的先天组织所赋予的。经验论代表人物洛克（John Locke，1632—1704）反对"天赋观念"说，他认为人的心灵最初像一张白纸，没有任何观念，一切知识和观念都是后天从经验中获得的。洛克把经验分为外部经验和内部经验。外部经验称为感觉，其源泉是客观的物质世界；内部经验称为反省，它是人们对自己内部活动的观察。

1859年，英国生物学家达尔文（Charles Darwin，1809—1882）的划时代著作《物种起源》问世，提出了"物竞天择，适者生存"的进化论。达尔文进化论中的许多观念，如遗传、环境、个别差异、适应等，后来成为科学心理学研究的重要问题。19世纪德国三位生理学家的研究奠定了后来生理心理学的基础：柏林大学教授缪勒（Johannes Müller，1801—1858）主张大脑的功能是分区专用的，神经细胞之间由电化作用产生神经冲动；柏林大学教授赫姆霍兹（Hermann Von Helmholtz，1821—1894）提出色觉理论和听觉理论；莱比锡大学教授费希纳（Gustav Theoder Fechner，1801—1887）提出用实验的方法探讨物理刺激量的变化与感觉经验变化的数量关系。

二、现代心理学的流派

心理学独立之初，在学科的一些基本问题上，心理学家们并没有达成共识。由于对心理学研究对象、研究方法等问题的不同主张，形成了众多的心理学派别。不过，早期的不同学派大多是因反对冯特的某一基本观点而形成的，这也算是它们的内在联系和共同点。

（一）结构主义

结构主义的奠基人是冯特，主要的代表人物是铁钦纳（Edward B. Titchener，1867—1927）。冯特受当时自然科学研究的影响，认为心理学研究的基本任务是分析意识的元素，探讨元素之间如何通过相互作用而形成复杂经验。铁钦纳是冯特的学生，他称自己和冯特的心理学为结构主义。其基本观点包括：①心理学的研究对象是意识经验；②心理学的研究目的是揭示意识经验的结构，即意识由哪些基本元素构成;③使用实验内省的研究方法,即研究者系统地操纵刺激,让被试根据自己的主观判断作出反应或报告自己对于某种刺激的感受;④一切复杂的经验都可以被分析为感觉、意象和情感三种元素,感觉是知觉的元素,意象是观念的元素,情感是情绪的元素。

(二)功能主义

功能主义的创始人是美国心理学家詹姆斯(William James,1842—1910),其代表人物还有杜威(John Dewey,1859—1952)和安吉尔(James Angell,1869—1949)。功能主义的基本观点包括:①心理学的研究对象是意识,这一点与结构主义的主张基本相同;②心理学的研究目的是揭示有机体适应环境过程中意识的功能,而不只是分析意识的元素;③主张使用包括内省法和实验法在内的多种研究方法;④提出了"意识流"观点,强调意识不是由元素连接起来的静态结构,而是变化的、流动的;⑤反对脱离生活实际的所谓纯科学研究,主张心理学要为增进人们的生活适应服务。20世纪以来,美国心理学一直比较重视心理学在教育和其他领域的应用,科学研究和成果应用相互促进,这和功能主义的积极影响是分不开的。

詹姆斯(William James,1842—1910)

(三)行为主义

1913年,美国心理学家华生(John Watson,1878—1958)发表的《一个行为主义者眼中的心理学》一文,标志着行为主义的诞生。行为主义的基本观点包括:①心理学的研究对象是行为,而不是意识,意识是主观的、不可观察的,不能成为科学研究的对象,心理学只有以客观的、可观察的行为作为研究对象,才可能确立其科学地位;②心理学的研究目的是揭示刺激和反应之间的确定关系,刺激和反应是构成行为的共同因素;③主张使用客观的研究方法,如观察法、实验法、口头报告法等,反对内省法;④行为由环境决定,个体之间的行为差异源自其所处环境的不同,而与遗传无关。

华生(John Watson,1878—1958)

行为主义这种严守自然科学、科学方法至上的极端立场,将意识完全排除在心理学的研究之外,割裂了行为与意识的关系,既受到一些人的追捧,也遭到不少人的批评,且批评之声日渐强烈。后来的一些行为主义者不再坚持这种极端立场,而将意识作为刺激和反应的中间环节加以研究,被称为新行为主义。

(四)完形心理学

完形心理学的创始人有韦特海默(Max Wertheimer,1880—1943)、柯勒(Wolfgang Kohler,1887—1967)和考夫卡(Kurt Koffka,1886—1941)。1912年,德

韦特海默(Max Wertheimer，1880—1943)

国心理学家韦特海默发表的《运动视觉的实验研究》一文，标志着完形心理学的创建。完形心理学也称格式塔(gestalt)心理学。gestalt 是德文，意为“形式”、“形状”，此处的主要含义是整体形态(完形)、整体组织。完形心理学的主要观点包括如下几点。①心理学的研究对象包括意识和行为。②反对元素主义，强调心理作为一个整体、一种组织的意义。在完形心理学者看来，结构主义和行为主义都是元素主义，只不过前者分析意识，后者分析行为。完形心理学认为，整体不能还原成各个部分、各种元素的总和，部分相加不等于整体，整体先于部分而存在，并且制约着部分的性质和意义。例如，一首乐曲包含许多音符，但它不是各个音符的简单组合，因为一些相同的音符可以组成不同的乐曲，甚至可能成为噪音。因此，分析个别音符的性质，并不能了解整个乐曲的特点。③在研究方法上，既不反对内省法，也不反对客观观察法，只是认为这些方法不能用于元素分析。完形心理学还主张使用“经验的观察”，即对直接经验进行朴素而丰富的描写。④完形心理学通过实验研究揭示了知觉的心理组织，提出了自己的学习理论，并为认知心理学的发展奠定了基础。

(五)精神分析

弗洛伊德(Sigmund Freud，1856—1939)

精神分析的创始人是奥地利精神医学家弗洛伊德(Sigmund Freud，1856—1939)。精神分析不仅是现代心理学中影响最大的理论之一，也是 20 世纪影响人类文化最重要的理论之一。弗洛伊德是大众心目中最为著名的心理学家之一。精神分析的主要观点包括以下几点。①精神分析的研究对象是人的潜意识，亦称无意识。潜意识是人的思想和行为的真正根源，潜意识的内容大多与性冲动有关。因为与文明社会的道德观念相冲突，潜意识经验通常是被压抑的。但压抑并不能消除潜意识，相反，过度的压抑正是产生心理疾病的缘由。②精神分析的目的是了解一个人当前观念和行为(尤其是异常行为或症状)的潜意识根源。③精神分析的主要方法有自由联想和梦的分析等方法。自由联想是让患者保持舒适的姿势，例如躺在躺椅上，在无拘无束的情境中，尽可能说出心中想说的一切，不管它们是如何的琐碎、怪诞、模糊，甚至羞于启齿，只要是想到的，就毫无保留地讲出来。自由联想是开启潜意识之门的钥匙，通过自由联想，分析师能获取精神分析所需要的资料。梦的分析是分析师根据患者所报告的梦境来解析梦的隐义。弗洛伊德把梦看作通往潜意识的大道，人在睡眠中防卫能力较弱，一些被压抑的内容容易意识化。在梦中，一个人潜在的欲望、需要和恐惧会表现出来，但这种表现并非全然直接显现，有许多是通过改头换面的形式隐含、曲折表现的，故需要对梦的内容进行深入分析。

（六）人本主义

人本主义心理学是由美国心理学家马斯洛（Abraham Maslow，1908—1970）和罗杰斯（Carl Rogers，1902—1987）于20世纪50年代创立的。因为产生于行为主义和精神分析之后，所以他们自称为“第三势力”。人本主义心理学的主要观点包括以下几点。①在研究对象上，反对行为主义主要以儿童或动物为被试的幼稚心理学，也反对精神分析以心理疾病患者为对象的伤残心理学，主张心理学要研究人性的积极方面，如创造、责任、爱、幸福、人生价值、自我实现、生命意义等真正属于人性层面的问题。②在研究目的上，强调心理学不仅要预测和控制人的行为，治疗各种心理疾患，更要促进人的潜能的发挥和价值的实现。③在研究方法上，主张以问题为中心而非以方法为中心，方法要服务于所研究的问题。人本主义者虽然也注重搜集数据和用证据来支持自己的观点，但对所使用的方法是否符合严格的自然科学标准并不看重。人本主义者更偏好所谓的“现象学方法”，即对主观经验的观察和报告。④人本主义者对人性持乐观态度，认为人的本性是善的，蕴涵着建设性的自我实现的潜能。人本主义强调人的自由意志和对自己行为负责的能力，人可以不被环境决定，也可以不被潜意识决定。

马斯洛（Abraham Maslow，1908—1970）

人本主义心理学中还有一种存在心理学，其代表人物为罗洛·梅（Rollo May，1909—1994）。他的基本立场与马斯洛和罗杰斯一致，但他认为人性有善有恶，且恶的一面更值得警惕。20世纪90年代末，针对心理学过于关注攻击、抑郁、焦虑等人性消极面的顽固传统，积极心理学思潮开始兴起并影响到多个领域。积极心理学强调主观幸福感、生活满意度、乐观主义、利他主义、创造性等人性积极面的研究，并使用严格的实验研究和相关研究方法，使人本主义心理学更富科学色彩。

三、当代心理学的研究取向

学派林立表明学科研究的繁荣，也说明学科发展水平尚需进一步提高，还昭示学科研究对象的复杂性。当代心理学呈现出整合的态势，学派壁垒和界限森严的局面已趋缓和。随着心理学的发展，新的思潮相继出现，这些思潮不是以学派的形式出现，而是作为一种范式、一种潮流、一种发展方向去影响心理学的发展方向。这种影响学科发展方向的研究范式被称为研究取向。

（一）生物心理学

用生物心理学的观点和方法研究心理现象和行为，是当代心理学的一个重要的研究取向。采用这种取向的心理学家关心心理和行为的生物学基础，把生物学作为描述和解释心理功能的基本手段，认为所有的高级心理功能都和生理功能，特别是脑的功能密切关联。体现这种研究取向的心理学分支学科如下。①生理心理学。

研究心理和行为的生理基础，特别是神经系统和内分泌系统与心理和行为的关系。其中认知神经科学采用高科技手段研究认知过程的脑机制，成为当代心理学与神经科学的前沿交叉领域。②行为遗传学。用遗传学的研究方法，探讨遗传在形成心理和行为个体差异中的作用及其作用方式。③进化心理学。将进化理论作为核心解释原则，探讨现代人的一些普遍心理和行为是如何在人类早期演化历程中得以保留的。

(二)认知心理学

强调认知过程的研究，运用高新科学技术研究认知过程，是当代心理学的一个重要研究取向。瑞士心理学家皮亚杰(Jean Piaget，1896—1980)是早期认知心理学的杰出代表。20世纪20—30年代，皮亚杰通过一系列精心设计的实验，揭示了儿童思维发展的规律。20世纪50年代末60年代初，心理学界出现了一股研究认知过程的热潮。在知觉、记忆、言语和问题解决等领域，出现了一些新的理论。这些理论把人看成是信息加工者，一种具有丰富内在资源，并能利用这些资源与周围环境发生相互作用的积极有机体。在这些理论看来，环境因素不再是说明心理和行为的最突出因素，环境提供的信息固然重要，但它是通过认知过程来加以编码、储存和操作，进而影响人的心理和行为的。认知心理学除了采用心理学的一般研究方法外，还形成并发展了自己一些特有的研究方法，如反应时记录法、口语报告法、计算机模拟法等。认知心理学的取向，不仅体现在认知研究领域，而且体现在情绪、动机、人格等几乎所有的心理和行为领域。

(三)文化心理学

当心理学的跨文化交流变为可能且日趋频繁时，文化差异对心理和行为的影响以及对心理学研究的影响问题便凸显出来，文化心理学的研究取向应运而生。文化作为一种在社会中传递的行为规范、价值观念和处世态度，几乎无处不在，可以说绝大多数心理学研究主题都应该考虑文化因素，文化是心理学研究的重要变量。文化心理学要回答的问题很多，如文化如何影响个体的心理和行为？某种文化背景下心理学研究的结论适合于其他文化背景下的人群吗？心理学研究者本人自然也不能超然于文化之外，其自身的文化对他做此类研究会产生误导吗？文化心理学的研究取向，对于消除不同文化间的误解，促进交流，繁荣整个人类的心理学研究具有重要意义。

四、当代心理学的研究领域

自科学心理学产生以来，心理学获得了飞速的发展，心理学的研究领域渐趋扩大，正在成长为一棵枝繁叶茂的科学大树。这既得益于日益强烈的社会需求的推动，也得益于邻近学科迅猛发展的支持，同时，与广大心理学研究者锐意进取的创新精神和孜孜以求的执著态度也是分不开的。

(一)心理学的分支

心理学可分为基础研究和应用研究两大领域，每个领域又有许多分支。图1-4显示的是美国不同分支的心理学家分布百分比。

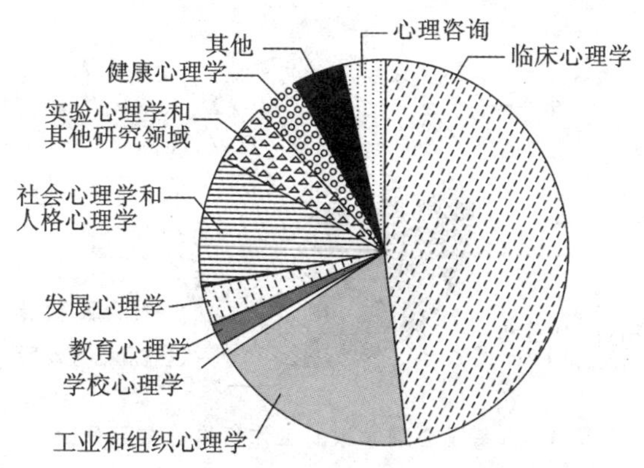

图 1-4　美国不同分支的心理学家分布百分比

基础心理学领域主要包括如下内容。①普通心理学，概论性的基础心理学科，内容包括心理学的基本理论、研究方法，并整合关于心理与行为的基本研究成果。普通心理学为各分支学科提供理论基础，是学习心理学的入门学科。②动物心理学，亦称比较心理学，旨在了解动物行为的规律，将其与人的行为进行比较，进而推导、解释人的行为。③发展心理学，研究个体生命全程的心理和行为变化与年龄的关系。④生理心理学，研究心理与身体的结构功能之间的关系，尤其是与神经系统及内分泌系统的关系。⑤社会心理学，研究群体心理和行为，探讨个体心理和行为如何受他人和社会的影响。⑥变态心理学，研究心理和行为异常的类别与成因，为心理诊断和治疗提供依据。

应用心理学领域的分支极其广泛，毫不夸张地说，只要有人类生活的领域，就有与之相应的应用心理学。其主要内容如下。①教育心理学，应用心理学中出现最早的学科，研究教育过程中所包含的各种心理现象，揭示教育与心理的相互关系，旨在解决教育中的实际问题，建立系统的教育理论。②咨询心理学，帮助生活适应困难或心理异常者了解自己、认识环境、澄清观念、解除困惑、革除不良习惯、重建积极人生等。③工业心理学，研究工业从业人员的心理，获得工作心理的原理原则，提升工作效率。④消费心理学，研究大众的消费行为，探究消费动机、购买行为、消费信息来源及影响消费决策的因素等。⑤管理心理学，研究人员的个别差异，探讨人际关系与团体效能，促进组织发展，提升工作绩效。⑥健康心理学，帮助人们调适生活，预防疾病，提高健康水平。

（二）心理学家的工作领域

心理学家的工作领域一般分为研究、应用和教学三个方面。研究有基础研究和应用研究两类。基础研究是为了获得心理与行为知识，应用研究旨在解决社会和个人在心理和行为上的问题。应用是运用心理学的理论和方法，帮助个人或群体优化其心理，改善其行为，提高其工作绩效和生活质量。图 1-5 和图 1-6 分别是美国心理学家的工作机构分布百分比和美国心理学家从事的工作分布百分比。

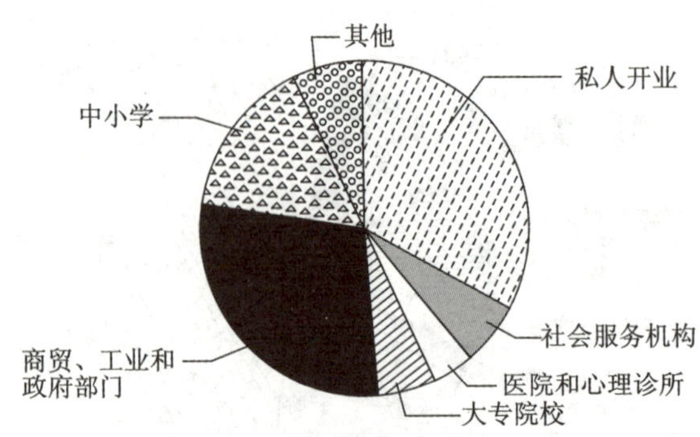

图 1-5　美国心理学家的工作机构分布百分比

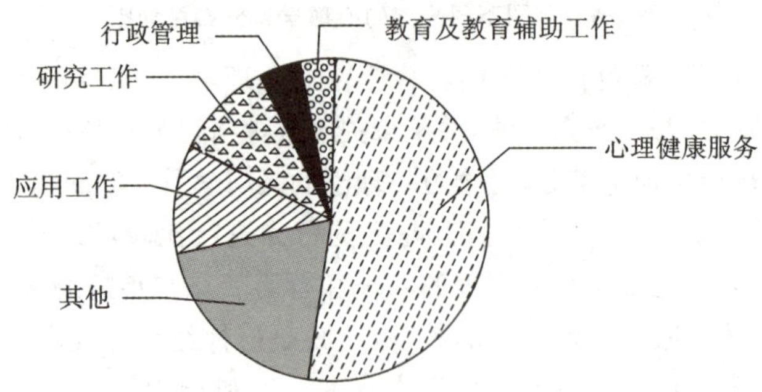

图 1-6　美国心理学家从事的工作分布百分比

第三节　学习心理学的意义

在美国，流行一种说法："没有学过心理学，就不能算受过完整的教育。"作为人类研究自身问题的科学，心理学理应是教育的重点科目，学习的重要内容，但在很长一段时间，我们的教育偏重于引导学生认识自然和社会，轻视引导学生认识自己。在基础教育阶段，数理化的知识已相当深奥，生理学是有名无实，心理学几乎是闻所未闻。以上这些现象造成当今社会的一大怪状：一边是丰富的心理科学研究成果的堆积，另一边是大量被心理问题困扰的民众。做心理科学的积极消费者，学习心理科学知识，运用心理科学理论解决自身问题、发掘自身潜能，是当代人应有的主动意识。

一、学习心理学的理论意义

学习心理学，有助于我们掌握科学的心理知识，正确认识各种心理现象，知晓心理活动规律，避免陷入一些似是而非的经验、常识的误区，不被那些伪心理科学所迷惑。在日常生活中，我们常常听到大量源于个人自身经验的错误观点，如"学习成绩好的孩子大多人际交往困难"，"天才离疯子更近"等。经验和常识是狭隘的，因为它们是来自小样本的结论，其可靠性尚需科学方法的检验。不同的人的经验有时相互矛盾，如“一个和尚挑水吃，两个和尚抬水吃，三个和尚没水吃”，“三个臭皮匠，赛过诸葛亮”，等等。即便是不同的人具有的相同预测，有时也会与心理学家研究的结论大相径庭。例如，开始于1961年7月著名的米尔格兰姆电击实验就一个学习任务开展了一系列研究。在这些研究中，一些参与者扮演老师，另一些参与者扮演学生。老师要对学生犯的每一次错误进行电击，并逐次加大电击强度。当电压达到180伏特时，学生会喊“我痛得不能忍受了”；当电压达到270伏特时，学生会发出毛骨悚然的尖叫声。你们认为有多少人可以承受450伏特的可能致命的最大电压呢？米尔格兰姆发现，大多数医学院的精神病学家预测只有千分之一的人能承受，非专家组的估计也与之相差无几。但实际上，接近一半的参与者承受了450伏特的电击。因此，实际情况和常识预测之间往往有较大的差异。

二、学习心理学的实践意义

心理科学的知识绝不仅仅是用来考试和宣讲的，而是要用来指导每个人的心理生活，让自己受用的。若能自觉地践行心理科学理论，对自己的毕生生活和专业发展都会大有裨益。

大学生要善于从心理学中汲取营养，不断完善自己的心理功能，优化自己的人格特质。例如，通过感知的学习，做一个会观察的人；通过记忆的学习，做一个高效记忆的人；通过思维的学习，做一个善于思考和解决问题的人；通过情绪的学习，做一个长于调控情绪、理性认识事物、生活愉悦幸福的人；通过动机的学习，做一个有远大理想和成就动机的人；通过人格的学习，做一个特质良好、人格健全的人。

心理科学是教师专业发展的理论基础。心理学可以帮助教师更好地了解学生，提高教育的针对性和有效性；帮助教师优化教育活动，正确分析各种教育问题形成的原因，设计并实施有效的教育方案；帮助教师从事教育科研，为教育科研提供所需的知识和方法；帮助教师在专业成长中自我调适、自我完善，达到专业发展的较高境界。

经典实验

期望导致结果①

——罗森塔尔关于自我实现预言的研究

一、理论假设

在小学教师得到学生的某种信息（如IQ分数）时，他们会无意识地对那些可能会成功的学生的行为表现给予一些鼓励和鞭策，使这些学生产生自我实现的预期，变得更加出色。当然，这似乎是以牺牲那些教师对其期望不高的学生为代价的。为了检验这一理论假设，罗森塔尔（Robert Rosenthal）和他的助手们与一所小学（称为

① Roger R. Hock. 改变心理学的40项研究——探索心理学研究的历史[M]. 白学军，等，译. 北京：中国轻工业出版社，2004：123-133.

橡树学校）取得合作，这所小学位于某个大城镇的中低阶层生活区。

二、研究方法

开学初，在橡树学校工作人员的配合下，研究者对1～6年级的所有学生进行了IQ测验。选择这个测验的原因在于，它属于非文字测验，学生的分数不依赖于先前接受的阅读、写作和算术技能等方面的训练。而且，橡树学校的教师对此测验并不熟悉。研究者告诉教师，学生们接受的是“哈佛应变能力测验”。在此情况下，这种隐瞒很有必要，其目的是让教师对这些学生产生一些期望，而这正是该实验成功的必要因素。研究者还进一步对教师解释，该测验的成绩可以对一名学生未来在学术上是否会有成就作出预测。换句话说，他们是要让教师相信，在测验中获得高分的学生其学习能力在未来的这个学年中将有所提高。实际上，这个测验并不具备这种预测能力。

在橡树学校，总共有6个年级，每个年级有3个班，每班有1位班主任（共18人其中16女，2男）。每位班主任都得到了一份名单，上面记录着本班在“哈佛应变能力测验”上得分最高的前20%的学生，以便教师们了解在本学年里哪些学生有发展潜力。但是，下面才是本研究的关键：教师所得名单中的前十名学生是被完全随机地分配到这种实验条件之下的。这些学生和其他学生（控制组学生）的唯一区别就是，教师以为他们（实验组学生）会有不同寻常的智力发展表现。

接近学年结束时，研究者对所有学生又一次进行了相同的IQ测验，并计算出每个学生IQ的变化程度。通过对实验组和控制组的IQ变化差异的检验就可以看出，是否存在期望效应。

三、研究结果

这项研究中，研究者获得了两个主要发现。一是期望效应的确存在。综合全校情况来看，那些被教师以为智力发展会有明显进步的学生，其IQ平均提高幅度显著高于控制组学生的平均提高幅度（分别为12.2个百分点和8.2个百分点）。二是这些作用在低年级中表现得很明显，而在高年级中几乎不存在。

四、讨论

正如罗森塔尔所猜测的，教师对学生行为的期望转化为学生的自我实现预言。当教师期望某个孩子会表现出较大程度的智力提高时，这名学生就真的出现了较大程度的智力提高。

对高年级学生而言，自我实现预言的作用似乎并不明显。研究者提出了如下几种可能的解释。

(1)低年级儿童的可塑性一般较高年级儿童更强。如果事实确实如此，那么研究中低年级儿童变化更大也许仅仅是由于他们比高年级儿童更易变化。与此相关的另一种可能性就是，虽然低年级儿童并不具有很强的可塑性，但教师认为他们是有这种特性的。单是这种想法就足以令教师对学生采取不同的处理方式，从而产生不同的结果。

(2)低年级学生还未能在教师心目中形成牢固的印象。换句话说，如果教师没有对学生的能力形成某种认识，那么研究者所说的那种期望就会产生更重要的影响。

(3)教师把对学生表现的期望传递给学生时，他们在不经意间使用的微妙方式更容易影响和带动低年级学生。

(4)低年级教师向学生传递期望的方式与高年级教师不同。

五、研究发现的意义

该研究表明，教师的期望对学生的在校表现会产生长期的潜在影响。教师的期望既促进了一些学生的发展，也妨碍了一些学生的发展，这显然是不公平的，也是不道德的。

该研究还进一步加剧了关于IQ测验公平性的争论。IQ测验如果本身就带有种族和文化偏见，其滥用的危害必定是灾难性的。

思考与练习

1.名词解释

结构主义	功能主义	行为主义	完形心理学	精神分析
人本主义	观察法	实验法	相关法	调查法
个案法	生物心理学	认知心理学	文化心理学	

2.如何理解心理学的定义?

3.科学研究有哪些基本特征?其操作程序是怎样的?

4.心理学的研究目标是什么?不同目标之间的关系怎样?

5.科学观察与日常观察有什么不同?

6.什么是实验法?实验法在心理学研究中的重大意义是什么?

7.使用调查法要注意哪些问题?

8.阐述主要心理学流派的名称、创始人，理解其核心观点。

课外延伸

联系自身实际，和同学谈谈你对心理学的认识及学习的打算。

第二章 心理的实质与青少年心理发展

本章学习目标 ……

- 理解心理是脑的机能
- 理解心理是人脑对客观现实主观能动的反映
- 了解神经系统的结构与功能
- 了解心理发展的一般特性
- 掌握青少年心理的基本特点
- 理解遗传、环境、教育与青少年心理发展的关系

加拿大的潘菲尔德是一名享誉世界的脑外科专家，有一天他和他的同事们在给处于清醒状态的一位60多岁的老年病人实施脑外科手术时，用微弱的电流刺激该病人脑的不同部位，当刺激到病人颞叶的深部时，发现病人突然开口说话了："噢，大夫，真奇怪，我仿佛又回到数年前的一段生活经历中去了。"接着更令人吃惊的是这位病人居然童声童气地唱起一首已在加拿大失传30～40年之久的儿歌，说起他童年住处的情境。微弱电流刺激一停止，病人也立即停止说话和歌唱，并且记不得刚才说了什么，唱了什么。

这个故事说明，人类之所以有着丰富多彩的记忆，是因为人类有着一个健康的大脑。我们的大脑(如内侧颞叶和海马)好比是记录磁带，将我们所经历的一切事情巨细无遗地记录下来，不论主观是否意识到这种记忆的发生，它总是客观地记录下来。不仅仅是记忆，包括感觉、知觉、思维、情感、意志和性格等所有心理现象都和我们的大脑有着密切的关系。

第一节　心理是脑的机能

在远古时代，由于受认知水平的限制，人们不了解自己身体的构造和机能，因此对复杂的心理现象不能作出正确的解释。他们认为人的心理现象是一种特殊的、神秘的、不可捉摸的、与自己的身体没有任何联系的现象。随着社会生产力和科学的发展，人们在认识心理现象与客观现实的关系问题上产生了唯心主义与唯物主义两种根本对立的观点。

唯心主义认为，心理是不依赖于物质而独立存在的，主张心理的东西是第一性的，物质的东西是第二性的。认为“心”是万物和宇宙的主宰，客观事物是由个人的感知，即心理的东西决定的。如我国明代的王阳明认为“天下无心外之物”、“天地万物皆在吾心之中”。客观唯心主义者黑格尔认为“绝对精神”是世界的本源，它在自然界和人类社会出现之前就已经存在，世界上的一切事物都是由“绝对精神”产生的。

王阳明(1472—1528)

形形色色的唯心主义者把心理、“绝对精神”看作是第一性的，认为心理、“绝对精神”产生客观事物。唯心主义者颠倒了心和物的关系，他们的观点是缺乏科学根据的。唯心主义的心理观与科学心理学是不相容的，只有唯物主义才能给心理现象以正确的解释。

唯物主义的心理观主张客观世界是物质的，物质是第一性的，心理是物质派生的，是第二性的。古代唯物主义者就认为心理活动是身体的一种机能，如中国古代荀子说：“形具而神生，好恶喜怒哀乐藏焉。”古代唯物主义者也看到心理现象是由外界事物作用于人而引起的。《乐记》上说人心“感于物而动”。这说明心理现象是由外界事物引起的，是对外界事物的感知、辨别。西方近代唯物主义者，如17世纪英国的经验论者和18世纪法国的唯物主义者都比较明确地认识到，心理现象是神经组织活动所产生的，是客观事物和人相互作用的结果。

但是旧唯物主义都是朴素的或形而上学的唯物主义，还不能完全正确地阐明心理现象。它们常把人和机器等同看待，认为人的心理活动如同机器的功能一样。例如法国唯物主义者拉美特利说：人不过是一座钟表。一些庸俗的唯物主义者，如德国的毕希纳、福格特等人错误地认为脑髓分泌思想正如肝脏分泌胆汁一样。这些观点都是错误的。

·名人名言·

人之所以聪明智惠(慧)者，以含五常之气也；五常之气所以在人者，以五藏在形中也，五藏不伤，则人智惠(慧)；五藏有病，则人荒忽，荒忽则愚痴矣。

——汉代王充

一、脑是心理的器官

在远古时代，由于科学发展水平的局限，人们往往把心脏当作精神的器官，把精神活动称为心理活动，汉字中与精神活动有关的字都带“心”部，如“思”、“想”、“怨”等，与思考有关的成语如“胸有成竹”、“满腹经纶”、“口蜜腹剑”、“心中有数”、“心直口快”等都是和这种观点相联系的。古希腊哲学家亚里士多德认为心脏是思想或感觉的器官，而脑的工作，则是使来自心脏的血液“冷静”而已。直到18世纪前后，由于科学的发展和脑知识的积累，人们才逐渐正确地认识到“脑是心理的器官”。

经典实验

大脑中涉及语言的专门区域——Broca 区和 Wernicke 区

1866 年，法国医生布洛卡（P. Broca，1824—1880）曾公布过两个因中风而死者的尸体的解剖结果，这两名死者生前均是他的病人，中风后出现右侧身体瘫痪，且伴有严重的失语，病人只能说“tan”，而智力检查结果为正常。尸检结果表明，病人的左侧额叶一部分（额下回后部）受到损伤——临床上称之为“运动性失语”（表达性失语），这一区域就称为“Broca 区”或“言语运动中枢”。

布洛卡（P. Broca，1824—1880）

1874 年，德国学者维尔尼克（K. Wernicke）描述了一种新的失语症，这种病人的脑损伤发生在左侧颞叶（颞上回后部），病人说话流畅，但是所说的话没有意义，病人听觉正常，但是不理解别人的话语，临床上把这种失语称为“感觉性失语”（听觉性失语），这一区域就称为“Wernicke 区”或“言语感觉中枢”。

临床观察法、手术切除法、电刺激法、解剖学和组织学法是当时脑与心理研究的主要方法。1823 年，德国生理学家弗罗伦对切除大脑的鸽子进行观察，发现，切除大脑后，鸽子失去了适应环境的能力，从而证明动物的复杂行为与大脑的机能有关。我国清代名医王清任通过解剖尸体得到大量的资料，于 1830 年提出“脑髓说”，明确指出脑髓是心理的器官，脑髓通过经络与全身相联系。脑电图的研究发现，人在闭目养神、无忧无虑时与努力学习、工作或睡眠状态时出现的脑电波是不同的。所有这些临床与科学研究的实例都表明：脑是心理的器官，没有人脑这个物质基础，人的心理活动就不可能产生。

二、心理是脑的反射活动

神经系统的基本活动方式是反射，这也是心理现象的基本产生方式。

（一）反射、反射弧

关于脑活动的方式，17 世纪法国哲学家笛卡儿提出过一种观点。他认为，动物的活动和人的一切不经意的活动都是自动实现的对外界刺激的反应，例如手、脚碰到灼烫或针刺时立刻下意识地缩回来。笛卡儿把这种活动称为“反射”。

笛卡儿是一位二元论者，他认为动物的一切活动和人的一部分活动是反射，人的感觉、思维等则是灵魂的活动，与反射无关。对于笛卡儿的二元论，我们必须予以摒弃，但是他提出的反射却是一个科学的概念。

从科学上发展反射这一概念，并使其成为说明心理现象的基本原则的是近代俄国生理学家谢切诺夫。谢切诺夫在他的名著《脑的反射》中把反射的原理推广到脑的全部活动即人的全部心理活动上。他认为有意识的和无意识的生活的一切活动，就其发生的方式而言，都是反射。这是对心理现象的科学理解的一个飞跃，对科学心理学的发展具有重大意义。

反射是有机体通过神经系统对客观刺激作出的有规律的反应。例如，酸苹果放到嘴里，立即分泌唾液；细小的东西侵入鼻孔就打喷嚏；蚊虫叮人，人会感觉到痛痒，举手拍打；交通指挥信号中，绿灯亮，行人、车辆立即前进，等等，这些都是反射活动。人的一切行为，包括高级智慧、意识活动都具有反射性质。

实现反射活动的生理结构称为反射弧。反射弧由五个部分组成：①感受器，如眼、耳、鼻、舌、皮肤、内脏、肌肉等，它将各种刺激转变为神经冲动；②传入神经元，它把神经冲动传向神经中枢；③神经中枢（脑、脊髓），它对神经冲动进行分析与综合；④传出神经元，它把神经冲动传到效应器；⑤效应器，它是产生反应的部分，如肌肉和腺体。以膝跳反射为例（见图2-1），一个简单的反射模式是这样的：一定的刺激（小槌敲击）作用于相应的感受器（膝盖髌韧带的感受器），感受器产生兴奋，并以神经冲动的形式由传入神经元向特定的神经中枢（脊髓膝跳反射中枢）传递，在经过神经中枢的分析与整合后，神经信息又沿着传出神经到达效应器并使其产生相应的活动（腿部肌肉收缩）。

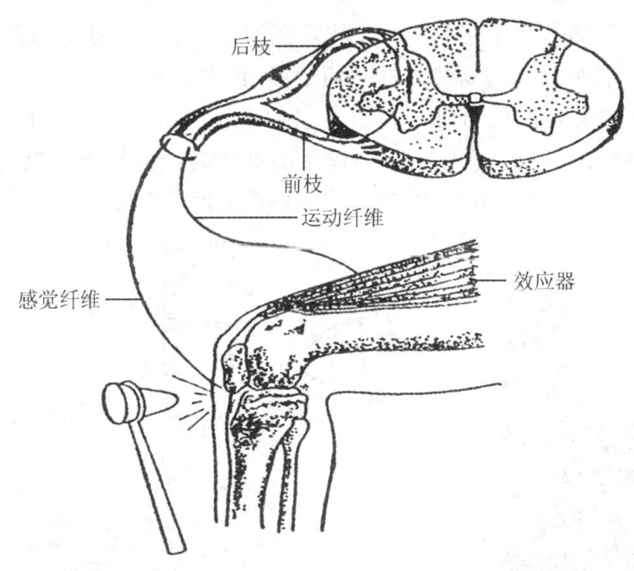

图2-1　膝跳反射过程

在许多复杂的反射活动中，信息并非在反射弧中一次单向传导后就结束，往往是以反射环的形式实现神经冲动的反复传递。首先，在大多数效应器中也有各种感受器，能感知行为变化，并将信息传回神经中枢，进一步调节机体活动，这种神经过程叫反馈。另外，信息还会从神经中枢向感受器传递，调节感觉器的感受性，这种循环通路叫做返回联系。反馈的作用有两种：若反馈信息的效果增强了中枢活动，则为正反馈；若反馈信息的效果抑制了中枢活动，则为负反馈。例如，人们有时不得不在夜间赶路，在视线不清楚的情况下，当感到脚下的土地泥泞、不平，甚至在下陷时，会立即收住脚步，再去找坚实、平坦的道路。可见，反馈的存在能保证有机体较好地适应周围环境，及时进行自我调控。

（二）无条件反射和条件反射

1. 无条件反射

无条件反射是指先天遗传的、不学而能的、固定的反射，它也可以称为本能。例如婴儿生下来就会吮吸、强光刺激眼球就会眨眼等都是无条件反射。引起无条件反射的刺激物叫做无条件刺激物，如上述例子中的食物、强光。

无条件反射只能对少数刺激发生反应，而且具有刻板、固定的性质。为了适应变化的生活条件，使机体与环境保持平衡，机体就形成了另一种反射——条件反射。

2. 条件反射

条件反射是指后天形成的、经过学习才会产生的反射。条件反射不是固定不变的，它是一种暂时神经联系，是在无条件反射的基础上形成的。例如，吃梅子时嘴里会流口水，这是无条件反射；生活中我们看到梅子或听说梅子就流口水，这是条件反射。动物和人在个体生活中必须建立许多条件反射，以适应千变万化的周围环境。从这个意义上说，动物和人出生后所学习的一切行为都是条件反射。条件反射不仅可以在无条件反射的基础上形成，而且可以在旧的、已经巩固了的条件反射的基础上形成。条件反射系统是动物和人的一切学习、行为的基础。

对条件反射的实验研究，出现了两种著名的条件反射理论。其中，著名生理学家，俄罗斯人巴甫洛夫（Povlov，1849—1936）提出的被称为经典性条件反射理论。巴甫洛夫以做过“唾液漏”的狗为实验对象，进行了经典性条件反射实验研究（见图 2-2）。

巴甫洛夫（Povlov，1849—1936）

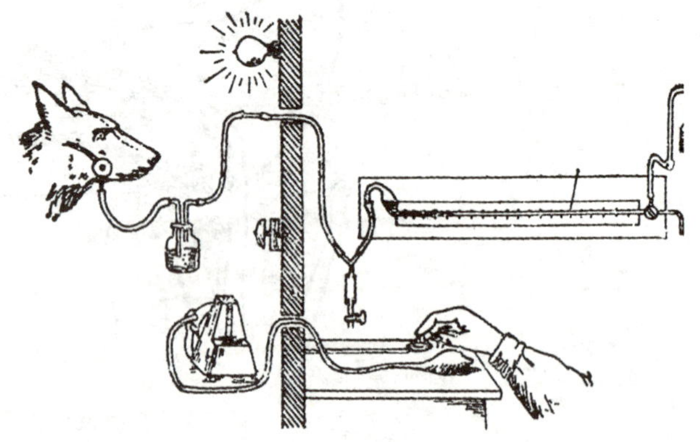

图 2-2　巴甫洛夫经典性条件反射实验研究

经典实验 ……

巴甫洛夫经典性条件反射实验研究

研究者首先给狗喂食物，狗立即分泌大量唾液，这是食物直接刺激而引起的无条件反射，食物是无条件刺激物。然后，让狗只听到铃声或只看见灯光，观察狗在这时所分泌的唾液，这时的铃声或灯光是无关刺激物。接着，让无关刺激物（铃声或灯光）和无条件刺激物（食物）相继发生作用（无关刺激物略早一点出现），狗便分泌唾液。经过多次重复实验后，铃声或灯光不伴随食物而单独出现时，狗也同样分泌唾液。这就标志着条件反射已经建立起来，这时原来的无关刺激物已变成食物的信号，被称为条件刺激物或信号刺激物。

美国新行为主义心理学派主要代表人物斯金纳在巴甫洛夫的经典性条件反射理论的基础上，提出了操作性条件反射的概念。操作性条件反射是由动物操作行为本身的强化而形成的条件反射。斯金纳设计了一种“斯金纳箱”，对白鼠、鸽子及其他小动物进行操作性条件反射实验研究（见图 2-3）。

图 2-3　斯金纳操作性条件反射实验研究

经典实验

斯金纳操作性条件反射实验研究

斯金纳箱装置是在迷箱的一壁上装一金属小杠杆，小杠杆与传递食物的设备相勾连，杠杆被压动，一粒食物就会滚进食盘。挨饿一两天的白鼠被放进斯金纳箱内，开始时，白鼠在箱中到处乱撞，当它偶然踏上杠杆时，会有食物丸放出，对踩杠杆的行为加以强化，予以“奖励”。当它再次按压杠杆时，第二颗食物丸又滚进食盘。经过多次偶然性的按压活动，并且每次都能吃到一粒食物丸后，白鼠的按压活动就会愈频繁，操作频率不断增加。最后，白鼠终于掌握准确的操作活动，主动去取食。这标志着白鼠的操作性条件反射已经形成。

上述两个实验都可说明一点，即条件反射是在无条件反射的基础上，通过无关刺激和无条件刺激在时间上的多次结合而形成的，这个过程就是刺激强化的过程。就条件反射的生理机制来讲，巴甫洛夫认为条件反射是脑的高级神经活动，是大脑皮层上神经联系的暂时接通。无关刺激和无条件刺激在大脑皮层上形成两个兴奋点，由于强化的结果，两个兴奋点接通，形成暂时性神经联系。这就是条件反射的基础(见图 2-4)。

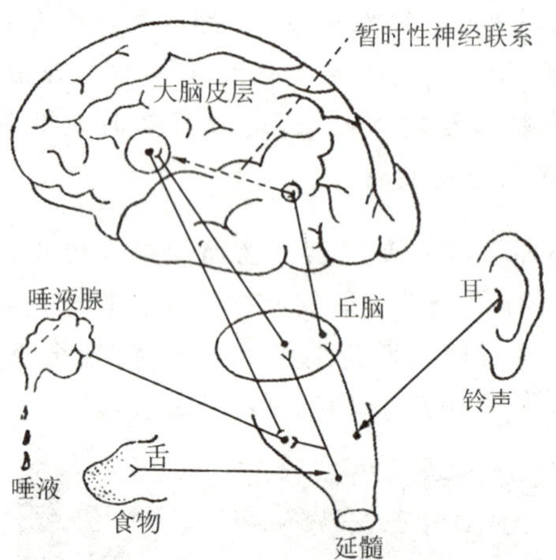

图 2-4　条件反射形成示意图

斯金纳的操作性条件反射与巴甫洛夫的经典性条件反射，虽然神经机制基本相同，但是两者之间在形成条件上存在着差异。首先，斯金纳的操作性条件反射的食物强化出现在踩杆反应之后，而巴甫洛夫的经典性条件反射的食物强化则出现在流口水反应之前。其次，斯金纳的操作性条件反射，是通过后天“塑造”的动物“自由操作”而主动形成的，巴甫洛夫的经典性条件反射是把动物束缚在实验台上，由动物在被动的适应中形成的。在现实生活中，这两种条件反射是一同出现的，操作性条件反射比经典性条件反射更为多见。

3. 条件反射的抑制

高级动物根据一定的条件形成了条件反射，在大脑皮层上建立了暂时性神经联系。但是，这种暂时性神经联系并不是固定不变的，常常因为条件的不断变化而产生抑制。主要的条件抑制有如下几种。

(1)消退抑制。已经形成的条件反射，如果不再用无条件刺激物加以强化，结果就会造成条件反射的强度逐渐减弱直到完全消失，称为消退抑制。如铃声，若不用食物强化，多次以后，铃声引起的唾液分泌量就逐渐减少，最后将不能引起唾液分泌，产生消退抑制。如果无条件刺激物继续出现，条件反射又会恢复。可见，已形成的暂时性神经联系，不是消失而是受到抑制。原来的条件反射越巩固则抑制越缓慢；越不巩固则越容易消退，我们在学习中产生的遗忘现象，就是消退抑制的表现。

(2)分化抑制。在条件反射建立初期，许多与条件刺激物相近似的刺激，虽未与无条件反射刺激物结合，也能引起被试的条件反射，但经过训练后被试只对其中被强化的刺激物产生反应，对其余刺激物不发生反应，这种现象被称为分化抑制。深黄色与相类似的淡黄色灯光都可以引起动物流口水的反应，这种现象称为条件反射的泛化，若只对特定淡黄色灯光给以多次强化，而对类似的深黄色灯光不予强化，泛化反应就会逐渐消失。最终，被试动物就只对特定的淡黄灯光产生流口水的反应。

(3)延缓抑制。条件反射随着无条件刺激物的暂时延缓而出现的暂时抑制称为延缓抑制。通过延缓抑制,有机体的活动能精确地适应与刺激物的时间关系。

4.条件反射的系统性

1)动力定型

动力定型又称动型,是有机体在复合刺激物作用下形成的自动化了的条件反射系统。动型的出现是由于作用于有机体的刺激物常常是一连串的,而且相互联系,大脑皮层可以把这些刺激有规律地加以组织、协调,形成一个条件反射系统。

在生活中,人们的生活习惯、活动技能及一定的操作方式等都是动力定型的表现。例如,音乐一响起,一位花样滑冰运动员就能根据旋律作出一整套优美的动作。显然,在动力定型中,一旦有关刺激物作用于有机体,就像激活了一个自动反应装置,一定的程序动作相继出现。这颇有些类似于多米诺骨牌效应。动力定型可以大大提高工作绩效,并节省体力和脑力的消耗。

2)两种信号系统

巴甫洛夫还提出了两种信号系统的概念。如果把条件刺激作为信号,条件反射活动又可以称为信号活动。

由具体事物及其属性作为条件刺激形成的条件反射系统称为第一信号系统,这是人和动物共同具有的。巴甫洛夫实验中的狗听到铃声流唾液,马戏表演中的狗按驯兽员的手势钻火圈,都是第一信号系统活动。在现实生活中,司机按照交通标志行车,以及我们平时常说到的"望梅止渴",都是第一信号系统活动。

由词和语言作为条件刺激形成的条件反射系统称为第二信号系统,这是人所特有的。"望梅止渴"是第一信号系统活动,当吃过梅子的人听到"梅子"这个词时,也会流口水,这种"谈梅生津"就是第二信号系统活动。语言的丰富意义和概括性可以使人摆脱一些物质条件的限制,迅速建立起条件反射活动,而且能在短时间内用新的条件反射活动替代旧的条件反射活动。例如,上课时间到了,铃声却没响,老师说一声"上课了",学生也会走进教室;若老师要求明天听到音乐响起就进教室上课,学生也能迅速理解和接受这个信息,到时候就照此去做。可见,借助第二信号系统,人能间接而概括地反映现实,更好地适应环境,调节行为,并能对客观世界进行改造。

在实际生活中,这两种信号系统在人身上是相互联系、协同活动的。第二信号系统的语言刺激如果脱离了具体事物,就没有实际意义了,无法建立起有效的条件反射。而第一信号系统活动形成后,如果有第二信号系统活动的调节,就能更为稳固和持久。

三、高级神经活动的基本过程和规律

(一)兴奋过程与抑制过程

神经系统活动的基本过程是兴奋和抑制。兴奋是引发或加强机体活动的神经过程,抑制是制止或减弱机体活动的神经过程。大脑皮质是中枢神经系统的最高部位，也叫做高级神经中枢，它的活动就是高级神经活动。高级神经活动的基本过程也是兴奋和抑制。人的心理活动就其神经机制来说，都与大脑皮质的兴奋和抑制有密切联系。兴奋和抑制是两个对立而统一的过程，二者性质相反，但又相互依存、相互转化、相互制约。就整个大脑皮层来说，清醒时兴奋占优势，睡眠时抑制占优势。神经系统的活动总是时而兴奋时而抑制，以保证机体活动的完整和统一。

（二）兴奋过程与抑制过程的运动规律

兴奋和抑制无时无刻不在进行着有规律的运动。

1. 兴奋和抑制的扩散与集中

兴奋和抑制在大脑皮层上产生后，并不停留在原来的发生地点（原发点）上，而是沿皮层向邻近部位传播开来，使这些部位也出现同样的活动，这种现象称为扩散。与扩散相反的运动称集中，即扩散开来的神经过程又返回到原发点上。有了神经过程的扩散，才能在大脑皮层上形成各种暂时性神经联系；有了神经过程的集中，才能形成对刺激物的精确反应。

2. 兴奋和抑制的相互诱导

在大脑皮层上，一种神经过程的活动引起或加强另一种与之相反的神经过程的活动，称为神经过程的相互诱导。

相互诱导分正诱导和负诱导两种。由抑制引起或加强兴奋过程称正诱导，如婴幼儿“闹觉”现象，当婴幼儿困倦时，往往先哭闹一阵，然后才安静地入睡。婴幼儿“闹觉”就是困倦引起的皮质抑制过程诱导出与之相反的兴奋过程造成的。由兴奋引起或加强抑制过程称负诱导。

第二节　心理是人脑对客观现实主观能动的反映

脑是心理的器官，心理是脑的机能。但人脑本身不能独立产生心理，人脑是人的心理产生的物质前提，它为人产生心理活动提供可能。要把这种可能变为现实，必须依靠客观现实。反映论认为人的心理是人脑对客观现实主观能动的反映。

一、人的心理来源于客观现实

人的心理现象是客观现实作用于人脑的产物，没有被反映者就不能有反映，所以说若没有被反映的客观现实，心理这种反映形式也就不能存在。人的心理现象，不论简单还是复杂，都来自客观现实，甚至包括神话中虚构的人物和故事情节。如中国古代的神话小说《封神演义》和《西游记》，其中的“马生双翼”、“穿地而行”、“三头六臂”等都是作者对当时所认识到的社会现实的一种艺术创造。因此，想象和思维的内容都离不开具体社会条件的限制，人的心理总是反映自己所处的客观世界的自然状况和社会现实。

二、人的心理的产生和发展受社会生活实践的制约

动物和人的心理都脱离不了客观现实，但动物心理的产生更多地依赖于纯自然环境。人作为一种社会性的动物，社会生活实践对人的心理的产生和发展起制约作用。脱离了正常的人际交往和人类生活，一个大脑机能健全的婴儿无从产生人的心理，一个成人也会逐渐丧失业已获得的心理机能。这方面已经有一些事件来印证，如在人类历史上因为偶然或人为因素造成的个体脱离人类生活的事件，其中最著名的是“狼孩”的例子。

经典案例

印度狼孩卡玛拉

卡玛拉，女，1912 年生于印度，出生后被狼叼走，与狼一起生活了 8 年。1920 年，她在加尔各答东北山地被人发现，从狼窝里被带回，送到附近一所孤儿院，由辛格牧师夫妇抚养。刚进孤儿院的头一年，卡玛拉只有狼的习性而没有人的心理。她不会说话，不会思考，用四肢行走，昼伏夜行，睡觉也是一副狼相。卡玛拉常半夜起来在室外游荡，寻找食物。想要逃跑时，像狼一样号叫，吃饭喝水都是在地上舔食。她愿意与猫、狗、羊等动物一起玩，不让别人给她穿衣服，不愿与小孩接近。尽管她每天与人生活在一起，但心理发展极慢，智力低下。

第二年，卡玛拉能用双膝行走，能靠椅子站立，能用双手拿东西吃，对抚养她的辛格夫人能叫“妈”。经过 3 年多时间，她才逐步适应人类的生活，能够自己站起，让人给她穿衣服，用摇头表示“不”。辛格夫人外出回来，她能表示高兴。入院 4 年后她才能摇摇晃晃地直立行走，早饭时能说“饭”这个词，这时的智力水平相当于一岁半的孩子。入院 6 年时，她能说出 30 个单词，与别人交往时有了一定的感情，智力达到两岁半的水平。

第七年，卡玛拉已基本改变了狼的习性，能与周围的孩子们生活在一起，能说出 45 个单词，能用三言两语表达简单的意思，能够唱简单的歌。她开始注意穿着，不穿好衣服不出门，有了羞耻心。她能自觉地到鸡窝去捡鸡蛋，受到表扬就非常高兴。

第九年(17 岁)，当她因尿毒症死去时，她的智力只有 3 岁半儿童的水平。

三、人的心理是对客观现实的主观反映

人的心理是对客观现实的映像，但这种映像因人因时而异。被反映的对象是以物质的形式存在于现实中的，是客观的实体，而映像是以观念的形式存在于人脑中的，是主观的精神现象。列宁把这种心理的映像称为“物的复写、摄影、摹写、镜像”。所以，人对客观事物的反映具有一定的主观性，受一个人长期生活实践中形成的个性特点、知识经验、世界观等主观条件的影响，不同的人对同一种事物，常常见仁见智、莫衷一是。例如，同是一座君山，李白在闲怡、游娱时对它的感觉是“淡扫明湖开

玉镜，丹青画出是君山”；但在送别、惜离时的感受则是“划却君山好，平铺江水流”。因此，心理内容的源泉是客观的，但它的表现形式却是主观的，个人对客观现实的反映总是以主体已有的主观世界为中介，通过折射而进行和实现的。任何人对客观现实的反映，总是受其积累起来的全部个人经验和个体心理特点的制约。因此，人的心理活动是主观的精神活动，而且带有个体特色。

四、人的心理是对客观现实能动的反映

人对客观现实的反映，不像镜子或照相机底片那样简单、消极和刻板。人对客观现实的反映是人与客观现实相互作用的、积极的、能动的过程。它的能动性主要表现在以下几个方面。

（一）心理对行为具有支配和调节作用

个体的心理对其行为的支配和调节往往是很复杂的，可以有目的、毫不掩饰地支配行为来达到目的；可以有意掩盖自己的某些心理，不在行为中表现出来；也可以做出与内心想法不符的行为表现。个体的外部行为与内部心理活动的关系不是单义的，而往往是多义的。例如，微笑这种行为，它可能表示对人的好感，也可能是嘲笑某人的愚蠢，还可能是笑里藏刀。

（二）人能认识客观世界，创造性地改造世界

通过语言和思维，人的心理可以透过事物的表面现象，去认识事物的内部本质和规律，这是人与动物的本质区别。人类在认识世界的过程中，经过发明创造，积累了大量的科学文化知识，为人类的文明进步作出了巨大贡献。认识世界的目的在于改造世界。人类只有掌握客观世界的规律，才能避免社会实践的盲目性，卓有成效地改造客观世界。

（三）人能认识自己、控制自己、完善自己

人的心理的能动性还表现为人能通过自我意识认识自己、控制自己、完善自己。人就是在自我认识与自我控制中不断完善、不断发展的。学生的学习活动，也是在自我意识的控制之下不断完善、不断发展的。

第三节　心理的生理机制

人的心理活动是纷繁复杂的精神现象，但无论心理活动多么复杂多样，都是通过以大脑为核心的神经系统的活动来实现的。这一点通过近现代科学的众多研究成果已经得到了强有力的证明。因此，我们只有对神经系统的构造和机能有所了解，才能正确地理解心理现象。

一、神经系统的结构和功能

神经系统是产生心理活动的物质基础。神经系统的基本结构和功能单位称为

神经元。神经系统有中枢神经系统和外周神经系统之分，中枢神经系统是指颅腔内的脑及椎管内的脊髓；外周神经系统是指自中枢神经系统生发出的纤维，即脑神经、脊神经和植物性神经系统。

(一)神经元

神经元由神经细胞体及其发出的两种突起——树突和轴突构成。神经元的细胞体是神经元的代谢和营养中心。神经元的树突是从胞体伸出的一个或多个树枝状突起，树突的机能一般是感受体内外的各种刺激。神经元的轴突是从胞体发出的一个长突起，轴突的主要机能是将信息传导到其他神经元或效应器(见图2-5)。

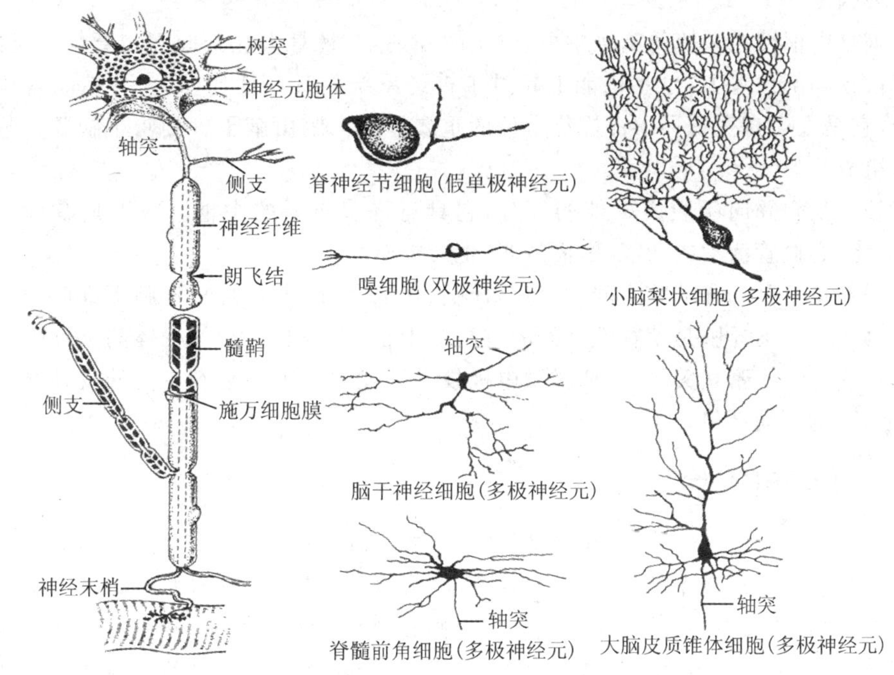

图2-5　神经元模式图

神经元受到刺激后会从较安静的状态转向较活跃的状态，这种现象就是神经冲动(动作电位)。神经冲动沿着神经元的轴突进行传递或神经冲动从一个神经元向邻近的下一个或一些神经元传递，这就是神经冲动的传导。

当神经冲动传递到神经纤维末梢时，它又是如何从一个神经细胞传递到另一个神经细胞的呢？这就涉及两个神经细胞之间的结构——突触，以及一种特殊的化学物质——神经递质，通过突触和神经递质才能实现信息从一个神经元向另一个神经元的传递。

(二)神经系统

1. 中枢神经系统

中枢神经系统包括脊髓和脑两大部分。

1)脊髓

脊髓位于椎管内，上端与延髓相连，下端至第一和第二腰椎之间，全长40～50厘米。脊髓呈圆柱形，前后扁平，分颈、胸、腰、骶、圆锥及终丝(终丝是脊髓终了之后，软膜的延续部分)几部分。

脊髓是中枢神经系统的最低级中枢，能完成一些低级反射活动，如膝跳反射的中枢调节就在脊髓。脊髓也是脑和周围神经联系的中介，来自外周的各种刺激，只有通过脊髓才能到达脑，而由脑发出的指令，也必须通过脊髓，才能到达相应的肌肉和腺体。但是在正常情况下，脊髓的活动受高级神经中枢(脑)的调节。

2)脑

脑是中枢神经系统的高级中枢，位于颅腔内，在枕骨大孔处向下与脊髓相延续。脑不仅在解剖位置上，也在机能上超过了神经系统的其他任何部分，并控制着这些部分，它是人类在生物界中占优势地位的重要原因。脑由脑干、间脑、小脑及大脑两半球组成。

脑干是脊髓向颅腔内延伸的部分，它具有许多重要的中枢。脑干具有调节呼吸、消化、心血管活动的功能，因而也叫“生命中枢”。

间脑位于中脑和端脑之间，它包括丘脑、丘脑上部(上丘脑)、丘脑下部(下丘脑)和丘脑底部。下丘脑是植物性神经的较高级中枢，与内脏活动及机体的多种生理功能和情绪等均有密切关系，如通过微电极技术已发现在下丘脑有专门的发动“快乐”和“痛苦”的不同部位。

经典实验

奥尔兹的“快乐中枢”试验

美国心理学家奥尔兹等人用“自我刺激”的方法，证明了下丘脑和边缘系统中存在一个“快乐中枢”。实验者在老鼠的下丘脑背部埋上电极，另一端与电源开关的杠杆相连(见图2-6)。老鼠只要按压杠杆，电源即接通，在埋上电极的脑部就会受到一个微弱的刺激。老鼠经过反复学习，逐渐形成了操作性条件反射。由于通过按压杠杆获得电流对脑的刺激能引起快乐和满足，所以老鼠不断地按压杠杆，通过“自我刺

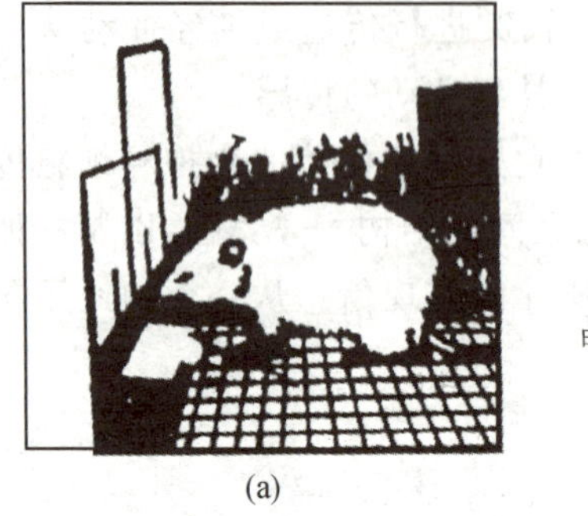

(a)

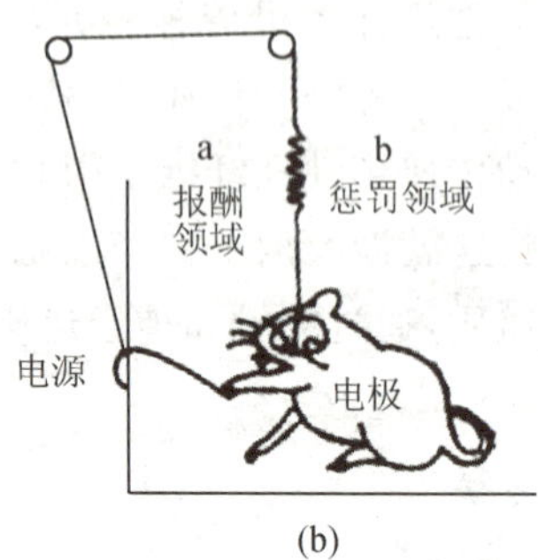

(b)

图2-6 奥尔兹的“快乐中枢”试验

激”来追求快乐。老鼠按压杠杆的频次可达每小时 5 000 次，并能连续按压杠杆 15～20小时，直到筋疲力尽、昏昏欲睡为止。如果在下丘脑以外的脑部埋上电极，则没有出现上述情形，或者快乐效果不明显。由此推断，老鼠的下丘脑中存在一个“快乐中枢”。

有人把“自我刺激”的方法运用于人类。当用电极刺激病人下丘脑的有关部位时，病人会面带微笑，表现出高兴的样子。病人在描述自己对刺激的感觉时，也说有“良好的感觉”。可见，人的下丘脑也存在“快乐中枢”。

小脑位于延髓和脑桥的背侧。小脑的主要功能是协调躯体肌肉的运动和维持平衡。小脑发生疾病时，闭眼直立时站不稳，走路时歪歪斜斜，运动不准确、不协调，不能完成精巧的动作。

大脑主要包括左、右大脑半球，它是中枢神经系统的最高级部分，是心理活动的主要器官，也是脑组织的最大部分。从外观上看，大脑几乎遮盖了其他结构，它的表面高度卷曲，形成许多的沟、裂、回。

大脑半球内面是由大量神经纤维组成的，这些神经纤维称为白质。白质负责大脑回间、叶间、两半球间及皮层与皮下组织间的联系。其中特别重要的横行联络纤维叫胼胝体。胼胝体位于大脑半球底部，对两半球的协同活动具有重要作用。

在大脑半球的内侧面，与脑干相连接并围绕着脑干的一些神经结构称为边缘叶，边缘叶与附近的一些皮层及皮层下的结构之间有着密切的神经联系，从而构成一个统一的机能系统，称为边缘系统。

边缘系统的机能与一系列的躯体、内脏活动有密切的关系，它是许多初级中枢活动的调节者。实验证明，边缘系统与动物的觅食、生殖性活动、植物性神经系统功能，以及情绪、情感、学习记忆等较高级的心理活动过程均关系密切。特别是边缘系统的海马体对从短时记忆向长时记忆的过渡发挥着重要作用。

大脑皮层具有严密的形态结构和机能定位。从外观上看，大脑由左、右两个大致对称的半球构成。两个半球的外层就是大脑皮层。人类大脑皮层的折皱形成了许多沟和裂。按照这些沟和裂，可把大脑皮层分为额叶、顶叶、枕叶和颞叶。额叶与顶叶由中央沟分开，颞叶在外侧裂下面，与枕叶和顶叶相连接，但没有明确分开的沟(见图 2-7)。

大脑皮层的不同区域具有不同的机能。按照上述的结构分布，大致相应地可分为四类机能区：皮层感觉区、皮层运动区、言语区和皮层联合区(见图 2-8)。

(1)皮层感觉区。皮层感觉区包括视觉区、听觉区和机体感觉区。它们分别接受来自眼睛的光刺激，来自耳朵的声音刺激，以及来自皮肤表面和内脏的各种刺激等。它们是接受和加工外界信息的区域。

(2)皮层运动区。皮层运动区位于中央沟前面的中央前回。它的主要功能是发出动作指令，支配和调节身体在空间的位置、姿势及身体各部分的运动。

(3)言语区。对大多数人来说，言语区主要定位在大脑左半球，它由较广大的脑区组成。若损伤这些区域将引起各种形式的失语症。在左半球额叶的后下方，靠近

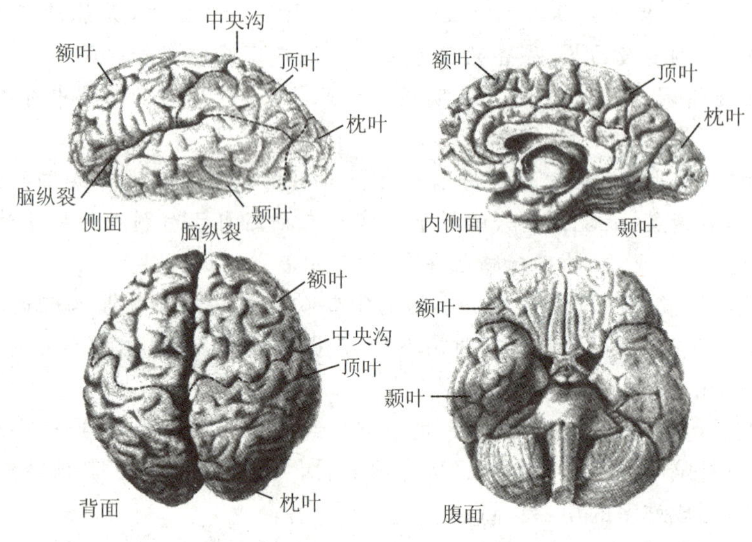

图 2-7　大脑皮层不同脑区的位置

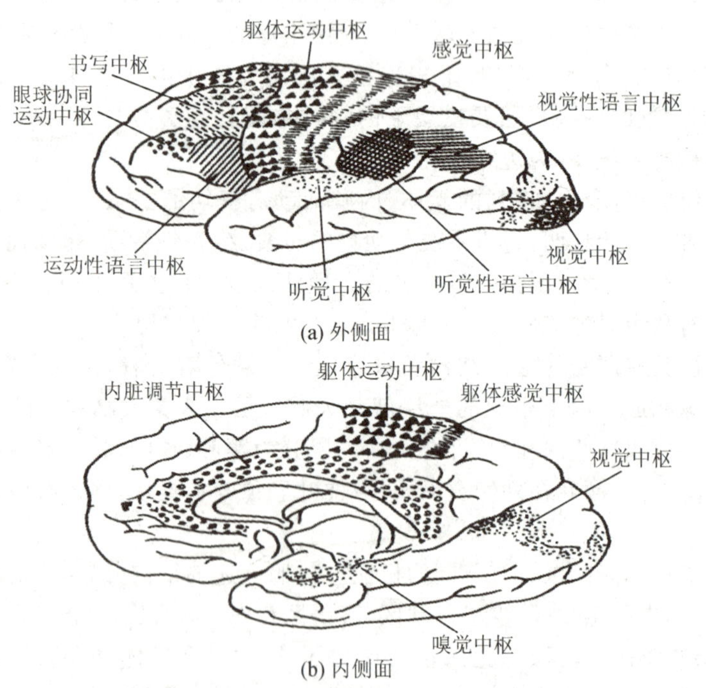

图 2-8　大脑皮层的机能区

外侧裂处，有一个言语运动区，亦称布洛卡区，它通过邻近的运动区控制说话时的舌头和颚的运动。这个区域受损就会出现运动性失语症。在颞叶上方、靠近枕叶处，有一个言语听觉中枢，它与理解口头言语有关，称为维尔尼克区，损伤这个区域将引起听觉性失语症，即病人不理解口语单词，不能重复刚刚听过的句子，也不能完成听写活动。

(4)皮层联合区。大脑皮层中起联络、综合作用的结构和机能系统，称为皮层联合区。它是大脑皮层执行高级心理功能的部位。

从外表来看，脑的两半球非常相似，但实际上，两半球在结构和功能上都有明显的差异。从结构上说，人的大脑右半球略大且重于左半球，但左半球的灰质多于右半球；左、右半球的颞叶具有明显的不对称性；各种神经递质的分布，左、右半球也是不均衡的。此外，两半球分别具有不同的功能。语言功能主要定位在左半球，该半球主要负责言语、阅读、书写、数学运算和逻辑推理等；而知觉物体的空间关系、情绪、欣赏音乐和艺术等则定位于右半球(见图 2-9)。

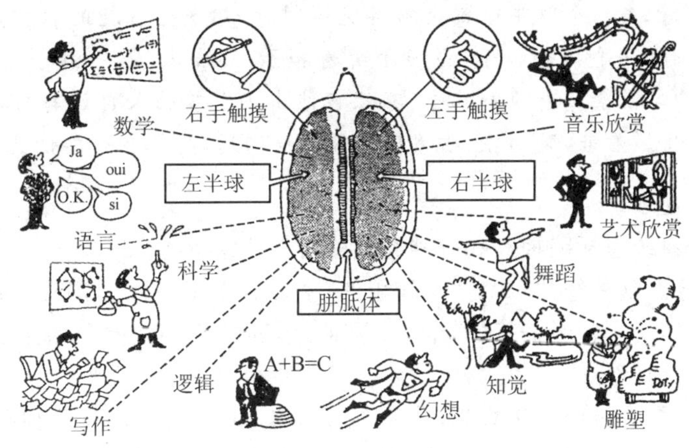

图 2-9　大脑两半球功能优势示意图

经典案例

关于裂脑人的研究

关于裂脑人(切断胼胝体的人)的研究，也是生理心理学历史上一个著名的实验。

20 世纪 40 年代，实验发现，猴子癫痫发作是通过胼胝体从一侧脑半球扩散到另一侧脑半球的，切断胼胝体可以阻断这种扩散。临床也证实，病人的胼胝体受损可减少癫痫的发作。因此，胼胝体切断术逐渐成为一种治疗方法，应用于癫痫病人的治疗。手术后，病人的各种机能都正常，有的还有提高，仿佛这个手术没有产生负面影响。那么，当胼胝体这座两半球之间的桥梁被拆除以后，左、右半球是如何工作的呢？对人的生活究竟有无影响呢？斯佩里等人对裂脑人进行了系统研究，并因此获得了 1981 年诺贝尔医学奖。

20 世纪 60 年代，斯佩里等人设计了一些巧妙的实验，对裂脑人进行研究。接受实验的人是一位家庭主妇，因癫痫施行了胼胝体切断术。在视觉-空间机能测查中，她坐在一个屏幕前，屏幕底下放有各种东西，可以用手摸得到，但看不到。首先，将一个杯子的图像投射在她的左脑，这时被试就报告说看见了杯子，并能从众多物品中用右手挑出杯子。接着，将杯子的图像投射在被试的右脑，问她看见什么了，她说什么也没看见。可是要求她用左手从屏幕下的东西里挑出一样她刚才“看见”的东西,她却能正确地把杯子挑出来。又重复多次,情况都是这样。

为什么会这样呢?因为图像进入右脑后,右脑没有命名机能,对于看见的东西无法用语言表达,但是视觉信息确实进入了脑内,因此可以指挥左手正确拿出方才看见过的东西。

从裂脑人的研究中,人们认识到,脑的左、右半球存在一些机能的不对称性。多数人的语言机能主要由左脑管理,而右脑则在非语言机能(如音乐、手工、美术)上占一定优势。

不过,从裂脑人的行为看,尽管平常他们的两侧脑半球彬彬有礼地轮流值班,似乎与常人无异,但当两个脑半球都企图实现控制时,就发生有趣的自相矛盾的现象。比如在穿衣服时,一手扣着扣子,另一手解着扣子;朋友来了,一只手想伸出去与人握手,另一只手却紧紧拉着前一只手,不让它伸出去。裂脑人自己与自己打着架,自己与自己闹矛盾。看来,脑的左、右半球如果缺少沟通,将会在一些情况下带来麻烦。

2.外周神经系统

外周神经系统包括脑神经和脊神经及植物性神经系统。

(1)脑神经。脑神经共12对,与脑相连,主要分布于头面部,分别为:嗅神经,视神经,动眼神经,滑车神经,三叉神经,外展神经,面神经,听神经,舌咽神经,迷走神经,副神经,舌下神经。

(2)脊神经。脊神经连于脊髓,共31对,分别为:颈神经8对,胸神经12对,腰神经5对,骶神经5对,尾神经1对。

(3)植物性神经系统。植物性神经系统是指控制内脏活动的传出神经系统。植物性神经系统包括交感神经系统及副交感神经系统两部分。

交感神经系统与副交感神经系统的作用往往具有颉颃性质。一般讲,人们把交感神经系统看成机体应付紧急情况的机构。当人们挣扎、搏斗、恐惧或愤怒时,交感神经系统马上发生作用,即加速心脏的跳动,下令肝脏释放更多的血糖,使肌肉得以利用;暂时减缓或停止消化器官的活动,从而动员全身力量以应付危急情况。而副交感神经系统的作用则相反,它起着平衡作用,抑制体内各器官的过度兴奋,使它们获得必要的休息。

二、内分泌系统和神经-体液调节

调节人体生理活动、心理活动的机构,除神经系统外,还有另一个重要系统,这就是内分泌系统。由于内分泌系统一般都受到神经系统的控制与调节,因而也就形成了神经-体液调节。

(一)内分泌系统

内分泌系统是由分布于全身各处的内分泌腺和一些内分泌细胞所组成的,它是通过内分泌腺或内分泌细胞所分泌的化学物质来实现对有机体的调节的一种重要的整合机制。

1. 什么是内分泌腺

人体内的腺体有两类：一类是外分泌腺或有管腺，它的分泌物通过导管流入某种管道或皮肤表面，如汗腺将汗液排出体外，胃腺将胃液排至胃腔内等；另一类是内分泌腺或无管腺，其分泌物由腺体细胞直接渗入血液或淋巴，并影响体内其他细胞器官的功能。由内分泌腺生成并分泌的生理活动物质称为内分泌物，或称为激素或荷尔蒙。内分泌系统对身体的调节作用是通过内分泌腺的作用来实现的，因此从内分泌系统的作用来看，它对维持机体的正常活动，保证机体与环境的统一至关重要。内分泌腺活动失调，分泌的激素过少或过多，都会引起生理、心理的异常。

2. 几种主要的内分泌腺及功能

目前，科学家们已发现了 27 种内分泌腺，其中与心理活动直接相关的主要有脑垂体、甲状腺、肾上腺、性腺等。

(1)脑垂体。脑垂体位于大脑底部，以一个漏斗形短柄与脑相连。成年人的脑垂体重约 0.6 克，相当于一粒豌豆大小。脑垂体可分为腺垂体和神经垂体两部分。腺垂体分泌的激素主要是促肾上腺皮质激素、促甲状腺素、促性腺激素等。这些激素一方面分别调节肾上腺、甲状腺、性腺对激素的合成与分泌，另一方面维持这些腺体的正常发育。

(2)甲状腺。甲状腺位于气管上端的两侧，左右各一个，它是人体最大的内分泌腺，重 20～30 克，其所分泌的激素为甲状腺素。甲状腺素具有调节体内物质代谢和促进生长发育的作用，尤其对中枢神经系统的发育和功能的影响甚为重要。

(3)肾上腺。肾上腺位于肾的上方，左右各一个，每个腺体都由外层的肾上腺皮质和内层的肾上腺髓质组成。肾上腺皮质分泌的激素有 3 类：糖皮质激素、盐皮质激素和性激素。

(4)性腺。性腺在男性体内为睾丸，在女性体内为卵巢。性腺既是人体的主要生殖器官，能产生生殖细胞(精子或卵子)，又是人体的重要内分泌器官，能分泌男性激素和女性激素。男性睾丸分泌雄激素睾丸酮，女性卵巢分泌雌激素和孕激素(还有少量雄激素)。

此外，下丘脑也能分泌激素，它所分泌的激素主要调节脑垂体中腺垂体的活动，这就使得中枢神经系统能够精确地调节内分泌系统的活动，使脑和内分泌系统紧密联系起来，从而共同对内外环境的变化作出全面、准确的反应。

(二)神经-体液调节

由内分泌腺或内分泌细胞将其分泌的特殊化学物质——激素直接释放，进入血液，然后通过血液循环运输至所作用的器官或组织，从而对人体的代谢、生长、发育、生殖，以及许多重要的生理功能和有关的心理活动起调节作用的方式，称为体液调节。由于所有内分泌腺都受神经系统的调节和支配，故又称这种方式为神经-体液调节。概而言之，神经系统通过调节内分泌腺分泌的激素，影响各种效应器官的活动，称之为神经-体液调节。

由此可见，神经系统对机体的生理、心理和行为的调节作用有两条途径：一条是神经系统直接调节各器官活动，另一条是通过神经-体液调节影响各器官的活动。神经-体液调节也是生理、心理活动的一种极为重要的调节方式。

第四节　环境、教育与青少年心理发展

“青少年”一词来源于拉丁文 adolescenre，指的是个体从童年向成年发展的过渡时期。国际上较流行的是将其界定为人生的 12 岁到 19 岁这一年龄段，相当于我国教育体系中的初中阶段到高中阶段。由于性成熟是这个阶段发展的主要特点，因而通常又将该年龄段称为青春期。此时，在内外因素的影响下，个体的生理、心理和行为都会发生一系列重要变化，显示出许多与先前完全不同的特点和质的变化，逐步形成每一个人独特的外形、能力、人格和其他重要的心理素质。

一、心理发展概述

（一）心理发展的概念

心理发展是指人的一生所发生的心理变化过程。就发展心理学而言，发展不仅指由不成熟到成熟的过程，也指衰退、消亡的过程。但教育领域研究的“心理发展”，特指个体由不成熟到成熟的成长阶段的心理变化。

因此，这里的心理发展主要指人的心理的积极、有序的发展变化，是个体心理连续的、有规律的变化过程。它不仅是量的变化，而且是质的变化，不包括由疾病、疲劳等原因导致的暂时的、偶然的后退表现。

以人的自控能力的发展为例，人在婴幼儿时期自控能力很差，几乎很难专心做什么事。最典型的表现就是在玩“捉迷藏”游戏时，不等别人找到自己，就按捺不住兴奋跳了出来。上了小学以后，在正确的教学方法引导下，可以安静地上四十五分钟的课，但若超过了这个时间，注意力就不能很好地集中了。到了高中阶段，学生们可以控制自己、克服疲劳，连续伏案学习几个小时，自控能力已接近成人。这个过程就是自控能力的发展过程。

（二）心理发展的一般特性

心理发展具有连续性、阶段性、稳定性、可变性这几个基本特性。

1.心理发展的连续性和阶段性

个体的心理发展是一个连续的过程，前后发展之间具有密切的联系，先前的发展为后来的发展打下基础，是后来发展的前提，这就是心理发展的连续性。个体心理发展又是一个矛盾运动过程，是一个不断从量变到质变的过程。当某些新质要素的量积累到一定的程度，取代旧质要素而占主导地位时，量变就成为质的“飞跃”，表现为心理发展的阶段性。

以个体思维的发展为例，3岁幼儿的思维是直觉行动思维，他们绘画时不会事先构思，画什么算什么。在直觉行动思维的基础上，随着知识和经验的增加，儿童就可以脱离动作操作仅依靠记忆中保持的形象来进行思维了，这样就产生了思维发展的一个质变——形象思维产生了。在此基础上，随着语言的发展，儿童逐渐从主要依靠形象进行思维过渡到主要依靠语言进行思维，思维的发展又有了一个新的质变——抽象思维产生了。

可以把儿童和青少年的心理发展划分为以下几个阶段：

(1)婴儿期(1岁前)；

(2)幼儿期(2～6岁)，相当于托儿所和幼儿园阶段；

(3)童年期(6～12岁)，相当于小学教育阶段；

(4)少年期(12～15岁)，相当于初中教育阶段；

(5)青年初期(15～18岁)，相当于高中教育阶段。

2. 心理发展的稳定性和可变性

一般说来，个体心理的发展具有一定的稳定性。这是因为脑的结构和机能的发展有一个大致稳定的速度和顺序，人们认识事物都有一个从低级到高级、从简单到复杂、从外表到本质的过程。所以，在一定的社会教育条件下，大多数的同龄儿童总是处于同一发展水平上，表现出相似的心理特点；心理发展的顺序是不可颠倒的，因此心理年龄特征具有相对的稳定性。

个体心理的发展同时也具有一定的可变性。由于社会和教育条件的不同，各个个体在发展速度、最终水平、优势领域等方面往往是千差万别的。我们普遍觉得现在的孩子比以前的孩子聪明，就是由于随着社会的发展，教育和生活水平的提高，儿童心理的发展变化加快了。父母对家庭教育的重视程度、学校的教学水平等因素也会使儿童心理的发展表现出明显的个体差异。例如，有的儿童早慧，有的儿童迟熟，有的对音乐敏感，有的有绘画天赋，有的由于教育条件较差而导致心理发展迟缓，等等，这些就是教育条件的不同导致的心理发展的差异。

经典案例 ……

人造天才的悲哀

曾经扬名一时的美国神童赛达斯6个月会认英文字母，两岁能看懂中学课本，4岁已发表了3篇500字的文章，在6岁生日晚会上又写成了一篇解剖学论文。在相当长的一段时间里，他成了全美新闻机构大捧特捧的超级明星。赛达斯12岁破格进入哈佛大学，然而14岁那年因患精神病入院，到21岁时，他只不过是一名普通的商店店员，薪水少得可怜。

赛达斯的父亲原为哈佛大学心理学的荣誉教授。他认为，人脑与肌肉一样，是可以训练与培养的。所以，在赛达斯出生以前，他就准备在儿子身上进行一系列“试验”。赛达斯一出世，赛达斯的父亲就在小床的周围挂满了英文字母，并不断在赛达斯身旁发出字母的读音。接着赛达斯的父亲又用各类教科书取代了儿童玩具。于是，赛达斯从小就被各种几何、地理和多种外国语言所包围。整个婴幼儿时期他都在独自刻苦读书。这样的训练结果使得孩子过早成熟。尽管赛达斯天资聪明，但过分加压使其神经系统开始失常，后来不得不被作为精神病患者送进医院。虽然他在痊愈出院后，又以优异成绩从哈佛大学毕业，但他早已对父亲的“试验”与整个世界产生反感，热切渴望过正常人的生活。自此以后，他离家而去，更名换姓，在一家商店里做普通店员。

（三）心理年龄特征

人的各个发展阶段具有的一些与其他阶段在质上相区别的心理特点，即个体的心理在某个年龄阶段具有的一般的、本质的、典型的特点，叫做心理的年龄特征。

以观察力的发展为例，学龄前儿童观察水平很有限，自觉性很差，情绪性占主导地位，在观察过程中易被鲜明、新奇的事物所吸引而忘记观察目的，观察时无顺序、无系统，这就是幼儿期观察力的年龄特征。小学高年级学生的观察能力有了较大的发展，能够描述事物之间的表面联系，但还不能认识事物之间的内在联系，这就是童年期学生观察力的年龄特征。青少年期学生的观察活动有了目的性、系统性，但是精确性不够，容易过早下结论，这就是青少年期学生观察力的年龄特征。

二、青少年心理的基本特点

青少年期是人生中最美好、最奇妙的一个时期。此时个体生理、社会生活和社会地位等方面一系列的发展与变化，导致了青少年心理呈现出过渡性、矛盾动荡性、社会性等重要特征。

（一）过渡性

青少年的生理正处于从不成熟迈向成熟的急剧变化之中，社会生活环境也逐步向成人过渡。随着身体的发展与性的成熟，青少年在体型与外貌上逐渐接近成人，首次体验到成人感。当有人对他们说“你又长高了，长大成人了”时，他们内心便会产生成人感的喜悦和自豪。伴随着这种感觉的产生，他们会把自己当作成人看待，并期望能够得到他人的承认，尤其是父母或其他成人的承认。他们渴望能获得成人的某些权利，寻求新的行为标准并渴望变换社会角色，有时还会模仿成人的言行举止，如抽烟、喝酒等。然而，事实上他们的心理发展水平是有限的，并没有真正发育成熟，各项生理、心理指标尚不完善，稚气未脱，同时他们不能履行成人的责任和义务，也常被排斥于成人群体之外。虽然他们在外在行为上模仿成人，但他们仍缺乏成人所具有的深刻而稳定的情绪体验，缺乏承受压力、克服困难的意志力，社会经验也相当贫乏，在很多时候会做出一些看似成熟实则幼稚的举动。

从总体上看，青少年还只是处在逐步接近成熟的时期。童年期的幼稚和成年期的成熟并存、交织发展，成为青少年心理和行为的一大特点。此时，他们的认识和学习能力迅速发展，但仍不够成熟，情感丰富热情但又常常缺乏控制，个性与自我意识迅速发展但仍然不够稳定。因此,非常需要教师、家长和社会上的成年人对其多加指导和关怀,以促进其身心的健康发展和过渡,真正趋向成熟。

(二)矛盾动荡性

青少年阶段是由儿童向成人过渡的阶段,是由一种质向另一种质的转变过程。在这一阶段,童年的模式被打破,而成人的模式尚未建立起来,青少年心理的过渡性必然会导致青少年心理的另一特点——矛盾动荡性。

此时,性的成熟导致青少年性意识的苏醒与性冲动的出现,而身体的全面发展与性需要的形成又促进青少年的自我意识和成人感的发展,出现了强烈的独立冲动。这种新的性需要和独立需要与青少年此时较低的心理成熟水平和社会地位之间的矛盾便构成青少年心理发展的基本矛盾。

青少年心理的矛盾动荡性导致其很容易出现心理和行为上的异常与问题。他们的自尊心和自信心在增强,对别人的评价十分敏感,争强好胜,但思维的片面性很大,容易偏激;他们很热情,也重感情,但有极大的波动性,常意气用事,容易激动和冲动;意志品质也在发展,但克服困难的毅力还不够,常常把坚定与执拗、勇敢与蛮干等混同。

许多研究表明,品德不良行为最容易出现在青少年期,而青少年的违法犯罪率在违法犯罪总数中所占比例也较高;其他像车祸、溺水、斗殴等意外伤亡率最高的年龄段也是青少年期。同时,研究还发现,心理疾病的发病率,从青春期开始逐年增高,青少年期是心理疾病发病的高峰阶段。青少年是个体心理成熟前一个矛盾较多而又十分动荡的时期。

(三)社会性

跟儿童相比,青少年的心理带有极大的社会性。虽说心理内容的社会性从儿童早期就已开始发展,但由于青少年活动社会性的增强及社会地位的变化,使青少年心理的社会性表现出与儿童期不同的新特点:认识方面,青少年已不限于儿童时期那种仅仅对自己或自己周围生活中具体事物的关心,而是开始以极大的兴趣观察、思考和判断社会生活中的种种现象与问题,政治、历史、文艺、法律、道德、社会风气、人际关系等都成了他们认识和思考的对象;情绪情感方面,社会性情感越来越丰富和稳定;个性上,青少年开始逐步形成一定的为人处世的态度和行为方式,动机、兴趣、品德、自我意识、世界观与人生观都开始逐渐形成并且稳定发展。

三、环境、教育与青少年心理发展

(一)遗传和生理成熟的早晚

遗传提供了一个人心理发展的最初前提,同时也是个体心理发展个别差异的重要基础。从青少年心理和行为的每一方面都能看到遗传素质的影响,智力高的父母其子女智力高的可能性更大,多动症、精神分裂症等许多行为和心理问题也同样可能会受遗传因素的影响。

生理成熟的早晚也同样会影响青少年心理的发展。一般而言，早熟的男性青少年在体型、力量与肌肉发育及男性气概的形成等方面都可能优于晚熟的男性青少年，他们在运动上表现较为优异，并易赢得异性与同性的友谊，也能获得成人较多的信任与喜欢，有助于形成自我概念与良好的心理适应。而晚熟的男性青少年则较易缺乏自信，更容易变得自卑和消极，甚至不愿参加集体活动，以避免与他人比较。当然不少早熟的男性青少年也要面对生理改变的困扰，他们也会因生理过早发育而引发焦虑，降低学习的兴趣，并会显得较为忧郁。但整体而言，男孩早熟较有利，晚熟较不利。

对女性青少年来说，早熟和晚熟都会遭遇较多的困难。因为早熟的女孩要比同龄女孩乳房发育早，并且有月经困扰，因而容易抑制早熟女孩的社会兴趣。近期的研究表明，早熟的女孩有更多的情绪问题，与她们的同伴相比，有较低的自我想象力和较高的压力、焦虑与饮食失调率。对晚熟的女性青少年来说，通常又由于觉得未能符合社会的标准和期望而感到自卑和担心。

总之，早熟与晚熟确实会给青少年男女造成不同的影响，不过这种影响需视其所处的家庭、学校与同伴关系而定，得到较多关怀与社会支持的青少年对早熟或晚熟通常都能较好地予以适应。

（二）家庭环境

家庭是个体生存、成长和发展的最重要场所之一。正是通过家庭，青少年才得以获取营养、经济支持、情感和知识，通过家庭，青少年习得社会的信仰、价值观和各种行为模式。家庭从各个方面多方位地影响着青少年心理的发展。

1. 家长自身的特点

(1)父母文化素质。许多学者认为，孩子的发展取决于父母的发展。一般说来，父母的文化素质较高，就更为重视子女的教育，善于运用正确的教育方式，善于处理家庭的各种问题，给孩子创造良好的生活和学习环境。

(2)父母的个性与行为。父母是孩子的第一任老师，也是终生的老师，父母的思想与言行对其子女具有潜移默化的影响。尤其在童年期或青少年早期，个体的人生观、价值观还没有发展起来，评判能力还不高，父母就是权威的化身，这时很容易把他们的思想与言行内化为自己的价值观念。

2. 亲子关系

(1)父母对子女的期望。父母的期望是青少年发展的重要因素。研究发现，父母对子女的期望水平越高，子女受到的激励就越大，对自己获得成就的愿望也越强烈，从而促使其学业成绩和道德行为水平的提高。

(2)教养模式。早在20世纪50至60年代，人们就已认识到父母教养模式与儿童个性、智力，以及是否可能罹患精神疾病具有一定的关系。鲍姆令德通过对父母教养模式与儿童个性特点之间关系的系统研究，区分出了民主型、权威型及放任型父母三种类型的教养模式，并认为比较理想的是民主型教养模式。

(3)亲子冲突。青少年时期,个体与父母之间的冲突会增加,这主要与亲子之间亲密度的降低有关,尤其与青少年跟父母待在一起的时间减少有关。在当代社会,竞争日益激烈,各个社会阶层、各种年龄层面的人都必然面临着社会的各种压力。而且现今的青少年多为独生子女,加上他们的父母正处于精力旺盛、年富力强、事业蒸蒸日上的时期,事业的繁忙使他们没有足够的时间和精力与孩子很好地交流,过渡时期的青少年也不再愿意事事向父母敞开心扉,交流思想与感情。亲子冲突的增加不可避免地会影响到青少年的调节与适应,并将影响到青少年心理的发展与人际关系的协调。

3. 兄弟姐妹

兄弟姐妹有助于促进青少年个性和社会化的发展,并随自身性别、兄弟姐妹性别、排行、间隔年龄、家庭中兄弟姐妹数及父母的对待等因素而变化。在和兄弟姐妹的相互作用中,个体习得忠诚、助人、合作、保护弱者等行为,同时也习得如何处理冲突、相互支持和竞争,这些行为模式是青少年日后社会交往和生活的重要基础。

4. 家庭生活环境

家庭生活环境包括家庭结构、家庭经济状况、家庭生活方式和家庭情绪气氛等方面,它们都对青少年心理的发展起着重要影响。比如,单亲家庭的青少年往往没有健全家庭中的青少年心理发展顺利;整日吵吵闹闹、情绪紧张的家庭中青少年的情绪和个性发展常会受到消极影响。

(三)学校教育环境

相对而言,学校是一个能更加正式地反映社会文化和价值的机构,它不但教授青少年各种专门的知识和技能,同时还向他们传递各种社会精神和世界观,是青少年走向社会的试验场和准备基地。

1. 教师的影响

教师的个性、能力等特点,以及教学、教育风格对青少年心理的发展影响极大。通常,教师兴趣广泛,学生中也多有业余活动爱好者,或研习书画,或能歌善舞;教师情绪稳定,态度安详,学生也多心平气和、活动有序;教师偏袒,不公平,则学生多任性、猜疑、自负或自卑。

2. 教学与课程

学科和专业的选择、学校课程的丰富程度及学校课外活动的多寡都会影响到青少年心理的发展。符合自己能力、兴趣的专业和丰富的课程,不仅能充分发挥个体的潜能、开发智力,还能培养青少年对生活的热爱与勤奋坚毅的良好品质;通过课外活动、团队活动等,可以开阔青少年的视野,提高科学兴趣,增加社会生活经验,增强社会责任感,并能培养青少年的团队合作意识和集体荣誉感。

3. 学校环境

优美的校园环境有助于青少年身心的健康发展,虽然这方面的实证性研究并不是很多，人们还是毫不否认校园环境、教室的布置及教学设备等物质环境对青少年学习技能养成、专长发挥与个性成长的影响。

（四）同伴关系与活动

同伴关系是青少年最主要的社会人际关系之一，随着个体成长到青少年期，这种关系对心理发展的影响作用也越来越大。一方面，青少年摆脱了家庭与父母，需要到同伴中去寻求归属和依托；另一方面，同伴关系也是青少年寻求自我成长参照、获取各种新信息和习得交往技巧的重要途径。

1. 青少年期的友谊

跟童年期相比，青少年期的友谊具有较大的稳定性与内在性，外部情境性因素对友谊关系的影响越来越小，友谊能保持得更加持久与牢固。此时的友谊已非幼时的“游玩同伴”，主要是由内在兴趣、爱好的相投，思想、情感的共享而确定的。

2. 青少年的同伴群体

青少年喜欢结伴成群，他们除了参加学校、班级的各种正式群体外，为了满足相互交往、情感交流的需要，还会自发结成各种各样的同伴群体。比如，由兴趣、爱好相投而结成的各种学习小组、体育活动小组，这种同伴群体对孩子的发展具有积极的促进作用，家长和教师都应该予以积极支持与鼓励。但有时候，青少年也会由于受到不良习气的影响而参加或形成一些不良的同伴群体（如聚赌、一起吸毒等），对此，家长和教师要及时发现、正确引导。

（五）传播媒介和社会文化环境

1. 传播媒介

青少年心理发展除了受家庭、学校、同伴的影响外，还无时无刻不受到传媒媒介的影响。其中，影响最大的传媒便是图书、电视和因特网。

（1）图书。为了开阔视野、拓展知识面和培养阅读技能，青少年需要阅读大量的书籍，不过这些目的的达成必须借助那些健康向上的读物。随着图书杂志的增加，书籍的选择也成了困扰青少年的一个问题，一本好的读物可以陶冶人的情操，促进人的思维，培养人的情感，加强人的修养，引发人积极上进；而恐怖、暴力或色情等不健康读物只会浪费人的时间和精力，毒害青少年，成为青少年犯罪的诱因和催化剂。

（2）电视。电视在现代生活中扮演着重要的角色，青少年可以从中学到几乎所有的东西：各种各样的知识与行为，光怪陆离的奇事、暴力、色情及其他许多从未直接经历的事情。电视形象、生动，易于模仿和记忆，对青少年行为和心理的发展影响极大。公众社会一致认为，电视节目的编排只有充分考虑对青少年身心健康的影响并受到一定的监督才能更好地促进青少年的发展。青少年对充斥于电视屏幕的暴力、色情极有可能在好奇心的驱动下进行模仿，这会严重影响青少年的行为和身心健康。

（3）因特网。随着现代信息技术的发展，网络成为现代大众传媒的代表。网络的便利与信息的日益丰富，使青少年网民日益增多。除了获得所需的信息外，越来越多的青少年沉迷于网上“冲浪”，或者通过网络交友和购物。因特网上资源丰富，直观形象，兼有电视、图书杂志的优点。而且，随着生活状况的改善和社会服务的全面升级，青少年上网越来越方便，不论是在家里、学校或邻近的网吧都能上网。因此，因特网已成为当前对青少年影响最为重要和直接的传媒。

通过因特网，青少年可以不分民族、性别、信仰等因素而进行匿名的信息交流。根据相同的爱好和对某些问题的兴趣便可形成讨论组之类的团体，由此产生了由电子信息网络联系起来的新的社会团体和关系。一方面，因特网使人可以直接通过网络去获取和掌握各种各样的知识与信息，从而有利于青少年现代观念的形成，有利于青少年获得大量在课堂或书本上得不到的知识，接受更多的最新信息，有利于青少年现代能力素质的培养。而另一方面，青少年正处于成长的关键期，容易受到外界事物的诱惑。因特网的一些潜在的负面影响也容易使青少年产生“网瘾”或网络心理障碍，不利于青少年的身心健康。

总之，大众传播媒介是一把双刃剑，既有积极的作用，又有消极的影响。现代传媒的出现、技术的发展为人们提供了信息传播的便利，为人类发展提供了历史机遇，为青少年提供了更好的学习机会，但同时产生的负面影响也是不容忽视的，一些腐朽思想与不良文化的传播将直接危害青少年的身心健康。

2. 社会文化

任何一个社会都有其特定的文化或生活方式，这种文化或生活方式为其中所有的成员打上了不同程度的印记。通常我们认为，家庭、学校是青少年成长的主要影响因素，但他们的信仰和价值观实际上也都不过是当时特定文化和社会的反映。

在现代社会中生活的青少年，由于价值选择的多样性和社会关系的复杂性，导致他们心理、行为、价值观的纷繁多样，有些是适当的，有些对现代社会来说则是不适当的，有些根本就无法评说。这种环境有利于青少年自由自在、更加充分地发展，同时也带来了很多的青少年心理问题和社会问题。最近十几年来，国际上青少年问题的反复出现，无疑都跟当代社会的经济观、金钱观、消费观、劳动观、知识观等一系列价值观的多元化和变化加速化有极大关系。

整个社会都应该注意对青少年的正确引导与教育，以促进青少年身心的健康成长和对快速变化的社会的良好适应。

思考与练习

1. 名词解释

反射和反射弧　　无条件反射和条件反射　　第一信号系统和第二信号系统
兴奋过程与抑制过程

2. 为什么说脑是心理的器官，而心理是脑的机能？

3.如何理解“心理的产生是人脑的反映机能与外界客观现实的反映内容的高度统一”的含义？

4.阐述反射弧的作用过程。

5.什么是无条件反射和条件反射？分别对应哪些经典实验？

6.用反射活动的规律解释日常生活中的一些现象。

7.高级神经活动的基本过程和规律在日常学习和生活中有哪些体现？

8.什么是神经元？它的基本功能有哪些？

9.解释大脑皮层的功能及其在人类心理和行为中的重要意义。

10.青少年的心理发展受到哪些因素的影响？

课外延伸

根据本章内容，结合自身实际，与同学分享对影响青少年心理发展因素的看法。

第三章 感觉与知觉

本章学习目标 ……

- 掌握感觉与知觉的概念
- 理解感觉与知觉的联系与区别
- 了解感觉与知觉的作用及分类
- 掌握并创造性地应用感觉与知觉的规律

鲍勃·伊登斯一出生即失明，在51岁时复明。后来，他在谈到恢复视力后的经历时说："我从来没有想到黄色竟是那样，黄色太让我感到惊讶了，难以形容。红色是我最喜欢的颜色，但是，我难以相信这就是红色。天不亮，我就迫不及待地起床，想去看一切我能看见的东西。夜晚，我遥望天空中的星辰和闪烁的光。有一天，我看见一些蜜蜂，它们美极了。我看到一辆卡车流星似的在雨中驶过，在空气中留下一道水雾，太美了！我还看见一片凋零的叶子在空中飘荡，让人难以忘怀。世界上的一切对于我都是那么美！你们能理解吗？这种感觉太美妙了！"

在正常人眼中再平常不过的景色对复明后的鲍勃·伊登斯而言感觉很美妙。其实在日常生活中，我们常常会说到"感觉"这个词，例如"我对你没感觉"、"感觉完成这项任务挺容易"、"感觉真没意思"等，这里的"感觉"分别是什么意思？它与心理学的专有名词"感觉"到底是不是一回事？本章将讨论这些问题。

第一节　感觉与知觉概述

一、感觉与知觉的概念

（一）感觉

感觉是人脑对直接作用于感觉器官的客观事物的个别属性的反映。例如，我们可以通过眼睛反映物体的颜色，这属于视觉；通过耳朵反映物体发出的声音，这属于听觉；通过鼻子闻一闻物体发出的气味，这属于嗅觉；通过皮肤接触感受物体的温度或软硬程度，这属于肤觉等。感觉是最简单的心理过程，是其他各种复杂的心理过程的基础。

感觉具有自己的特点：①感觉反映的是当前直接接触到的客观事物，而不是过去的或者间接的事物；②感觉反映的是客观事物的个别属性，而不是事物的整体属性。

（二）知觉

知觉是人脑对直接作用于感觉器官的客观事物的整体属性的反映，是个体对感觉信息进行组织和解释的过程。在日常生活中，绝对孤立的感觉是很少的，因为我们总是要把对事物的各种感觉信息综合起来，并根据自己的经验来解释事物。也就是说，我们通常是以知觉的形式来反映事物。例如：我们看到的红色，不是脱离具体事物的红色，而是红旗的红色，或红花、红衣、红车等的红色；对于听到的声音，我们总是知觉为言语声、流水声或鸟鸣声等有意义的声音。

知觉具有自己的特点：①知觉反映的是当前直接作用于感觉器官的事物；②知觉反映的是事物的个别属性之间的相互联系和关系，即事物的整体，是多种分析器协同作用的结果；③知觉作为对事物的各种个别属性加以综合和解释的心理过程，处处表现出人的主观因素的参与。

二、感觉与知觉的生理机制

（一）感觉的生理机制

感觉的产生是分析器活动的结果。分析器是感觉器官（感受器）、传入神经和大脑皮层的感觉中枢所组成的统一的形态机能结构整体。感觉的产生必须是分析器所有部分参与活动的结果。首先，感受器把外界刺激转换为神经冲动；其次，传入神经把神经冲动传至大脑皮层，并在神经网络的传输过程中，对输入的信息在不同阶段上进行有选择的加工；最后，在大脑皮层的感觉中枢，传入的刺激信息被加工为人们可以体验到的各种感觉。

（二）知觉的生理机制

现代神经生理学揭示了大脑皮层不同区域的分析、综合机能。感觉皮层的二级区主要负责整合的功能，该部位损伤会使人脑对复合刺激物的整合知觉机能丧失。感觉皮层的三级区是各种感觉的皮层部位的“重叠区”，在实现各种分析器间的综合作用方面发挥着重要作用，该区域的损伤将引起复杂的同时性综合能力的破坏。

三、感觉与知觉的作用

感觉与知觉是其他复杂心理活动的基础，虽然简单，但在日常生活中具有非常重要的作用。

（1）感觉为主体提供内外部环境信息。通过感觉，人们既能认识外界事物的颜色、亮度、气味、软硬等属性，也能认识自己机体的状态，从而有效地进行自我调节。

（2）感觉是其他一切心理现象的基础，借助于通过感觉获得的信息，人们不但可以进行更复杂的知觉、记忆、思维等认知活动，而且可以产生各种情绪体验。

(3)感觉是维持正常心理活动的重要保障。实验表明,在动物个体发育的早期进行感觉剥夺,会使动物的感觉功能产生严重缺陷;人类也无法长时间忍受全部或部分的感觉剥夺。感觉剥夺会使人的思维过程混乱,出现幻觉,注意力不能集中,甚至还会有严重的心理障碍。

四、感觉与知觉的关系

感觉与知觉是不同的心理过程,二者既有区别,又有联系。

(一)感觉与知觉的联系

(1)感觉是知觉产生的基础。感觉是知觉的有机组成部分,是知觉产生的基本条件,没有反映客观事物个别属性的感觉,就不可能有反映客观事物整体属性的知觉。

(2)知觉是感觉的深入与发展。一般来说,若对某种客观事物或现象感觉到的个别属性越丰富、完善,那么对该种事物的知觉就越完整、准确。

(3)知觉是高于感觉的心理活动,但并非感觉的简单相加,它是在个体知识经验的参与下,以及个体心理特征,例如需要、动机、兴趣、情绪状态等的影响下产生的。

(二)感觉与知觉的区别

(1)产生的来源不同。感觉是介于心理和生理之间的活动,它的产生主要来源于感觉器官的生理活动及客观刺激的物理特性。知觉是在感觉的基础上对客观事物的各种属性进行综合和解释的心理活动过程,表现出人的知识经验和主观因素的参与。

(2)反映的具体内容不同。感觉是人脑对客观事物的个别属性的反映,知觉则是对客观事物的各种属性综合的、整体的反映。

(3)生理机制不同。感觉是单一分析器活动的结果,知觉是多种分析器协同活动对复杂刺激物或刺激物之间的关系进行综合分析的结果。

第二节　感觉与知觉的种类

一、感觉的种类

根据分析器所处的位置和适宜刺激来源的特点,可以把感觉分为两大类:外部感觉和内部感觉。外部感觉的感受器位于人体的表面或接近表面的地方,主要接受来自体外的适宜刺激,反映体外事物的个别属性,主要有视觉、听觉、嗅觉、味觉、肤觉等。在这些感觉中,视觉对人的认识作用最大,在人接受的外部信息中,80%～90%都是通过视觉获得的,听觉次之。内部感觉的感受器位于肌体的内部,主要接受肌体内部的适宜刺激,反映自身的位置、运动和内脏器官的不同状态,包括运动觉(动觉)、平衡觉(静觉)和肌体觉。

二、知觉的种类

根据不同的分类标准，可以把知觉分为不同的种类。

根据在知觉中起主导作用的分析器的特征，可以把知觉分为视知觉、听知觉、触知觉、嗅知觉、味知觉等。

世界上的一切事物都在一定的时空中运动着，我们根据事物的时间、空间和运动特征，可以把知觉分为时间知觉、空间知觉和运动知觉。

（1）时间知觉。时间知觉是指对客观事物和事件的连续性和顺序性的反映。它包括对时间的分辨、确认、预测及对持续时间的估计。时间知觉有时并非由固定的刺激引起，也不像光和声音那样有专门的感觉器官，因此在对时间进行知觉时须借助下列的参考系：①自然界的周期性现象（太阳的东升西落、月亮的盈亏圆缺、植物的盛衰枯荣、季节的交替变化等）；②人体自身的生物节律（人体的体力节律期为 23 天、情绪节律期为 28 天、智力节律期为 33 天）；③计时工具（日历、钟表等）。

（2）空间知觉。空间知觉是指人对客观世界物体的空间关系的认识。它包括形状知觉、大小知觉、深度与距离知觉、方位知觉与空间定位等。空间知觉在人与周围环境的相互作用中起着重要作用，如果缺少空间知觉，人将很难正常生活。但空间知觉并不是天生的，而是后天学习的结果。

经典实验……

奇特的感觉

19 世纪末，施特拉顿（Stratton）做了一个著名的实验。他设计了一种能将视像倒转 180°的眼镜。戴上后，外界的一切事物都颠倒了。开始，他非常不适应这种情境，视觉和触觉、动觉之间发生了矛盾，在空间中的行动发生了困难。如想拿上面的东西，手却伸向下方；想拿左面的东西，手却伸向右方；写字时也不能依靠视觉而只能依靠触觉和记忆。这种异常的体验，还使人感到头痛和恶心。但是过了 8 天以后，视觉逐渐与触觉、动觉协调起来，他不再感到外部是一个颠倒的世界了，能够比较完善地适应新的空间关系，周围的景象看起来正常了，也能行动自如。但是摘掉眼镜后，又重新经历了适应空间环境的过程。实验表明，对客观世界的空间知觉并不是天生就有的，而是通过后天学习获得的，是将许多感觉器官所得到的信息，如视觉信息、触觉信息、动觉信息综合分析以后产生的。在空间知觉中，视觉起着主要作用。

（3）运动知觉。运动知觉是指人对物体的运动特性的知觉。运动知觉与人类的日常生活和工作具有密切关系。正确估计物体运动的速度，是生产操作、交通航行、体育运动及军事射击等的重要条件。运动知觉包括真正运动的知觉和似动知觉。

一般情况下，人们在已有的知识或经验的基础上，知觉系统会对客观事物作出某种最合理、最可能的解释，但在特定条件下，这种解释往往容易产生偏差，就形成了错觉。错觉产生的原因很复杂，往往是由主观或客观因素导致的。

1. 错觉的种类

错觉在各种知觉中都有可能发生。常见的错觉有大小错觉、形状错觉、方位错觉、形重错觉、倾斜错觉、运动错觉和时间错觉等。其中大小错觉、形状错觉、方位错觉可统称为几何图形错觉。图 3-1 列举的就是一些经典的视错觉种类。

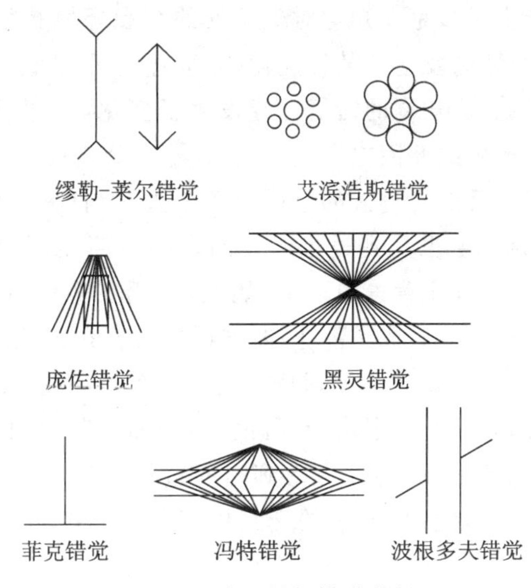

图 3-1　常见的视错觉举例

(1)缪勒-莱尔(Muller-Lyer illusion)错觉：末端加上向外的两条斜线的线段比末端加上向内的两条斜线的线段看起来长一些，其实两条线段等长。

(2)艾滨浩斯错觉(Ebbinghause illusion)：看起来左边中间的圆比右边中间的圆大一些，但实际上这两个圆的大小相同。

(3)庞佐错觉(Ponzo illusion)：中间的四边形是矩形，而不是顶边比底边宽的四边形。

(4)黑灵错觉(Hering illusion)：中间两条线是平行的，但看起来是弯的。

(5)菲克错觉(Fick illusion)：垂直线段与水平线段等长，但看起来垂直线段比水平线段长。

(6)冯特错觉(Wundt illusion)：中间两条线是平行的，但看起来是弯的。

(7)波根多夫错觉(Poggendoff illusion)：被两条平行线切断的同一条直线，看上去不在同一条直线上。

除了视错觉，还有听错觉(利用仪器使左边来的声波先进入右耳，会觉得声音是从右边来的)、嗅错觉(把一种气味闻成另一种气味，如把杉木味闻成油漆味)

等。上面列举的都是发生在同一感觉通道间的错觉,还有发生在不同感觉通道间的错觉,如形重错觉(例如,一千克铁和一千克棉花的物理重量相同,但人们用手进行比较时会觉得一千克铁比一千克棉花重得多)、视听错觉(看着台上作报告的人会觉得声音是从前边传过来的,闭上眼睛就发现声音是从旁边的扩音器中传来的)等。

2.错觉产生的原因

关于错觉产生的原因虽有多种解释,但迄今都不能完全令人满意。从现象上看,错觉的产生可能既有客观的原因,也有主观的原因。

客观上,错觉的产生大多是在知觉对象所处的客观环境有了某种变化的情况下发生的。有的是对象的结构发生了某种变化(如垂直-水平错觉),有的是对象处于某种背景之中(如太阳错觉)。知觉的情境已经发生了变化,人却以原先的知觉模式进行感知,这可能是错觉产生的原因之一。

主观上,错觉的产生可能与过去的经验有关。人对当前事物的感知总是受着过去经验的影响。错觉的产生也受到过去经验的影响。例如,我们生活在地球上,习惯把小的对象看成在大的静止背景中运动,如人、车辆在静止的大地上运动。所以,夜晚观月,也习惯把大片云朵看成是静止的,误以为月亮在云朵后移动。

情绪态度也会使人产生错觉。如时间错觉:焦急企盼、彻夜失眠、百无聊赖、无事可干等都会使人感到时间过得很慢,有所谓"度日如年"、"一日三秋"之感;全神贯注于自己的工作或欢乐的活动,会使人感到时间过得很快,有所谓"光阴似箭"、"日月如梭"之感。再如空间错觉:战败了的士兵由于恐惧而产生"风声鹤唳"、"草木皆兵"的错觉等。

错觉也可能是各种感觉相互作用的结果。例如,形重错觉的产生很可能是因为平常我们接收的视觉信息大大多于肌肉动觉信息,在提一定重量的物体时,我们首先倚重视觉提供的信息,会准备用大一点的力气去提大物,用小一点的力气去提小物,结果便感到原本重量相同的两个物体重量不同,总觉得较小的物体重些。又如,听报告时声源移位的错觉可能是视觉和听觉相互作用的结果。总之,产生错觉的原因是多种多样的。这里,既有客观的原因,也有主观的原因;既有生理的原因,也有心理的原因。对于各种错觉的产生原因,应有针对性地进行分析。

错觉现象通常反映了知觉系统对于标准知觉环境的某种特殊的适应性,这种适应性经过长期进化被根植于我们的大脑。可以说,让我们正确地感知周围世界的知觉机制同时也是导致知觉解释发生错误、产生错觉的机制。

研究错觉现象具有重要的理论和实践意义。通过对错觉现象的研究,我们不仅可以更全面地了解人们认识客观世界的规律,而且可以在日常的生活和实践活动中识别、利用错觉。如今,错觉现象在艺术设计、建筑装潢、日常着装以及军事方面有着广泛的应用。

第三节　感觉与知觉原理的应用

一、感受性及其变化规律

感觉是刺激直接作用于某一器官而引起的，但并不是任何刺激都能引起我们的感觉，能引起感觉的刺激必须是具有适当强度的。例如，380～780 纳米以外的光波是不可见的，20～20 000 赫兹范围以外的声波是听不见的。感觉强度和刺激强度之间存在依存关系，心理学上用感受性和感觉阈限来说明这种关系。

(一)感受性和感觉阈限

感觉器官对适宜刺激的感觉能力叫感受性。感受性是人的感觉系统机能的基本指标。感受性的大小是用感觉阈限来衡量的。所谓感觉阈限是指人感到某个刺激的存在或者变化的量。感觉阈限和感受性二者在数值上成反比关系，也就是说：阈限值越小，感受性越强；阈限值越大，感受性越弱。感觉阈限是衡量感受性大小的指标，是用刚刚能够引起感觉或者差别感觉的刺激量的大小来表示的。据此可以把感觉阈限分为绝对感觉阈限和差别感觉阈限，它们分别与绝对感受性和差别感受性相对应。

(二)绝对感受性和绝对感觉阈限

凡是达不到最小刺激量的刺激物，其刺激强度都在阈值以下，不能引起感觉，随着刺激强度的增加，人们就会产生感觉。刚刚能够引起感觉的最小刺激量称为绝对感觉阈限，对这种最小刺激量的感觉能力称为绝对感受性。绝对感受性以绝对感觉阈限来衡量，绝对感觉阈限越大，即能够引起感觉所需要的刺激量越大，感受性就越小；绝对感觉阈限越小，即能够引起感觉所需要的刺激量越小，感受性就越大。因此，绝对感受性和绝对感觉阈值在数量上成反比关系。可用公式表示为：

$$E=I/R$$

式中：E 代表绝对感受性；I 代表标准刺激量的强度；R 代表绝对感觉阈值。

过去，人们曾经把绝对感觉阈值看作是固定的刺激量，实则不然，在不同条件下，同一感觉的绝对阈值可能会因受到的刺激的强度和持续时间的不同，以及个体注意力和年龄的不同而存在差异。

(三)差别感受性和差别感觉阈限

刺激物的强度会发生变化，但并不是任何变化都能被感觉到，只有当刺激变化到一定量时，我们才能感觉到差别。能引起差别的刺激物的最小变化量称为差别感觉阈值。对差别感觉阈值的感觉能力，称为差别感受性。二者在数值上也成反比关系。

(四)感受性的变化

1. 感觉适应

感受器在刺激物的持续作用下，感受性提高或者降低的现象叫做感觉适应。如

图 3-2　负后像

从暗处走到明处，受到阳光刺激，起初几秒钟会看不清东西，但很快就改变了，等等。在各种感觉中，视觉、嗅觉、味觉适应特别明显，痛觉适应较难。

2. 感觉后效

刺激物对感受器的作用停止后，感觉现象并不会立即消失，它能保留一个短暂的时间，这种现象称为感觉后效。各种感觉中痛觉后效特别显著，视觉后效也很显著。视觉后效也叫后像，后像有正负之分，与刺激物的品质相同的后像叫正后像，与刺激物的品质相反的后像叫负后像。

如图 3-2 所示，盯住看 30 秒，转向白色墙壁，你看到了什么？

后像的持续时间与原刺激作用的时间有关，长时间刺激产生的后像持续的时间比短时间刺激产生的后像持续的时间要长。

3. 闪光融合

闪光融合现象是与视觉后像相联系的一种视觉现象。当持续作用的光刺激达到一定频率时，感觉到的不再是断续刺激而是连续刺激。例如，使用交流电的日光灯，虽然每秒钟闪 100 次，但我们并没有感到它是断断续续的。又如，电影院放映的电影是以极快的速度放映一张张电影幻灯图片，由于闪光融合，我们感觉这些画面是连续的。

4. 感觉对比

同一感受器由于受到不同的刺激而使感受性发生变化的现象叫做感觉对比。感觉对比有同时对比和先后对比两种。由同一感受器同时接受两种刺激的作用而产生的对比叫做同时对比。一般情况下，同一种颜色被放在较暗的背景上看起来亮一些，被放在较亮的背景上看起来暗一些(见图 3-3)，而怀特效应描述的情况则刚好相反(见图3-4)。先后对比是指同一感受器接受不同的刺激作用而产生的对比现象。例如，刚喝过糖水就觉得西瓜不怎么甜了。

图 3-3　传统的明暗对比

图 3-4　怀特效应

拓展阅读 ……

怀特效应

1979年，塔斯马尼亚高级教育学院的迈克尔·怀特发现的一种错觉现象，彻底改变了视觉学的原貌。如图3-4所示，左侧的灰条亮度看起来超过右侧的灰条亮度，而实际上，所有灰条亮度都是一样的。在怀特发现这种现象前，所有亮度错觉均被认为是由颉颃过程所致，也就是说，灰色物体在被白色物体包围时看上去更为暗淡，被黑色物体包围时看上去更为明亮。但在这幅错觉图中，被白色包围的灰条亮度看上去更高，被黑色包围的灰条则看上去更为暗淡。迄今为止，怀特效应背后的大脑机制仍旧是一个谜。

5. 不同感觉的相互作用

感觉并不是孤立的，感觉之间相互影响、相互作用。

不同感觉之间的相互作用是指一种感觉器官受到刺激而引起另一种感觉器官产生感觉或者感受性发生变化的现象。通常的情况是对一种感觉的弱刺激会提高对另一种感觉的感受性，而对一种感觉的强刺激会降低对另一种感觉的感受性，如弱光刺激可以提高听觉感受性。极端的表现是感觉补偿。感觉补偿是指人的某种感觉能力丧失后，为适应生活的需要，其他感觉的能力会获得突出的发展，以资补偿。例如，盲人丧失了视觉，但其听觉和触觉得到了特别的发展（见图3-5）。

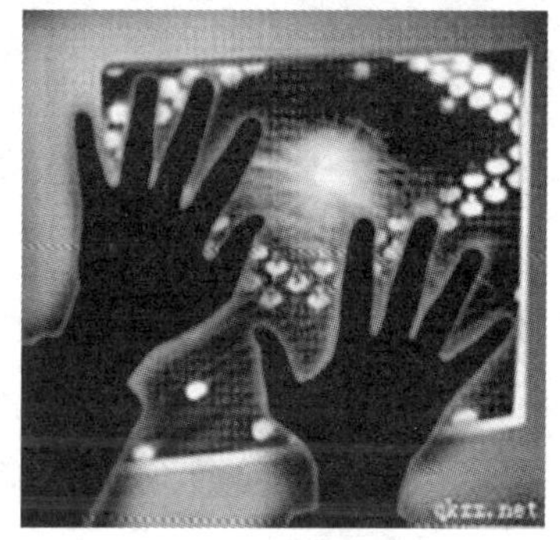

图3-5　感觉补偿

对一种感官的刺激作用触发另一种感觉的现象，在心理学上被称为联觉现象。最常见的联觉是色-听联觉，即对色彩的感觉能引起相应的听觉，现代的“彩色音乐”就是这一原理的运用。色觉又兼有温度感觉。例如：红色、橙色、黄色会使人感到温暖，因此这些颜色被称为暖色；蓝色、青色、绿色会使人感到寒冷，因此这些颜色被称为冷色。还有一种色觉被称为“光幻觉”，可伴有味觉、触觉、痛觉、嗅觉或温度觉。语-色联觉是指某些词汇引起的色觉。日常生活中，人们常说“甜蜜的声音”、“冰冷的脸色”等，就是一种联觉现象。人们在绘画、建筑、环境布置、图案设计等活动中经常利用联觉现象以增强相应的效果。有些画家进行过联觉实验，比如用鲜明的色调对比来引起一种非视觉的反应。联觉还是被许多诗人应用的一种创作手段。

二、知觉的规律

人的知觉过程是一个有规律的心理活动过程，具有整体性、选择性、理解性和恒常性的特征。

（一）知觉的整体性

当客观事物的个别属性作用于人的器官时，人能够根据知识经验把它知觉为一个统一的整体，这就是知觉的整体性。例如：我们会把图 3-6 知觉为笑脸，而不是单条的曲线。

知觉的整体性一方面是人在知识经验的基础上对事物个别属性的整合过程，另一方面也与知觉对象的特性及各个部分的结构有关。格式塔心理学派把它归结为相似律、邻近律、连续律、封闭律（见图 3-7）等。

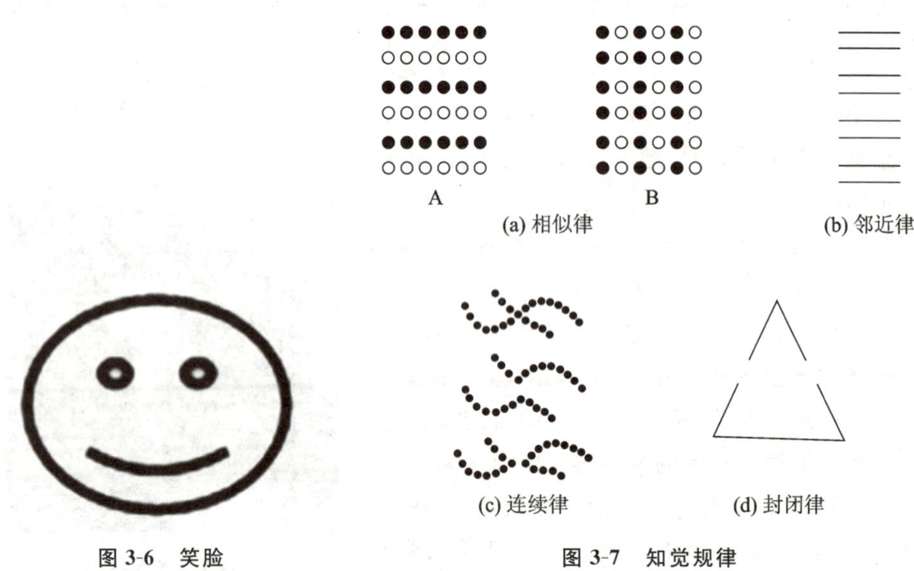

图 3-6　笑脸

图 3-7　知觉规律

（二）知觉的选择性

当纷繁复杂的刺激作用于人体时，人不可能对同时作用于自己的刺激全部清楚地感受到，也不可能对所有的刺激都作出相应的反应。我们总是把某些事物作为知觉的对象，把其他事物作为知觉的背景，这就是知觉的选择性，即我们总是选择某些事物或事物的某些特性作为我们知觉的对象。知觉的对象能被我们清晰地感知，知觉的背景只是被我们模糊地感知。知觉的对象和背景之间的关系是相对的，这表现在知觉的对象和背景可以互相转换。例如，当我们上课注意听讲时，教师的声音便成为我们知觉的对象，而其他一切便成为我们知觉的背景。影响知觉选择性的因素主要可以分为客观因素和主观因素。客观因素有刺激物的运动、变化、强度、位置等，主观因素有经验、兴趣、动机、需要、情绪等。例如：对于图 3-8，有人将其知觉为飞鸟，有人将其知觉为兔子；对于图 3-9，有人将其知觉为海王，有人将其知觉为海洋生物。

图 3-8　飞鸟还是兔子?

图 3-9　海洋生物还是海王?

知觉中对象和背景的关系不仅存在于空间刺激组合中,而且存在于时间序列中。对于同一事物的知觉往往受到前后相继出现的物体的影响。例如,图 3-10 中(b)是一张两歧图形,既可以看成是一张女士的面孔,也可以看成是吹萨克斯的男士。而左右两侧的图形是没有歧义的,(a)容易被知觉为吹萨克斯的男士,(c)容易被知觉为女士面孔。实验时,如果先看(a)图,再看(b)图,则被试容易把(b)看成是吹萨克斯的男士;如果先看(c)再看(b),则被试会把(b)看成是女士的面孔。可见,前面的知觉对后面的知觉起到了准备作用,这种现象叫做知觉定式(perceptual set)。

(a)

(b)

(c)

图 3-10　两歧图形示例

(三)知觉的理解性

人在知觉事物时,往往根据自己的知识经验,对感知的事物进行加工处理,赋予它确定的含义,并用语词加以概括,把它表示出来,这称为知觉的理解性。知觉的理解性可以用隐匿图形来说明。

如图 3-11 所示,人们看到这张图时,不会只把它看成一些斑点的随意组合,而会寻找图中斑斑点点之间的联系,努力作出合理解释,最后会给出合理的解释:画中画的是一条狗。

图 3-11　知觉的理解性图 1

再来看看图 3-12 和图 3-13，我们会很清楚地知道，图中的情况是不可能出现的，之所以这样，同样是因为我们的知觉具有理解性。

图 3-12　知觉的理解性图 2

图 3-13　知觉的理解性图 3

就听觉方面，知觉的理解性也很明显，在沃伦（Warren）的因素恢复实验中，给被试放录音，其中 * 的部分被掩蔽，但是被试能够准确恢复出被掩蔽的部分。

It was found that the * eel was on the axle.

It was found that the * eel was on the shoe.

It was found that the * eel was on the orange.

It was found that the * eel was on the table.

上文中 * 部分分别被恢复成 wheel，heel，peel，meal。

综上所述，我们可以看出，理解具有以下几种作用。①理解可以帮助人们把对象从背景中分离出来。②理解有助于知觉的整体性。人们往往把熟悉和理解的东西知觉为一个整体，相反，在不理解的情况下知觉的整体性会遭到破坏。③理解能够产生知觉预期和预测。对于熟悉英文的个体而言，当人们看到“wor * ”时，就会预期出现“d、k、m”等字母。

（四）知觉的恒常性

在知觉过程中，当知觉的条件（距离、角度、照明等）在一定范围内发生变化时，知觉映像却保持相对不变，这就是知觉的恒常性。有的心理学家认为，知觉的恒常性的发展与个体的成熟和经验的积累有关，有的则认为主要跟个体的过去经验有关。知觉的恒常性具有重要的生物学意义。在各种知觉中，视知觉的恒常性表现得特别突出，主要体现为亮度恒常性、颜色恒常性、方向恒常性、形状恒常性、大小恒常性等。

1. 亮度恒常性

亮度恒常性是指在照明条件改变时，物体的相对明度或视亮度保持不变的知觉特征。例如，对于白雪，不管是在屋里看还是屋外看，我们总是把它知觉为相同的白色。

2. 颜色恒常性

颜色恒常性是指个体对熟悉的物体，当其颜色由于照明等条件的改变而改变时，颜色知觉不因色光改变而趋于保持相对不变的知觉特征。例如：室内的家具在不同色光照明下，对其颜色知觉仍保持相对不变；一面红旗，不管在白天或晚上，在路灯下或阳光下，在红光照射下或黄光照射下，人们都会把它知觉为红色。从物理特性和生理角度看，当色光照射到物体表面时，由于色光混合原理的作用，其色调会发生变化，但人对物体颜色的知觉并不受照射到物体表面的色光的影响，仍把物体知觉为其固有的颜色。

3. 方向恒常性

方向恒常性是指个体不随身体部位或视像方向改变而感知物体实际方位的知觉特征。人身体各部位的相对位置时刻在发生变化，弯腰时、侧卧时、侧头时、倒立时等，身体部位一旦改变，与之相应的环境中的事物的上下左右关系也随之变化，但人对环境中的知觉对象的方位的知觉仍保持相对稳定，并不会因为身体部位的改变而变化。

4. 形状恒常性

形状恒常性是指当我们从不同的角度看物体时，物体在我们眼中的成像会发生变化，但我们实际知觉到的物体的形状不会改变。例如，一辆公共汽车，不论是从正面看还是从侧面看，我们知觉到的公共汽车的形状不会改变。

5. 大小恒常性

大小恒常性是指在一定范围内同一物体离我们近时在视网膜上的成像要大于物体离我们远时在视网膜上的成像，但我们实际知觉到的物体的大小不会因此而改变。例如，远处的一个人向你走近时，他在你视网膜中的图像会越来越大，但你知觉他的身材没有什么变化。

三、感觉与知觉规律的应用

感觉与知觉规律可以被广泛应用于建筑、艺术设计、市场营销、医疗、教育等各个领域。下面仅举例说明感觉与知觉规律在教学中的应用。

在教学过程中，尤其是针对年龄较小的学生，要尽可能进行直观教学。通过直观教学，学生更容易获得生动、具体、直接的知识，有助于记忆。

（一）直观教学的形式

直观教学的形式种类繁多，教师可以根据自己的需要提供实物或实物标本，可以进行演示实验、组织教学参观，让学生亲身感受事物的真面目。教师还可以提供模拟实物形象的感性材料，如图片、图表、幻灯片等，有目的地提供典型的感性材料。教师讲课离不开语言，可以利用语言的描述唤起学生对事物的想象。语言虽然有不受时间、空间限制的优点，但它不如实物、图片等鲜明，而且，如果教学中只有语言这一种形式，难免太单调，很难保证小学生整节课能始终保持良好的注意力。如果能根据具体教学内容和学生的年龄特点，将语言与实物或模型有机地结合起来，那么学生的感知会更精确、全面。

进行直观教学时可以借助多种教学仪器，如幻灯机、投影仪、录音机、摄像机、DVD机、计算机等。运用教学仪器的目的，就是给学生提供丰富的视听信息，使学生由多种途径获得知识，从而促进学生对所学内容的理解和掌握。

（二）提高直观教学的效果的途径

要想使直观教学取得良好的效果，应遵循感觉与知觉规律。

1.运用被感知的强度规律

作用于感觉器官的刺激物必须达到一定的强度，才能被我们清晰地感知。因此，教师在讲课时，声音要洪亮，语速要适中，板书要清晰，电子课件字体大小要适中，要让全班学生听得懂、看得见。教师在制作、使用直观教具时，也要考虑到直观教具的大小、颜色、声音等是否能被全班学生清楚地感知。

2.运用对象与背景差别的感觉与知觉规律

当知觉的对象与背景在颜色、形态、声音等方面有较大差别时，知觉的对象容易被感知。例如：讲课时，对于重要的知识，可以反复讲几次，可以提高音量；板书时，重要的部分可以用大一些的字，可以在那些字下面加点、画线，可以用彩色粉笔；不要在黑板前用深色教具演示；使用挂图时，可以将其中不需要学生看的部分遮住；制作教具时，要注意使知觉对象从背景上突出等。

3.运用静止背景上的活动性对象易被感知的规律

我们知道，在静止背景上，活动的对象容易被感知，也容易吸引人的注意力。因此，教学中常使用活动性教具，演示实验，放幻灯片、教学电影或录像等，在多媒体教学的今天，还可以插入Flash动画等，以取得良好的教学效果。

4.运用知觉的组合规律

在时间、空间上彼此接近或相似的刺激物容易被知觉为一个整体。因此，教师在绘制挂图时，不要在需要学生感知的对象周围画上与之类似的线条或图形，应在不同的对象之间留空或用色彩区分；板书时，章与章、节与节等不同内容之间要留空；讲课时，语言流畅，针对不同内容采用不同的语速，对不同的内容加以分析、综合，使学生了解其中的逻辑关系。

5.让学生交替使用多种感官感知对象

如果学生能使用多种感官去感知同一个知觉对象，那么，从不同感官获得的信息将传递到大脑，从而获得对事物的全面认识。我国古代的许多学者曾提出学习要做到“五到”，即眼到、耳到、口到、手到和心到，其目的就是通过多种感知渠道来巩固知识。有研究表明，在接受知识方面，看到的比听到的给人留下的印象要深。只靠听觉，一般能记住15%；只靠视觉，一般能记住25%；既听又看，一般能记住65%。

在条件允许的情况下，使用多媒体教学时，课件制作要注意字体的大小，字色与背景色的对比，插入动画及声音要适宜，一般要求背景色要简洁明快，不建议添加可能导致学生分散注意力的动画或图片。总之，感知规律的运用会让我们的课堂变得丰富多彩。

思考与练习

1. 名词解释

感觉	知觉	感受性	感觉阈限	绝对感受性
绝对感觉阈限	差别感受性	差别感觉阈限	感觉适应	感觉后效
错觉				

2. 感觉的特点和规律有哪些？
3. 感觉的作用有哪些？
4. 感觉的种类有哪些？
5. 什么是知觉？
6. 知觉的特点及作用有哪些？
7. 知觉的种类有哪些？
8. 列举生活中对错觉现象的应用。
9. 举例说明知觉具有哪些特征。

课外延伸

利用课余时间观察感觉与知觉规律及错觉现象在生活中的运用。

第四章 注意与观察

本章学习目标

- 掌握注意的定义、特征、功能及其品质，并深刻理解注意品质形成的条件
- 掌握每种注意产生、发展的条件
- 了解注意的生理机制和几种主要的注意理论
- 掌握观察的概念和意义
- 掌握培养观察力的方法
- 掌握注意与观察的规律在教学中的应用

有这样一个故事，古时候，有个全国闻名的象棋大师弈秋，他有两个徒弟，一个徒弟用心听弈秋的教导，专心致志地向他学棋艺；另一个则不然，看样子也在听弈秋讲解棋艺，却“一心以为有鸿鹄将至，思援弓缴而射之”。所以两个徒弟虽然在一起学习，而在学习效果方面，后者远远不如前者。

还有一个故事，1928年，英国细菌学家亚历山大·弗莱明在检查培养皿时，一只长了一团青绿色霉花的培养皿引起了弗莱明的注意，他拿起这只被污染了的培养皿，仔细观察起来。他的助手正准备清理这只培养皿，便说：“先生，培养基发霉了，我把它倒掉吧。”“不，这里面好像有‘文章’。”弗莱明走到窗前，对着亮光，他发现了一个奇特的现象：在霉花的周围出现了一圈空白，原先生长旺盛的葡萄球菌不见了。弗莱明马上意识到：会不会是这些葡萄球菌被某种霉菌杀死了呢？他抑制住内心的惊喜，急忙把这只培养皿放到显微镜下观察，果然证实霉花周围的葡萄球菌全部死掉了。这位细心的科学家特地培养了许多这种青绿色的霉菌，然后把过滤后的培养液滴到葡萄球菌中去。结果，奇迹出现了：几小时内，葡萄球菌全部死亡。他又把培养液稀释10倍、100倍……直至800倍，逐一滴到葡萄球菌中，观察它们的杀菌效果，结果表明，它们均能将葡萄球菌全部杀死。通过鉴定，弗莱明知道了这种霉菌属于青霉菌的一种，于是，他把经过过滤得到的含有这种霉菌分泌物的液体称为青霉素。青霉素的发现是人类发展抗菌素历史上的一个里程碑。直到今天，它仍是流行最广、应用最多的抗菌素。正是青霉素的发现，揭开了世界医药史光辉的一页。

上述故事说的是关于注意与观察的例子。前者是注意，后者是观察。注意与观察都是人非常重要的心理品质。本章旨在阐明注意与观察的本质及规律，帮助学生通过学习，认识、把握自己注意的特点，提高观察能力，在实践活动中扬长避短，实现对活动的有效监控，切实提高自己的活动效率。

第一节　注意概述

·名人名言·

注意是打开人们心灵的唯一门户，意识里的一切都必然要通过它。注意是一座门，凡是从外界进入心灵的东西都要通过它。

——乌申斯基

一、注意的概念

注意，通常指选择性注意，是指有选择地加工某些刺激而忽视其他刺激的倾向。是心理活动对一定事物的指向和集中。

注意有两个基本特征：指向性和集中性。注意的指向性是指人的心理活动所具有的选择性。作用于人的客观事物是复杂多样的，它们不可能同时成为人的心理活动的内容，人们总是选择特定的客体作为心理活动的对象，例如，学生注意听讲时，其心理活动指向教师讲课的内容与活动，并不指向教室内外的其他对象。人的心理活动有选择地朝向一定刺激物而同时离开其余刺激物的特点就是注意的指向性，也就是说，注意的指向性所表明的是心理活动所反映的对象和范围。

注意的集中性是指人们把心理活动集中并维持在某一对象上，使心理活动不断地深入下去。人的心理活动不仅可以有选择地指向特定对象，而且可以使注意保持在这个对象上相当长时间。注意的集中性使人的心理活动离开其他无关事物与活动，集中于某一特定对象，并对其他有妨碍的活动产生抑制。正是由于注意集中于某一特定对象，才使这一对象得到鲜明而清晰的反映，而其他事物处于注意的范围之外，对其反映比较模糊或视而不见。由此可知，注意的集中性所反映的是心理活动的水平和强度。

注意的指向性和集中性是注意状态的两个方面，它们既紧密联系又有区别。一方面，当人的心理活动指向某一对象时，同时集中于这一对象。没有指向性，也就没有集中性，而指向性又是通过集中性来表现的。可见，指向性是集中性的前提和基础，集中性是指向性的体现和发展。另一方面，它们又是有区别的，指向性主要强调注意反映一定范围内的对象、离开其他对象而言的特征；而集中性则强调注意对一定范围内的对象反映得清晰、完整和深刻，以及对其他事物的各种干扰加以抑制的特征。

注意是一切心理活动的共同特征。注意并不是一种独立的心理活动过程。它只是伴随其他心理过程而存在的一种意识倾向性特征，它的存在使心理活动更富有组织性、积极性、清晰性和深刻性。注意总是与其他心理过程相联系，如“注意看”、

“注意听”、“注意观察”等。可见，注意本身并没有自己特定的反映内容，人们也不可能有专门“从事注意”的意向发生。注意总是伴随着心理活动过程并贯穿始终，脱离心理活动的注意不能独立存在，离开注意，心理过程也无法活动。

二、注意的功能

（一）选择功能

注意的基本功能是对信息进行选择，使心理活动选择有意义的、符合需要的并与当前活动任务相一致的各种刺激，避开或抑制其他无意义的、附加的、干扰当前活动的各种刺激。这种选择功能既表现为对心理与行为方式的选择，也表现为对心理活动对象的选择。由于注意的选择性，人的心理活动才能正确地指向并反映客观事物。

（二）保持功能

外界信息输入后，每种信息单元必须通过注意才能得以保持，如果不加以注意，就会很快消失。因此，需要将注意对象的一项或部分内容保持在意识中，直到完成任务、达到目的。

（三）对活动的调节和监督功能

有意注意可以控制活动向着一定的目标和方向进行，使注意适当分配和适当转移。注意能使人及时觉察事物的变化，并调节自己的心理和行为以适应这种变化。注意的监督作用表现为能随时发现自己行动的错误，并对自己的心理、行为及时进行调整，对错误及时进行纠正。注意的调节和监督功能保证人能更好地适应周围环境，更好地认识和改造世界。

三、注意的生理机制和外部表现

（一）注意的生理机制

注意从其发生来说是有机体的一种定向反射。它和中枢神经系统不同层次的活动有关。

1. 注意与脑干网状结构有密切联系

脑干网状结构能使大脑皮层和整个机体保持觉醒状态，使注意成为可能。临床上脑干网状结构受损伤的患者，处于非觉醒状态，也就没有选择性注意。可见注意与脑干网状结构的激活作用有关。

2. 注意能引起大脑皮层的兴奋

引起大脑皮层上的优势兴奋中心是注意最主要的生理机制。当人和动物所处的环境出现新异刺激时，能通过神经兴奋和冲动的传导，在大脑皮层上形成一个优势兴奋中心，调节有关感官朝向刺激物，以便揭露它们“是什么”。有了定向反射，人和动物就可以调整自己的行动，作出适当的反应。

3. 大脑皮层额叶对调节有意注意起着重要作用

额叶有确定活动目的、调节与控制行为的机能，它直接参与并调节由言语指示而引起的有意注意。临床上额叶受损伤的患者，无法根据言语指示及一定的活动目的维持有意注意，对外界刺激过分敏感，特别容易分心，因而无法完成有目的的活动。

(二)注意的外部表现

人在注意某个对象时，常常伴有特定的外部表现，主要包括以下内容。

1. 适应性运动

当注意某一事物时，人们会进行适当调整性行为即适应性运动。例如：注意看时，视线集中在某一物体上，举目凝视；注意听时，把耳朵转向声源，侧耳倾听；注意思考问题时，常常眼睛呆视，双眉紧皱，凝神沉思。这里的举目凝视、侧耳倾听、凝神沉思都是注意的适应性运动。

2. 无关运动的停止

注意力高度集中时，一些与活动任务无关的动作就会自然而然地停止，人的外部动作常常表现为静止状态。比如学生听课入神时，会昂起头一动不动地望着老师。

3. 呼吸变得轻微而缓慢

人在集中注意时，呼吸会变得格外轻微和缓慢。呼与吸的时间比例也会发生显著的变化，吸短而呼长。当注意达到高峰时，甚至会出现呼吸暂时停止的现象，即所谓的"屏息现象"。

此外，在非常强烈的注意状态下，还会出现心脏跳动加速、牙关紧闭、拳头紧握等现象。

一般来说，注意的外部表现和注意的真实情况是相一致的，根据注意的外部表现，可以了解人的内心活动。但在特定条件下，人可以通过假象来掩盖注意的真实情况，可能会出现外部表现和内心状态不相符合的特例，即所谓貌似注意实际不注意或貌似不注意实际注意的现象。因此，在判断一个人的注意时，还必须进行多方面的观察和了解。

四、注意的种类

根据产生和保持注意时有无目的及意志努力程度的不同，注意可分为无意注意、有意注意和有意后注意三种。

(一)无意注意

无意注意是指事先没有预定的目的，也不需要作意志努力的注意。无意注意是一种初级的、被动的注意。这种注意一般都能导致探索行为的出现，有利于人们正确地认识周围环境，但也容易造成人们分心。

引起无意注意的原因有很多，既有刺激物本身的特点，又有人主观方面的因素。

1. 刺激物的特点

客观刺激物本身的特点是引起无意注意的主要原因，具体包括如下一些特点。

(1)刺激物的强度。任何强烈的刺激，如强烈的光线、巨大的声响、浓郁的气味、剧烈的震动等，都会引起人的无意注意。在一定范围内，刺激物的强度越大，越容易引起人的无意注意。

(2)刺激物的新异性。新异性是指刺激物在内容和形式上具有不同寻常的特性。一般来说，新颖奇特的刺激物容易引起注意，而司空见惯、千篇一律、单调重复的事物则不易引起人们的注意。

(3)刺激物之间的对比关系。刺激物之间在形状、颜色、大小、强弱、持续时间等方面存在的差异越显著、对比越鲜明，越容易引起无意注意。例如“万绿丛中一点红”、“鹤立鸡群”等都容易引起人们的无意注意。

(4)刺激物的运动变化。在相对静止的背景下，运动变化的刺激物容易引起注意，如忽明忽暗的光线，忽高忽低的声音，抑扬顿挫的语调等，都容易引起无意注意。而在运动变化的背景下，相对静止的刺激物容易引起人的注意。如在电影画面不停活动中，如果有一个短暂的突然停顿，就会引起人的注意。

2.人的主观因素

由于人的主观心理状态不同，人们面对同样的外界刺激，也可能出现不同的注意状态，其主要原因在于如下几点。

(1)人的需要、兴趣和情感。凡是能满足人的需要，符合人的兴趣，与个人的情感有关的事物，都容易引起人们的注意。

(2)已有的知识、经验。和已有的知识、经验相联系又能增进新知识的事物，容易引起注意；十分陌生的事物或者已经非常熟知而又不能增加一点新知识的事物，不容易引起人的注意，即使引起了注意，注意也不能保持长久。

(3)人对事物的期待。人们期待着的事物，容易引起注意。例如，中国古典章回小说常用“欲知后事如何，且听下回分解”作为每一回的结尾，使读者形成一种期待心理，欲罢不能、手不释卷，一回回地读下去。

(4)人的身心状态。身心健康状况，在很大程度上影响着一个人的无意注意。一般来说，心情愉快、精神饱满、心胸开朗时，平时不太容易引起注意的事物，这时也容易引起注意，同时注意也容易集中和持久。而在心情烦闷、身体不适、精神过度疲劳时，无意注意范围较窄，许多平时感兴趣的事情也不易引起注意。

(二)有意注意

有意注意是指有预定目的，需要作出一定意志努力的注意。由于它是受人的意识调节和支配的，所以，有意注意又称随意注意。例如，当我们正津津有味地阅读小说时，上课时间到了，为了更好地完成学习任务，就努力把自己的心理活动从小说的内容转向并集中到老师所讲授的内容上，这种注意就是有意注意。

有意注意显示了人的心理活动的主动性、积极性，所以又被称为积极的注意。有意注意是人向自己提出一定的任务，然后自觉地把某些刺激物区分出来作为注意的对象。正因为有这种自觉的目的性，才能产生排除一切干扰、使注意得以维持的意志力量。所以,有意注意是受意识的调节和支配的。这种注意不仅指向个人乐意做的事情,而且指向个人应当做的事情。有意注意的集中和保持,不仅在没有干扰、没有任何无关的事物妨碍正在进行的活动的时候是可能的,而且在有干扰的情况下也是可能的。

引起和保持有意注意的条件可概括为以下四个方面。

1.明确的活动目的和任务

对活动目的、任务的重要意义认识得越清楚,理解得越深刻,完成任务的愿望就越强烈,那么,为完成这项任务所必需的一切活动和有关事物也就越能引起人们的有意注意。

2.培养间接兴趣

间接兴趣即对活动结果的兴趣,可以激发人对该活动的积极性,把注意集中于该活动上。例如,初学外语的人,可能会觉得记住读音规则、生词、语法本身是相当枯燥乏味的,但是由于认识到掌握外语对个人成长、学习外国的先进科学技术有重要意义,便对学习外语产生了间接兴趣,因而在学习过程中就能够保持高度的有意注意。

3.合理的组织活动

在明确活动目的和任务的前提下,对活动进行有计划、全面合理的组织,才能保证清晰地反映那些有关对象,使有意注意得以顺利进行。

4.用坚强意志与干扰作斗争

只有用坚强的意志力,才能克服各种诱因的干扰,使有意注意保持下去。

无意注意和有意注意虽然有区别,但在人的活动中往往很难截然分开。因为任何一种具体工作都需要有这两种注意的参加。在工作或学习中,如果只凭无意注意去完成,就会显得杂乱无章,一遇到困难或干扰,注意就会分散,使工作不能顺利进行下去。相反,如果只凭有意注意去完成,也会感到难以持久,因为长时间的紧张的意志努力,会使人感到疲劳,影响工作效率。

无意注意和有意注意可以相互交替或转化。例如,经过几年建筑学专业知识学习后的学生,到某一个城市游玩时,会不自觉地被各式建筑吸引,这是无意注意转化为有意注意的情况。又如,有的学生在初学古诗时,遇到了古文字、古诗韵、古语法等难关,因而学习没有兴趣,这时就要以一定的意志努力来支持,才能把注意维持在这项活动上。随着学习的进步,扫清了上述种种学习障碍,阅读变得更加轻松,不需要作意志的努力也能把注意维持在这项活动上。这就是有意注意转化为无意注意的情况。

(三)有意后注意

有意后注意是指有自觉的目的,但不需要意志努力的注意,也称为随意后注意,通常是有意注意转化而成的。例如在刚开始做一件工作的时候,人们往往需要一定的努力才能把自己的注意保持在这件工作上,但是在对工作发生了兴趣以后,就可以不需要意志努力而继续保持注意了,而这种注意仍是自觉的和有目的的。例如,人们熟练地阅读课文，熟练地骑车，熟练地打毛衣等活动中的注意都是有意后注意。

有意后注意是在有意注意的基础上产生的，是由有意注意升华而来的更高级的注意。在有意注意条件下，人对客体的注意要服从于主体自觉确定的目的。主体要维持这种注意也需要作出一定的意志努力，并且受间接兴趣的制约。但随着活动的深化，在对工作逐渐熟悉后，人们不仅对活动结果感兴趣，而且对活动本身也产生了兴趣，活动中的困难或被克服，或由于直接兴趣的产生，主体对困难的承受程度也随之提高，因而就不再感到困难了，在维持这种注意时也不再需要特别的意志努力了，这就使有意注意转化为有意后注意。

有意后注意既有目的，又不耗费太多的精力，因而它常常是有效的创造性智力活动的必要条件，也是学生从事学习活动所应有的注意状态。

五、注意的品质

（一）注意的稳定性

注意的稳定性是指在同一对象环境或同一活动上的注意保持时间，这是注意在时间上的特征，其标志是在某一段时间内注意的高度集中。学生在一堂课的时间内，使自己的注意保持在与教学活动有关的对象上；医生在进行手术时，要连续几小时高度紧张地工作；教师在讲课的过程中思想高度集中，等等，都是注意稳定性的表现。注意集中的持续时间愈长，注意的稳定性愈高。

在集中注意感知某一事物时，很难长时间保持不变。如把一只手表放在离被试一定远的地方，使其刚刚能够听到表的滴答声。即使是十分专心地听，也会感到时而听到时而听不到；或者感到表的声音时强时弱。注意的这种周期性变化现象称为注意的起伏现象。注意的起伏现象是不能直接控制的感受性所发生的周期性变化。如图 4-1 所示，当要求被试全神贯注地持续观看时，便会发现该图中的小方块时而向前凸出，时而又向内凹进。这种看到图形反复变动的现象就是典型的注意起伏现象。它是一种经常发生的、受神经活动本身特点影响的正常心理现象。一般来说，1～5 秒内的注意起伏不影响完成复杂而有趣的活动。但研究也证明，15～20 分钟的注意起伏，将导致注意不由自主地离开客体。

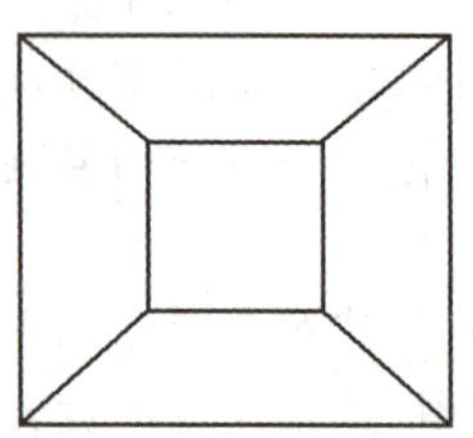

图 4-1　注意的起伏现象

与注意的稳定性相反的一种现象是注意的分散即分心，是指心理活动没有完全保持在当时所应该指向和集中的对象上。注意的分散是由无关刺激物的干扰或由单调刺激物引起的，是与注意稳定性相反的一种注意状态，对完成当前的活动任务具有消极的影响作用。

视野拓展

注意稳定性的训练方法

（1）意志锻炼法。规定自己在一定时间内完成一定的工作量。开始时，规定的时间可以较短，并可选择自己感兴趣的事情做，然后逐渐过渡到在较长的时间内完成自己没有兴趣的工作或学习任务。训练开始阶段可以设置一定的物质奖励，当自己完成较好时，便可获得奖励。然后逐步过渡到自我口头奖励，如“我真棒”、“下一次我可以做得更好”等。

(2)干扰训练法。让自己在外界有干扰的环境下完成学习或工作任务，正如毛泽东青少年时代在城门口读书来锻炼自己的自制力。干扰刺激可以是电台广播、电视节目、外界的嘈杂声等。训练的原则与意志锻炼法相同，即干扰刺激应从小到大，训练时间应从短到长，学习任务应从易到难。

(3)静坐放松法。通过静坐放松训练，使自己能够心情舒畅、情绪稳定。具体操作如下：让自己端坐在椅子的1/3处，不要靠在椅背上。人体放松而不松懈，处于安静自然、轻松舒适的状态。头放正，下颌内收，舌抵腭，两腿自然分开，双脚着地，两手轻轻放在大腿上，呼吸自然、均匀。

(二)注意的广度

注意的广度就是注意的范围，是指同一时间内能清楚地把握对象的数量。1830年，哈密顿(Hamilton，1805—1865)最先做示范实验，他在地上撒了一把石子，发现人们很不容易立刻看到6颗以上。如果把2颗、3颗或5颗石子放在一堆，人们能看到的堆数和单颗石子数的数目几乎一样多，因为人们会把一堆看作一个单位。如果用速视器测定，在1/10秒时间内，成人一般能注意到8～9个黑色的圆点、4～6个没有联系的外文字母或3～4个几何图形。扩大注意的范围，可以提高学习和工作的效率。打字员、驾驶员等都需要较大的注意范围。

哈密顿(Hamilton，1805—1865)

注意广度与以下几个因素有关。

1.知觉对象的特点

如果被知觉的对象形态相似、排列整齐、颜色大小相同、能构成彼此有联系的整体，注意的范围就大些；反之，注意的范围就小些。

2.个人的知识经验

越是熟悉的东西，注意的范围就越大。知识经验丰富的人，善于把知觉的对象组成一个整体来感知。例如，儿童在初入学文化知识不多的情况下，阅读时往往是一个字一个字甚至是一笔一画地感知，注意的范围小，花的气力也大。而对于文化知识较多的高年级学生，则是一个词或词组，乃至一个短句地去感知。注意的范围扩大，而花的气力较小。

3.个人的活动任务

活动任务不同，注意的广度也不同。例如，活动任务可能是要求一个人感知不同颜色，或者要求他说出尽可能多的汉字，或者要求他说出汉字的颜色，或者要求他辨别汉字的正确与错误。由于活动任务的不同，他所注意到汉字的数量也不同。此外，有明确目的的注意和没有明确目的的注意，两者的注意广度也会不同，前者大，而后者小。

（三）注意的分配

注意的分配是指同一时间内把注意指向于不同的对象。注意的分配对人的实践活动是必要的，也是可能的。在日常生活和活动中，经常要求人同时注意更多的事物，把注意分配到不同的对象上，所谓“眼观六路”、“耳听八方”就是形容这种状况的。谁能够把注意同时分配到较多方面，谁就能把握更多的事物，顺利地完成复杂的工作。例如，教师上课时边讲课、边板书、边观察学生的反应，学生听课时边听、边记、边思考、边注视教师和黑板，都需要很好地分配注意力。

注意的分配能力是在实践活动中锻炼出来的，而且几乎所有的实践活动又都要求较高的注意分配能力。影响注意分配的因素包括以下几点。

1. 人对活动的熟练程度

在同时进行的多种活动中，如果其中只有一种是不熟悉的，需要集中注意观察它或思考它，而其余动作已成为熟练的动作，不需要更多的注意参与也能完成时，就可以实现注意的分配。如果工作的各方面都是生疏的，那么注意的分配就困难。例如，初登讲台的教师，往往由于怕讲不好，情绪紧张，只注意自己的讲述，虽然看着学生却不能理会学生是否在注意听讲。教学经验丰富的教师，熟悉教材，从容不迫，能在讲课时，注意到学生的反应以及整个课堂活动。

2. 活动间的关系

为了更好地分配注意，可以同时进行几种活动，通过练习建立起一定的联系，使这些活动之间形成统一的、协调一致的动作系统。如果要进行几种毫不相关的活动，则注意的分配是很困难的。例如，汽车驾驶员经过专门训练，形成了一定的动作系统，已不需要特别的意志努力就可以把注意分配到行车、转弯、绕过障碍物及注意路面情况上。而一个人边弹琴边唱歌，如果弹的和唱的不是同一首歌，注意就很难进行分配。

3. 活动的性质

注意的分配与活动的性质有密切关系。如果同时进行的活动属于动作技能，则注意的分配就比较容易。如果同时进行的是两种智力活动，注意的分配就比较困难，即使这两种活动能同时进行，其中一项或两项活动也会受到影响。有一个实验，要求被试依靠脚腕的转动，用右脚按顺时针或逆时针（只能选用一种方式）方向画圆，同时在一张纸上连续笔算三位数的加减题，题目不重复，这两项活动进行的越快越好。结果发现被试不能两者兼顾，很难实现注意的分配。

（四）注意的转移

注意的转移是指注意的中心根据新的任务，主动从一个对象或活动转移到另一个对象或活动上去。

注意的转移与注意的分散有着本质的区别。注意的转移是根据新任务的需要，主动地把注意转移到新的对象上，使一种活动合理地代替另一种活动，是一个人注意灵活性的表现。注意的分散是由于受到无关刺激的干扰，使自己的注意离开了需要注意的对象，而不自觉地转移到无关活动上。

注意的转移有一个过程，这正是开始做一件事情时觉得有些困难的原因，故“万事开头难”。开始时，注意力还没有完全集中在新的活动上，效率就不高。例如，写文章时，起初总觉得很难下笔。写好开头后，注意完全转移并集中在这方面上，写作的效率也会提高。

影响注意转移的因素包括以下几点。

1.原来注意的紧张程度

如果原来注意的紧张程度高，新的事物或新的活动不符合引起注意的条件，注意转移就困难和缓慢。如看过一篇生动有趣的小说之后，要立刻开始解答难度较大的习题，注意转移就困难些。

2.对引起注意的新事物的意义理解程度

如果对引起注意转移的新事物的意义理解得很深刻，即使原来从事的活动吸引力很强，也能顺利、较快地实现注意转移。

3.神经过程的灵活性

神经过程灵活，注意的转移就来得快些；反之，来得慢些。

4.已有的习惯

一个在学习或工作中养成长时间不集中注意习惯的人，其注意很难有目的、及时地从一个对象转移到另一个对象上。善于主动、迅速地转移注意，对学习、工作等非常重要，尤其是对于那些要求在极短时期内对新刺激作出反应的工作。例如，一名优秀的飞行员在起飞和落航的5～6分钟内，注意的转移达200多次，如果注意转移不及时，则后果不堪设想。

六、注意理论

几十年来，心理学家对注意发生的心理机制进行了许多极有意义的研究，有不少科学家提出各种不同的理论。下面介绍两种影响较大的注意理论。

（一）选择性理论

选择性理论认为，注意受人的信息加工系统结构的限制，人不能对作用于自己的所有刺激信息进行注意。在信息加工过程中存在着过滤器，它以某种方式对外界刺激信息进行选择。一些信息能通过过滤器被识别和作进一步的加工，其余的信息则被阻挡在人的认知系统之外。然而对于过滤器的具体位置、过滤器选择信息的工作原则、过滤器的数量等问题，不同心理学家有各自不同的解释，从而形成了过滤器理论、衰减理论、晚期选择理论、多阶段选择理论等。

1.过滤器理论

1958年，布鲁德本特(D. E. Broadbent，1926—1993)根据双耳分听的一系列实验

布鲁德本特(D. E. Broadbent, 1926—1993)

结果，提出了注意的过滤器理论。过滤器理论认为，从外界进入感觉通道的信息是大量的，但大脑加工信息的能力是有限的。为了避免阻塞，就需要有一个过滤器对输入信息进行选择，使其中的一部分信息进入高级分析阶段被识别、储存和加工，而其余的信息则迅速消退(见图 4-2(a))。布鲁德本特设想的过滤器位于语义分析之前，外界信息经感觉器官到达短时储存器中进行暂存，然后经过选择性过滤，将无用的信息“滤掉”，进入知觉系统的仅是要进行认知分析的信息。这一模型是根据感觉特征来选择信息的，按“全或无”的原则工作，是在知觉水平上的选择，故被称为早期选择模型。

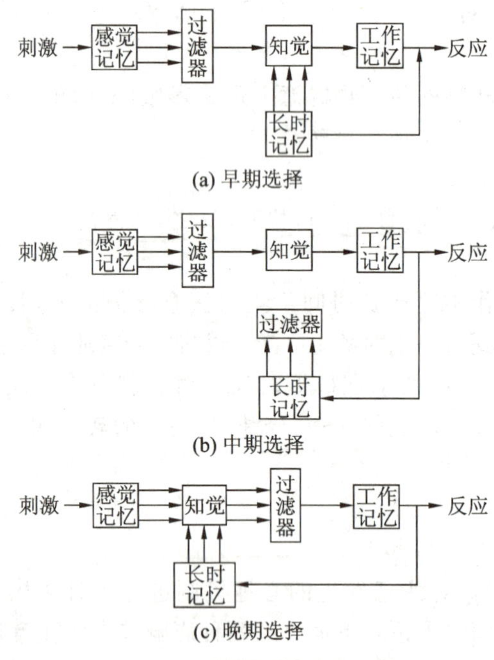

图 4-2　三种模型的信息选择位置

经典实验

双耳分听实验

1958 年，布鲁德本特设计了双耳分听实验。向被试的双耳同时呈现一定的刺激，例如，右耳：8，5，2。左耳：1，7，6。呈现速度为 1 秒钟两个数字，要求被试以以下两种方式进行再现：①以耳朵为单位分别再现左、右耳所收到的信息(如 852，176)；②以项目出现的顺序进行再现(如 81，57，26)。根据要回忆的信息量(6 个项目)和呈现速度(每秒 2 个)，以第一种方式再现，正确率为 65%；以第二种方式再现，正确率仅为20%。如果事先不对被试规定再现方式，多数被试选用第一种方式。

布鲁德本特对实验结果的解释是，每只耳朵是一个通道，过滤器只允许一个通道的信息单独通过。在以耳朵为单位再现时，被试只需转换通道1次，因而再现效果较佳；以项目出现的顺序再现时，被试至少需要在双耳之间作3次转换，不能注意每只耳朵的全部项目，一些信息迅速丧失，因而再现效果较差。

2. 衰减理论

1964年，特瑞斯曼(A. M. Treisman)基于日常生活观察和实验研究的结果，提出了衰减理论。衰减理论认为，有机体总的加工能力是有限的，在信息加工系统中存在着某种过滤器。但是，过滤器不是按"全或无"的方式工作，而是按衰减的方式工作的。他还认为许多通道都能对信息作不同程度的加工。过滤器有两种，一种位于语义分析之前，称为外周过滤器，它根据刺激信息的特点而对它们给予不同程度的衰减；另一种在语义分析之后，称为中枢过滤器，它是根据语义特征来选择信息的(见图4-2(b))。信息的选择不仅依赖于感觉信息特征，而且依赖于语义特征。这种理论强调了中枢过滤器的语义分析作用，被称为中期选择模型。

过滤器理论和衰减理论对过滤装置的具体作用有不同的看法，但两种理论都主张人的信息加工系统的容量是有限的，因而，对外界的信息必须经过过滤或衰减装置加以调节。两种理论都认为信息的选择发生在对信息的充分加工之前。

3. 晚期选择理论

20世纪60年代，德尤奇和诺曼(Deutsch & D. A. Norman)提出了注意的晚期选择理论。该理论认为，所有输入的信息在进入过滤或衰减装置之前已受到充分的分析，然后才进入过滤或衰减装置，对信息的选择发生在信息加工的晚期，信息的选择依赖于刺激的知觉强度和意义，因而称为晚期选择理论(见图4-2(c))。它假定所有的信息都到达了长时记忆，并激活了其中的有关项目，然后进行记忆的加工。晚期选择理论能较好地解释注意的分配现象，因为输入的所有信息都得到了加工；也能很好地解释特别有意义的信息易引起人的注意的现象，因为储存在长时记忆中的这些项目的激活阈值是很低的。但这个理论假设所有的信息都进入中枢加工机制，看起来不够经济，也不能很好地解释早期选择现象。

4. 多阶段选择理论

20世纪70年代，约翰斯顿(W. A. Johnston)等人提出了注意的多阶段选择理论。多阶段选择理论认为选择过程在不同的加工阶段都有可能发生，而不是像过滤器理论、衰减理论、晚期选择理论所说的那样刻板，即注意对信息的选择不是发生在信息加工的某个特定阶段上。多阶段选择理论假设在进行选择之前的加工阶段越多，所需要的认知加工资源就越多，选择发生的阶段依赖于当前的任务要求。多阶段选择理论是对前面三种选择性理论的综合，它强调信息选择的时段依赖于任务的具体要求，因此更具灵活性。

（二）认知资源理论

1. 资源限制理论

1973 年，卡尼曼(D. Kahneman，1934—?)提出了资源限制理论，与注意的选择性理论不同。选择性理论都假设注意是一个容量有限的通道，进入感官的刺激信息必须经过它，才能得到后续的加工。资源限制理论着重考虑注意如何协调不同的认知任务。它把注意看成是对刺激信息进行识别和加工的认知资源，其容量或能量在数量上是有限的。每一项认知活动都需要占用和消耗一定的认知资源。当认知活动越复杂或加工任务越繁重时，占用的认知资源就越多。当认知资源完全被占用时，新的刺激将得不到注意。当人同时进行两种以上的活动时，就会有多项认知任务同时竞争有限的注意资源。只有当这些活动需要的认知资源之和不超过注意的总资源时，它们才能同时进行。否则，在进行某项活动时，其他活动必然受到阻碍。该理论还认为，认知资源分配机制是主动而灵活的，它能根据实际需要调整资源的配置，优先加工更为重要的任务。例如，两个骑自行车的人可以一边骑车一边聊天，但当他们行驶到交通拥挤的十字路口时，他们往往会中止谈话，把注意资源更多地分配到路口的车辆和行人上，以保证自己和他人的安全。

卡尼曼(D. Kahneman，1934—?)

2. 双重加工理论

1977 年，在资源限制理论的基础上，谢夫林(R. M. Shiffrin，1944—?)等人进一步提出了双重加工理论。该理论认为，人类的信息加工方式有两种：自动加工和控制加工。自动加工是由刺激自动引发的无意识的加工过程，不需要有意注意，不受认知资源的限制。自动加工过程由适当的刺激引发，发生的速度很快，由于不占用系统的加工资源，所以也不影响其他的加工过程。在习得或形成之后，自动加工过程难以改变。

谢夫林(R. M. Shiffrin，1944—?)

控制加工是受意识控制的加工过程，它需要注意的积极参与，要占用系统的加工资源。和自动加工相比，控制加工更为主动和灵活，它可以随客观情况的变化不断调整资源分配的策略。控制加工经过充分的练习之后，有可能转化为自动加工。熟练技能的形成过程，就是动作信息由控制加工向自动加工转化的过程。例如，人在刚开始学骑自行车时，注意力高度集中，经过充分的练习，骑车技能达到熟练后，就不需要占用太多的注意了，骑车者的部分注意资源就可以被分配给其他活动。

双重加工理论是对资源限制理论的有益补充，它们共同解释了为什么人们有时能同时做好几件事，如一边做作业一边听音乐。人类认知加工系统的资源是有限的，在同时进行两项以上的活动任务时，往往会发生困难，但当其中的一项或几项活动任务的加工已经变成自动化的过程时，就不需要占用认知资源了，个体就可以将注意更多地集中于其他的认知过程。

上述理论都可以解释不少注意研究的实验结果。但是，注意的机制是十分复杂的。目前认知心理学关于注意的理论主要是探讨注意的选择性，对于注意的其他方面的研究显得不足。而且，认知心理学都采用标准化的实验程序来研究注意，这些实验结果缺乏实验室之外的对照，往往与人在生活实践中的注意现象有一定的差距。人是有主观能动性的，生活实践的需要不仅制约着人的注意力，而且通过社会实践的锻炼能培养和发展人的注意力。因此，对注意机制进行综合研究，并把实验室的研究与生活实践中人的注意力的研究结合起来加以考察，可能更有利于从理论上揭示注意的本质。

阅读拓展

注意缺陷多动障碍

注意缺陷多动障碍(attention-deficithyperactivity disorder，ADHD)是最常见的儿童时期神经发育障碍性疾病，中国精神疾病诊断分类称之为儿童多动症。该症以注意障碍、冲动行为、容易分心以及活动过度为主要特征，在学龄儿童中的发病率为3％～5％。

注意缺陷多动障碍的具体症状包括以下几点。

1. 注意缺陷症状

(1)在学习其他活动中，往往不能密切注意细节或常常发生由于粗心大意所致的错误。

(2)在学习或游戏中，常常难以保持注意力。

(3)与之对话时，往往心不在焉，似听非听。

(4)往往不能听从指导以完成功课作业、日常家务或工作任务(不是由于违抗行为和对指导不理解)。

(5)组织任务或活动的能力常常受损。

(6)往往逃避、不喜欢或不愿参加那些需要持续集中注意力的工作(如家庭作业)。

(7)常常遗失作业或活动所需的物品(如玩具、作业本、铅笔、书本或工具)。

(8)常常因外界刺激而分散注意力。

(9)常常在日常活动中忘记事情。

2. 多动症状

(1)手或脚常常动个不停，或在座位上不停扭动。

(2)在课堂上或其他应该坐好的场合，常常擅自离开座位。

(3)在不恰当的场合常常过多地走来走去或爬上爬下(青少年或成人可能只有

坐立不安的主观感受)。

(4)往往不能安静地参加游戏或课余活动。

(5)常常不停地活动，好像“受发动机驱动”。

(6)经常讲话过多。

3.冲动症状

(1)往往在他人问题尚未问完时便急于回答。

(2)往往难以静等轮换。

(3)常中断或干扰其他人(如插嘴或打断别人的游戏)

注意缺陷多动障碍的治疗包括教育干预、家长咨询、药物治疗和进行感觉统合训练等。

第二节　观察概述

·名人名言·

观察对于儿童之必不可少，正如阳光、空气、水分对于植物之必不可少一样。在这里，观察是智慧的最重要的能源。

——苏霍姆林斯基

一、观察的概念

观察是一种有目的、有计划、比较持久的知觉活动。观察力是人们从事观察活动的能力。世界著名的生理学家巴甫洛夫，在他的研究院门口的石碑上刻下了“观察、观察、再观察”的警句，以此来强调观察对于研究工作的重要性。可见，观察是十分重要的。

例如，我们在进行观察的过程中，必须随时比较所观察的事物，以便了解它们的特征、范畴和本质。比较事物就是思维活动的一种显著的表现。正因为知觉和思维的密切联系是观察的一个主要特征，所以，观察有时也被称为“思维的知觉”。可见，在观察的过程中，第一信号系统和第二信号系统是协同地发生作用的。

观察力是人有目的、有计划地知觉事物的能力，尤其是指辨别物体细微差别和细小特征的能力。人的观察能力不是天生的，通过系统的训练是可以得到提高的。心理学家认为要提高观察力应注意以下几点：①在观察中要充分尊重客观事实，以事实为依据；②明确观察的目的和任务是观察取得成功的根本；③观察的成功要依赖一定的知识、经验和技能，观察前要对所观察的目标有清醒的认识，并在认识上做好充足的准备，最好拟订好观察的提纲和详细的观察计划；④观察过程中对每一个环节都要做详细、准确、具体的记录；⑤在观察时要加入思维因素。常用的观察方法有回忆法、顺序法、比较法，多种感官结合法等。

齐白石老先生是举世闻名的国画大师，他画的虾质体透明、触须若动，给人一种“一旦受惊吓就会越出画面”的感觉。齐白石画虾的杰出成就绝非一日之功，而是几十年细心观察与磨炼的结果（见图 4-3）。他从年轻的时候就开始画虾，画了几十年，已经到了惟妙惟肖的境界，但总因所画的虾质体缺乏透明感而不满足，于是他便亲自在大碗里面喂养了几只虾子，经常置于画案，还常常用笔杆子动它，让虾表现出各种姿态，然后抓住瞬间状态变化进行写生。他把这些细心观察到的微妙变化统统融入自己的作品，终于使所画的虾充满了生气，真正达到了形神兼备的艺术境界，成为画坛一绝。

图 4-3　齐白石画虾

这种通过眼睛看、耳朵听、鼻子闻、嘴巴尝、皮肤接触等方式认识事物的心理过程，就是观察。

一个人如果有了敏锐的观察力，他将受用一生。苹果从树上掉下来，我们绝大多数人都熟视无睹，见惯不惊，但具有独到观察力的牛顿从中领悟了地球引力。一壶水沸腾了，壶盖在蒸汽的冲击下跳动着，常人眼中只看到水开了，开水可以喝，可以消毒，但瓦特从中观察到了蒸汽的力量，发明了蒸汽机。

观察力是智力活动的门户和源泉。一个人要想发展自己的智力，首先必须把观察力的大门敞开，接受外来刺激，发挥感知觉的功能，提高感知能力，丰富感性知识，为抽象逻辑思维的发展奠定基础，从而增长知识、开发智力。

在日常生活中，人们常常用聪明程度来指智力水平的高低。聪明就是耳聪目明，视听知觉能力强。在这里实际上指的是人们的观察技能。苏联著名的教育学家赞可夫对后进生进行了长期的研究，认为后进生的普遍特点是观察技能薄弱，缺乏求知欲，不能正确掌握知识和发展相应的技能。可见，培养观察力是开发智力资源的一个重要途径。

学以致用

观察力测试

在 2 分钟内，把数字表里所有的 8、6、3 用“√”划出来，划对一个记 1 分，划错一个扣 1 分，看谁的得分最高。

数 字 表

2 0 4 4 3 2 8 9 4 8 2 5 6 7 0 1 6 9 5 6

3 0 4 1 3 8 5 4 3 5 6 7 3 0 2 0 8 5 6 4

4 1 2 5 6 3 7 1 5 4 8 9 7 9 7 4 7 2 2 8

2 8 5 6 3 9 6 3 0 1 7 5 4 4 9 6 3 7 5 2

1 8 5 4 9 8 9 7 4 7 3 2 2 6 8 4 0 4 3 5

6 7 1 3 8 5 6 4 8 7 5 3 1 8 0 6 3 9 6 2

3 1 7 7 5 4 8 0 2 6 8 7 4 2 3 1 8 2 5 0

2 0 8 5 4 7 7 9 2 6 2 0 8 5 4 1 2 6 7 9

6 8 0 1 3 5 7 6 4 3 0 9 8 7 5 2 4 6 6 0

2 3 1 5 3 6 4 8 9 6 7 8 9 3 2 4 5 6 8 9

要提高观察力应注意以下几点。

1. 在观察中要充分尊重客观事实，以事实为依据

心理学专家经分析认为造成观察偏差的因素主要有以下几点：①自己先入为主的偏见导致了观察的错误；②用自己过去的知识、经验生搬硬套观察到的现象，结果“牛头不对马嘴”；③自己观察中的错觉；④被自己的兴趣牵着鼻子走。只有克服以上四点才能得到较好的观察效果。

2. 明确观察的目的和任务是观察取得成功的根本

毫无疑问，没有观察目标的观察是盲目的。在观察中，目标越明确越具体，越可以使自己在观察中尽快抓住要领，取得良好的观察效果。本来观察就是有目的的知觉活动，在观察时应明确目的和任务，避免抓不住要领。例如，在观察晶体溶解的过程中，不能只看晶体溶解的景象，还要注意观察温度计和秒表上的数字，不然实验报告就写不出来，晶体溶解的规律就掌握不了。

3. 观察的成功要依赖一定的知识、经验和技能

法国科学家巴斯德说：“在观察的领域中，机遇只偏爱那种有准备的头脑。”观察前要对所观察的目标有清醒的认识，并在认识上做好充足的准备，最好拟订好观察的提纲和详细的观察计划，只有这样才可能取得良好的观察效果。

4. 观察过程中对每一个环节都要做详细、准确、具体的记录

对这个问题绝对不能凭借“小聪明”或者过分依靠自己的记忆，因为我们的记忆有时候不一定可靠，而且过一段时间所记的材料还可能发生遗忘。必要的时候还可以借助现代化的设备，如照相机、摄像机等。

5. 在观察时要加入思维因素

要努力寻找事物特有的、异乎寻常的特征，而且要在事物与事物的关系上多多观察，绝对不能走马观花。有很多发明就产生于被一般人最容易忽略的“微小的细节”中。事物之间存在种种联系，在观察时，要边看边想，运用已有的知识和经验，调

动积累的词汇和语言表达方式，由此及彼、由表及里，进行思索、分析、比较，力求对事物产生新的体验和感受，在头脑中留下鲜明、生动的形象。

仔细观察图 4-4，看看你能找到多少个不同点。

图 4-4　相似图

二、观察的分类

（一）根据观察时的条件分类

1. 自然观察

自然观察是指人们对自然界的现象不作任何人工变革而进行的一种观察。自然观察的特点在于它是在自然发生的条件下考察对象。人们在进行自然观察活动时，对观察的对象不加以人工的变革，而只是对它们在自然状态下所呈现的情况进行观察。这一特点使自然观察区别于实验观察。

在自然观察的范围内使用仪器，受到自然观察的特点的限制。这就是，无论采用何种仪器，观察者都不能改变观察对象的自然状态。这样，客体的许多属性就无法显示在这些仪器上，因而也就不能为人们所认知。这说明，自然观察，包括使用仪器的自然观察，已不能适应人们日益深刻的认识活动的需要。人们要采用一些能够人工地变革与控制观察对象的仪器和工具，使仪器、工具和观察对象之间的相互作用更强烈、更明显。这样，观察对象就有更多的属性可以显示在仪器、工具上。人们就可以通过这些仪器、工具获得关于观察对象的更多的认识。但是，这样一来，自然观察就越出了自己的界限，而转化为另一种形式的观察——实验观察。自然观察的对象也就转化为实验的对象。

2. 实验观察

实验观察是指人们根据科学研究的任务，利用专门的仪器对被研究对象进行积极的干预，人工地变革和控制被研究对象，以便在最有利的条件下对它们进行观察的活动。实验观察和自然观察的显著区别就在于，在实验观察中，人们要变革和控制被研究对象，而在自然观察中，则不是这样。因而，实验观察是比自然观察更强有力的认识手段。实验观察可以把各种偶然的、次要的因素加以排除，使被观察对象的本来面目显露得更加清楚；实验观察可以重复进行，多次再现被研究的对象，以便对其反复进行观察；实验观察可以有各种变换和组合，以便于分别考察被研究对象各方面的特性。在实验观察中，人们的主观能动性得到了更加充分的发挥。

（二）根据观察的方法分类

1. 直接观察

直接观察是指人们通过感觉器官来对研究对象进行观察，直接地获得研究对象相关信息的过程。古人用肉眼观察天体的位置和分布，中医诊断时所用的“望、闻、问、切”都属于直接观察。它的优点是直接、生动、简单、经济，并且能够随时随地进行，避免其他中间环节引起的差错。它的不足也很明显。首先，观察的范围受到限制。这是由于人的感觉器官都有一定的阈值，超过阈值的范围，观察对象的某些属性就不易被直接感知。如人的眼睛只能感受390～750纳米波长范围内的电磁波，超出这个范围就不能被直接感知。其次，观察的精确性受到局限。如对距离的远近、物体的大小、速度的快慢、光线的明暗等现象的观察，单凭感官只能给出一个大致的、定性的描述。最后，人的感觉器官常常会产生错觉。如对比错觉、光渗错觉、位移错觉、高低错觉、干扰错觉等，都会让人对研究对象的认识产生一定的偏离。

2. 间接观察

间接观察是指人们借助仪器设备来对研究对象进行观察，间接地获得研究对象的相关信息的过程，间接观察使观察的范围在深度和广度上都发生了质的变化。首先，它放大了人对研究对象的感知范围，把人们无法直接感知的信息通过仪器设备转化为可以理解的信息。如通过显微镜、望远镜，研究者可以观察到小到单个分子、原子的形象，或者远在1亿光年以外的天体。其次，仪器设备可以帮助人们获得研究对象的定量信息，使观察更加客观、精确。如中医临床上脉象仪、舌象仪的应用，就有效克服了医生在观察中感官和主观因素的干扰。但是，这种方法也具有一定的局限：①仪器设备的制作受到当时科学技术和工艺水平的限制，其功能只是比人的感官的某些方面有所改进，但不可能完美无缺；②仪器设备的制作和使用需要大量的投入，成本很高；③仪器设备的使用需要一定的知识和技术水平作为支撑，不是所有的人都可以使用的；④仪器设备由于种种原因，在使用过程中会有误差存在，这样会降低观察结果的精确性。

三、观察的意义

对于任何工作来说观察都是必要的，科学研究、生产劳动、艺术创作、教育实践等都离不开观察。苏联教育家苏霍姆林斯基在《给教师的建议》中指出，知识不仅可以从观察中汲取，而且可以在观察中活跃起来，知识借助观察而“进入周转”，像工具在劳动中得到运用一样。如果说复习是学习之母，那么观察就是思考和识记之父。

观察对于任何工作都是很有必要的，没有一种工作不需要观察。因此，观察的能力是每一个人都应该加以培养的。我们的一切知识都是从观察事物中得来的。一个懒于观察和不善于观察的人，总感到事事平淡，不足为奇，因而凡事熟视无睹，以致孤陋寡闻。反之，一个勤于观察和善于观察的人，总感到事事值得留心，处处需要观察，因而就会随时发现问题，到处获得知识。巴甫洛夫在科学上的伟大成就正是通过他的“观察、观察、再观察”得来的。我们不论从事什么工作，要想钻研问题和解决问题，首先就必须汇集事实；要想汇集事实，就必须随时观察、观察、再观察。

我们不但要勤于观察，而且要善于观察。所谓善于观察是指能够随时随地迅速而敏锐地注意到有关事物的各种极不显著但非常重要的细节和特征，这种观察的能力，就叫做“观察力”。但是，观察力并不仅指善于观察，而且还意味着一种求知欲，也就是意味着一种认识和掌握各种新鲜事物的永恒的热情。所以，凡是具有观察力的人，必然都是善于观察和勤于观察的人。巴甫洛夫就是一个具有高度观察力的典范，他不但在研究消化生理的过程中，迅速而敏锐地注意到了别人所熟视无睹的“心理分泌”，而且以此为桥梁，经过数十年勤恳而深入的观察、观察、再观察，终于揭示了高级神经活动的规律。任何人的观察力都不是与生俱来的，而是在长期实践的过程中发展起来的。因此，我们每一个人不但都应该发展自己的观察力，而且都有可能发展自己的观察力。

四、提高观察质量的条件

要想提高自己观察的质量，首先必须了解决定观察质量的条件。决定观察质量的条件主要包括以下几种。

1. 事先要有明确的任务

任何优良的观察都是以明确的任务为前提的。善于观察的人也就是能够把自己的知觉严密组织起来，使之服务于预定的任务的人。没有明确的任务的知觉，是根本不配称为观察的。

2. 应持客观、公正的立场

观察时应持客观、公正的立场，不能被个人好恶左右。科学观察的目的是要了解科学事实，客观地描述研究对象的信息，所以一定要坚持客观性原则。在观察过程中，不要戴“有色眼镜”，以研究者的经验来对待研究对象。这样会导致只能看到自己想看到的东西，而对其他事物无动于衷。另外，要注意克服由于人的感觉器官或仪器设备的局限而产生的一些假象、错觉和干扰，尽量客观地观察研究对象。

3. 事先要有周密的计划

周密的计划是一切工作得以顺利完成的必要条件，观察当然也不例外。我们只有根据事先所拟订的周密计划，才能够系统地进行观察。而且计划越周密，观察才能越精密。观察的任务越艰巨,周密的计划也就越必要。

4. 事先要有必要的知识

良好的观察能力必须以必要的知识为基础。观察者所具有的知识越专精、越丰富,对于有关事物的观察也就会越深入、越周到。知识不仅能够使观察者更深入、周到地进行思考,而且可以使观察者更深入、周到地知觉事物。一位有造诣的地质学家可以从一小块岩石上观察到许多一般人不能够观察到的重要的东西。可见,良好的观察能力并不是与生俱来的。

5. 观察必须精密和全面

走马观花的观察绝不能有效解决问题。因此,为了要能够真正解决问题,就必须针对问题,按照计划,有系统、有步骤地进行精密而全面的观察。善于观察的人也就是能够知觉到别人所忽视了的微小却很有价值的事实的人。不论观察时间长短、研究对象大小,都要认真细致地做好每一个环节,不能浅尝辄止。达尔文五年如一日的认真观察,使他拥有了大量的素材,完成了《物种起源》;哥白尼经过持续几十年的天文观测,写出了《天体运行论》;孟德尔通过九年的豌豆杂交研究,提出了遗传定律。这些科学家正是经过认真细致的观察,才在各自的领域内获得了重大发现。

6. 应随时记录,尽量详细

在进行观察的时候,应该随时记录,在进行观察之后,应该写报告。因为随时记录不但可以避免遗忘,而且可以激发思维和检查认识,这样就可以促进观察的清晰性和正确性。写报告不但可以整理和巩固观察的成果,而且可以总结观察到的事实和解决相关问题。观察过程中会发现大量的现象,这时要做到随时记录,而且尽量详细。只有详细记录,才能全面地显示研究对象的全面属性,才能让研究人员充分占有各种资料,从而保证信息的客观和精确。我国著名气象学家竺可桢在20世纪70年代初发表了《中国近五千年气候变迁的初步研究》,其中既有古籍中的史料,又有他长期观察气候、物候变化的相关数据。正是由于大量详尽的数据,才使他的研究成果具有很强的说服力,赢得了科学界的广泛认同。

第三节 注意与观察规律的应用

注意与观察在社会日常生活中应用十分广泛,特别是在教育活动中的应用意义更大。对于教育工作者而言,如何帮助学生集中注意力、提高观察能力,是教师的一门教学艺术,同时也是提高教学质量的重要保证。

一、根据注意的规律,培养学生的注意力

(一)利用无意注意的规律组织教学

无意注意是由刺激物本身的特点和人的主体状态引起的,而人的主体状态又主要体现在直接兴趣和情绪态度方面。在教学活动中,学生的无意注意既有积极作

用，又有消极作用。教师在教学过程中应当尽量避免那些分散学生注意力的消极因素，充分利用那些有助于集中学生注意力的积极因素。

1.尽量防止那些足以使学生离开教学内容的无意注意

例如，教室周围嘈杂的音响，音乐教室的歌声，操场上的运动情境，窗口有人观望谈笑，教室内过多的装饰或张贴，教师的新奇服饰及口头禅，过度的表情，以及不适当地使用直观教具等，都容易分散学生学习时的注意力。因此在教室内外布置一个安静、简朴的环境，并采取措施，尽量减少上课时的各种干扰，这是非常必要的。

2.讲究教学艺术，提高教学感染力

教师上课要力求教学内容生动活泼，前后联系紧密，做到具有科学性、系统性、新颖性、生动性。讲得太深，学生无法理解，自然难以保持注意；相反，内容太浅，学生一听就懂，也容易分心。力求做到由浅入深、深入浅出、循序渐进。

教学方法要讲究灵活性、多样性和启发性，尽量防止单调呆板，以激发学生对教学过程本身的兴趣。例如，在学生不注意时教师突然停止讲课，讲课时声音有高低、大小、快慢的变化，有时加重语气或提高声调，利用鲜明、生动的直观教具，适当地进行故事性的谈话，采用多种形式的教学方法等，都可以引起学生的无意注意。心理学研究证明，长时间地使用同一种方法进行单调的活动，会引起人的大脑皮层的疲劳，从而导致神经活动的兴奋性降低。教师的语言应生动形象、简洁流畅、抑扬顿挫、快慢适中、风趣幽默、引人入胜，并辅以适当的表情和手势，以增强讲授内容的情绪感染色彩；教师要善于运用故意停顿、善意提醒、课堂提问等手段组织教学，以引起学生积极的无意注意。

3.利用学生的情绪、情感，启发学生积极思考

从教学内容来说，只有健康、积极的情感色彩才能激起学生良好的情绪体验，启发学生的求知欲，陶冶其美感、道德感和理智感。但要使教学内容切实引起学生情感上的共鸣，还要依靠教师用有感情的言语和表情来讲解，才能引起学生对这些教材的无意注意。但教师的表情要避免夸张，否则会分散学生对教学内容本身的注意。教师要善于适时提出一些能启发学生积极思考的问题，当要求学生进行力所能及但又需要作出某些努力的思考时，有利于使他们保持注意。由于问题的存在，能使学生产生对问题解决的期待，因此，在对问题的讨论和教师的总结过程中均能引起学生的注意。

教师经常结合学生已有的知识经验进行教学，才能提高学生对教学内容的兴趣和注意。有些学生对学习没有兴趣，注意力不集中，是由于对前面的材料没有掌握，因而越学越不理解。有的教师总结了一条经验，要了解学生的已有知识，正确地把新知识的讲解与学生的已有知识结合起来。在学生还没有一定的经验作为学习新知识的基础时，还应通过参观、访问、看电影等来补充必要的经验。也有学生确实已经掌握了甚至超过了现在教师要讲授的东西，所以对教师现在讲的东西不感兴趣，不愿意听讲。教师这时应该另外给此类学生布置一些读物和作业，让他们自学。当然，我们这里只要求适当照顾学生的兴趣（特别是对低年级的学生），并不要求迁就

学生的兴趣。如果脱离教学的目的要求,用无关的材料去引起注意,甚至用庸俗的笑料来迎合学生,那将是有害的。

(二)指导学生根据学习要求锻炼自己的有意注意

学习作为一种长期而艰苦的智力活动,仅仅重视运用无意注意的规律还远远不够。为了深入、持久地使学生掌握系统的科学文化知识和形成相应的技能技巧,还必须重视培养学生的有意注意,特别是要使学生的注意具有一定的稳定性,即能持续地集中注意而不为外来非必要刺激所左右。而且在必要时,还能把注意合理地分配到几个不同的学习对象上去,当活动对象改变时,又能迅速把自己的注意作相应的转移。具体来说,有意注意在教学中的应用可从以下方面入手。

1.帮助学生树立明确的学习目的,增强其学习自觉性

注意的规律表明,注意的目的越明确,就越能引起有意注意。在教学过程中,教师应让学生明确知识的价值意义和学习的目的要求,增强学生学习的责任心,提高学生学习的积极性。教师不仅应使学生明确宏观学习目的,还应使学生了解某门学科的学习总目的及任务,以及明确每一章节乃至每一节课的具体目标任务,以免学生目标不清,注意对象不明。

2.培养学生的自制力和意志力

有意注意经常会受到各种外来干扰,从而影响学生的学习。教师应注意引导学生加强自身心理素质的训练,要求学生对具有干扰作用的刺激保持镇静的态度,学会把握自己的情感并克服消极的心境。在注意受到干扰时,学生特别需要用内部言语方式来提醒自己注意的指向性和目的性,以便有效地维持有意注意。

加强学生的组织纪律性,正确组织教学,对学生的要求严格适当,不断加强教学常规训练,纠正学生完全从兴趣出发、不注意听讲及作业马虎潦草的不良习惯,培养他们的自制力和意志力,这样,有利于意志薄弱的学生借助外因的影响,集中有意注意。

3.调动学生的多种感官分析器参与学习活动

在教学过程中,教师引导学生手脑并用,尽量调动多种分析器参与学习活动,有助于克服注意的分散,当有外来干扰时尤其需要应用这一规律。它一方面有利于对抗干扰,例如,用朗读来代替默读,自己朗读的声音刺激就可以成为对抗旁人的嘈杂声的因素。另一方面由于多种分析器的活动,亦可以从各个方面不断揭示事物的新内容,因而有助于稳定有意注意。

此外,引导学生积极地思考、增强学生的学习信心等,也是保持学生有意注意的有效途径。

(三)运用有意注意与无意注意相互转化的规律来组织教学

在教学中,如果过分强调或过多地要求学生依靠有意注意来进行学习,学生就容易感到疲劳。如果单纯依靠无意注意,就不能更好地培养学生与困难作斗争的精神。所以教师一方面要求学生努力集中自己的注意,另一方面也应该使学生对学习

本身发生兴趣，这样才能提高教学质量。

上课时，常常发生一些意料之外的事件，引起学生分心。教师如果根据具体情况，善于运用注意规律来加以处理，教学就能顺利进行，否则就会降低或破坏教学效果。例如，课上到一半，墙上的小黑板掉落在地上，发出巨响，使学生感到吃惊而分散了注意力。教师不慌不忙地把黑板捡起来挂好，他没有马上开始讲课，而是先稳定住学生的情绪，然后提出一个问题："同学们，刚才课讲到什么地方了？"这个问题提得好，它引起了全班学生的回忆，一下子就把学生的注意引导到原来的教学内容上来了。

（四）根据注意的特点和规律培养学生的注意

为了使学生能更好地学习，不只要求有安静的学习环境，还应该培养他们与注意的分散作斗争的能力，使他们在嘈杂的环境中也能有效地学习。培养学生与注意的分散作斗争的能力的方法，主要有以下几点：①要求学生对具有干扰作用的刺激保持镇静的态度；②加强注意的目的性；③通过实践活动，不断揭示事物的新内容，因为注意的稳定性与事物内容的复杂程度和变化有关。培养学生随时都能迫使自己把注意集中于一定事物的习惯，教师要教育那些难以转移注意的学生在课间休息时不要思考困难的问题或作剧烈的运动，这样他们才能在上课时更容易把注意集中到学习上。

二、教学中对学生观察能力的培养

学生观察力的发展水平不是先天决定的，而是教师在教学活动中，有目的、有计划地培养起来的。教学中培养学生的观察力可从以下几个方面入手。

（一）激发浓厚的观察兴趣

学习是由内在的心理因素引起的，内在动机比外驱力更活跃、更持久，更具有主动性，而兴趣则是内在学习动机的集中体现。教师可采用多种方法激发学生对观察产生浓厚的兴趣。

（二）提出具体、明确的观察目的和任务

教师可以先提出总体要求，让学生自己设计观察步骤，然后再过渡到学生自己独立地提出目的、任务，并进行独立的观察。

（三）培养正确的观察方法

首先，要引导学生在观察时把握合理的顺序，养成从整体到局部，再由局部到整体的观察习惯。发现不合理的观察方法，应通过示范及时指出，加以指正。

其次，要引导学生懂得观察的渐进性，养成反复观察、仔细观察的习惯。要真正揭示内在规律，需要从不同的角度出发，进行广泛的观察：既要观察事物表面的、明显的特点，还要观察事物内在的、隐蔽的特征；既要观察已知的材料，又要观察未知的、隐含的关系。

最后，要引导学生了解常用的观察方法（如分类观察、从一般到特殊的观察、从特殊到一般的观察、对比观察等），掌握观察的一般步骤：①明确观察的目的和任务；②制订周密的观察计划，做好有关知识的充分准备；③在观察过程中做好观察记录；④观察后对得到的材料进行整理、分析、归纳和总结。通过一定时间的训练，使学生能够较为熟练地进行自主观察。

（四）养成良好的观察品质

观察不是消极的注视，不是被动的感知，而是一种"思维的知觉"，是智力发展的基础。因此，在培养学生观察能力时，必须重视观察的目的性、全面性、精确性、深刻性等良好观察品质的培养。

思考与练习

1. 名词解释

注意	无意注意	有意注意	有意后注意	注意的范围
注意的稳定性	注意的分配	注意的转移	观察	观察力

2. 概述注意的主要功能和神经机制。
3. 无意注意、有意注意和有意后注意各具有哪些主要特点？分析其产生的原因。
4. 注意的范围、稳定性、转移和分配受哪些因素的制约？
5. 阐述认知心理学关于注意理论的基本要点。
6. 简述观察的意义和原则。
7. 如何运用注意规律组织教学？
8. 论述教学中对学生观察能力的培养。

课外延伸

利用本章所学习的知识，编制一个符合自身情况的注意力或观察力的培养计划，并将能力培养的效果记录下来。

第五章 记忆与遗忘

本章学习目标 ……

- 理解记忆的定义
- 理解和掌握记忆的基本过程和分类
- 掌握感觉记忆、短时记忆、长时记忆三者间的联系和区别及各自的特点
- 掌握遗忘的表现、原因和一般规律
- 掌握在学习、复习、考试中提高记忆效率、减缓遗忘的方法

女主角：最近我总是找不到回家的路。

医生：你在工作吗？辞职吧。很快，你就不能打字，也不能接电话，更不要说收拾东西了，你基本上什么都做不了。你会忘记你的家人，你的朋友，甚至你自己。你的记忆会完全消失。

女主角：我的头脑里有块橡皮擦。

——《脑中的橡皮擦》

如果个体将过去的记忆丢失，个体所有学习过的知识都会被忘记，所有熟悉的人都将变成陌生人，所有使个体产生幸福、抑郁或伤心情结的事情都好似没有发生过一样，个体也将不再获得避免自己在同一个地方跌倒两次的经验。在日常生活中，我们即使没有得遗忘症，偶尔也会忘记东西所放的位置，忘记今天是否该交作业，甚至在考场上，也常常出现明明感觉“知道”却写不出答案的“大脑短路现象”。那么，这到底是怎么一回事？自己的记忆力是否变差了？本章将针对这些问题，介绍记忆的主要类型、记忆的基本过程、遗忘的基本表现，以及如何增进记忆、减少遗忘等知识。

第一节　记忆与遗忘概述

一、什么是记忆

著名影星成龙在电影《我是谁》中扮演了一名失忆特工，他在影片中不断地问自己：“Who am I?”生活中每个个体都应该庆幸，庆幸自己还记得父母的生日，记得好朋友的名字，以及记得很多难忘的事情和曾经犯过但不会再犯的错误，或许还要庆幸自己记得过马路时要绿灯行红灯停，等等。记忆将我们的过去、现在和将来紧紧联系在一起，从某种意义上讲，是记忆让我们的人生成为“连续剧”。心理学将记忆(memory)定义为人们对经验的识记、保持和应用过程，即对信息的编码、储存和提取过程。

二、记忆的类型

（一）感觉记忆、短时记忆和长时记忆

心理学家根据信息加工的不同和保持时间的长短，把记忆划分为感觉记忆、短时记忆和长时记忆。

1. 感觉记忆

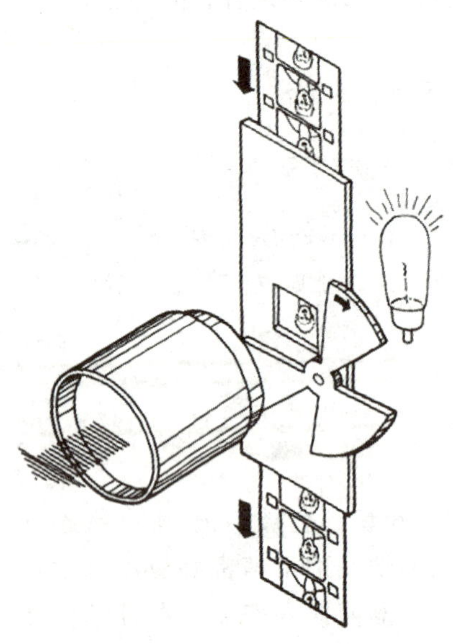

图 5-1 放映机示意图

感觉记忆(sensory memory)是指当外部物理刺激停止作用于感觉器官后，感觉信息在大脑中保持的极短时间的记忆。它保持的时间短到只有 0.25～4 秒，所以又被称为瞬时记忆(immediate memory)。这种短暂的感觉滞留，就好像大脑对刺激快速拍下相片进行登记一样，故感觉记忆也叫感觉登记(sensory register)。电影院用电影胶片放映电影的例子说明了感觉记忆的重要性。如图 5-1 所示，电影胶片是一张张静止的画面，然而为什么人们看到的是连续运动的图像呢？

这是感觉记忆的作用。感觉记忆使前一张画面短暂停留并与当前画面重叠，两张只有细微变化的画面一前一后保持在大脑中，就形成了连续的画面，从而产生运动的图像。

2. 短时记忆

短时记忆(short-term memory，STM)是指感觉记忆中经注意的信息保持在 1 分钟以内的记忆。短时记忆也被称为电话号码式记忆，短时记忆保持时间较短的特点常常与以下场景联系起来：查询一下手机可以把快递的电话号码报出来，过后却很难再记起这个号码。

短时记忆是信息处理的中间站，是感觉记忆和长时记忆的中间阶段。信息处理包括两个方面：一方面将感觉记忆中受到注意的信息输入，经复述输入长时记忆中进行储存，比如把快递的电话号码反复念很多遍，直到记住；另一方面运用感觉记忆输入的信息和从长时记忆中提取的信息完成当前的认知活动，此时的短时记忆更适合被称为工作记忆(working memory)。例如，当前的认知活动是计算 3×7 的结果，感觉记忆会将待计算的数字(3，7)和运算要求(×)输入短时记忆，短时记忆同时会

从长时记忆中提取与输入数字和运算相关的运算法则或口诀，结合二者的信息进行加工，最后得出结果。

3. 长时记忆

长时记忆(long-term memory，LTM)是指信息在大脑中长时间保持的记忆，其中大部分信息是经过短时记忆加工后转入的，还有少数信息是由于刺激到达感觉记忆的那一刻留下深刻印象而得以长期保持。长时记忆保持信息的时间从1分钟以上到数日、数年，甚至终身。长时记忆是一个信息库，包含各种知识、个体所经历的事件、看到其他个体经历的事件、各种情感体验和技能等，可以说，长时记忆构成了个体对世界和自我的全部知识。

趣味现象

闪光灯效应与莱斯托夫效应

闪光灯效应(flashbulb effect)是指引人震撼的事件容易给人留下深刻的记忆。多年前曾有心理学家在美国第16任总统林肯被刺身亡后的第33年，以179位中老年人为对象，调查他们是否还记得林肯遇刺的时间、地点及凶手姓名等历史事件。结果发现，回答完全正确者，居然有127人(占71%)。

莱斯托夫效应(Restorff effect)是指独特或特殊的事物容易被人牢记。最明显的例子是，在一场人数众多的宴会上，只能即时记下身形、相貌、年龄、地位等特征最为突出者的名字。所以有些人为了增强别人对他的印象，不是在服装上力求表现新颖，就是在言行上刻意表现突出。

图尔文(Tulving)将长时记忆分为两类：情境记忆和语义记忆。情境记忆(episodic memory)是指人们根据时空关系对某事件的记忆，这种记忆与个人亲身经历或间接经验有关，比如毕业典礼上与校长握手时校长说的话，或者小说中浪漫的求婚场景等。语义记忆(semantic memory)是指个体对一般知识和规律的记忆，不受特定的时间空间限制，表现为对概念、公式、规则、规律、常识等知识的记忆。

安德森(Anderson)将有关事实和事件的记忆统称为陈述性记忆(declarative memory)，它是关于事实和事件是什么的记忆，情境记忆和语义记忆都属于陈述性记忆。此外，还有一种关于怎样做事的记忆，这被称为程序性记忆(procedural memory)，包括对知觉技能、认知技能和运动技能的记忆。程序性记忆通常是由陈述性知识转变成无意识的行为，然而知识变成技能后，再去谈论其中的陈述性知识就变得很困难。比如，当你学会骑自行车后，如果有人请教你如何上、下车而不会摔倒，你会发现这是个不太容易回答的问题。

(二)内隐记忆与外显记忆

1. 内隐记忆

内隐记忆(implicit memory)是指不需要意识参与或不要求有意回忆的条件下，大脑自动、无意识地提取信息的记忆。

在内隐记忆的作用过程中，人们并不会意识到正在使用存储在记忆中的信息，也没有意识到使用的是什么信息，不过可以通过个体完成任务的情况来确定内隐记忆的存在。绝大部分内隐记忆测验任务的设计都是基于启动效应这一现象的。启动效应(priming effect)是指由于近期与某一刺激的接触而使个体对这一刺激的加工得到易化的现象。例如，某人去超市的路上遇到熟人并热情地打了招呼，过后在逛超市的过程中，该人远远看到一个背影便能快速地认出是此前的那位熟人。这就是先前的偶遇对背影辨认的启动效应。内隐记忆常用的测量方法有词汇确定、单词辨认以及词干或词段补笔。

经典实验……

内隐记忆测验任务——词干补笔实验

在词干补笔实验中，研究者先要被试评价一个词表(比如，对每个词的愉快度进行评价)，而不是要求被试记忆。然后在测验阶段向被试呈现一个词根(如 tab __)或词段(如_ss_ss __)，要求他们用想到的第一个合适的词来完成这个单词。研究者通过统计被试使用先前评价词表上的词完成补全单词任务的频率来反映启动效应。

2. 外显记忆

外显记忆(explicit memory)与内隐记忆相对，是指有意识地提取信息的记忆。外显记忆的测验任务都是直接要求被试运用之前存储的信息来完成，比如回忆法(回忆先前学过的刺激)，或者再认法(判断当前的测试刺激是否是之前学过的)。

三、记忆的基本过程

希腊哲学家柏拉图曾经将人的记忆比喻成鸟笼，当人们获得一个新的记忆时，就像鸟笼里新增加了一只鸟一样，而回忆就像从鸟笼中捕捉出这只鸟进行检查一样。这个比喻形象地说明了记忆的两个环节——存储与提取，不过任何外部世界信息要成为可以保持和利用的记忆信息都要首先经过编码。

(一)编码

编码(encoding)是指信息的最初加工，是将外界信息转换成心理表征的过程。表征是一种象征性的代表，用文字、符号或图形等代表具体的对象或抽象的概念。例如，古代分别用[illegible]、[illegible]、[illegible]、[illegible]这样的象形文字来代表人、象、木、弓。可以看出，表征应包含所代表对象的最重要的特征。此外，表征还有个重要的功能，即便于特定设备的加工和操作。比如将 5＋6 输入计算机进行计算，按照二进制数，5 被转换成 101，6 被转换成 110，那么 5＋6 就是 101＋110，按照二进制数的计算法则，得出二进制数答案 1011，转换成十进制数 11 输出。同样，心理表征是适用于大脑进行加工和操作的符号系统，而且包含外界信息的重要特征，是对外界信息的代表。外界信息通过编码转换成相应的符号，经过加工和操作后的符号再经由解码转换成对应的外界信息形式输出。

（二）存储

存储（storage）是指经过编码的材料随时间而在大脑中的保持。记忆存储的时间可长可短，长时间的存储就是前文提到的长时记忆，短时间的存储可以是短时记忆或者感觉记忆。

（三）提取

提取（retrieval）是指被存储起来的信息在后来某个时间的恢复。提取的前提是个体对知识的编码和存储。提取有两种基本形式：回忆（recall）和再认（recognition）。问答题是回忆式提取，选择题是再认式提取。

现在我们整体来看一下这三个心理过程：外界信息输入感觉器官后，先要被编码成记忆系统能“看懂”的心理表征，然后经过各种加工和操作将这些表征短时或长时地存储下来。当需要使用相应的内容时，就将其提取出来供当前认知活动使用。看起来三个过程是依次进行，彼此相对独立的。事实上，这三个过程共同作用、彼此依赖。记忆过程的复杂性不仅体现在信息加工过程中，而且还体现在不同类型的记忆在编码、存储和提取方面的各自特点上。

四、遗忘及其表现

人脑平均能够存储100万亿比特的信息，所以对此前编码、存储过的信息提取失败是完全可以理解的，大脑在任何时候都能按照需要迅速把信息提取出来的确不是件容易的事。

（一）遗忘

遗忘（forgetting）是指对识记的信息不能再现或再认，或者错误地再现或再认的现象。简单来说，遗忘是指个体想不起过去的经验或者错误地再现过去的经验。日常生活中，每个人都体验过遗忘，而且某些情况下遗忘并不一定是坏事。从思维活动的角度来说，遗忘可以减轻大脑的运行负担，降低脑细胞的消耗。如果无论什么信息都要记住，那么大脑神经细胞的死亡会远高于正常情况，大脑会难以承受。从心理健康的角度来说，遗忘可以让人们从过去的失败、创伤体验中慢慢走出来，开始新的生活。可见必要的遗忘是有利于身心健康的，不过重要的经验还是需要保持在记忆中。

因此，记住该记住的，忘掉该忘掉的，这或许是记忆与遗忘的理想境界，但做起来却没有那么容易。生活中，人们常常会因为遗忘重要信息或无法遗忘某些经历而感到痛苦。对于普通人而言，容易遗忘的可以通过努力去记住，该遗忘的也可以随着时间慢慢淡忘。可是对于遗忘症患者，遗忘却不受他们的控制。

（二）遗忘的现象

1. 舌尖现象

舌尖现象（tip-of-the-tongue phenomenon，TOT现象）是指回忆的内容感觉已经到嘴边却无法记起的现象。例如，遇见熟悉的朋友，名字似乎就在舌尖，却叫不出；考试的时候，平时很熟悉的单词、概念、公式等，就是写不出来。舌尖现象发生后过一段时间往往会自动消失,和朋友交谈一会儿你可能就突然想起对方的名字,考试过后你也可能会突然想起问题的答案。

2. 系列位置效应

系列位置效应(serial-position effect)是指在多个项目连续出现的情况下,各项目因其在系列中的位置不同而有不同记忆效果的现象。具体表现为,处在前端位置和处在末端位置的项目记忆效果优于处在中间位置的项目,分别被称为首因效应(primary effect)和近因效应(recency effect)。例如,在一天里按一定的顺序记英语单词,对前面和最后的几个单词记忆的效果好,而对处于中间位置的单词往往记不清楚。

3. 动机性遗忘

动机性遗忘(motivated forgetting)是指对某些事或某些人出现记忆丧失现象,被遗忘的事或人往往与社会道德观念相冲突,或者唤起个体的创伤性体验。经典心理电影《爱德华大夫》就描述了一位失忆症患者约翰·布朗,他不记得幼时失去弟弟,不记得爱德华大夫如何被杀,甚至不记得自己是谁。因为这些情境都会唤起他幼时亲眼目睹弟弟意外被栏杆刺死所带来的痛苦体验。

4. 顺行性遗忘

顺行性遗忘(anterograde amnesia)是对在致使失忆的事故后所发生的事情出现记忆丧失的现象。电影《初恋 50 次》中也描述了一位因车祸而患顺行性遗忘症的女性,她的记忆始终停留在车祸前一天,新的记忆保持不会超过 24 小时。所以顺行性遗忘症患者很难获得和保持新的知识经验。

5. 逆行性遗忘

逆行性遗忘(retrograde amnesia)是对在致使失忆的事故前所发生的事情出现记忆丧失的现象。临床发现,脑震荡患者常伴有短暂的逆行性遗忘,例如,受到猛烈撞击的汽车驾驶员或足球运动员经常不能回忆受伤前几秒发生的事情,实施电休克后也会遗忘头部刚受到电击这件事。严重脑创伤后会丧失事故之前的全部记忆,但并不影响患者学习新的事物,形成新的记忆,仿佛开启了另一段人生。在影视作品中经常提到的“失忆”情节通常就是指逆行性遗忘。

此外,还有由于长期酗酒而引起的科萨科夫综合征(Korsakoff syndrome),或患有阿尔茨海默症(Alzheimer disease,AD)即患老年痴呆症的患者,都会由于大脑器质性病变而表现出遗忘的症状,随着病情的加重遗忘会越来越严重,过去的记忆慢慢消失,新的记忆也无法形成。

以上各种遗忘的表现都是不能再现或再认过去的经验,而如果再现或再认的经验与过去学习时的不相符合同样也属于遗忘,是遗忘的另一种表现,这种现象称为记忆扭曲(memory distortion)。想象这样一个由 10 人参与的实验,把一张图给第 1 个人看,要求在纸上再现出来,之后拿给第 2 个人看,同样要求在纸上再现出来……依次进行下去,直到最后一名参与者完成图的再现工作。比较这 10 幅图,能够清晰地看到记忆扭曲的效果。很多娱乐节目中的接龙游戏正是利用这种记忆扭曲现象作为笑点而设计出来的。

视野扩展

目击证人记忆的可信度案例

1977年，美国法庭判决名为威廉·杰克逊的人犯强奸罪，判决是依据当事人的指证而作出的。然而真正的罪犯直到1982年才被警方逮捕。后来发现，真正的强奸犯名为艾德华·杰克逊，与被冤枉的威廉·杰克逊相貌极为相似。即使是受害当事人，记忆也会发生扭曲，让无辜的人平白遭受5年冤狱。

1990年，艾丽恩·弗兰克林在法庭上作证，说她自己的父亲乔治·弗兰克林在1969年曾绑架、强奸并杀死了8岁的女孩苏珊·南森。她在作证时说，有一天，当她看见自己小女儿的眼睛时，过去的那些记忆一下子都浮现在脑海中。因此，乔治·弗兰克林被判有罪。然而，此判决在1996年被推翻。当时，艾丽恩·弗兰克林又根据这种记忆指控父亲的另一次谋杀，而DNA测试洗清了乔治·弗兰克林的罪名。

洛夫特斯(Elizabeth Loftus)和她的同事们做了一系列关于目击证人记忆的研究，得出以下结论：目击证人对于所看到信息的记忆很容易被事后信息所扭曲。例如，在一个研究中，给两组被试看一个关于车祸的电影，然后实验者以不同的提问方式要求两组被试估计当事车的行驶速度。问其中一组："当两辆车相撞时，它们开得有多快？"对另一组则问："当两辆车接触时，它们开得有多快？"结果发现，前一组估计的车速超过了40千米/小时，而后一组估计的车速约为30千米/小时。一个星期后，询问所有目击证人："你是否看到玻璃碎片？"前一组有1/3的被试称看到了玻璃碎片，后一组只有14%报告看到了。事实上，在影片中根本没有玻璃碎片出现。

第二节 记忆与遗忘的基本原理

·名人名言·

一切事物和知识在头脑中安放得像在橱柜里一样，需要哪些，只要打开相对应的"抽屉"便可获取。

——拿破仑

《心理学与生活》在记忆一章中有这样一幅场景图，如图5-2所示。

为了记住画面中的一个人物，个体一般会全面扫描一遍场景图，然后把视线集中在画面的某一部分，这部分可能包含画面中多个人物，最后选择一个人物仔细观察并重点记忆。这个过程反映出三个记忆系统的工作。①外部大量信息会在感觉记忆中保持2秒或更短的时间，经由注意选择少量信息进入短时记忆，其他未被注意的信息则被遗忘。②在短时记忆中临时存储的信息如果编码成功并得到复述，要么相对长久地保存于长时记忆中，要么再回到短时记忆的复述缓冲器中继续复述，而未编码的信息或者未得到复述的信息则被遗忘。③短时记忆在对信息进行编码和加工时，常常依赖长时记忆提供的过去经验。记忆系统的工作模型如图5-3所示。

图 5-2　场景图

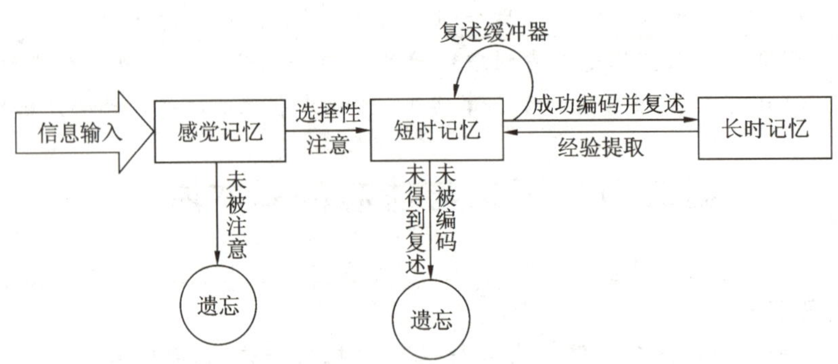

图 5-3　记忆系统的工作模型

下面分别介绍三种记忆系统的特点。

一、感觉记忆

一般而言，瞥一眼后保持在头脑中的图像即是感觉记忆，它主要是外部信息在内部记忆系统的登记，所保持的信息按刺激原有的物理特征编码，未经任何加工。

瞥见信息与口头报告之间已然经过复杂的加工，感觉记忆的研究主要是通过口头报告的结果间接推断其保持的信息的。

心理学家认为，包括视觉通道在内，每种通道都有与信息输入相适应的感觉记忆，而且研究发现，不同通道的感觉记忆作为记忆系统第一阶段的功能是一样的，只是在保持时间和记忆容量方面存在一定差异。由于视觉通道和听觉通道的信息加工研究相对成熟，因此这里我们主要介绍这两种通道的感觉记忆。

Neisser将视感觉记忆命名为图像记忆(iconic memory)。由于感觉记忆的时间保持极短,所以呈现刺激的时间也相应较短,即快速呈现刺激。例如,Sperling让被试在呈现50毫秒的3×3的字母刺激卡片中提取信息并完成回忆任务,根据报告的情况确定感觉记忆的容量。研究发现被试一般只能报告出4～5个字母。就生活经验来说,感觉记忆作为大量信息的登记,不太可能只保持这么少的信息。那么是什么原因导致这样的结果呢?Sperling认为可能是要求全部回忆出刺激这个任务造成的,因为报告只能一次一个地进行,使得有些字母没有来得及报告出来就被遗忘了。所以他发明了“部分报告法(partial report)”来研究感觉记忆。不出所料,在这种情况下被试能准确报告出9个字母,说明视感觉记忆的容量至少为9个。进一步以4×4或5×5的矩阵作为刺激,研究表明,视感觉记忆的容量可达20个字母。然而由于被试除了感觉登记呈现的刺激外,还需要区分指引反应的信号,这很可能会占用感觉记忆的资源,影响感觉记忆的容量,故无法确定上限值。一般认为,视感觉记忆的容量为9～20个项目。

趣味现象……

照片式记忆

照片式记忆是对刺激形成异常清晰的表象(eidetic imagery)。体验异常清晰表象的人们能够回忆一幅图画的细节,持续时间也远比图像记忆要长。

研究发现,成人不会具有这样的记忆。具有照片式记忆的人通常是孩子,有8%的青春期前的孩子可以产生异常清晰表象。

听觉感觉记忆被称为声像记忆(cchoic mcmory)。在参加英语听力考试的时候,由于忙于浏览选项没有抓住上一句话中的重要信息,尝试回去再“听”时很可能会像“听”到回声一样。这种声音在头脑中的回放即为声像记忆。

与图像记忆不同,实验得出声像记忆的容量相对较少,仅为5个项目左右;保持时间则相对稍长,约为4秒。这主要与听觉刺激的呈现方式有关,声音信号是一个一个依次到达人的耳朵的,无法像视觉刺激一样同时呈现在一对视网膜上。声像记忆使得一个一个音素连贯成单词,单词连贯成句子。

尽管感觉记忆保持的时间极短,但是正是这种短暂的滞留使不断变化的世界能在心里保持连续性;尽管感觉记忆能保持大量的信息,但不是所有的信息都能被记住。当一个信息需要被记住的时候,它将会进入下一个记忆系统——短时记忆。

二、短时记忆

大脑通过注意选择那些需要被记住的信息,并让它们进入短时记忆。

(一)短时记忆的编码

通过下面的小测验可以考察进入短时记忆的信息编码形式:要求被试从左至右看一遍下面的字母序列,然后将其盖上,并按照顺序回忆。

BVFMNSPT

将被试回忆的结果与字母序列进行对照，检查一下字母及顺序有没有出现错误，错在哪里。一般被试容易把M回忆成N，把B回忆成P，把S回忆成F。如果说M与N，B与P之间的混淆可能是因为形似，那么如何解释S与F间的混淆呢？

在第二个实验中，研究者同样以前面视觉呈现的字母作为刺激，随机安排顺序并匀速地报给被试，然后请被试按顺序回忆听到的字母序列，研究者分析结果是否发生混淆现象。结果发现：视觉呈现出现的混淆，基本上在听觉呈现也出现了。于是假定：S与F、M与N、B与P间的混淆可能是因为发音相似。

上述声音混淆实验的结果被认为是短时记忆以声音形式编码的证据，因为就算是视觉呈现刺激，且视觉刺激间的低相似性（S与F），也容易因为发音相似而发生记忆混淆。尽管大多数研究都证实短时记忆确实以声音形式编码，然而也有研究者大胆设计实验验证了短时记忆中同时存在视觉编码和语义编码。

以上对短时记忆编码形式的探讨主要基于语义信息的视听刺激编码。对于一些非语义刺激（比如图画），或者一些其他通道的信息（比如香味、毛茸茸的触觉），可能会有其他的编码形式，这还有待心理学家深入研究。

（二）短时记忆的存储

短时记忆的保持时间较短，这已经是一个不争的事实。那么短时记忆到底能保持多少信息便成为人们关心的焦点。短时记忆由于注意的聚焦决定了它不能像感觉记忆那样有较大的容量，有限的容量成为短时记忆的特点。有研究者将短时记忆比喻为有多条"槽道"的系统，进入短时记忆的每一个项目都会占用一条槽道。然而槽道的数量是有限的，所以如果在各槽道已满的情况下，有新的项目进入，那么这些新的项目要么将旧项目挤压出去自己留下来，要么只能自己流失掉。那么人类的短时记忆到底有多少槽道呢？

下面的实验试图回答这个问题。要求被试读各水平中的数字，读完一遍后立刻合上书，然后按顺序把这些数字写出来。

水平1　5941

完成这个水平比较容易，当进行到某一水平无法完成时即停止。

水平2　83620

以下继续：

水平3　371962

水平4　4093728

水平5　73598014

水平 6　　051290414

⋮

这个数字广度实验可以粗略地估计个体的短时记忆容量，也就是个体中止任务的前一水平所对应的数字个数。米勒(George Miller)在《神奇的数字 7 加减 2：我们信息加工能力的某些限制》一文中明确提出短时记忆的容量为 7±2 个项目，项目可以是字母、数字、单词等。

水平 6 的数字中，0512 代表汶川地震的时间，0414 则代表玉树地震的时间。如果把水平 6 的 9 个数字组合成 3 部分，前面 4 个，中间 1 个和后面 4 个，大多数个体将很快记住这 9 个数字。也就是说，组合将提高短时记忆保持的信息量。

上述例子说明，短时记忆尽管容量有限，但是可以通过增加每个项目的信息量来提高短时记忆保持的总信息量。增加项目信息量的一个有效方法就是组块(chunking)，它是基于相似性等组织原则或长时记忆中的信息重新组织项目的过程。著名的被试 S. F. 通过将数字组织成一些赛跑时间能够记忆 84 个数字，这样的记忆效果不是随便哪一个人都能达到的。S. F. 是一位长跑运动员，他注意到可以将随机数字组合成不同距离的赛跑时间。例如，3、4、9、2 被组合成 3∶49.2，接近一英里的赛跑记录。

普通个体也可以运用对其有意义的信息进行组块(例如，水平 3 的最后 4 位数 1962 可能是其母亲的出生年份)，或者可以利用长时记忆中的信息组块(例如，利用 5 月 12 日汶川地震和 4 月 14 日玉树地震对数字进行组块)。从这些例子可以发现，知识经验对组块非常重要。S. F. 对字母的记忆就与大部分人无异，因为他没有特别的经验作为组块的策略。如果个体将 18 位的身份证号码看作 18 个随机数，可能很难记下来。相反，如果个体掌握了身份证号码的组成方式：前面 6 位代表地址，中间 8 位代表出生年月日，后面 4 位代表同年同月同日出生的 3 位顺序号和 1 位校验码，则个体只需记下前面 6 位和后面 4 位即可成功记忆 18 位号码。这样个体将不会再遭遇因为未携带证件而无法填写身份信息的尴尬了。

即使个体无法将数字与意义或长时记忆的信息联系起来，仍然可以通过停顿人为地进行组块。例如，11 位的手机号有时可能不便找到组块的方法，那么个体可以按照 4-4-3 来组块，以×××× ×××× ×××的停顿方式记下或者复述手机号码有利于记忆。当然也可以按照自己习惯的其他方式停顿。

那么，组块是否可以无限制地增大短时记忆的信息容量呢？此前提到短时记忆的容量为 7±2 个项目，由于项目的单位大小可能不一样，后来认为短时记忆的容量为 7±2 个组块。个体可以对字母编码记住 7±个单词，也可以对单词组块，记住 7±个单词词组。然而，随着组块内信息量的增大，短时记忆能存储的组块数也相应减少，因为短时记忆永远无法脱离信息加工的限制。现在一般认为，短时记忆的容量为 4～5 个组块。

为了记住朋友的手机号码，个体可能会在组块的同时把号码在头脑中重复几遍。这种机械重复信息的方法称为保持性复述(maintenance rehearsal)。复述是短时记忆保持信息的重要操作。对于此前提到的槽道，心理学家认为其功能不仅在于"放置"信息，而且在于"复述"信息，"复述"是为了更长久地"放置"，所以槽道也被认为是复述缓冲器。新进入短时记忆的信息有可能通过复述进入长时记忆，而转入长时记忆失败的信息也可能退回到复述缓冲器中继续通过复述得以保存。如果在信息本应该被复述的时候，个体被要求完成一个新的任务(例如，对一个 3 位数作连续减 3 的运算)用来防止复述，那么通过分析回忆成绩就可以研究没有复述的信息会有怎样的"命运"。结果发现 18 秒后记忆的信息就会被全部遗忘，如图 5-4 所示。

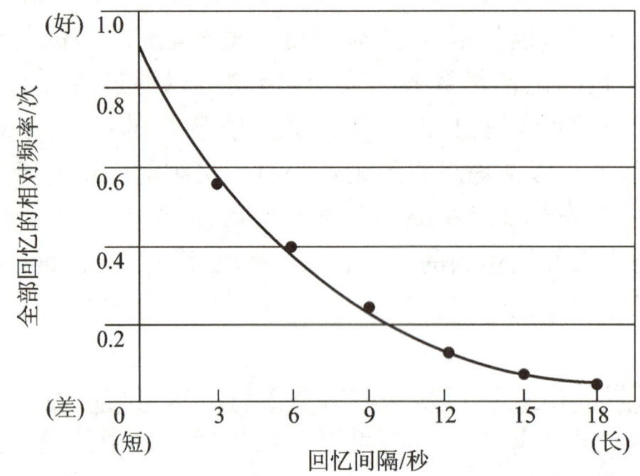

图 5-4　没有复述的条件下回忆随着时间变化的函数

到目前为止，人们主要探讨短时记忆作为存储系统的特点，例如，存储时的编码形式，存储的容量等。不过，当感觉记忆输入的是一个认知任务时，短时记忆不仅需要存储，更重要的是还需要进行认知加工(如数字运算、言语理解等)。所以短时记忆作为加工系统常被称为工作记忆。

(三)工作记忆

Baddeley 和 Hitch 提出工作记忆系统包括以下三个组成部分。

1. 语音环

语音环(phonological loop)是一个包含着语音形式信息的容量有限的系统，主要用于言语复述，负责以声音为基础的刺激信息的存储与控制。

2. 视觉空间画板

视觉空间画板(visuo-spatial sketchpad)是一个处理视觉和(或)空间信息的容量有限的系统，主要负责进行视觉和(或)空间编码，暂时存储视觉的和空间的信息。

3. 中枢执行系统

中枢执行系统(central executive)类似注意，主要负责视觉空间画板和语音环这两个系统与长时记忆的联系，同时负责信息加工策略的选择和计划。

工作记忆的概念及模型提出后，很多研究者投入到工作记忆的研究中，也取得了很大突破。然而在工作记忆的模型上还存在很多质疑。基于此，Baddeley 在 2000 年提出了工作记忆模型的第四个组成部分——情境缓冲器(episodic buffer)。新的模型还将长时记忆纳入进来，并与工作记忆的组成部分建立了联系，更符合实际。

三、长时记忆

记忆系统的工作模型揭示，进入短时记忆的信息最终有两个去向：一是被遗忘；二是转入长时记忆。长时记忆保存着大量的知识、事件、经历、经验、技能等各种信息。如此巨大的信息库是如何对信息进行编码和存储的呢?

(一)长时记忆的编码

长时记忆的容量和保持时间都是感觉记忆和短时记忆所不能比拟的，那么长时记忆的编码系统一定有其特别之处，只是究竟有何特别之处，迄今尚未有明确的答案。不过可以想象，肯定不会像柏拉图认为的放一只鸟进笼子那么简单。长时记忆的编码系统之所以复杂，究其原因，主要是各类信息的性质不同(视觉、听觉、嗅觉、味觉等)，也可能是人们对各类信息的储存因个人经验或偏好不同而存在一定的差异。种种原因导致得出一个普遍全面的长时记忆编码系统较为困难，这里主要介绍目前已有的结论。

有研究者认为长时记忆以语义编码为主。以个体对一部电影的长时记忆为例，个体很可能是用语义存储信息(电影的大意)，并且自动对信息进行分类(将剧情、演员、导演等信息分开)，并把过去的信息整合进来(演员过去演过的电影，导演过去导过的电影，类似题材的其他电影等)。有关语义存储的模型将在下一部分进行详细介绍。

Pavio 提出长时记忆的信息编码除了语义编码外，还包含言语编码和表象编码。言语编码主要用来存储言语信息，表象编码则主要存储有关具体的客体和事件的图像信息。Pavio 曾设计一个实验验证长时记忆中也有表象编码。他分别采用文字配对与图画配对的方式呈现刺激(见图 5-5)，要求被试迅速判断出配对的两个客体实际上哪一个较大。结果发现，图画配对图的反应不仅不比文字配对图的慢，反而相对较快。而且在图画配对图中，刺激大小与实际大小相反，所需反应时间更长；在文字配对图中，则没有变化。这说明长时记忆中确实存在表象编码。

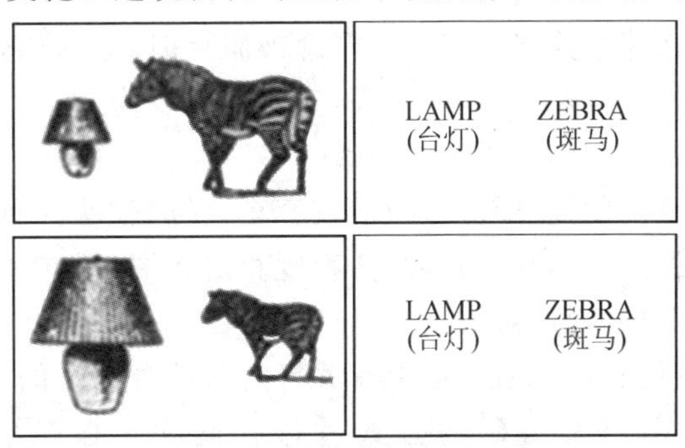

图 5-5　刺激材料事例

（二）长时记忆的语义模型

长时记忆中有大量的语义信息，这些信息在大脑中是如何组织的？假如把每个语义概念看成一本书，这么多本书该如何存储呢？可以像图书馆管理大量书籍那样，把书先按照大类分，在大类下再分成小类，然后对各小类的书进行编号。有研究者提出的语义层次网络模型就类似是采用这种方式组织信息的。图 5-6 是层次网络模型的一个片段。

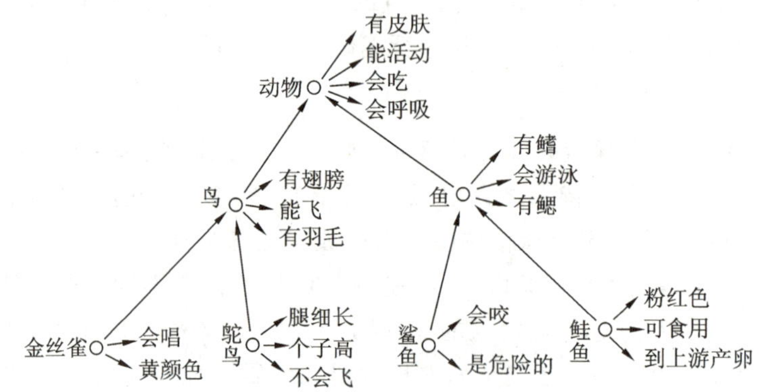

图 5-6　层次网络模型片段

这个模型将概念按照逻辑的上下级关系组织起来，构成了一个有层次的网络结构，即是分级存储的。根据模型的经济原则，每一级只存储该级概念独有的特征，比如“鸟”这一级概念只存储“有翅膀”、“能飞”、“有羽毛”，而并不存储“能呼吸”等所有动物共有的特征。如果需要从语义记忆中提取信息，只用沿着连线进行搜索。例如，判断“金丝雀是鸟”这个句子，只用提取“金丝雀”这个概念然后沿连线往上级层次寻找“鸟”的概念，如果找到这个概念，则判断为“是”。

尽管该模型可以解释为什么对“金丝雀是鸟”比“金丝雀是动物”的判断要快，但是还有很多现象无法解释。例如，无法解释对“鸽子是鸟”比“企鹅是鸟”的判断要快，尽管“鸽子”和“企鹅”属于同一层次。心理学家开始反思：或许层次关系不是存储的唯一要素，概念间的联系也会影响存储。所以有研究者以语义联系或语义的相似性将概念组织起来，概念间连线的强度依赖于使用频度，而且还可以持续把两个概念联系在一起，从而建立连线。当一个概念被激活时，会向四周扩散，从而使周围相连的概念也得到激活。激活的程度越强，对概念的反应越会得到易化。这个模型被称为激活扩散模型，它可以解释很多现象。例如，由于“鸽子”和“鸟”经常联系在一起，所以这两个概念间的连线较短，激活较容易，反应较快。而“企鹅”与“鸟”间联系没那么紧密，所以概念间连线较长，激活程度相对较弱，反应就慢。激活扩散模型还可以解释前面介绍过的启动效应。

上述两个模型只能解释长时记忆中有关事实这部分信息的存储，有关事件的情境记忆信息能否也用语义编码的方式进行存储呢？心理学家设计了 HAM、ELINOR 模型解释这个问题。至于模型是否与真实的长时记忆存储方式一样，还有待进一步考证。

对感觉记忆、短时记忆和长时记忆的介绍主要集中于编码和存储过程，对提取过程则较少涉及。后面将从提取失败的角度来分析三个记忆系统的提取过程，不过在此之前，我们必须了解遗忘的一般规律。

四、遗忘的一般规律

德国心理学家赫尔曼·艾滨浩斯（Hermann Ebbinghaus，1850—1909）最先使用实验方法回答有关人类记忆的一些问题。考虑到如果以单词等有意义的刺激作为测量记忆的材料，记忆表现的好坏可能是由于不同的人对单词的熟悉程度不同，或者也可能是对单词间建立联系的能力不同，所以为了测量与个人经验无关的"纯"记忆，他发明了无意义音节——由两个辅音夹着一个元音构成的无意义的三字母单元，例如XAB。解决记忆材料的问题后，接下来就是采用什么指标反映记忆效果的问题。他发现对于之前学过的知识，再学时的效率更高，比如，所需时间更短，学习的遍数更少，于是他利用再学时节省的遍数测量记忆效果，节省的遍数越多表明记忆保持的信息越多，遗忘量越少，这种方法被称为节省法。

经典实验

艾滨浩斯的遗忘曲线

艾滨浩斯随机挑选30个无意义音节构成音节表，学习开始用同样的速度大声地读这些音节，一次一个，直到全部读完，然后不看音节表尽量按顺序背诵或写下全部音节，并检查音节和顺序都回忆正确的个数。很显然，刚开始就全部正确不太可能，所以继续按照前面的顺序再读第2遍并再次回忆。按照这个程序重复进行，直到能按正确的顺序回忆出所有的音节，即认为学会该音节表，达到该水平所需要学习的遍数作为标准成绩。举例来说，如果艾滨浩斯学会一个音节表用了12遍，那么他的标准成绩是12遍。

在测试之前，他强迫自己学习很多其他音节表作为分心任务，目的是避免在这段时间复述最初学习的音节表。分别在不同的时间段后，艾滨浩斯通过考察再次学会最初的音节表所需的遍数相对标准成绩节省的程度来反映记忆的保持量或遗忘量，节省百分比越高意味着记忆保持量越多，反之则越少。例如，如果1个小时后，他再次学会一个音节表用了7遍，那么节省了5遍（12遍－7遍），节省百分比为42%（5遍÷12遍）。8小时后再次学会用了8遍，节省4遍，节省百分比为33%。以此类推，可以获得不同时间间隔的节省百分比。以时间间隔为横轴，对应的节省百分比为纵轴，即可绘制出遗忘曲线，如图5-7所示。

艾滨浩斯以自己为被试，测量自己在学习无意义音节后间隔不同时间进行再学所需要的遍数。通过比较不同间隔时间再学节省量，他绘制出著名的遗忘曲线（curve of forgetting）（见图5-7）。这条曲线显示了记忆随着时间遗忘的规律：节省百分数随时间间隔的延长呈递减变化，即记忆保持量呈递减变化，且超过一定时间间隔后，保持量的变化趋于平缓，保持在某一水平；在学习后短时间内遗忘特别迅速，然后逐渐变得缓慢，即遗忘速度是先快后慢。

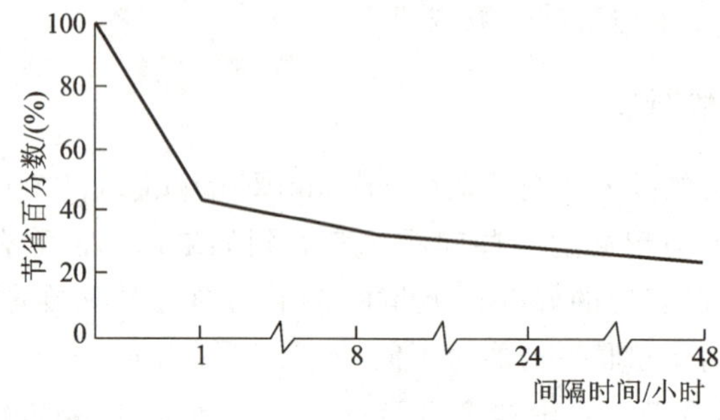

图 5-7　艾滨浩斯遗忘曲线

五、遗忘的原因

（一）记忆痕迹消退

有些研究者认为，记忆活动会使脑神经细胞或大脑结构发生变化，形成记忆痕迹（memory trace），遗忘的原因是记忆痕迹随时间推移的消退（decay）。可以这样想象，记忆就好像用铅笔在白纸上留下笔迹，随着时间的流逝，铅笔的痕迹渐渐变淡，即发生遗忘。

记忆痕迹消退可以解释感觉记忆和短时记忆中信息的遗忘。进入感觉记忆和在短时记忆中加工的信息较多，而且都会被短暂地保持。事实上，真正能够转入长时记忆的信息并不多，其他的信息都会被遗忘。尽管所有的信息都留下过记忆痕迹，然而绝大部分记忆痕迹由于没有被注意，或者没有得到复述，又或是不断被新的痕迹覆盖而随着时间的流逝在一定时间内消退。

长时记忆中的信息是否也会因为痕迹消退而被遗忘呢？记忆痕迹消退主要反映出遗忘的时间效应，时间越近记得越牢，时间越久忘得越多，这种解释似乎很合理。但是，且不说研究者没有发现多少直接证据支持这个理论，单是日常经验都有很多与之不符。此外，记忆痕迹消退也无法解释舌尖现象和动机性遗忘现象，以及个体过一段时间或者通过某种方法（催眠等）可以拾回被遗忘的记忆等现象。因此，记忆痕迹消退不能充分解释长时记忆的各种遗忘表现。

（二）材料间的干扰

干扰理论（interference theory）认为人们对正在学习的东西的记忆可以被过去已经学习过或者未来将要学习的东西所干扰。例如，上午复习“感觉记忆”，下午复习“短时记忆”，那么晚上测试全天复习效果时可能会混淆“感觉记忆”和“短时记忆”的基础知识。该理论认为这是“感觉记忆”的材料和“短时记忆”的材料发生相互干扰的结果。而如果上午复习“感觉记忆”，下午没有复习，或者上午没有复习，下午复习“短时记忆”，那么在各自测试时可能不会发生混淆。

上述现象存在两个问题：①上午和下午都复习有关记忆的知识时引起的混淆，到底是“感觉记忆”知识干扰“短时记忆”知识，还是“短时记忆”知识干扰“感觉记忆”知识呢？②什么样的材料间容易发生干扰？

为了回答第一个问题，可以邀请8名心理学知识水平差不多的学生参加一项实验，先将他们随机分成两组，再通过抽签决定其中一个作为实验组，另一个作为控制组。以下面的安排完成实验任务。

实验组：上午复习“感觉记忆”，下午复习“短时记忆”，晚上测试“感觉记忆”。

控制组：上午复习“感觉记忆”，下午休息，晚上测试“感觉记忆”。

结果发现实验组的成绩比控制组要差，因为实验组下午复习的“短时记忆”似乎干扰了上午复习的“感觉记忆”的效果，即后学的内容抑制对先学内容的记忆。这一种干扰被称为倒摄干扰(retroactive interference)。看起来似乎是“短时记忆”知识干扰“感觉记忆”知识。

在另一个实验中，以另外8名同学作为被试，挑选与分组要求都和前面一样。现在以下面的安排完成实验任务。

实验组：上午复习“感觉记忆”，下午复习“短时记忆”，晚上测试“短时记忆”。

控制组：上午休息，下午复习“短时记忆”，晚上测试“短时记忆”。

结果同样发现实验组的成绩比控制组要差，因为上午复习的“感觉记忆”似乎也对下午复习的“短时记忆”造成了干扰，即先学的内容抑制对后学内容的记忆。这一种干扰被称为前摄干扰(proactive interference)。这个实验似乎又揭示出是“感觉记忆”知识干扰“短时记忆”知识，与前面正好相反。

上述实验结果说明，发生干扰的关键不在于知识的种类，而在于学习知识之前或之后有没有学习其他知识。先学知识对当前待测知识的干扰即为前摄干扰，后学知识对先前待测知识的干扰即为倒摄干扰。

如果被试上午学习英语，下午学习数学，晚上分别测试英语和数学的学习效果。发现英语和数学知识并未太多地彼此干扰。这个小实验正是为了回答上述第二个问题，即两种记忆任务内容之间的相似性越大，产生相互干扰的可能性越大。

干扰理论可以很好地解释系列位置效应：因为开头部分的项目只受到中间位置的倒摄干扰，末尾部分的项目只受到中间位置的前摄干扰，只有中间部分的项目既受到开头项目的前摄干扰，也受到末尾项目的倒摄干扰，所以遗忘得最快，记忆效果最不理想。

尽管前摄干扰和倒摄干扰效应能解释系列位置效应，而且也在实验研究中被多次证实，但是干扰理论对日常生活中的其他很多遗忘现象都无能为力，因为产生干扰的前提条件是先后学习各种不同的材料，而这种情况在现实生活中并不常见。

（三）压抑

个体在生活中遇到难以接受的事情，想起这些事情就会经历痛苦、厌恶、悔恨、自责等不愉快的体验，个体可能会压抑这些记忆。临床上发现，个体通常会采用压抑的方法来保护自己，避免再次经历不愉快的体验。所以，遗忘可能是个体无意识地压抑(repression)记忆导致的。

然而动机性遗忘并不意味着有关的经验已从记忆中消失，相反，这类经验可能在梦境中，或通过某些由创伤事件泛化的记忆丧失和异常行为隐晦地表现出来。

弗洛伊德曾尝试用压抑的观点来解释3岁前的记忆遗忘现象。他认为这段时间正是恋母(父)情结形成的阶段，儿童因对恋亲对象的"性冲动"而产生心理冲突，为避免心理冲突带来的不快体验，引起对这段记忆的压抑。只是，为什么3岁以前与"性冲动"无关的经验也全部失去记忆呢？由此可见，用压抑理论解释幼儿经验遗忘不够有说服力。

(四)编码与提取一致性

从编码和提取角度来进行分析，编码是外部信息的内化，提取则是内部信息的外化。如果相应的内外部信息不对应，内部信息不利于甚至无法实现外化，自然会表现出遗忘。

依据编码与提取一致性的观点，舌尖现象可能是由于暂时无法提取出编码过程中采用的线索而导致的遗忘，称为线索依赖性遗忘(cue-dependent forgetting)。进一步分析，你为什么会遗忘编码时采用的线索呢？例如，有位姓余的老师在武汉讲座，为了便于别人记住他的姓，他以地名作为线索幽默地称自己为"武昌余"。可是几年后，他到另外一个城市讲座，同一位观众可能因提取"武昌"失败，导致无法回忆出他的姓。所以，提取线索的情境也很重要，即提取与编码的情境最好一致，才能有最有效的提取效果。心理学家称之为编码特异性(encoding specificity)原则。

除了线索和情境的一致性外，研究者还发现情绪状态的一致性效应。对于在愉快状态下识记的词表，人们在心境好时回忆的成绩最好；对于在不愉快状态下识记的词表，人们在心境差时回忆成绩最好。

生活中同样如此，人们在心情愉快时容易记起最近发生的愉快的事情，而在不愉快的状态下则更可能记起不愉快的事情。

现在，心理学家对幼儿记忆遗忘的现象也从编码提取的角度来解释。他们认为3岁前并不是没有长时记忆，只是幼儿在编码时尚不具备相关的知识经验和生理发展基础，无法将3岁前的事件进行语义编码、言语编码和表象编码等。而成年后的个体以语义提取，出现编码与提取不一致，自然提取不出来。这种解释已为大家所接受。

第三节 记忆与遗忘原理的应用

英国哲学家培根认为，记忆是一切智力活动的基础。所以掌握记忆的方法，提高记忆效率对于个体而言非常重要。

一、在学习中提高记忆的方法

（一）组织材料

大量材料需要学习的情况下，对材料的组织是影响记忆效率的一个重要因素。

个体面临一系列单词、词语、名字的记忆任务时，可能会立刻想到运用组块策略。根据相似的发音、相似的构成字母和意义进行组块，以及通过把待记的项目编成故事的方式来促进记忆（即使故事内容匪夷所思也没关系，关键是建立起联系），都是可以采用的方法。如果是一系列历史事件或发展简史被要求按照顺序回忆出来，个体该采用什么方式组织材料呢？个体可以将这些历史事件按照顺序附上相应的人物形成记忆链。

如果是很多知识点要求个体掌握，应该怎么做呢？无论是老师在课堂上讲解，还是自己看书自学，做笔记都很重要。怎样做笔记才最有效呢？注意，并不是把老师呈现的知识点，或者书本上的知识点抄下来就可以，而是要把知识点总结出来用自己的语言记下来，并在关键词上做不同的记号。例如，对于短时记忆的特点，个体可以这样组织：短时记忆以声音编码为主，辅以视觉编码；能保持 7±2 个组块；组块能增加保持在短时记忆中的信息；复述能促进短时记忆中信息的保持；短时记忆也被称为工作记忆，反映短时记忆的加工特点。这种组织材料的核心在于先用简明扼要的句子概括出知识点，然后标出每个知识点的关键词。这样大段的内容就被简化为几个词，记起来肯定快得多。

（二）编码策略

心理学家已经明确长时记忆中以语义编码为主，还兼有言语编码和表象编码。此外，程序性记忆还可能包含动作编码。这提示我们在对材料编码的时候可以采用多重编码，以便增进记忆。以学习单词材料为例，有些人不喜欢背单词，只是熟悉几遍后重点记住单词的意思。这样做虽然有利于阅读理解时把握文章大意，但是并不利于完成其他题型，比如听力、中译英、口语等。多数人之所以认为背单词很难，是因为他们大多以不断重复单词的方式进行记忆，这样做很枯燥，效果也不太好。

如何利用多重编码记忆单词呢？学习单词时要充分调动手、眼、口、脑的合作。首先多看几遍知晓它的意义，便于进行语义编码，然后通过出声朗读加强言语编码，同时在纸上反复书写。反复书写有两个作用：①可以对单词构形进行表象编码；②可以促进动作编码。个体还可以利用已有的知识强化编码。例如，把单词放在句子里面进行语义编码；还可以将单词与具体的画面或图像通过想象联系在一起，形成表象编码。多重编码不仅适用于单词的编码，还适用于很多其他的材料。这里无法穷举，需要个体在学习的时候带着这样一种意识去思考。

另一个编码策略是针对编码特异性的。编码特异性原则表明提取与编码的情境匹配更有利于提取。如果学习的情境明显与考试的情境不匹配，如何不受到编码特异性的影响呢？有两种策略：①对编码进行去特异化；②模拟提取情境进行编码。

前者是在不同情境下进行编码,这样提取时将不再依赖于特定的编码情境。

(三)整合性复述

心理学家提出,整合性复述是将信息转入长时记忆的最好方法。所以当个体需要背诵材料的时候,不要一遍一遍地重复,直到自己一字不差地背出来。这种机械复述会花很长时间,而且遗忘得很快。可以尝试先读一部分材料,然后用自己的语言把刚才的内容复述出来。如果要求精确背诵,则回到原材料,依据原文对刚才的复述作出相应调整,直到复述正确后按相同的步骤复述下一部分;如果不需要精确背诵,则在确认自己的复述与原文大意无差后即可进入下一部分。

(四)交叉学习

先后学习的材料如果相似性较高,则容易发生前摄干扰或倒摄干扰。为了避免干扰影响记忆效果,应将性质类似的材料分开学习,或将不同性质的材料交叉学习。例如,学校在安排课程时把文科课程与理科课程交叉安排,理论课程与实践课程交叉安排等。另外,学习同一材料时,可以通过间隔学习降低干扰效应。例如,学习感觉记忆、短时记忆和长时记忆的特点,可以每学完一个记忆系统休息 10 分钟,这样比集中学习三种记忆系统的效果要好。

二、在复习中提高记忆的方法

(一)及时复习

艾滨浩斯发现人类遗忘的进程是先快后慢,即学完后很短的时间内,大部分材料都会被遗忘。所以提高复习效率最好的办法就是在遗忘得最快的时候及时复习。例如,课堂上老师讲解新知识后,课下及时花时间把当天所学的新知识复习一遍。不要等到学期末才开始复习。因为半年的时间足以遗忘之前学过的绝大部分知识,再学时很可能要用与当初学习差不多的时间,影响复习效率。如果在时间仓促的情况下“临时抱佛脚”,更会影响复习效果。

很多研究表明,学习时 50%的过度学习(over learning)有更好的记忆效果。50%的过度学习指个体在已经掌握了学习材料并能够正确回忆后再用之前掌握材料所用时间的一半来强化学习。掌握后的过度学习也可以被认为是及时复习。

(二)加强中间部分材料的复习

系列位置效应在各种学习材料中都存在。记忆一个单元的单词,最容易忘记的是中间部分的单词;背诵一篇演讲稿,容易忘词或出错的也是中间那几段;一节课听下来,往往记不住的还是中间那段时间所讲的内容。因此,复习时要加强中间部分材料的巩固。

此外,个体可以在及时复习的时候从中间部分开始。例如,背完一遍单词后,第二遍从第 5 个单词开始复习,第三遍从第 10 个单词开始复习,以此类推。应用的关键在于哪个部分容易遗忘,就重点突破哪个部分。

(三)及时反馈与反思

反馈不只是老师期末给的考试分数,更重要的是学生自己在平时复习的时候就必须有了解自己复习状况的意识,而反馈能够明晰复习的效果。可以模拟给他人讲课的情境,自己组织语言讲解复习过的知识。如果能够把知识讲清楚,就表示已掌握了这部分知识。还可以根据知识内容设计相应的考题,或直接采用现成的测试题,考察对知识的掌握情况,做完后及时批改,为自己提供反馈。

掌握了自己的复习情况后,还需要进行反思和总结。复习效果如何? 哪些知识复习得较好? 原因是什么? 哪些知识掌握得不够好? 原因又是什么? 反思一方面可以强化所掌握的知识,总结有效的学习经验;另一方面可以发现自己知识系统的漏洞,分析易犯的错误。

视野扩展

及时复习五法

复习与其他学习过程一样,有自己的规律性。复习的效果与复习次数正相关,但又不完全取决于次数,起决定作用的是复习方法的科学性。下面,针对课后的即时复习讲几种基本方法。

1.抓住教科书复习

任务是把教科书上的新知识学懂、学会、记住。阅读、研究教科书可分四步走:一通读,查漏补缺;二精读,攻克难点;三练习,巩固新知;四记忆,储存新知识。

2.比较思路复习

比较思路复习就是将学生理解的思路与教材阐述的思路、教师讲课的思路进行比较。它有助于加深对新知识的理解,有助于培养学生的思维能力和创造力。

3.参看参考书复习

参看参考书复习即参看与所学知识有关的参考书进行复习,它有助于加深对新知识的理解,有助于扩展学生思路,有助于发展学生的思考力与创造力,收到既加深已学知识,又扩展知识面的效果。

4.试回忆与阅读教材结合复习

试回忆与阅读教材结合复习即先回忆后阅读或回忆一段阅读一段,直到把教师讲的内容全部回忆起来为止。进行尝试回忆,可脑手结合,边回忆边写(主要内容)。

5.及时复习

及时复习,即在遗忘大量出现之前进行的复习,也叫即时复习。“先快后慢”是遗忘的一般规律。听课当天进行复习效果最佳,识记后三、四天遗忘最多。由此可见及时复习对提高记忆的作用。复习还要合理地分配时间,采取多种多样的方法,进行循环复习等。

三、减少遗忘的方法

（一）保持良好的身心状态

考试期间保持良好的身心状态是非常重要的，尤其是保证充分的睡眠。因为充分的睡眠能让考生的注意力集中，思维清晰，有利于知识的提取。当然，如果考前失眠，也不用太担心，因为人在应激状态下仍然能够调动体内能量应对当前的任务。考生要坚持一个信念：失眠决不会影响到考场上的表现。所以，关键是调整好心态，睡不着就躺在床上听听音乐，想想高兴的事，告诉自己考试一定能成功。不过考生千万不要觉得既然一晚上不睡觉也没关系，干脆把时间放在复习上，因为他会发现这样复习的效果并不好。原因在于大脑的信息加工是有限的，在大脑的信息量已经充盈的情况下还继续往里面灌输是在做无用功。

除身体状态外，良好的心理状态同样很重要。有研究者认为舌尖现象是由于过于紧张、焦虑，不利于知识的提取而产生的。还有研究发现焦虑水平与学业成绩呈“倒 U 形”曲线关系，即零焦虑水平和过高的焦虑水平都不利于取得好的成绩，所以考生在考试中维持适度的焦虑水平，才有可能获得最佳的表现。

（二）明确提取线索

线索对于信息提取的成功与否起着重要作用，有很多遗忘现象都是因为提取线索失败导致的。所以考生在考试开始后，最好先花一点时间浏览一下全部试题，把能想到的答题线索用关键词标在相应的题目后，这样答题时可以快速地根据关键词组织答案，也可以避免到考试后期因知识间的干扰突然提取不出来。

（三）情境回忆

尽管我们前面介绍过预防编码特异性的方法，但是万一在考试过程中还是遇到了这个问题，则可以利用回忆学习时的情境来帮助回忆。例如，考试中考生记不起短时记忆的编码方式是什么，这时他需要闭上眼睛，慢慢让自己回到老师讲解这部分的课堂，仔细回忆老师是如何讲解的，课堂上做了什么小实验，课件上有什么信息，当时在书本上做的笔记或标注有哪些等。

思考与练习

1. 名词解释

记忆	感觉记忆	短时记忆	长时记忆	语义记忆
陈述性记忆	程序性记忆	内隐记忆	启动效应	外显记忆
编码、存储	提取	遗忘	系列位置效应	动机性遗忘
组块	保持性复述	整合性复述	遗忘曲线	倒摄干扰
前摄干扰				

2. 请举例说明内隐记忆与外显记忆的区别。

3. 请简述记忆的三种基本过程。

4. 列举你在生活中遇到的遗忘现象，请尝试解释遗忘的原因。

5. 遗忘的一般规律对提高复习效率的启示有哪些？

6. 请举例论述大脑将外部信息存入长时记忆的过程。

7. 结合自己的实际情况分析自己有哪些不良的学习和复习习惯，打算如何改进？如果考试中发生了遗忘该如何应对？

课外延伸

总结自己在以往学习中加强记忆的方法和规律，与周围的同学互相交流一下。

第六章 思维与问题解决

本章学习目标……

- 理解思维的含义、特征，并能利用其特征解释生活中的有关现象
- 了解问题的界定、问题种类以及问题解决的概念
- 掌握思维的基本过程、形式及问题解决过程
- 了解问题解决的策略及影响问题解决的心理因素
- 了解创造性思维的概念及其特征，掌握培养创造性思维的方法

两个推销人员到一个岛上去推销鞋子。一个推销员到了岛上之后，气得不得了，因为他发现这个岛上每个人都是赤脚的。他气馁了，没有穿鞋子的人，怎么推销鞋子？他赶紧打电报回去：鞋子不要运来了，这个岛上每个人都不穿鞋子。第二个推销员来了，高兴得几乎昏过去了，不得了，这个岛上鞋子的销售市场太大了，每一个人都不穿鞋子啊，要是一个人穿一双鞋子，那要销出多少双鞋子。他马上打电报：空运鞋来，赶快空运鞋！

同样一个问题，用不同的思维方式，得出的结论是不同的。所谓“仁者见仁，智者见智”，就是从这个角度来说的。本章将着重介绍思维的基本过程、形式以及问题的解决策略、创造性思维能力培养的方法等内容。

第一节 思维与问题解决概述

·名人名言·

宁可受苦而保持清醒，宁可忍受痛苦而思维，也胜似不进行思维。

——茨威格

一、思维的概念与特征

(一)思维的概念

思维(thinking)是指借助语言、表象或动作实现的对客观事物概括的和间接的认识，是认知的一种高级形式。它能揭示出事物的本质特征和内部联系，主要体现在概念形成和问题解决的活动中。思维与感觉、知觉一样，是人脑对客观现实的反映。不过，感觉和知觉是对客观现实的直接反映，所反映的是客观事物的外部特征和外在联系，而思维则是对客观事物间接的、概括的反映，它所反映的是客观事物共同的、本质的特征和内在联系。

(二)思维的基本特征

思维有两个最基本的特征：一个是概括性，另一个是间接性。

1. 概括性

思维的概括性是指在大量感性材料的基础上，把一类事物共同的特征和规律抽取出来，加以概括。概括在思维活动中起着重要作用，它使人们的认识活动摆脱了具体事物的局限性和对事物的直接依赖关系，这不仅扩大了人们的认识范围，也加深了人们对事物的了解。因此，概括水平在一定程度上体现了思维的水平。

2. 间接性

思维的间接性是指人凭借已有的知识、经验或以其他事物为媒介去理解或把握那些没有直接感知过的，或根本不可能感知到的事物。由于思维的间接性，人们可以超越感觉与知觉提供的信息，认识那些没有直接作用于人的感官的事物和属性，从而揭示事物的本质和规律，从这个意义上讲，思维认识的领域要比感觉与知觉领域更广阔、更深刻。

正是因为思维具有间接性和概括性，所以它在人的生活实践中有着极为重要的意义。首先，它使人的认识范围不断扩大。人不仅能认识现在，而且可以回顾过去和预见未来。人类学家根据古生物化石及有关资料推知人类过去进化的规律；地球物理学家根据已有的地球运动资料，预报地震和火山爆发的情况。其次，它能不断提高人的认识深度。人不仅能认识一般接触的事物及其规律，而且可以把握不能直接感知的事物及其规律，人类对事物的认识由此得以无止境地深化。对于物质结构的认识，正是在实验的基础上通过思维不断深入的，由分子水平到原子水平，由原子核水平、电子水平到核内中子水平、质子水平，直至夸克水平。目前发现夸克也不是物质的最基本单位，还可以进一步分化。最后，它能使人由认识世界向改造世界发展，不仅能使人掌握知识、认识规律，还可以使人运用知识和规律解决问题，进行创造性活动。

二、思维的种类

根据不同的标准，从不同的角度可以把思维划分为不同的类别。

(一)根据思维的发展水平或思维活动的凭借物的不同划分

1. 动作思维

动作思维(action thinking)又称操作思维或具体动作思维，是以实际动作为支柱的思维，是思维发展的最初形式。例如，3 岁前儿童的思维活动离不开触摸、摆弄事物的活动，聋哑人靠手势与摆弄对象的动作进行交往等，都属于动作思维。成人有时也出现动作思维。例如，体操运动员一边进行运动操作，一边进行思维；家电修理人员一边拆卸电器，一边思考，查找电器故障；这些都属于动作思维。成人的动作思维与没有完全掌握语言的幼儿的动作思维不同，成人的动作思维是以丰富的知识经验为中介，并在整个动作思维过程中以此来进行调节和控制的。动作思维是人与高等动物共同具有的一种思维形式，但是人的动作思维与动物的动作思维具有本质的区别。

2. 形象思维

形象思维(imaginal thinking)又称具体形象思维，是以事物的具体形象和表象为支柱的思维。作家塑造典型的人物形象，音乐家创造音乐形象，机械设计师在头脑中构成机械装置的活动等，都是运用形象思维。学龄前儿童的思维主要是形象思维。心理学研究表明，形象思维是个体思维发展的重要阶段。正常成人虽然以概念思维为主要形式，但也不可能完全离开形象思维，特别是在解决比较复杂的问题时，鲜明、生动的形象或表象有助于思维过程的顺利进行。

3. 抽象思维

抽象思维(abstract thinking)又称逻辑思维，是人类特有的一种思维形式，是以概念、判断和推理的形式来进行的思维活动。例如，学生运用数学符号和概念进行数学运算或推导，科学工作者根据实验材料进行某种推理、判断等都是抽象思维。这种思维往往是借助于语词、符号来进行的，因而也被称为语言逻辑思维。哲学家、数学家经常运用这种思维来解决实践中遇到的问题。

人类的思维发展过程要经历动作思维、形象思维和抽象思维三个发展阶段。其过程大致是：3 岁以前以动作思维为主，称为动作思维阶段；3 至 7 岁形象思维占优势，为形象思维阶段；7 岁以后抽象思维得到迅速发展，为抽象思维阶段。对于正常成人来说，上述三种思维往往是相互联系、相互补充的。人们通常不会纯粹地运用一种思维来解决问题。一个人在实际操作时，常常也运用形象思维；同样地，当他运用形象思维的时候，同时也在进行推理、作出判断、形成结论并分析这些结论的正确性等。个体间哪一种思维占优势并不表明思维发展水平上的差异。作家、诗人、艺术家、设计师主要运用的是形象思维，但他们的思维发展水平并不亚于主要运用抽象概念和理论知识抽象思维的哲学家与数学家。

（二）根据思维探索目标的方向划分

1. 聚合思维

聚合思维(convergent thinking)又称求同思维、集中思维、辐合思维，是指把问题所提供的各种信息聚合起来，朝着同一个方向得出一个正确答案或最佳解决方案的思维。这种思维的主要特点是求同。只有当问题存在着一个正确答案或一个最好解决方案时，才会出现聚合思维。例如，学生从书本上的各种定论中找出一个最佳答案，理论工作者从许多现成资料中归纳出一种答案。

2. 发散思维

发散思维(divergent thinking)又称求异思维、分散思维、辐射思维，是指从一个目标出发，沿着各种不同的途径去思考，探求多种答案的思维。这种思维的主要特点是求异与创新。例如，教师发现一名学生缺课，就会想出这个学生缺课的各种可能性。这种思维是一种无一定方向和范围、不墨守成规、不拘于传统方法、由已知探索未知的思维。发散思维是构成创造性思维的重要心理成分，具有流畅性、变通性和独特性的特征。流畅性是指思维活动畅通无阻、灵敏迅速，在较短的时间内能产生较多的观点；变通性是指思考问题随机应变，不局限于某一方面，不受思维定式的影响，能产生超乎常规的构想，提出新的见解；独特性是指用前所未有的新角度、新观点去认识和反映事物，对事物产生异乎寻常的独特见解。

聚合思维和发散思维又是紧密联系在一起，共同参与到解决问题的整个思维过程中的。当我们在解决某一问题时，往往要根据所涉及的诸多条件进行分析，产生许多联想，作出种种判断和假设，这就是发散思维；通过调查、检验，并一一放弃一些假设，最后找到一个唯一正确的最佳解决方案，这又是聚合思维。

（三）根据思维是否有明确、清晰的思维过程划分

1. 直觉思维

直觉思维也称直觉，是一种非逻辑思维，是指不经过复杂智力操作的逻辑过程而直接迅速地认识事物的思维活动。直觉是一种无意识思维，它把一般思维的中间环节省略掉，快速而直接地认识客观事物。直觉可以帮助人们在创造活动中作出科学预测，引导人们提出新的概念和理论。例如，古希腊学者阿基米德在浴缸中洗澡时突然发现浮力定律；达尔文在阅读马尔萨斯《人口论》时突然悟出“自然选择”论；魏格纳在看地图时突然闪现出“大陆漂移”观念等，都是直觉思维的典型例证。在一定程度上，直觉思维是逻辑思维的凝聚或简缩。它具有敏捷性、直接性、简缩性、突然性等特点。直觉是创造性思维的生命之所在，在社会实践中有着极其重要的价值。直觉并非毫无根据、不合逻辑，它与掌握牢固的科学知识、丰富的知识经验及积极的实践活动有密切关系。

2. 分析思维

分析思维也称逻辑思维，是指严格遵循逻辑规律，通过一系列的分析、综合、比较、抽象、概括，最后得出合乎逻辑的正确答案或作出合理结论的思维过程。例如，学生通过多步的推理和论证解决数学难题，教师帮助学生掌握概念而引导学生进行分析、推导的思维过程等，都属于分析思维。

（四）根据思维的创新程度划分

1. 常规性思维

常规性思维也称再造性思维，是指人们运用已获得的知识经验，按现成的方案和程序，用习惯的方法、固定的模式来解决问题的思维方式。例如学生运用已学过的公式解决同一类型问题的思维等。这种思维往往缺乏新颖性和独创性，创造性水平低，对原有的知识不需要进行明显的改组，也不会创造出新的思维成果。

2. 创造性思维

创造性思维是指重新组织已有的知识经验，提出新的方案或程序，并创造出新思维成果的过程思维。瓦特发明蒸汽机的思维就是创造性思维。创造性思维是人类思维的高级形式，是多种思维的综合表现。

此外，还可以根据其他标准对思维进行分类。根据思维的意识性，可分为内向性思维和现实性思维。内向性思维是一种只受意向和情绪操纵，不按逻辑规则，仅凭想象、幻想或“白日梦”所进行的、无批判、无明显动机和目的、不受客观现实调节、以自我为中心的主观性思维。内向性思维也称我向思维，是幼儿、文化水平不高的人以及某些精神病患者的思想特征。例如，幼儿说的“月亮跟我走”以及“我还没有午睡，所以还不是下午”这些话就是内向性思维的表现。而现实性思维是一种和现实世界相适应，能真实反映客观现实的一种逻辑思维。

三、问题解决的概念

（一）问题的界定与种类

1. 问题的界定

问题是个人觉察到的初始状态与所渴望的目标状态的差异，是一种主观概念。十位数的加减法对于小学一年级的学生来说可能是个问题，而对于小学六年级的学生则不是一个问题。它与个人能力、知识结构有关，因人而异。问题包含三个基本成分：一是问题的初始状态，即一组已知条件；二是问题的目标状态，即希望得到的结果；三是把问题的初始状态转变为目标状态的一系列思维活动。

2. 问题的种类

（1）界定清晰的问题和界定含糊的问题。界定清晰的问题是指初始状态、目标状态以及由初始状态达到目标状态的一系列过程都很清楚的问题。例如，已知 $A>B$，$B>C$，问 A 与 C 哪个大。而界定含糊的问题是指对问题的初始状态或目标没有说清楚，或者对两者都没有说清楚的问题，这些问题具有很大的不确定性。例如，“如何写一篇论文”，这个问题的初始状态与目标状态都是不清楚的。

（2）语义丰富的问题与语义贫乏的问题。如果解题者对所要解决的问题具有很多相关的知识，就称这种问题为语义丰富的问题。例如，电脑高手对解决死机问题是一个语义丰富的问题。如果解题者对所要解决的问题没有相关的经验，那么就称这种问题为语义贫乏的问题。例如，不懂电脑的人对解决死机问题是一个语义贫乏的问题，他们往往无从下手。

（3）对抗性问题与非对抗性问题。在解决对抗性问题时，人们不仅要考虑自己的解题活动，而且要考虑对手解题活动对这种活动的影响。例如，象棋、桥牌、扑克等游戏都属于对抗性问题。非对抗性问题是指在解决问题时没有对手参与的问题。例如，解决代数问题、几何问题等都属于非对抗性问题。

问题种类划分是相对的，而不是绝对的。例如，下象棋属于对抗性问题，对于初学者来说，它又属于语义贫乏的问题，对于象棋专家来说，它却属于语义丰富的问题。

（二）问题解决的概念

证明几何题是一个典型的问题解决的过程。几何题中的已知条件和求证结果构成了问题解决的情境，而要证明结果，必须应用已知的条件进行一系列的认知操作。操作成功，则问题得以解决。所谓问题解决（problem solving）是指由一定的情境引起的，按照一定的目标，应用各种认知活动、技能等，经过一系列的思维操作，使问题得以解决的过程。

第二节　思维与问题解决的基本原理

一、思维的基本形式

思维过程的内容总要表现在一定的思维形式中，思维的基本形式包括概念、判断与推理。

（一）概念

概念（concept）是指人脑反映客观事物本质属性的思维形式。它是思维的最基本单位，每个概念都有内涵与外延。概念的内涵与外延成反比关系。

（二）判断

判断（judgement）是指肯定或否定某事物具有某种属性及事物之间的联系或关系的思维形式。例如，“今天是星期天”以及“他是一名淘气的学生”是肯定判断，“这台笔记本电脑运行不稳定”是否定判断。任何判断都是人们对事物的一种认识，都是对事物之间关系的反映。总之，通过判断，人们就可以对客观事物获得某种肯定性或否定性的认识。

（三）推理

推理（reasoning）是指从已知的判断推出新判断的思维形式。例如，“一切金属受热会膨胀，铁是金属，所以铁受热会膨胀”，这是一个推理。推理一般可以分为归纳推理和演绎推理。归纳推理是从特殊到一般的推理，是从特殊事例得出一般原理的过程。演绎推理是从一般到特殊的推理，是用一般原理说明特殊事例的过程。归纳推理和演绎推理在人类认识事物的过程中都具有重要意义。

二、思维的过程

思维是通过一系列比较复杂的操作来实现的。人们在头脑中，运用存储在长时记忆中的知识经验，对外界输入的信息进行分析、综合、比较、抽象和概括的过程就是思维过程，或被称为思维操作。

（一）分析与综合是思维的基本过程

分析是指在头脑中把事物的整体分解为各个部分或各种属性的思维过程。人们对事物的分析往往是从分析事物的特征和属性开始的。综合是指在头脑中把事物的各个部分、各个特征、各种属性结合起来，了解它们之间的联系，形成一个整体的思维过程。把文章的各个段落综合起来，就能把握全文的中心思想。综合是思维的重要特征，通过综合才能把握事物的联系和关系，抓住事物的本质。

(二)比较

比较是指在头脑中把事物或现象的个别部分、个别方面或个别特征加以对比，确定它们之间的共同点、区别与关系的思维过程。当事物或现象之间存在着性质上的异同、数量上的多少、形式上的美丑、质量上的好坏时，我们常常运用比较的方法来认识这些事物和现象。比较可以在同一类事物和现象之间进行，也可以在不同类但具有某种关系或联系的事物和现象之间进行。

比较是在分析与综合的基础上进行的。为了比较某些事物，首先要对这些事物进行分析，分解出它们的各个部分、个别属性和各个方面。其次，再把它们相应的部分、相应的属性和相应的方面联系起来加以比较(这实际上就是综合)。最后找出并确定事物的相同点和差异点。所以说，比较离不开分析综合，分析综合又是比较的组成部分。

(三)抽象与概括

抽象是指在头脑中把同类事物或现象的共同的、本质的属性或特征抽取出来，并舍弃其个别的、非本质特征的思维过程。通过对各式各样的笔进行分析、比较，从它们的各种属性或特征中抽取出“能书写”、“是工具”这些有关笔的一般的、本质的属性，而舍弃其“圆柱形”、“红色”、“金属的”、“装铅芯的”等这些个别的、非本质的属性和特征，这就是思维的抽象过程。

概括是指在头脑中把抽象出来的事物或现象的共同的、本质的属性或特征综合起来并推广到同类事物或现象中去的思维过程。例如，我们把“能书写”、“是工具”这些有关笔的一般的、本质的属性综合起来，从而认识到“笔是书写的工具”，并把这个特征推广到各式各样的笔等一类事物中去的思维过程就是概括。通过这种概括，我们可以认识一切笔的本质特征。

三、问题解决的过程

(一)提出问题，发现问题和明确问题

古语云：“学起于思，思起于疑。”提出问题是问题解决的第一阶段。这个阶段的主要任务是找出问题的本质，抓住问题的核心。发现问题和明确问题是解决问题的起点，而且也是解决问题的一种动力。发现问题和明确问题依赖于以下三个条件。

1. 依赖于主体的活动积极性

一般而言，主体活动越积极、接触面越广，思考和探究世界的动力也就越强，也就越能发现问题和提出问题。

2. 依赖于主体的求知欲

求知欲在发现问题和明确问题中起着重要作用，它是人类追求某种现象或弄清某个问题的内部动因。求知欲高的人能在别人发现不了问题或在已有公认解释的地方提出问题。他们不满足于对事实的一般解释，打破沙锅问到底，非把问题弄个水落石出不可。

3. 依赖于主体的知识水平

发现问题和明确地提出问题也和人的知识、经验相联系。一个人知识不足，对任何事物都感到新奇，都要问个究竟，会提出许多问题。如 4～5 岁的幼儿特别好问，但由于其知识缺乏，不容易提出复杂的问题，不会抓住问题的主要矛盾，也不能提出深刻的问题。所以，钻得越深，了解得越多，提出的问题也就越多、越重要、越深刻。善于解决问题的人一般具有深思、慎问的特点。

（二）分析问题，解读问题的性质与条件

问题解决的第二阶段是分析所提出问题的性质与条件。这个阶段的主要工作是搜集与问题有关的材料。比如，马克思创作《资本论》就研读了1500本以上的各种著作。这个阶段不仅需要运用图形和符号等进行视觉和结构上的分析，而且需要弄清楚用什么概念来整理和回顾。

（三）提出假设，考虑解答问题的方法

问题解决的关键是找出解决问题的方案——解决问题的原则、途径和方法。恩格斯说："只要自然科学在思维着，它的发展形式就是假设。"问题形成的原因和问题解决的方法是多种多样的，要首先提出假设作为解决问题的试探。提出的假设越合理，解决问题的速度就越快。合理假设的提出，首先，依靠对问题的明确程度。问题越明确，选择的解决方案越有针对性，问题解决的可能性越大。其次，依靠已有的知识经验。知识经验越丰富，解决问题的方法越多，从中挑选近乎合理的方案的可能性越大。

（四）检验假设，获得正确的方法和结果

问题解决的最后一步是检验假设。检验假设有两种方法。一种是直接法（行动检验），即按照假设通过实际行动去解决问题。例如，在教师准备实习试讲时，往往对试讲的内容、方法、教学环节、服饰等进行假设，并且进行实际演练，根据演练的结果判断假设是否正确。另一种是间接法（思维检验），即通过智力活动进行推论。这种检验不能用实际行动检验其假设，只能在头脑中，根据公认的科学原理、原则，利用思维进行推理论证，从而在思想上考虑对象或现象可能发生了什么变化，将要发生什么变化。如部署军事战略、解答智力游戏题、猜谜语、对弈、学习等智力活动，常用这种间接检验的方式来证明假设。当然，假设的正确与否，最终还需要接受实践的检验。

四、问题解决的策略

在问题解决的过程中,问题解决者会使用各种策略。问题解决策略(strategy of problem solving)是指使问题发生某些变化并提供一定信息的处理、试验或探索的策略。问题解决中所用的各种策略可以分为两大类:算法式和启发式。

(一)算法式

算法式(algorithm)是指按照解决问题的各种可能性,逐个地、逐步地去尝试解决问题的方式,从而形成所谓的"搜寻树",并穷尽从初始状态出发所能搜寻到的所有状态。例如,将鸡和兔关在同一个笼子里面,已知笼子里共有23个头,76只脚,请问鸡和兔子分别是几只?如果你没有学过代数,不懂得怎样用符号来表示问题以及如何操作这些符号,那么你会采取什么方法呢?你可以将鸡和兔子的各种组合列出来:1只鸡和22只兔子有多少只脚,2只鸡和21只兔子有多少只脚,3只鸡和20只兔子有多少只脚……这样一个一个核算,最终找到答案。因此,算法式的最大缺点是很费时间。

(二)启发式

启发式(heuristics)是指根据以往解决问题的经验,在问题空间内进行较少的搜索,以达到问题解决的一种方法。与算法式不同,启发式并不能保证得到答案,但这种缺点可以通过其容易且速度快的优点而得到补偿。在以往的研究中,心理学家已经发现人类经常使用的几种有效的启发式策略:手段-目的分析、顺向工作、逆向工作。

1. 手段-目的分析

手段-目的分析(means-ends analysis)是指问题解决者不断地将当前状态和目标状态进行比较,然后采取措施尽可能地缩小这两个状态之间的差异。当问题可分成若干个各自具有目标的更小问题时,人们常常采用手段-目的分析启发式。如图6-1所示即是用手段-目的分析来解决河内塔问题。

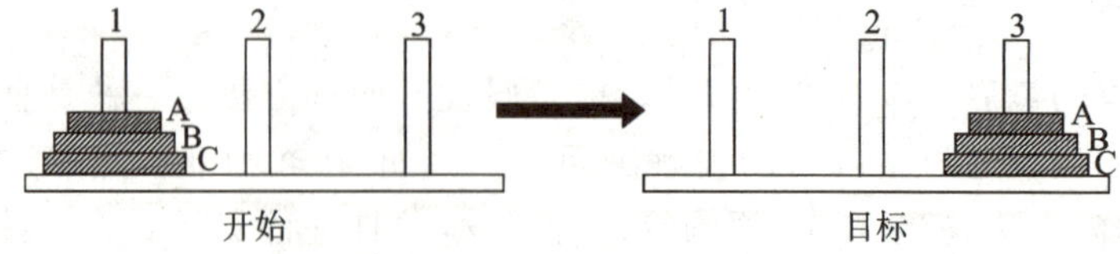

图6-1 河内塔问题

纽厄尔和西蒙所设计的"通用问题解决者"就是运用手段-目的分析编程的。这个程序首先要评估一个问题的当前状态和目标状态,确定当前状态与目标状态之间的差别,差别一旦弄清楚,即可评判能用来减少这种差异的操作,然后选择一种操作把它应用于当前状态(如把一个圆盘从一个柱移动到另一个柱),接着把最新的状态同目标状态作比较,再鉴别差异、选择操作,依此类推。通过这种重复加工,直到目标状态实现为止,把三个圆盘从柱1移到柱3。手段-目的分析是人类解决问题最常用的一种策略。

2. 顺向工作

顺向工作也称顺向推理(working forward),是指从问题的已知条件出发,通过逐步扩展已有的信息直到问题解决的一种策略。例如,解下面这个密码算题:

$$\begin{array}{r} DONALD \\ +GERALD \\ \hline ROBERT \end{array}$$

已知:$D=5$

任务要求:①把字母换成数字;②把字母换成数字后,下面一行数字答案必须等于第一行和第二行之和。

问题解决者往往采用顺向推理的策略,先从 $D=5$ 这一信息出发,找出可能性最小的一列,从中获得最多的信息,再利用加法中的某些规则进行推理,一步一步地找到正确答案。研究表明,顺向工作是专家问题解决行为的一个重要特点。专家在看到问题时,首先是发现问题提供了什么信息,然后想到用哪些方法能从这些信息中推出新的信息,从而增进对问题中各要素的相互关系的了解,达成问题解决。

3. 逆向工作

逆向工作也称逆向推理(working backward),是指从问题的目标状态出发,按照子目标组成的逻辑顺序逐级向当前状态递归的问题解决策略。其主要特点是将问题解决的目标分解成若干子目标,直至使子目标按逆推途径与给定的条件建立直接联系或等同起来,即目标→子目标→子目标→现有条件。例如,已知图 6-2 中的 $ABCD$ 是一个长方形,证明 AD 与 BC 相等。从目标出发进行反推时,问题解决者可能会问:如何才能证明 AD 与 BC 相等?如果能证明$\triangle ACD$ 与$\triangle BDC$ 全等,那么就能证明 AD 等于 BC。下一步的推理就是:如果能证明两边和一个夹角相等,那么就能证明$\triangle ACD$ 和$\triangle BDC$ 全等。这样,从一个子目标出发反推到另一个子目标,以达成问题的解决。新手往往采用这种策略来解决问题。

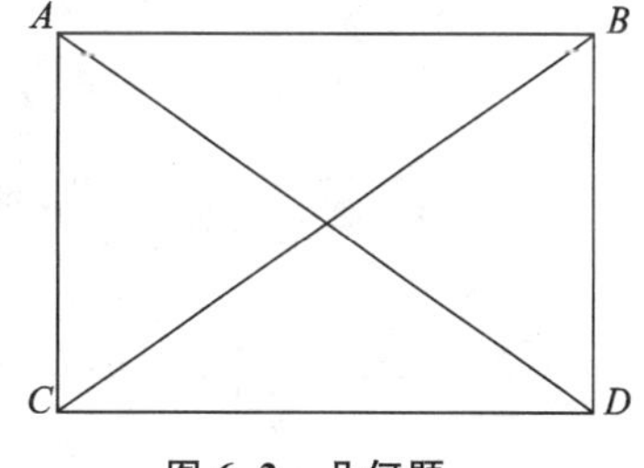

图 6-2　几何题

总之,在问题解决时人们可以选择不同的策略。但人们一般不去寻求最优的策略,而是找到一个较满意的策略。因为即使是解决最简单的问题,要想得到次数最少、效能最高的问题解决策略也是很困难的。

五、思维导图法(mind mapping)

(一)思维导图的内涵

1. 思维导图的内涵

思维导图又称心智图,是表达发散性思维(radiant thinking)的有效的图形思维工具，是一种革命性的思维工具，它简单而又极其有效。思维导图运用图文并重的技巧，把各级主题的关系用相互隶属与相关的层级图表现出来，将主题关键词与图像、颜色等建立记忆链接。思维导图充分运用左、右脑的机能，利用记忆、阅读、思维的规律，协助人们在科学与艺术、逻辑与想象之间平衡发展，从而开启人类大脑的无限潜能。思维导图因此具有人类思维的强大功能。思维导图的创始人是东尼·巴赞。

2. 思维导图的结构

思维导图的形式很多，但是大多数人易于接受的一种形式是从一个中心主题发散出的“主干、小树枝、树叶”的思维导图（见图 6-3）。主干树枝代表重要主题，小树枝为片断（小标题），树叶为细节。沿着分支写下关键词或符号，一条线一个。

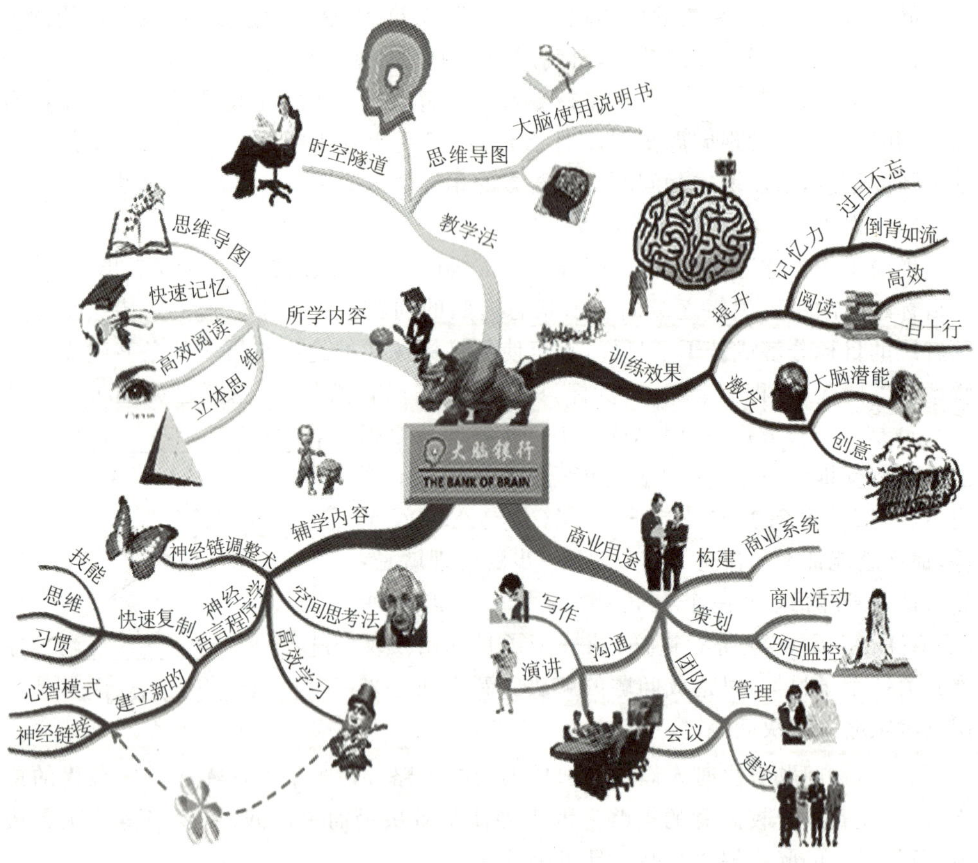

图 6-3 思维导图结构

串行道路式思维导图适用于记忆以时间为顺序的内容，比如历史或小说的情节。多科学题目也宜于利用图像/图表思维导图来记忆。步进式思维导图适用于一步一步建立起来的过程，比如某些数学内容。其他一些形式的思维导图适用于不同的人和不同的学习内容。

(二)应用领域与注意事项

1.应用领域

从思维导图的特点及作用来看,它可以用于工作、学习和生活中的任何一个领域。对于个人,可用于计划、项目管理、沟通、组织、分析与解决问题等;对于学习者,可用于记忆、笔记、写报告、写论文、做演讲、考试、思考、集中注意力等;对于职业人士,可用于计划、沟通、项目管理、会议、培训、谈判、面试、评估,掀起头脑风暴等。所有这些应用可以极大地提高使用者的效率,增强思考的有效性、准确性以及提升注意力和工作乐趣。

2.注意事项

(1)思维导图最好绘在一张横放着的长方形的纸上,这样适合眼睛看东西的方式和大脑记忆的习惯。

(2)思维导图不是一成不变的,它们需要在深入研究和复习的过程中得到不断的修改。先前的版本应该被丢弃。

(3)彩色笔对有效地绘制记忆思维导图很有帮助,写字时需要用细的笔。

(4)基本步骤:①从标题中间部分附近开始;②为每一个主题画一条线;③为了看起来清楚,说明文字使用小写字体(关键词应写在线条上面);④在细节前画短线;⑤使用醒目的颜色,突出重点;⑥使用符号、记号、阴影和简单的素描;⑦让思维导图变得个人化、有趣、独特、醒目。

第三节　思维与问题解决规律的应用

一、影响问题解决的因素

影响问题解决的因素包括主观方面的因素与客观方面的因素,而这两个方面的因素又是相互联系、相互影响的。影响问题解决的因素除了问题本身的难度和问题解决者本身的能力水平外,还受到以下几个方面因素的影响。

(一)问题的表征

能否对问题进行适宜的表征,是影响问题解决的重要因素。如果一个问题能得到适宜的表征,问题的解决就比较容易;否则,问题就难以解决或无法解决。请思考下面的"拉尔夫女王号"问题。

"拉尔夫女王号"是一艘著名的远洋班轮,正以每小时 30 千米的速度驶向港口。当轮船距海岸 80 千米时,一只海鸥从甲板起飞,飞向港口。同时一艘快艇以每小时 50 千米的速度驶离港口,迎向班轮。海鸥以每小时 65 千米的速度在快艇与班轮之间来回地飞着。当快艇和班轮相遇时,海鸥一共飞了多少千米?

这个问题看起来比较复杂,但若给出计算式,则变得较为简单:

$$海鸥飞行距离=80\div(30+50)\times65=65(千米)$$

经典实验……

问题表征中信息过多的实验

问题表征中所包含的物体或事实信息太少与太多都不利于问题的解决。太少可能遗漏事实，太多则会产生干扰。卡茨(D. Katg)曾经研究过多余刺激对解决问题所引起的干扰作用。他让几组学生做一些简单的算术题目——加法和减法。有几组做一些无熟悉名称的题目，如10.50+13.25+6.89，等等；另一组则做一些有熟悉名称的算术题，如10.50美元+13.25美元+6.89美元，等等；再有几组做一些带有瑞典货币名称的算术题，如10.50克朗+13.25克朗+6.89克朗，等等。研究表明，加上货币名称便增加了计算的困难，还发现了有名称的数字在加法上需增加12%的时间。显然，把一些不相干的或不熟悉的因素加在一项简单和熟悉的工作上（如加法或减法），由于“心理眩惑”作用，从而对问题解决产生干扰作用。

（引自吴万森、姚清如《普通心理学》）

（二）迁移的作用

迁移是指已经学过的东西在新情境中的应用，也就是指已有的经验对解决新课题的影响。

迁移一般可以分为两种类型。一种是正迁移，表现为一种知识、技能的掌握促进另一种知识、技能的掌握；另一种是负迁移，表现为一种知识、技能的掌握干扰另一种知识、技能的掌握。会说普通话的学生在学习英语国际音标时，容易掌握的是三对爆破音，即[p]、[b]，[t]、[d]，[k]、[g]等，这是学习的正迁移；掌握了骑自行车的技能，通常比较容易学会骑电动自行车，这也是学习的正迁移。有些方言的语音会对普通话的发音产生干扰，阻碍人们对普通话语音的掌握，这是学习的负迁移。

一般地说，知识概括化的水平越高，迁移的范围和可能性越大；知识概括化的水平越低，则迁移越难，不容易举一反三、触类旁通。

（三）定式的作用

定式(set)是指心理活动的一种准备状态，它影响着解决问题时的倾向性。定式的生理基础可能是大脑神经系统的动力定型。心理定式会无意识地影响问题解决，有时有助于问题的解决，有时则阻碍问题的解决。

例如科斯的实验，给出l、e、c、a、m（顺序依次为1,2,3,4,5）五个英语字母，要被试组成一个词，被试很快用3,4,5,2,1的顺序来编排拼成camel。做了15次以后，他再给p、a、c、h、e（顺序依次为1,2,3,4,5）五个字母，要被试组成词。被试仍然会以3,4,5,2,1的顺序来编排拼成cheap，而不会按1,5,2,3,4的顺序组成peach。

（四）功能固着

功能固着是指个体在问题解决时往往只看到某种事物的通常功能，而看不到它的其他方面可能有的功能。这是人们长期以来在日常生活中所形成的对某种事物的功能或用途的固定看法。在问题解决的过程中,个体能否改变事物固有的功能以适应新的问题情境的需要,常常成为问题解决的关键。在功能固着的影响下,个体不容易摆脱事物用途的固有观念,因而直接影响到个体灵活地解决问题。

邓克(K. Duncker)做了一个实验,说明不克服功能固着,问题解决起来就会比较困难。问题是:有三个小纸盒子,一个装火柴,一个装图钉,一个装小蜡烛。要求被试把蜡烛点燃置于木屏风上。一般来说,这个问题并不难,只要先用图钉把小纸盒子钉在木屏风上作为小台子,然后将蜡烛点燃,把它粘在小台子上就可以了。但是在实验中,当把火柴、图钉和蜡烛分别装在各自的盒子里时,大多数被试感到束手无策。只有把火柴、蜡烛和图钉都从纸盒子里拿出来,把空盒子放在桌子上时,多数被试才会想出上述办法来。为什么会这样呢?因为纸盒子装了东西后,会给人以暗示是容器,从而使被试的思维固着在"纸盒子是容器"上,影响了其对问题的解决。

(五)情感与动机状态

人们在解决问题时,往往带有情感和处于某种动机状态,而这些状态又必然会影响解决问题的效果。在解决问题的过程中,情感的作用表现为:解决问题越困难,所作的努力越大,情感也就越强烈;而当有所发现,找到了解决问题的办法并解决了问题时,会给人带来巨大的喜悦和自豪感。这种积极的情感能激励人们给自己提出新的、更加复杂的任务,并满怀信心地去着手解决新问题。解决问题时遇到失败和挫折会引起苦恼的情绪。这种体验可能是下一步智力活动的障碍,但对于坚强、有明确工作和生活目标的人而言,失败又常常会成为鼓励他去作新的探索的力量。

动机对解决问题的作用也是明显的,它是促使人去解决问题的动力。动机的性质影响到整个解决问题过程的进展。动机越有意义,为解决问题而作的探索就越积极、越顽强。动机的强度与解决问题的关系,可以描绘成一条"倒置的U形曲线"(见图6-4),即过强或过弱的动机都不利于解决问题。在一定范围内,动机增加,解决问题的效率也随之增加,直至达到一个最高点;超过这一点,动机强度的提高会造成解决问题能力的降低。应当指出,这条曲线的形状和顶点是因人而异的。对个体而言,动机水平处于中等强度时,问题解决的效率最高。

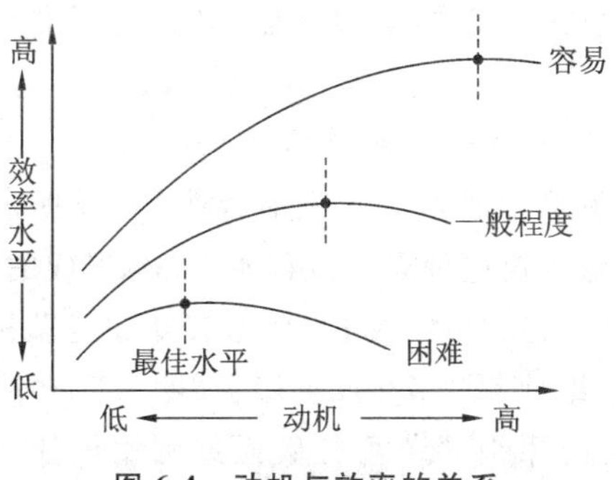

图6-4　动机与效率的关系

视野扩展……

有利于问题解决的10种方法

Ashcraft在总结前人的研究成果时，提出了有利于问题解决的10种方法。

(1)增加相关领域的知识。

(2)使问题解决中的一些成分自动化。

(3)制订比较系统的计划。

(4)作出推论。在问题解决之前，要根据问题中给定的条件作出适当的推论。这样既可避免使问题走入死胡同，又可消除对问题的错误表征。

(5)建立子目标。

(6)逆向工作。

(7)寻找矛盾点。在诸如回答"有可能……"或"有什么方法……"这类问题时，可采用寻找矛盾点的方法。

(8)寻找当前问题与过去相关问题的联系性。在解决问题时，要积极考虑当前的问题与曾经解决的问题或者熟悉的问题有哪些相似性，然后利用类似的方法解决目前的问题。

(9)发现问题的多种表征。当问题解决遇到障碍时，回到问题的初始状态，重新形成问题的表征。

(10)多练习。解决代数、物理和写作等课堂中遇到的问题，多练习是一种良好的方法。

二、创造性思维及其培养

(一)什么是创造性思维

创造性思维是指重新组织已有的知识经验，提出新的方案或程序，并创造出新思维成果的思维。创造性思维不仅能揭露客观事物的本质及其内在联系，而且能在此基础上产生新颖、独特、具有重大社会价值的思维成果。它是创造力的核心成分，是人类思维的高级形式，是人类思维能力的最高体现，是人类意识发展水平的标志。创造性思维既具有一般思维活动的某些特点，又具有不同于一般思维的独特特征，表现在如下几个方面。

1. 思维结果的首创性、独立性和新颖性

创造性思维是在一般思维的基础上发展起来的，以提供具有重大社会价值、前所未有的思维成果为标志。在这种思维过程中，没有现成的可供借鉴的解决问题的方案，必须打破惯常解决问题的思维模式，将已有知识经验进行改组或重建，独辟蹊径，创造出不同寻常的思维成果。例如，医疗上"叩诊"的发现就体现了创造性思维的首创性，还有木匠鲁班由手被茅草齿拉破而想到用铁片挫出细齿造锯伐木，以及鲁班由妻子的翻头鞋想到造木船等，都体现了创造性思维的首创性。首创性、独立性和新颖性是创造性思维的本质特征。当然,对于以掌握继承前人的间接经验为主的学生来讲,如果所解决的问题对其来说是新颖的,在解决问题活动中不因循旧例,有所发现、有所创新,尽管不一定提供前所未有的、具有巨大社会价值的创造产物,也属于创造性思维。

2.思维过程的非逻辑性

在解决问题过程中,遵循思维的逻辑规则,对事实材料进行分析,通过一步一步地推理,从而找到解决问题的途径和方法,这是一般思维。科学技术发展水平、主体经验以及物质条件的限制,使未知事物带有较大的模糊性和不确定性,给创造性思维的顺利进行带来很多困难。在这种情况下,人们就需要打破思维的逻辑规则,发挥创造性想象的补充和预见功能,通过自由、灵活地联想,把抽象模糊的概念具体化、明朗化,提出预测性假说或模型,确定创造性解决问题的合理方向。这就是说,创造性思维带有极大的非逻辑性和跳跃性。创造性思维的非逻辑性的主要表现形式是直觉和灵感。

3.思维形式的综合性

创造性思维过程,不是靠某种单一的思维形式,而是由多种思维形式有机地结合在一起高度统一的结果。其中,既有形象思维,又有抽象思维;既有分析思维,又有直觉、灵感和顿悟等非逻辑性思维形式(它们和逻辑思维前后为序、相互补充);既有发散思维,又有集中思维。形式多样,表现各异。各种形式的思维有机结合,相互促进,相互补充,使人的创造性思维活动富有活力、逐步深入。

4.强烈的目标指向性

在整个创造性思维活动中,所要解决的创造性问题会像磁石一般吸引着创造者,使其着迷,使其忘掉周围的一切,全身心地投入创造活动中。对于一个着了迷的创造者,创造就是其生活的最终目标,其他的一切都会被放到注意的范围之外。例如:普希金在谈其创作体会时说过“我忘掉了世界”;俄罗斯作家陀思妥耶夫斯基也说过“当我写什么东西的时候,吃饭、睡觉以及与别人谈话时,我都想着它”;牛顿在专心研究问题的时候,竟把怀表当作鸡蛋放到锅里去煮等。这些都是他们对问题的迷恋和强烈的目标定向作用的结果。创造的成果对整个社会的意义越重要,对创造者的吸引力就越大,其迷恋的程度也会越深。

(二)创造性思维过程

创造性解决问题比一般性解决问题有着更为复杂的心理活动过程,因此在它的运行中又有独特的思维活动程序和规律。英国心理学家华拉斯通过对创造过程的分析,提出了创造性思维的四阶段理论,把与创造活动相联系的创造性思维过程分为准备阶段、酝酿阶段、豁朗阶段和验证阶段。

1.准备阶段

准备阶段是指在创造活动之前,围绕要解决的问题,搜集以往资料,积累知识素材及他人解决类似问题的研究资料的过程。这个阶段的准备工作做得越充分,搜集的资料越丰富，越有利于开阔思路，从中受到启发，发现和推测出问题的关键，迅速理清思路、明确方向、解决问题。因此，在这一阶段，应努力创造条件，广泛搜集资料，有目的、有计划地为所规划的项目做充分的准备。为了使创造性思维顺利展开，不能将准备工作只局限于狭窄的专门领域，而应当具有相当广博的知识和技术准备，然后才能像唐代大诗人杜甫所说的"读书破万卷，下笔如有神"。

2.酝酿阶段

酝酿阶段是指在积累了一定知识经验的基础上，在头脑中对问题和资料进行深入分析、探索和思考，力图找到解决问题的途径和方法的过程。这一阶段从表面上看没有明显的思维活动，创造者的观念仿佛处于"冬眠"状态，但事实上思考仍在断断续续地进行着。这个时候在创造者的意识中可能对该问题已不再去思考，转而从事或思考其他一些无关的问题，但在不自觉的潜意识中问题仍然存在，当受到一定刺激作用时，又会转入意识领域。例如，白天苦思不解的问题，夜间睡眠时忽然在梦中出现。可见，创造性思维的酝酿阶段多属潜意识过程，这种潜意识的思维活动极可能孕育着解决问题的新观念、新思想，一旦酝酿成熟，就会脱颖而出，使问题得到解决。

3.豁朗阶段

豁朗阶段是指经过充分酝酿之后，在头脑中突然跃现出新思想、新观念和新形象，使问题有可能得到顺利解决的过程。在这一阶段中，百思不得其解的问题，意想不到地闪电般迎刃而解，头脑似乎从"踏破铁鞋无觅处"的困境中摆脱出来，有一种"得来全不费工夫"的感觉，并显示出极大的创造性。这是对问题进行全力以赴的刻苦钻研之后所涌现出来的科学敏感性发挥作用的结果。这种现象称为"灵感"或"顿悟"。许多科学家的创造发明过程中，都曾有过类似的惊人现象。

4.验证阶段

验证阶段是指在豁朗阶段获得了解决问题的构想或假设之后，在理论和实践上进行反复检验以及多次补充和修正，使其趋于完善的过程。这个阶段，或从逻辑角度在理论上求其周密、正确；或付诸行动，经观察、实验而求得正确的结果。在验证阶段，创造者往往要经过无数次存优汰劣，才能使创造结果达到近乎完美的地步。

（三）创造性思维的培养

创造性思维是使人类创造活动得以有效进行的重要心理因素。培养青少年的创造性思维能力是目前素质教育的主要任务。创造性思维是在一般思维的基础上发展起来的，它是后天培养和训练的结果。教育过程中可通过以下几个方面来进行创造性思维的培养。

1.保护好奇心，激发求知欲

好奇心是人对新异事物产生诧异并进行探究的一种心理倾向。求知欲是好奇心的升华，是人渴望获得知识的一种心理状态。好奇心和求知欲是推动人积极主动地去观察世界，进行创造性思维的内部动力。具有强烈好奇心和求知欲的人，对事物有着执著的追求和迷恋，会在创造活动中获得精神鼓舞和情感满足。好奇心和求知欲是科学家、发明家有所成就的重要心理因素。在教育过程中，教育者应通过启发式教学和创设问题情境，使学生面临疑难，产生求知需要和探索欲望，积极思考，主动提问和质疑；要有意识地强化学生对一切事物的兴趣，培养并保护其好奇心和求知欲。

2. 培养发散思维、集中思维和横向思维

要培养学生的创造性思维，教育者应安排学习情境，鼓励学生在学习活动中自己去领会或发现事物间的联系，而不是注入式地给学生灌输死知识。要鼓励学生的创造性行为，启发、协助、鼓励学生独立发现问题、分析问题和解决问题，而不要预先树立是与非、对与错的绝对权威。特别是小学生回答问题时不必限定他们盲从地接受成人认可的答案。

对学生进行创造性思维方法的指导与训练。让学生掌握创造性思维的方法和策略，是发展学生创造能力的重要途径。教学活动中，教育者要教会学生有效地进行分析、综合、比较、抽象、概括、系统化和具体化，达到对事物本质属性的认识。还要在解决问题过程中，指导学生掌握一些进行创造活动的方法。例如：运用类比推理、原型启发方法探索新事物；利用逆向求索，打破思维定式的束缚；把发散思维与集中思维，直觉思维与分析思维有机结合起来；发挥发现法教学的作用等。使学生的创造活动由盲目到意识明确，由被动到主动发展。

在学习过程中，掌握如下进行创造力训练的具体技巧，可以培养与提高学生的创造力。①远距离联想训练。远距离联想是在彼此相距甚远的观念之间建立起联系，形成一种新的联想。②图形想象训练。尽可能想象出某种图形像什么。③摆脱思维定式的训练。鼓励学生在解题过程中进行一题多解、一题多变的练习，以训练思维的灵活性。④变熟为生的训练。把自己熟悉的事物当作陌生的事物，用空灵的心灵重新想象出这些事物，从新的角度异化这些事物等。

3. 建立良好的创造环境，正确对待创造型学生

创造才能的形成，除了个人的主观努力外，还有赖于良好环境的熏陶。一个有利于创造的环境，不仅有利于求知欲的形成，而且会刺激新思想的产生，使创造成果层出不穷。有经验的优秀教师善于发现和对待创造型学生，在班级里建立浓厚的创造气氛。有些创造型学生可能比较顽皮，爱争辩，常有异常行为，经常提出各种怪问题等。教师应该剖璞见玉，善于引导，保护他们的创造萌芽，不要动辄厌恶、指责。要创造民主、平等和自由探讨的气氛，最大限度地发挥学生的积极性、主动性，放手让学生独立工作，允许和鼓励每个学生大胆地、毫无顾忌地发表各种设想，而不应急于过早评判。

4. 开展创造活动，培养创造性个性

创造性个性是在创造活动中逐渐形成和发展起来的。有计划、有组织地开展一些诸如科技小组、兴趣小组、文艺小组等实践活动，有助于创造性个性的形成。引导学生进行创造活动，需要注意如下几个方面：①向学生说明他们的好奇心、探索行为

的社会价值与意义，鼓励并保护他们的自尊心、好奇心；②允许学生按照自己的兴趣进行活动；③鼓励学生的首创性、独创性，解除他们对错误的恐惧心理；④鼓励学生面对现实，接受变化；⑤帮助和引导学生对每个问题都力图寻求多种答案；⑥鼓励学生与有创造性个性的人接触；⑦鼓励学生大胆幻想、猜测和假设；⑧避免用固定的眼光看待有创造潜力的学生；⑨鼓励和支持学生专心致志地进行创造活动，培养其韧性和恒心；⑩创造并保持一种民主、轻松的气氛，培养学生开拓进取、勇于拼搏的精神。

最新研究

青少年创造力的调查研究

在由沃建中、王烨晖、林崇德等进行的青少年创造力调查研究中，采用他们自编的《青少年创造性思维测验》，以整体抽样的方式调查了全国6个地区的中小学，获得有效样本数为3 301人。经统计、分析与讨论得出以下调查结论。

(1)我国青少年的创造力整体呈阶段性发展，在同一阶段内其发展呈连续性。青少年中学阶段的创造力水平明显高于小学阶段，其中小学四年级和初三分别为其发展的低谷期和高峰期，小学六年级到初一为发展的关键期。

(2)女生整体的创造力水平高于男生，主要表现在流畅性和变通性两个子维度上。

(引自沃建中、王烨晖、林崇德青少年创造力的发展研究，心理科学，2009)

思考与练习

1. 名词解释

思维	聚合思维	发散思维	创造性思维	推理
算法式	启发式	手段	目的分析	顺向工作
逆向工作	问题表征	迁移	思维定式	功能固着

2. 什么是思维？它有哪些特征？
3. 思维与感觉与知觉的关系怎样？
4. 思维的种类有哪些？
5. 问题的种类有哪些？
6. 什么是问题解决？问题解决需要经过哪些思维过程？
7. 举例说明日常生活中有哪些心理因素影响着问题解决。
8. 什么是创造性思维？它有哪些特点？经过哪些过程？
9. 联系实际谈谈如何培养学生的创造性思维。

课外延伸

请搜集大量资料，分析创造力强的人所具有的思维特点，谈谈在日常生活中如何提升自己的创造力。

第七章 知识学习与迁移

本章学习目标

- 了解常见的知识分类及其依据
- 掌握陈述性知识和程序性知识的表征形式、两类知识之间的区别与联系及两类知识学习的一般过程
- 理解迁移的含义，掌握迁移的分类及其依据
- 掌握陈述性知识和程序性知识学习的心理机制
- 理解并评价历史上和当前比较有影响的迁移理论
- 掌握知识学习与迁移原理在教学实际中应用的方法和途径

有一条鱼，它很想了解陆地上发生的事，却因为只能在水中呼吸而无法实现。后来，它与一只小蝌蚪交上了朋友。小蝌蚪长成青蛙后，就跳上了陆地。几周后青蛙回到池塘，向鱼讲述它所看到的景象。青蛙描述了陆地上的很多东西，如鸟、奶牛和人。鱼根据青蛙对每一样东西的描述，在头脑中形成了这些东西的图画，每一样东西都带有鱼的形状，只是根据青蛙的描述稍作调整：鸟是长着翅膀的鱼，奶牛是长着乳房的鱼，人被想象成了用尾巴走路的鱼。

读完这则小故事，大家可能会禁不住莞尔一笑：鱼毕竟只是鱼，它只能基于自身的形象，重新组装自己原有的知识经验，构造出对新知识的理解。那么，人的学习是不是也经历了相似的过程呢？知识在人的头脑中又是怎样表征的？在一种情境中习得的知识，是否能在另一情境中得以应用呢？为了促进知识学习和迁移，在教学中我们应采取什么方法或手段呢？这些问题，构成了本章要探讨的主题。

第一节　知识学习与迁移概述

一、知识学习概述

（一）知识及其含义

从心理学的观点看，知识是个体头脑中的一种内部状态。持行为主义观点的心理学家反对研究人脑中的内部状态，自然不会研究知识。随着心理学领域认知革命的兴起，心理学家对知识的本质及其获得机制的研究越来越深入，涌现出了许多颇具价值的观点。比如，当代著名发展心理学家皮亚杰认为：知识是主体和环境或思维与客体相互交换而导致的知觉建构，知识不是客体的副本，也不是由主体决定的先验意识。根据皮亚杰的思想及当代认知和教育心理学家的观点，可以把知识定义为主体与其环境（包括物理环境和社会环境）相互作用而获得的信息及其组织，知识的本质是信息在人脑中的表征。

（二）知识的分类

当前心理学领域最具影响力的知识分类观是由美国认知心理学家安德森(Anderson)提出的。他从信息加工的角度，把人类习得的知识分为两大类：一类为陈述性知识(declarative knowledge)，另一类为程序性知识(procedural knowledge)。前一类知识主要用于回答“世界是什么”的问题，如“中国的首都在哪里”、“第二次世界大战的原因是什么”、“人的心脏结构与血液循环有什么关系”等问题，都需要陈述性知识。后一类知识主要用于回答“怎么办”的问题，如回答“1÷3+2÷5=?”以及“将‘We go to school yesterday’改成合适的时态”等问题，就需要程序性知识。此外，还可依据两个维度对程序性知识作进一步的划分。第一个维度是按照知识与领域相关的程度来划分，分为特殊领域的程序性知识与一般领域的程序性知识。前者仅适用于特殊领域，但通常由一些能够有效地应用于特殊领域的产生式组成，因此也称为“强方法”，如上述数学问题和英语问题的解答等；而后者则广泛适用于各个领域，但它对于要达到特定目标来说并不十分有效，多数时候只能起到一种指导作用，因此又称为“弱方法”。第二个维度是根据程序性知识执行的自动化程度来划分，分为自动化的程序性知识和有意识的（受控制的）程序性知识。例如，一位专家在阅读他所熟悉的领域的文章时，对一些较简单的词汇或术语无须刻意琢磨它的意思，往往是一看便知，而对一些较难的语句，则需要通过查字典或联系上下文才能准确认知。值得注意的是，这两种维度的划分是相对的，而不是绝对的。例如，特殊领域的程序性知识可以是自动化的（称为自动化基本技能），也可以是有意识的（称为特殊领域的策略）。综合两个维度，程序性知识的分类可用图 7-1 来表示。

除了从信息加工角度将知识划分为陈述性知识和程序性知识之外，还可以从其

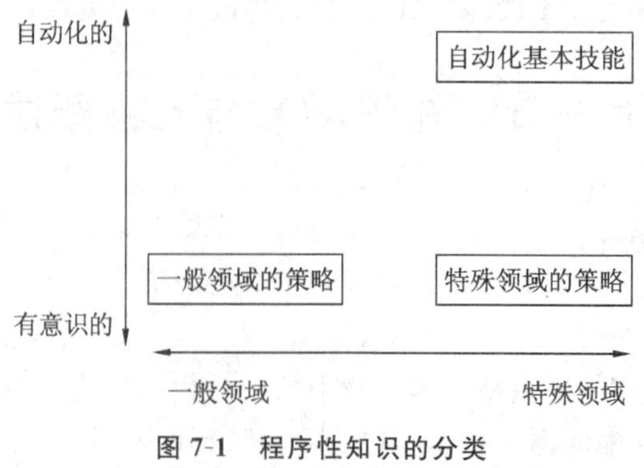

图 7-1 程序性知识的分类

他多个角度对知识进行分类。比如:依据知识与言语的关系,可以将知识分为显性知识(explicit knowledge)与隐性知识(implicit knowledge);依据知识及其应用的复杂多变程度,可以将知识划分为结构良好领域知识(well-structured domain knowledge)和结构不良领域知识(ill-structured domain knowledge)。

(三)知识的表征

知识表征(knowledge representation)是指知识在工作记忆和长时记忆中的表示形式和组织结构。不同类型的知识在头脑中以不同的形式表征,一般认为,陈述性知识以命题和命题网络、表象、线性排序及图式表征,而程序性知识主要以产生式和产生式系统表征。

1. 陈述性知识的表征形式

1)命题和命题网络

认知心理学家认为,意义主要以命题(proposition)的形式在人的记忆中得以表征。他们将命题看作陈述性知识的最小单元,即一个命题大致与我们头脑中的一个观念相当。研究发现,一个命题总含有两种成分:一个关系(relation)和一个或一个以上的论题(arguments)。例如,在"张三走了"这一命题中,"张三"是命题的论题,即提及的话题或主题,而"走了"是这一命题的关系,即对张三的情况作了限定。再如,在"小明买书"这一命题中,"小明"和"书"是论题,关系是"买",可用图 7-2 来表示。

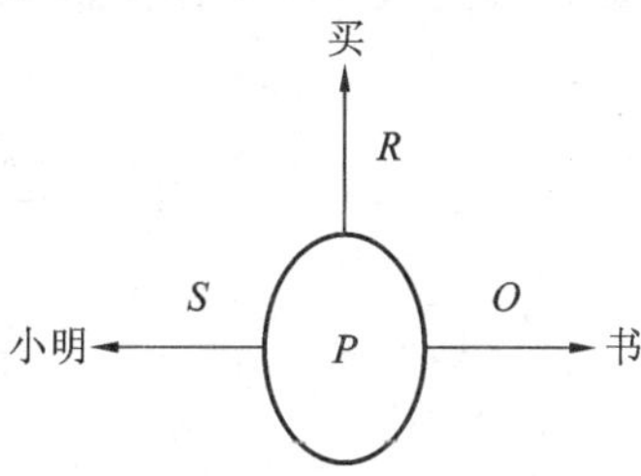

(图中S代表主体,O代表客体,它们都是论题;R表示关系)

图 7-2　命题举例

由于一个命题可能有多个论题,因此可根据论题在命题中扮演的角色,给予不同的名称或称谓。论题可以是执行某一行动的主体(subject),也可以是行动、作用的对象或客体(object),还可以是行动的目的(goal)、行动时使用的工具和手段(instrument)及客体的接受者(recipient)。表 7-1 显示了一些命题的关系及论题,论题的称谓根据论题在各自命题中扮演的角色来定。

表 7-1　含多个论题的一些命题样例

命题(观念)	关　系	论　题
小王送给小李一支铅笔	送给	小王(主体)、小李(接受者)、铅笔(客体)
小张想去北京	想去	小张(主体)、北京(目的)
小刘的手指被纸割破了	割破	小刘(主体)、手指(客体)、纸(工具)

现在我们再来考察一下命题中的关系。应当指出,命题的关系不仅可以由动词来充当,而且可以由形容词、副词来充当。比如,"高个子中锋传出了球"这一句子,表达了两个命题(观念):一是中锋传出了球,二是这位中锋是高个子的。一般而言,以形容词为关系的命题只有一个论题,这不同于以动词为关系的命题。再比如,"高

个子中锋巧妙地传出了球”这个句子包含了几个命题？答案是三个。副词“巧妙地”限制了“传出”这一动作，因此“巧妙地”是关系。跟以形容词为关系的命题一样，以副词为关系的命题也只有一个论题；但跟以形容词为关系的命题不同的是，以副词为关系的命题，其论题是动词或形容词，而不是名词或代词。综上所述，如果我们要知道一个句子中含有多少个命题，最好的办法是划出句中的动词、形容词和副词，因为只有动词、形容词和副词才是关系，而一个命题只有一个关系。知道句中有几个关系，句中含有多少个命题就一目了然了。

应当说明，命题不等于句子。一个命题可能是一个完整的句子，也可能不是。如“高个子中锋”是一个命题，但它不是一个句子，仅仅是一个短语。同样，一个句子可以是一个命题，也可以包含多个命题。如“高个子中锋传出了球”就包含了两个命题。如果若干个命题因共享同一主题而发生相互联系，就会形成命题网络（propositional network）。如“高个子中锋巧妙地传出了球”的命题网络图可表示为图 7-3。

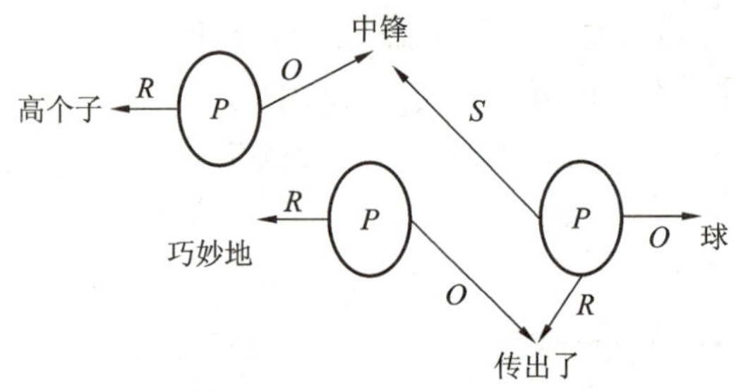

图 7-3　命题网络举例

2）表象

虽然个体常以命题的形式来处理或保存自己所知道的知识，但在另一些情况下，也经常会采用表象（image）这种非言语的形式来处理或保存知识。命题建立在事物抽象意义的基础上，不必保留对象的知觉信息，而表象建立在对事物知觉的基础上，保留了事物的知觉特征。从适应的角度看，当需要对陈述性知识所描述的物体的连续性加以表征时，表象显得比命题更为有效。图 7-4 比较了这两种表征形式。

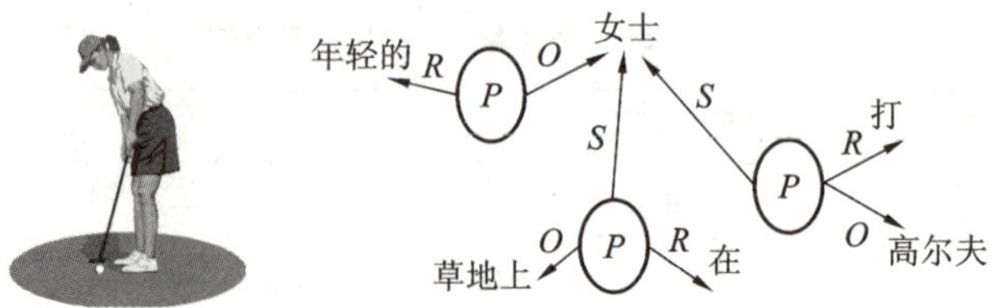

图 7-4　命题与表象

显然，它们都表达了“年轻的女士在草地上打高尔夫”这一意思，但在表象中，它还直观地表明站姿、握杆及击球的姿势等。因此，表象比命题传递了更多的信息。表象具有如下特征：①表象能够表征不断变化的信息，能够更现实地表征客观对象的三维空间特征及各个维度上连续的细节特征；②表象能够承受各种施加于它们的心理运作，如对表象作旋转、扫视或有层次的组织与分解；③尽管表象能够表征不断变化的信息，但与实际的知觉相比，这种表征形式可能会比较模糊与概括，或者说更欠完整、精确。

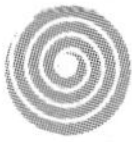

视野扩展 ……

表象、想象与科学

享有盛名的物理学家法拉第往往在研究抽象概念时运用想象。有人曾这样描述他：法拉第将磁体和电流周围的应力想象为存在于空间中的一些曲线，并为此杜撰了“场力线”这一名称。在他的想象中，场力线好像是由有形物质组成的客观存在。他想象整个宇宙都可以用场力线来描绘，或者更确切地说，可以用传播各种“振动射线”即辐射能的窄长管路来描绘。事实证明，浮现在他眼前的这类有关弯曲管路的想象，具有不容置疑的多产性：它不仅孕育了发电机和电动机，还促使法拉第摒弃以太，设想光是一种电磁辐射。人们常说“科学是需要想象的”。现在我们也许能把这句话理解为：一方面，因为科学总是需要不断创新，有所发现和发明，所以科学家应该大胆地去构想从未有过的事物或事件，而不必总是因循守旧；另一方面，当科学家真正在运用表象思索他所研究的问题时，首先激活有关这一问题的一些重要知觉特征，而不是激活代表这一问题的众多命题（意义）表征，可能会节省他的工作记忆空间，有助于他比较游刃有余地思考其中一些关键问题。

3）线性排序

线性排序（linear ordering）是不同于命题与表象的又一种陈述性知识的表征形式。这种表征结构是对一些元素所作的线性次序的编码。例如，在第29届北京奥运会上，金牌总数第一的国家是中国，第二名是美国，第三名是俄罗斯。如果别人问你，在北京奥运会上，俄罗斯与美国哪个国家获得的金牌总数更多？你会很快回答出美国。这是因为你在头脑中已对三个国家作了线性排序，在需要的时候就能很快提取出来。这种情形就是所谓对一组元素按某一特征所作的先后次序上的编码。

线性排序与命题的区别在于，命题仅保留了命题中所提及的元素（主题）之间的基本语义关系，但没有排定元素的次序；线性排序与表象的区别在于，表象仅保留了知觉特征之间的间隔关系（即各个特征之间的相对距离），线性排序则排定一组元素从头至尾的顺序，并不涉及各元素之间的间隔大小。

4）图式

图式（schema）是一种有组织的知识结构，是陈述性知识表征的一个整合单元，它包括命题、表象和线性排序这三种基本表征形式。如果要对上课的经验进行表征的话，头脑中出现的上课的一般情境，除了命题外，还有表象、线性排序，如图7-5所示。

位置：初一（3）班

人数：较多

教室：狭长
内容：数学
顺序：上课，开始讲课，下课

图 7-5　关于上课的图式

图 7-5 所示的图式具有一些基本特征。①图式中含有变量。人数、内容都是该图式的变量。上课的人数可能不一样，上课的内容也会发生一些变化。第一次上课或许有 60 人，第二次上课可能只有 57 人。但这些变化不会影响图式的形式。②图式可按层次组织起来，并可嵌入其他图式当中。例如，上课的图式可被嵌入整个教学图式中。③图式有助于推理。

与教学情境相关的图式，可以分为三种类型：自然范畴图式、事件图式和文本图式。自然范畴图式是指一些客观存在的实体范畴图式。它既包括自然界本身具有的，如动物、植物等范畴；也包括社会文化所造成的人为范畴，如汽车、飞机等。事件图式也称为脚本（script），是指对多次与我们发生联系的典型活动及其顺序的表征。例如：对三角形全等的一般证法，通常是先找出要求哪两个三角形全等，然后再看要证全等尚缺哪些条件，接着找出这些条件，最后得出证明。文本图式是指对各种文本的一般规律的表征，如要表征一则新闻或一篇记叙文，就可以采用“5W”图式来组织，即谁（who）在何时（when）、何地（where）由于什么原因（why）发生了什么事情（what）。

2. 程序性知识的表征形式

1）产生式

日常活动中通常包含着一些决策，例如：如果口渴，就找水喝；如果学习累了，就听听音乐调节一下；考试中如果不知道这道题的答案，就先放下它做下面的题。作出这些决策时，通常需要先确定当时的情境和条件，然后采取相应的行动。认知心理学家称这些“条件-行动”规则为产生式（production），它表明了所要进行的活动及发生这种活动的条件，是程序性知识的基本单元。表 7-2 为产生式的两个样例，其中，第一个是使用强化程式的产生式，第二个是对三角形进行分类的产生式。

表 7-2　用产生式表征的程序性知识样例

产生式 1：使用强化程式	
如果	目标是要增强儿童的注意行为
	且该儿童已表现出比平时更长一点时间的注意行为
那么	表扬这名儿童

续表

产生式 2:鉴别三角形	
如果	图形为两维图形
	且该图形有三条边
	且该图形为一封闭的图形
那么	将该图形划归为三角形
	且说出“三角形”

从表 7-2 可见,一个产生式从内容上看,包含条件部分和行动部分;从形式上看,包含如果(if)部分和那么(then)部分。如果部分规定了要执行一系列特定的行动必须满足或必须存在的条件,那么部分列出了在符合这些条件时将要执行或激活的行动。一个产生式的语句越多,表明这一产生式越复杂。对产生式作仔细考察可以发现,它具有一些特点。①产生式的条件部分可分为内部条件和外部条件,行动部分也可分为内部行动和外部行动。如在表 7-2 的“使用强化程式”这一产生式中,第一个条件为个人目的,它属于个体的内部条件,不能为别人所看到或认同;但第二个条件存在于个体的外部,别人既可观察到也可认同。在表 7-2 的“鉴别三角形”这一产生式中,第一个行动属于个体内部的心理活动,即此时个体对看到的特定图形作出某种心理表述(分类);而第二个行动“说出‘三角形’”则属于外部行动,即个体向环境输出某种信息。认知心理学家对产生式中的内外条件和内外行动作出区分,是为了便于提出一些仅含内部条件及仅含内部行动的产生式规则。也就是说,有些产生式只负责处理不可观察的内心活动。我们将一系列这类产生式连接起来,就有可能模拟人在从事复杂认知活动(如问题解决、阅读理解等)时的一系列心理步骤。可以认为,产生式为描述人的内部认知活动提供了一种有力的手段。②产生式的条件数目和行动数目可以有多种搭配形式。根据条件和行动的多少,可以有“一对一”、“多对一”(见表 7-2 中产生式 1)、“一对多”和“多对多”(见表 7-2 中产生式 2)四种可能的搭配。③产生式具有自动激活的特点,一旦存在、满足了特定的条件,相应的行动就会发生,常常不太需要明确的意识。④产生式产生的总是由目的指引的行为。这种目的性表现为,产生式的条件部分总含有关于目的的陈述。

2)产生式系统

不难发现,表 7-2 中所列举的两个产生式仅表示人们行为的一些很小的片段。在现实生活中,人们的行为常常是高度复杂的,因此,我们需要某种形式来表示个别产生式之间的联系。上面曾提到,当多个命题共享某一论题时,可以形成命题网络。对于程序性知识而言,其基本单元间之所以能够建立起内在联系,是因为一个产生式的行动可以作为另一个产生式的条件,即当一个产生式的输出能够成为另一个产生式的输入时,这两个产生式就有可能建立起相互联系。众多的产生式联系在一起,就构成了复杂的产生式系统(production system)。产生式系统是程序性知识的主要表征形式。一个典型的产生式系统如表 7-3 所示。

表 7-3　产生式系统举例

P_1	如果	目标是要证明$\triangle ABC \cong \triangle A_1B_1C_1$
		但不知道哪些对应边与对应角相等
	那么	建立子目标以寻找哪些对应边与对应角相等
P_2	如果	目标是要寻找相等的对应边与对应角
		已知 $AB=A_1B_1$，$AC=A_1C_1$
		不知道$\angle BAC$与$\angle B_1A_1C_1$是否相等
		不知道边 BC 是否等于 B_1C_1
	那么	建立子目标以寻找$\angle BAC$与$\angle B_1A_1C_1$或边 BC 与边 B_1C_1 是否相等
P_3	如果	目标是要寻找$\angle BAC$与$\angle B_1A_1C_1$或边 BC 与边 B_1C_1 是否相等
		已知$\angle BAC$与$\angle B_1A_1C_1$是对顶角
	那么	得出$\angle BAC=\angle B_1A_1C_1$
P_4	如果	目标是要证明$\triangle ABC \cong \triangle A_1B_1C_1$
		已知 $AB=A_1B_1$，$AC=A_1C_1$
		$\angle BAC=\angle B_1A_1C_1$
	那么	得出$\triangle ABC \cong \triangle A_1B_1C_1$

产生式 P_1、产生式 P_2、产生式 P_3 和产生式 P_4 构成了一个产生式系统。从该产生式系统中，我们可以看出，产生式系统通过许多子目标，控制产生式的流向。尤其应当注意的是，产生式系统的这种监控表明，它并不需要一个外在的监控系统，它的监控蕴藏于运行之中。

3. 两类知识的比较

陈述性知识和程序性知识既有区别，又有联系。其区别主要表现在以下五个方面。

（1）两类知识在记忆中的表征形式不同，陈述性知识以命题和命题网络、表象、线性排序及图式表征，而程序性知识以产生式和产生式系统表征。

（2）不同的表征形式反映了两类知识不同的功能。陈述性知识主要通过网络化和结构性来表征观念间的联系，为个体考虑或反思事物间的联系提供了方便；程序性知识主要通过目的流将一系列条件-行动组装起来，体现了个体会在何种条件下采取何种行动来达到一系列中间的子目标，又如何通过实现相关的子目标来达到最终的总目标。

（3）由于所服务的功能不同，两类知识还有静态和动态之别。陈述性知识仅反映事物的状况及其联系，而程序性知识则要对信息进行某种运作并使之发生转变。

（4）正是由于表征和功能上的差异，两类知识在获得速度方面不相同。对陈述性知识，个体只需一次接触或体验，或者经历一定的时间，便可在长时记忆中加以编码或储存，而程序性知识的获得速度则比较慢。如多位数加减乘除之类的算法，不可能只尝试解决了一两个问题便可学会。至于某些复杂技能(如开车),要达到自动化水平,则可能需要付出上万次的努力和练习。

(5)不同的获得速度,导致对两类知识作出改变的难易程度有所差别。陈述性知识由于学习时付出的代价较低,可以比较快地获得,因而对之加以修正也比较容易;但对于复杂的程序性知识而言,如某些根深蒂固的观念,更改起来则较为困难。程序性知识,特别是已达自动化水平的技能,要对它们作出改变就相当困难了,这是因为当个体的加工系统对获得的程序放弃了监控后,人在执行这一程序时就不会再去考虑其中哪一步是否正确或哪一步是否会产生预期的行为。

上述区别并不意味着两类知识之间缺乏内在的联系与互动。从认知心理学的观点来看,从会说到会做要经历一个过程,如果对知识还说不清道不明,那么要实现向会做的转变是不可能的,因此陈述性知识是程序性知识的基础或起步阶段。掌握了会做的知识,又有助于我们去获得会说的知识。

(四)知识学习的一般过程

现代认知心理学家认为,陈述性知识的学习可以分为三个阶段。第一阶段,新信息进入短时记忆,与长时记忆中被激活的相关知识建立联系,从而出现新的意义的建构。第二阶段,新建构的意义储存于长时记忆中,如果没有复习或新的学习,这些意义会随着时间的延长而出现遗忘。第三阶段,对意义进行提取和运用。

程序性知识的学习一般也可以分为三个阶段。第一阶段与陈述性知识的学习相同。例如,在英语学习中,学习"将'We go to school yesterday'改成合适的时态",这是一种典型的程序性知识的学习(或智慧技能的学习)。学生要能顺利完成这一任务,必须知道英语中动词时态变化的规则,在这里是将动词改为过去式的规则。知道某一规则或能陈述该规则,与应用这一规则支配自己的行为并不是一回事。所以,程序性知识学习的第一阶段学习的是陈述性知识,也就是说程序性知识学习的前身是陈述性知识学习。程序性知识学习的第二个阶段是通过应用规则的变式练习,使规则的陈述性形式向程序性形式转化。就"英语动词一般现在时态改为一般过去时态"来说,学生通过教师讲解或阅读教材,知道了一般现在时态改为一般过去时态的规则,并能陈述这些规则(陈述性知识),再通过大量的句子变化的练习,每当看到"yesterday"、"some years ago"等表示过去某时刻的词时,能立即根据规则把句子中的动词改为适当的过去式。此时相应的规则已经开始支配学生的行为,规则开始向办事的技能转化。程序性知识学习的第三个阶段是程序性知识发展的最高阶段,规则完全支配人的行为,技能达到相对自动化的程度。例如,熟练掌握英语的人,可以脱口说出规范的、符合时态规则的英语句子,而不必有意识地去考虑有关规则。作为一种特殊的程序性知识的认知策略的学习也是如此。首先必须知道要学习的认知策略是什么;然后通过应用有关策略的练习,使有关学习、记忆或思维的规则支配自己的认知行为;最后能在变化的条件下顺利地应用有关规则,支配和调节自己的认知行为,达到提高学习与记忆效率的目的。

二、迁移概述

学习是一个连续的过程,新的学习总是建立在先前学习的基础上,新问题的解决总是受到先前问题解决的影响,因此迁移是人类认知的普遍特征,凡有学习的地方就有迁移。迁移能使个体适应新情境,解决新问题。研究、学习迁移不仅有助于深入了解人类学习的实质和规律,进一步完善学习理论,还有助于指导教育工作者和学习者改进教与学,促进知识的最有效运用。

(一)迁移的含义

不同的研究者给迁移下定义时,尽管在叙述方式和使用的术语上有所不同,但都或明或隐、或多或少地指出了迁移内含的三个关键要素:学习者(learner)、任务(task)和情境(context)。首先,迁移的主体是学习者,教育的重要目标是以迁移的能力武装学习者。但学习者的迁移能力千差万别,这主要取决于其经验和知识,同时也和学习者的智力、动机、情感、态度、信念等因素有关。所以从这个角度讲,迁移是学习者的一种能力。其次,迁移的效果要借助一定的任务来测量和评估。任务包括训练(学习)任务和迁移任务,比如学习材料与练习题以及当前要解决的问题等。一般而言,迁移任务要和训练任务有所不同(比如难度上的增加)。这意味着迁移不仅是对已有知识的原样提取,还包含获得新知识的过程,即要求学习者生成新的意义和理解。再次,迁移涉及两种情境,即学习情境和迁移情境。进一步说,情境包括物理背景和社会背景,比如教师提供的教学和支持、其他学生的行为以及内在于这些背景的标准和期望等。通常,学习情境和迁移情境总存在一些差异,所以学生常常不能把课堂和学校中的学习迁移到课堂之外的生活之中。可见,对迁移的完整界定,必须具备学习者、任务和情境这三大要素。

基于以上分析,结合 De Corte(2003)的观点,我们将迁移界定为:学习者获得的知识、技能与动机在新的情境和学习任务中的广泛的、创造性的、支持性的使用。

(二)迁移的分类

从不同的角度出发,可以对迁移作出如下分类。

(1)根据迁移发生的方向,可以将迁移分为顺向迁移和逆向迁移。前者指先前学习对后续学习的影响,后者指后续学习对先前学习的影响。

(2)根据迁移的效果,可以将迁移分为正迁移和负迁移。正迁移是指一种学习对另一种学习产生积极影响或促进作用。负迁移是指一种学习对另一种学习产生消极影响或阻碍作用。

(3)根据迁移发生的水平或层次,可以将迁移分为横向迁移(也称侧向迁移或水平迁移)和纵向迁移(也称垂直迁移)。前者是指知识或技能在相同水平上的迁移,后者是指低水平技能向高水平技能的迁移。

(4)根据迁移发生的方式,可以将迁移分为特殊迁移与一般迁移(非特殊迁移)。特殊迁移是指迁移发生时,学习者原有的经验组成要素及其结构没有变化,只是将从一种学习中习得的经验要素重新组合并移用到另一种学习之中。一般迁移是指从一种学习中所习得的一般原理、原则和态度对另一种具体内容学习的影响，即将原理、原则和态度具体化，运用到具体的事例中去。

(5)根据学习情境和迁移情境的相似性程度，可以将迁移分为自迁移、近迁移和远迁移。如果个体所学的经验影响着相同情境中的任务操作，则属于自迁移；如果学习者把所学的经验迁移到与先前的学习情境比较相近的情境中，则属于近迁移；如果学习者把所学的经验迁移到与先前的学习情境有较大差异的其他情境中，则属于远迁移。

(6)根据迁移的自动化程度，可以将迁移分为低路迁移和高路迁移。低路迁移是指经过充分练习的技能自动迁移，不需要反省性思维。这种迁移的关键是原先的技能有充分的练习，而且练习是在变化的情境中进行的。高路迁移涉及有意识地将先前习得的抽象知识应用于新的情境。这种应用可分为两种情形：①在当前的学习中想到今后的应用；②在面对新的问题时，回头思考先前习得的知识在新情境中的应用。

(7)根据认知心理学对陈述性知识与程序性知识的区分，可以将迁移分为四种类型，分别是程序性知识到程序性知识的迁移、陈述性知识到程序性知识的迁移、陈述性知识到陈述性知识的迁移及程序性知识到陈述性知识的迁移。这是一个极具包容性的理论框架，可以把很多迁移研究囊括其中。这反映了当前在认知心理学影响下人们对不同类型的知识之间的相互作用的关注，试图深入揭示知识迁移的内在机制。在下一节中，我们将主要从这种知识分类的观点进一步探讨迁移的内在机制。

第二节　知识学习与迁移的基本原理

一、知识学习的心理机制

(一)陈述性知识的学习

第一节介绍过，陈述性知识的学习包括学习者在头脑中获得命题、表象、线性排序和多种形式的图式。其中命题、表象、线性排序是陈述性知识的基本单元，而图式是陈述性知识的整合单元(包括前三者的任意组合)。鉴于命题的学习在陈述性知识的学习中占有中心地位，在这一部分，我们主要采用奥苏伯尔的有意义言语学习理论(也称认知-同化学习理论)，介绍命题的学习过程。

奥苏伯尔根据两个维度对认知领域的学习进行了分类。一个维度是学习材料与学习者原有知识的关系，由此可划分为机械学习和有意义学习；另一个维度是学习材料的意义是由他人告知的还是学习者发现的(即学习方式的不同)，由此可划分为接受学习和发现学习。这两个维度互不依赖，彼此独立，且每一维度都存在许多过渡形式，因此可组合成多种学习类型。奥苏伯尔将有意义学习由简到繁分为五类：符号表征学习、概念学习、命题学习、概念和命题的运用、问题解决与创造。其中，前三类可认为是陈述性知识的学习。在有意义言语学习理论中，奥苏伯尔对命题的学习过程进行了深入、细致的探讨。

1. 命题学习概述

奥苏伯尔指出，命题可以分为两类。一类是非概括性命题，只表示两个或两个以上的特殊事物之间的关系。如“北京是中国的首都”，这个句子里的“北京”代表特殊城市，“中国的首都”也是一个特殊对象的名称，这个命题只陈述了一个具体事实。另一类命题是概括性命题，表示若干事物或性质之间的关系。如“圆的直径是它的半径的两倍”，这里的倍数关系是普遍的关系。不论表示特殊关系的命题还是表示普遍关系的命题，它们都是由单词联合组成的句子表征的。由于构成命题的单词一般代表概念，所以命题学习实质上是学习若干概念之间的关系，或者说，学习由几个概念联合构成的复合意义。命题学习在复杂程度上一般高于概念学习，命题学习必须以概念学习为前提。

2. 命题知识的同化过程和条件

奥苏伯尔用同化的思想系统地解释了命题知识的学习。有意义言语学习理论强调在新知识的学习中，认知结构中原有的适当观念起决定作用。这种原有的适当观念对新知识起固定作用，故称这种观念为起固定作用的观念(anchoring idea)。新的命题与认知结构中起固定作用的观念大致可以构成三种关系：①下位关系或类属关系，即原有观念为上位的，新学习的观念是原有观念的下位观念；②上位关系或总括关系，即原有观念是下位的，新学习的观念是原有观念的上位观念；③并列结合关系，即原有观念和新学习的观念是并列的。在这三种关系中，学习的内部条件和外部条件不同，新旧知识的相互作用的过程和结果也有很大不同。下面分别论述有关这三种关系的命题学习。

(1)下位学习(subordinate learning)。如果认知结构中原有观念在包容和概括水平上高于新学习的知识，那么新知识与旧知识之间就构成一种下位关系(类属关系)，这种学习便称为下位学习，又称类属学习。而下位学习又有两种类型。①派生下位学习。当新的学习材料作为原先获得的概念的特例，或作为原先获得的命题的证据或例证而加以解释时，便产生了派生下位学习(见图 7-6)。在上述两种情形中，所要学习的新材料可以直接从认知结构中原有的具有更高包容性和概括性的概念或命题中推衍出来，或者蕴涵在其中，也就是说，新知识只是旧知识的派生物。在这样的条件下，派生材料的意义出现很快，学习比较省力。②相关下位学习。新的学习材料类属于原有的具有较高概括性的概念，原有的观念得到扩展、精确化、限制或修饰，新的命题或概念获得意义，在这种条件下产生相关下位学习(见图 7-7)。在这类学习中，新学习的材料与一些具有较高包容性和概括性的概念发生相互作用，但前者的意义并未完全蕴涵在后者之中，也不能为后者所代表。

(2)上位学习(superordinate learning)。认知结构中已经形成几个概念，现在要在这几个原有观念的基础上学习一个包容程度更高的命题时，便产生了上位学习

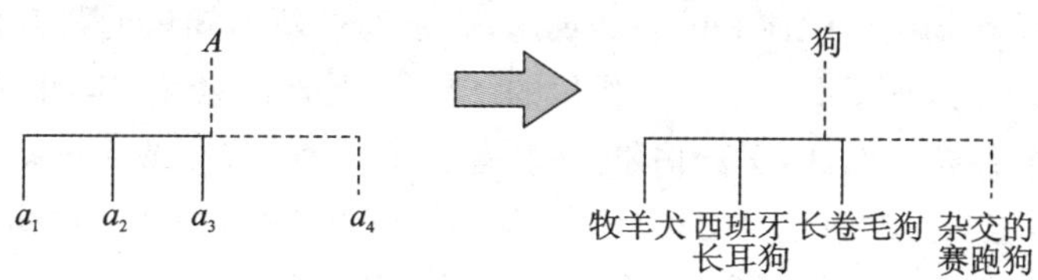

图 7-6　派生下位学习过程及实例

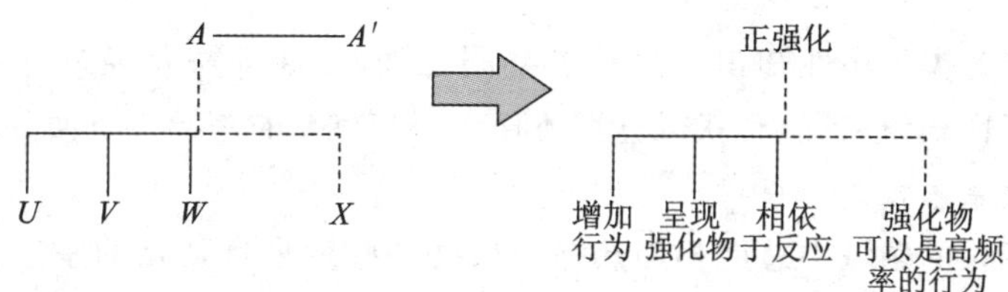

图 7-7　相关下位学习过程及实例

(见图 7-8)。在对材料进行归纳组织或综合成整体时,都需要进行上位学习。上位学习在概念学习中比在命题学习中更为普遍。

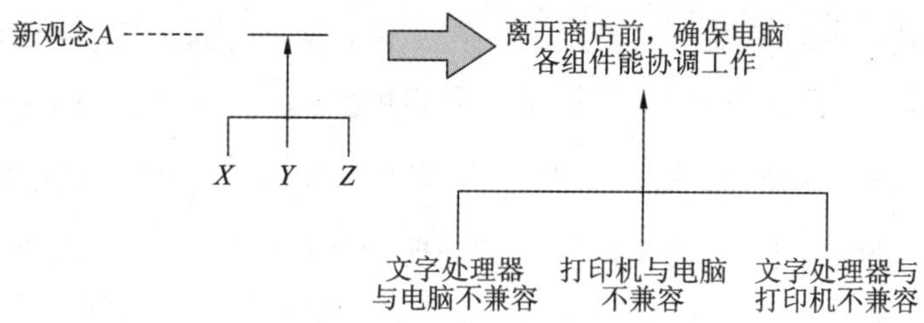

图 7-8　上位学习过程及实例

问题宝盒

上位学习和下位学习是否能相互转化？请举例说明。

(3)并列结合学习(combinatorial learning)。新的命题与认知结构中原有的特殊观念既不能产生下位关系,又不能产生上位关系时,它们在有意义学习中可能产生联合意义,这种学习称为并列结合学习(见图 7-9)。在并列结合的命题学习中,由于只能利用一般的和非特殊的有关内容起固定作用,因此对于它们的学习和记忆都比较困难。

需要注意的是,上面提到的下位学习、上位学习和并列结合学习都强调新知识的

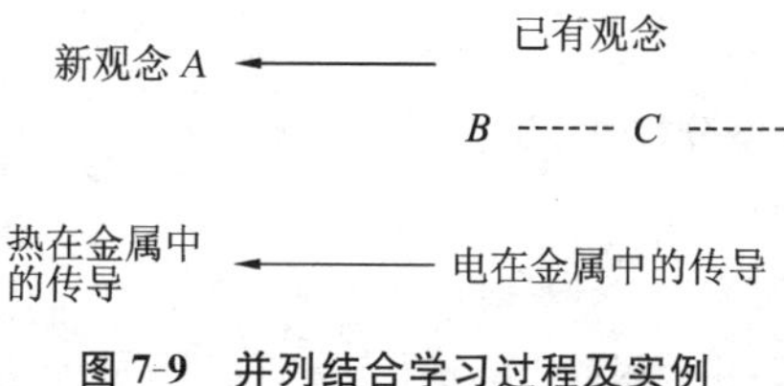

图 7-9　并列结合学习过程及实例

获得主要依赖于认知结构中原有的适当观念；必须通过新旧知识的相互作用和有意义的学习才能实现。这种新旧知识相互作用的结果，就是新旧意义的同化，进而形成更为高度分化的认知结构。为此，奥苏伯尔强调，有意义学习的发生或新旧知识的同化必须具备三个条件：①学习材料本身必须具有逻辑意义；②学习者的认知结构中必须具有适当的对新知识起固定作用的观念；③学习者必须具有有意义学习的心向（动机）。

（二）程序性知识的学习

尽管获得各类程序性知识的过程有共同之处，比如都需要经过练习，但对于不同类型的程序性知识来说，其获得过程还存在一些重要的差异。下面分别予以介绍。

1. 自动化基本技能的获得

在自己擅长的领域中总能相当熟练地执行某些近乎自动化的基本技能，是专家的重要标志之一。当代认知心理学家认为，自动化基本技能的获得一般可分为三个阶段：认知阶段、联系阶段和自动化阶段。

1）认知阶段（cognitive stage）

在认知阶段，学生使用自己的一般产生式或弱方法对某一技能作出陈述性解释，并对这一技能的各项条件以及在这些条件下将要执行的相应行动形成最初的陈述性编码的表征。也就是说，学生需要对给出的问题情境加以考察，形成对问题的最初表征，然后提出解决的办法。例如，当教师呈现“$\frac{3}{4}+\frac{1}{6}=?$”时，对于刚开始学习异分母加法的学生来说，尚无解决这类问题的特殊领域的产生式，因而他们可能要激活以下这种具有一般目的的产生式：如果目标是要达到 X 状态，且 M 是达到 X 状态的方法，那么设定使用 M 方法这一子目标。

如果教师让学生了解书本上现成的有关异分母加法的步骤，学生可能发现，这是一项含有 9 个步骤的规则（见表 7-4）。在学生阅读了规则的各个步骤之后，将形成相应的命题表征。随后，在按照这 9 步规则来解决手头的问题时，学生既要密切关注如何执行其中的各个步骤，又要关注执行各步骤的先后次序及中间结果，因而他们的工作记忆几乎被消耗至极点。

表 7-4　异分母分数加法中所含的步骤

（1）找到最小公分母
（2）用最小公分母除以第一个分数的分母
（3）将上述第（2）步骤得到的结果乘以第一个分数的分子
（4）将上述第（3）步骤得到的结果作为分数的分子，将最小公分母作为分母
（5）对第二个分数重复步骤（2）至（4）
（6）将按照步骤（4）写下的两个分数的分子相加
（7）写下步骤（6）的结果作为分子
（8）写下最小公分母作为分母
（9）如果分子、分母有公因数，用公因数约简分子与分母，最后写出结果

认知阶段的一个明显特征是，学生要说出一步或想到一步，才执行一步，对每一步骤有相当清楚的意识，因而在出错时能及时纠正执行步骤。但要最终得出正确的结果，必须以大量努力和对整个过程作有意识的监控为代价。

2）联系阶段（associative stage）

在联系阶段，将发生两种变化：①对技能最初所作的陈述性表征转变为特殊领域的程序性知识；②构成该程序各部分的产生式的联结，即条件与行动的一系列配对得以增强。以上述异分母相加为例，在此阶段之初，会形成如表 7-5 所示的一连串条件与行动的连贯步骤。正如安德森所指出的，随着一系列步骤被不断重复执行，其中的错误逐渐被排除，这种指导行动的知识将得到有效的“编辑”。而在对知识进行“编辑”的过程中，将出现两个子过程：合成与程序化。

表 7-5 异分母分数加法中前两步的命题表征

P_1：	如果目的是要进行分数的加法
	且有两个分数要相加
	那么制定找到最小公分母这一子目标
P_2：	如果目的是要进行分数的加法
	且有两个分数要相加
	且最小公分母已知
	那么将最小公分母除以第一个分数的分母，得到结果 1
P_3：	如果目的是要进行分数的加法
	且有两个分数要相加
	且已得到结果 1
	那么将结果 1 乘以第一个分数的分子

所谓合成，是指将一系列个别的产生式汇编成一个程序。通过合成，个别的产生式将被依次组合起来（即形成产生式系统）。这样，其中一个部分的产生式被激活，就能为激活程序中下一个部分的产生式创造条件，而后者的激活又能为激活再下一个部分的产生式创造条件。如此进行下去，结果会形成一个前后连贯的程序。成功地执行了这样一种行动序列后，各产生式之间的联系便会得以增强，整个技能也会逐渐具有程序化的特征。所谓程序化，是指在执行程序时逐渐摆脱对陈述性知识的依赖。一旦技能具有程序化的特征，执行时就不需要停下来考虑下一步该做什么。相反，对下一执行步骤的有意识的搜索，将被自动的匹配过程所取代。所有这些转化及各自成分之间联系的加强，最终使技能的执行更迅速更精确，也更少需要有意识的努力。

3）自动化阶段（autonomous stage）

在自动化阶段，整个程序得到进一步的完善与协调。随着对技能的精通，对行为的有意识控制会越来越少，人的技能渐臻娴熟。不过，当个体不再需要对自己的行动作缜密的思考时，往往也随之丧失了清楚解释自己为什么会作出这般举动的能力。

在认知心理学家看来，自动化阶段实际上会变成一种辨别过程，也就是说，某一领域的专家在精通技能的过程中，会变得越来越善于辨别各种条件以及它们之间的细微差别，从而使行动变得更加适宜和精确。这是因为，在这种程序的条件句中，有关条件的图式或模式与行动句中适当的反应或子目标形成了联系。人只要识别一定的条件模式，便能执行相应的行为。

2. 特殊领域的策略性知识的获得

在认知心理学家看来，跟获得自动化基本技能恰恰相反，获得特殊领域的策略性知识并不经历从有意识过渡到自动化的三个阶段，因为在策略性知识的条件句中始终存在着变化。由于使用策略的条件在变，个体必须对行动的抉择始终加以有意识的监控。因此从本质上说，这种能力绝不可能达到完全的自动化。以驾车为例，协调离合器和换挡的技能完全可以做到自动化，因为每次换挡的条件相似；但在驾车时，道路上的其他车辆和交通信号始终在变，驾驶员必须时刻注意道路上的种种变化，并根据这些变化采取相应的对策，以保证行车安全。

对于自动化基本技能和特殊领域的策略之间的关系，可作这样的描述：基本技能是解决整个问题的种种手段或工具，而认知策略则负责对何时何处使用这些手段或工具作通盘规划与组织。研究者一致认为，基本技能获得的第一阶段，即认知阶段，可能适用于策略的学习。基本技能获得的第二阶段，即合成各组成成分的阶段，也可能有助于策略的学习。在解决问题时，人们通常需要将许多局部的对策行为组合成一个能够反映问题情境的整个关系与组织的通盘计划。基本技能获得的第三个阶段，即自动化阶段，不适用于特殊领域策略的学习，在策略学习过程中必须避免对决策行为予以程序化和自动化。一旦在决策行为中排除了陈述性知识的提示或有意识的监控，即决策变得程序化，人的行为就会变得相当刻板。

3. 一般领域的策略性知识的获得

与特殊领域的策略性知识一样，一般领域的策略性知识也是一种条件句中含有不断变化的产生式集合的知识，所不同的是，这类知识涉及各个不同的领域，故具有更广泛的适用性。一般领域的策略性知识构成了人在不同领域中的学习能力，如批判性思维能力、从事有效推理的能力，有时又称弱方法。新手往往使用弱方法对陈述性知识作出解释，以此来建立更强有力的特殊领域的程序性知识，因此一般领域的程序性知识是发展特殊领域的专门知识的工具。

尽管一般领域的程序性知识具有如此重要的作用，但对于它们是如何获得的，目前还知之甚少，甚至对它们能否被学得，尚有很大争议。多数教育工作者认为，弱方法跟其他知识一样容易被学得，但一个明显的事实似乎是，一般思维技能的获得和改进似乎极为艰难。研究发现，尽管人可以学习策略性行为，但不能自动地将所学策略用于新的情境或领域。有研究者指出，要想形成一种一般的思维过程图式，可能要求人们在各种不同的领域中练习有待学习的程序，然后从表面特征各异的情境中抽取出它们在结构上的相似性。问题在于，要个体从两种完全不同的刺激事件中认识相同的功能，是一件相当困难的事情。一些旨在发展学生一般思维技能的课程计划也并不能令人满意。总之，要清晰揭示一般领域的策略性知识是如何获得的，还需要进行更多更深入的研究。

二、迁移的基本原理

（一）传统迁移理论

1. 形式训练说

对学习迁移现象最早进行的系统解释，是由形式训练说提出的。形式训练说主张迁移要经历一个“形式训练”过程才能产生。形式训练说的心理学基础是官能心理学（faculty psychology）。官能心理学认为，人的心（mind）是由“意志”、“记忆”、“思维”和“推理”等功能组成的。心的各种成分（官能）是各自分开的实体，分别从事不同的活动，如利用记忆官能进行记忆和回忆，利用思维官能从事思维活动等。各种官能可以像肌肉一样，通过练习增强力量（能力）。这些能力在各种活动中都能发挥效用。比方说，记忆官能增强以后，可以更好地学会和记住各种东西。不仅如此，由于心是由各种成分组成的整体，一种成分的改进，也在无形中加强了其他所有官能。可见，从形式训练的观点来看，迁移是通过对组成心的各种官能的训练，提高各种能力（如注意力、记忆力、推理力、想象力等）而实现的，而且迁移的产生是自动的。

形式训练说把训练和改进心的各种官能作为教学的最重要目标。它认为，学习的内容不甚重要，重要的是学习材料的难度和训练价值，学习要收到最大的迁移效果，就应该经历一个“痛苦的”过程。于是，难记的古典语言、数学和自然科学中的难题，被视为训练心的最好材料；反之，学生如果仅记住一些具体事实，则其使用价值十分有限。

2. 相同元素说

19 世纪末 20 世纪初，心理学家着手用实验来检验形式训练说的迁移理论。美国著名心理学家詹姆斯（W. James）在 1890 年首先通过记忆实验质疑了形式训练说。他的结论是：记忆能力不受训练的影响，记忆的改善不在于记忆能力的改善，而在于记忆方法的改善。

继詹姆斯之后，许多心理学家纷纷设计了更严密的实验，从各种不同角度向形式训练说发起挑战。其中桑代克（E. L. Thorndike）和伍德沃斯（R. S. Woodworth）的研究影响最大。桑代克首先在知觉方面进行了一系列的实验。例如，他在 1901 年报告，以大学生为被试，训练他们判断不同大小和形状的图形面积。被试先估计了 127 个矩形、三角形、圆和不规则图形的面积，这样就测出了他们判断面积的一般能力（基线水平）。然后用 90 个 10～100 平方厘米的平行四边形让每一被试进行面积判断训练。最后被试接受两种测验：第一种测验要判断 13 个与训练图形相似的长方形的面积；第二个测验要求判断 27 个包括三角形、圆和不规则图形的面积。这 27 个图形是预测中用过的。研究表明：通过平行四边形训练，被试对矩形面积的判断成绩提高了，但对三角形、圆和不规则图形的判断成绩没有提高。

桑代克迁移实验的结果显然与形式训练说的迁移理论不符。桑代克证明，通过某种活动训练而可以实现普遍迁移的注意力、记忆力、观察力是不存在的。那么，什么东西可以迁移呢？桑代克提出相同元素（identical elements）说，也称共同要素（common components）说。该学说指出，只有当学习情境和迁移测验情境存在共同成分时，一种学习才能影响另一种学习，即产生迁移。例如，在活动 A_{12345} 和活动 B_{45678} 之间，因为有共同成分 4 和 5，所以它们才会有迁移出现。用桑代克的话来说，就是"只有当两种心理机能具有共同成分作为因素时，一种心理机能的改进才能引起另一种心理机能的改进"。所谓共同成分，实际上是指共同的刺激和反应的联结。他还设想，这种共同的刺激和反应的联结，是"凭借同一脑细胞的作用"而形成的。

既然已证明通常的观察力（知觉方面的能力）、记忆力、注意力不易经过特殊训练而得以改善，桑代克就设想能否让学生选学某些特殊的学科，并经过较长时间的训练，以提高学生的一般智力。为此，他在 1924 年和 1927 年做了两次规模很大的实验。受试的学生有13 000余人。学生分别选修的科目包括几何、拉丁语、公民课、戏剧、化学、簿记和法语。学习时间为一年。实验者测量了学生学习这些科目前后的智商（IQ）变化，结果并未发现某些学科对改善学生智力特别有效。后来的一些研究者也证实了桑代克的早期发现。

3. 概括说

桑代克的理论，把注意力集中在先前学习活动与后续学习活动共有的那些因素上。贾德（C. H. Judd）的理论则不同。贾德认为，在先前学习 A 获得的东西，之所以能迁移到后续学习 B，是因为在学习 A 时获得了一般原理，这种一般原理可以部分或全部运用于 A、B 之中。根据这一理论，两个学习活动之间存在的共同成分，只是产生迁移的必要前提，而产生迁移的关键，是学习者在这两种活动中概括出它们之间的共同原理。所以，贾德的迁移理论被称为概括说或类化说。

贾德在 1908 年做的"水下击靶"实验，是概括说的经典实验。他以五年级和六年级学生为被试，分成两组，让他们练习用标枪投中水下的靶子。给一组学生充分说明水的折射原理；不给另一组学生说明水的折射原理，他们只能从尝试中获得一些经验。在开始投掷练习时，靶子置于水下 12 英寸（1 英寸＝0.025 4 米）处，结果教过和未教过折射原理的学生成绩相同。也就是说，在开始的测验中，理论对于练习似乎没有起作用，因为所有的学生必须学会运用标枪，理论的说明不能代替练习。接着改变条件，把水下 12 英寸处的靶子移到水下 4 英寸处，这时两组的差异便明显表现出来。没有给予折射原理说明的学生表现出极大的混乱，他们投掷水下 12 英寸靶时的练习，不能帮助改进投掷水下 4 英寸靶的练习，错误持续发生。而学过折射原理的学生，迅速适应了靶子位于水下 4 英寸的条件。

其他一些心理学家也做了类似的实验，进一步验证了贾德的概括说，并指出，概括不是一个自动过程，它与教学方法有密切关系。这与课堂教学实践经验是一致的，即对于同样的教材内容，教学方法的不同会导致教学效果悬殊，迁移效应也大不相同。

4.关系转换说

格式塔心理学家并不否认依赖学习原理的迁移，但他们强调“顿悟”是迁移的一个决定性因素。他们认为，迁移不是由于两个学习情境具有共同成分、原理或规则而自动产生的，而是由于学习者突然发现两个学习经验之间存在关系的结果。个体迁移的是顿悟，即两个情境突然被联系起来的意识。

关系转换说(transposition theory)强调个体的作用，认为学习者必须发现两个事件之间的关系，迁移才能产生。但转换现象是复杂的。早期格式塔心理学家用两种灰色深浅不同的物体进行条件反射实验。通过多次训练，被试(小鸡或幼儿)学会从深灰色物体处取得奖赏。以后变换实验情境，保留原来的深灰色物体，用黑色物体取代浅灰色物体，但强化物放在黑色物体处。经过训练的被试，一般不到原来与强化物相联系的深灰色物体处去获取奖励物，而到黑色物体处取得。研究表明，转换现象受原先学习课题的掌握程度、诱因大小和练习量的影响。若原先学习的课题掌握得好、诱因大和练习量增加，则转换现象较易产生。

(二)现代迁移理论

1.认知结构迁移理论

奥苏伯尔提出的认知结构迁移理论比较适合用来解释陈述性知识之间的迁移，该理论主要强调影响学习迁移的三个认知结构变量，即原有知识的可利用性(availability)、原有知识的巩固性(stability and clarity)及新旧知识的可辨别性(discriminability)。通过操纵与改变这三个认知结构变量可以促进新的学习与迁移。

(1)原有知识的可利用性。奥苏伯尔认为，当学习新的知识时，如果在学生原有知识结构中能找到适当的可以用于同化新知识的原有知识(包括概念、命题或具体例子等)，那么该学生的认知结构就具有原有知识的可利用性；反之，当学习新知识时，如果在学生原有知识结构中找不到可以用于同化新知识的原有知识，那么该学生的认知结构就缺乏原有知识的可利用性。奥苏伯尔认为，原有知识的可利用性是影响新的学习和迁移的最重要因素，也是最重要的认知结构变量。他更强调上位的、包容范围大和概括程度高的原有观念的作用。在学习新知识时，如果学生的认知结构缺乏这样的上位观念，教师就可以从外部给学生的认知结构嵌入这样的上位观念，使之起到吸收与同化新知识的作用，这种从外部嵌入的观念被称为先行组织者。

(2)原有知识的巩固性。原有知识越巩固，越易促进新的学习。利用及时纠正、反馈、过度学习等方法，可以增强原有的起固定作用的观念的稳定性。原有知识的稳定性有助于新的学习与保持。若能同控制组比较，就可以测出这一认知结构变量的迁移效果。

经典实验

原有知识的巩固性对知识保持的影响

奥苏伯尔及其合作者在1961年研究了原有知识的巩固性对新学习的影响。研究中让被试学习基督教知识，经过测验将被试的成绩分成中上水平和中下水平。然后将这些被试分成三个组：第一组在学习佛教材料前，先学习一个比较性组织者（它指出佛教和基督教的异同）；第二组在学习佛教材料前，先学习一个陈述性组织者（它仅介绍一些佛教观念，其抽象水平与要学习的材料相同）；第三组在学习佛教材料前，先学习一个有关佛教历史和传记的材料。在实验后的第三天和第十天进行保持测验。结果表明，不论哪一组，凡对原先的基督教知识掌握得较好的被试，在学习佛教知识后的第三天和第十天的保持成绩均较优。

（3）新旧知识的可辨别性。新旧知识的可辨别性是指利用旧知识同化新知识时，学习者能意识到旧知识与新知识之间的异同点。可辨别性是建立在原有知识的巩固性基础之上的。例如，在物理学中讲到雷达是利用无线电波反射对远距离的物体进行侦察和定位时，教师可利用学生已知的回声知识同化新知识。学生必须意识到声波和无线电波之间有相似之处。意识到相似之处，原有知识可以同化新知识，但是又必须区分两者的不同之处。知道不同之处，新的知识才可以作为独立的知识保存下来。教师可以设计比较性组织者对新旧知识的异同加以比较。

2. 产生式迁移理论

产生式迁移理论比较适合用来解释自动化基本技能的迁移，它是由信息加工心理学家安德森（John Robert Anderson）提出的。其基本思想是，先后两项技能学习产生迁移的原因是在于这两项技能之间产生式的重叠，重叠越多，迁移量越大。

安德森等设计了许多实验来验证这一迁移理论。例如，他和辛格利（M. K. Singley）运用不同计算机文本编辑程序的学习证实了他的迁移理论。实验中的被试为打字熟练的秘书人员，他们能理解文本编辑的含义。将被试分为三组：A 组在学习编辑程序（被称为 EMACS 编辑器）之前，先根据已经做好标记的文本练习打字；B 组先练习一种编辑程序，后练习 EMACS 编辑器；C 组为控制组，从第一天起至最后一天（即第六天）一直学习 EMACS 编辑器。学习成绩以每天尝试按键数量为指标，因为被试按键越多，说明他们出现错误需要重新按键数越多（因被试打字熟练，其错误不可能是打字造成的）；错误的下降说明掌握文本编辑技能水平得到了提高。图 7-10 为实验结果。控制组每天练习 3 小时 EMACS 编辑器，前 4 天成绩显著进步，至第 5 天和第 6 天维持在相对稳定水平。A 组先练习打字，共 4 天，每天 3 小时，第 5 天和第 6 天练习 EMACS 编辑器的成绩同控制组第 1 天和

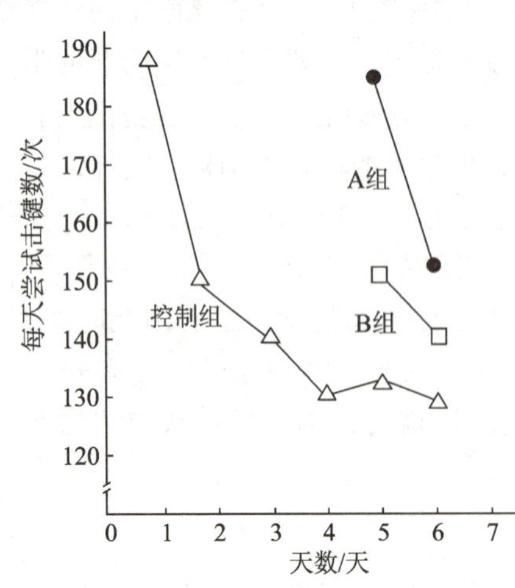

图 7-10　三组被试学习 EMACS 编辑器的成绩

第 2 天的成绩相似，打字对编辑学习未产生迁移。B 组前 4 天练习一种文本编辑程序，每天练习 3 小时，在第 5 天和第 6 天练习 EMACS 编辑器时，成绩明显好于 A 组。这说明第一种文本编辑器的练习对第二种文本编辑器的学习产生了显著迁移。

安德森认为，在打字和文本编辑之间没有共同的产生式，而在两种文本编辑器之间有许多共同的产生式，这是导致两组迁移效果不同的最重要原因。为了进一步证实重叠的产生式导致迁移这一思想，安德森又仔细比较了两种行编辑器和一种全屏编辑器之间的学习迁移情形。被试先学习 A 种行编辑器，再学习 B 种行编辑器，结果节省时间 95%；先学习行编辑器，再学习全屏编辑器，结果节省时间 60%。

最后，研究者为三种编辑器创造一种产生式规则模型，然后计算它们之间共有的产生式数量。研究者应用这一数量对迁移的程度作出预测，然后用预测的迁移量与实际观察到的迁移量进行比较。结果表明，预测的迁移量和实际测量到的迁移量有很高的一致性。

3. 认知策略迁移理论

20 世纪 60—70 年代，心理学家侧重于将记忆策略教给智力落后儿童，以帮助他们改进记忆，与此同时开展其他策略训练。1977 年，心理学家贝尔蒙特（J. M. Belmont）等系统分析了 100 项有关研究，涉及多种策略和不同被试。结果表明，没有一项策略训练在迁移上获得成功。研究者指出，这 100 项研究无一项要求学生对他们的策略运用进行反思。1982 年，贝尔蒙特等又评述了 7 项策略研究资料。这 7 项研究都要求被试对策略运用进行反思，结果有 6 项获得了迁移。

在这一发现之后，许多心理学家进行了类似的研究，证实学习者的自我评价是影响策略迁移的一个重要因素。尤其是盖泰勒（E. S. Ghatala）等人于 1985 年进行的关于策略作用的自我评价实验，说明了自我评价对策略迁移的影响。该实验结果表明，经过策略有效性自我评价训练的儿童能长期运用训练过的、有效的记忆策略，并能迁移到类似的情境中。

除了对策略的自我评价影响策略迁移以外，还有研究者指出了影响认知策略迁移的其他因素，如元认知知识、不同归因方式、对任务的控制感及领域知识等。

最新发现

迁移与动机的整合研究

以往的迁移研究往往囿于对迁移认知特性的探讨，而较少关注非认知的心理因素，比如动机的作用。但近年有论者论证了把动机整合进迁移研究的必要性和途径。他们认为，从理论上讲，动机对迁移的影响可以通过两条途径来实现：一是间接途径，即动机通过影响认知结构的建立以及元认知过程，进而影响迁移；二是直接途径，即个体具有明确、强烈的动机去迁移所掌握的知识经验。这种观点是具有前瞻性的，动机性迁移将是未来迁移研究的重要方向之一。在这方面已经积累了一些有价值的研究成果。

第三节　知识学习与迁移原理的应用

研究者发现，美国的家庭主妇们尽管在学校用纸和笔来计算数学问题时表现得非常糟糕，但在超市里计算买最划算的商品时往往得心应手。同样，一些巴西街头的儿童在兜售货物时可以进行数学计算，但不能回答研究者在学校情境中提出的类似问题。可见，在很多情况下，正迁移的发生有一定困难。造成这种现象的原因主要在于学习是在特定情境中发生的，而获得对某一问题的解答，并不对任何问题都适用。这是因为知识是作为解决某一具体问题的工具而被学习的，当遇到那些表面看来不同的问题时，通常做法是在典型情境中运用特定知识来解题，因而可能意识不到问题所涉及的知识其实是相同的。

综合以往关于迁移的影响因素的研究，影响迁移的因素主要有如下几种。①学习者特征。学习者特征包括学习者的学科（主题）知识、一般的认知与元认知策略以及动机，尤其是兴趣。②情境变量。知识最好在多种情境中被教授，以使人们抽象出概念的相关特征并发展出一种弹性的表征。促进迁移的关键在于克服其情境限制。③任务成分。学习任务和迁移任务在结构上越相似，越可能发生正迁移。那么，作为教师，应该如何促进学生在不同情境中运用所学的知识呢？通过前述对知识学习与迁移内在心理机制的探讨，教师可以从陈述性知识、自动化基本技能和认知策略三个方面来提出相应的教学应用措施。

一、促进陈述性知识之间的迁移

促进陈述性知识之间的迁移的实质就是塑造学生良好的认知结构，可从以下两个方面入手。

（一）设计先行组织者，改进学生的认知结构

根据新旧知识的不同关系，设计不同的先行组织者。如认知结构中缺乏可用来同化新知识的适当上位观念时，可设计一个解释性组织者，充当新知识的同化点；如对新旧知识分辨不清，或对原有知识掌握得不够牢固时，可设计一个比较性组织者，清晰地指出新旧知识的异同，巩固原有知识。

（二）改革教材内容，改进教材呈现方式

任一学科的知识都会在头脑中形成一个有层次的结构。最具包容性的观念处于这个层级结构的顶点，其下面是包容范围较小的越来越分化的命题、概念和原理。所以教材中应有概括性、包容性和解释性较高的基本概念与原理，对它们的领会有助于学生掌握具体的知识。而领会基本的原理和观念，是通向技能迁移的“大道”。与此类似，根据人们认识新事物的自然规律及认知结构的组织特点，教材的呈现在纵向上应遵循由整体到细节、由一般到具体不断分化的原则，横向上则应遵循融会贯通的原则，加强概念、原理及章节间的联系。

二、促进自动化基本技能之间的迁移

自动化基本技能迁移的产生式理论，在实际教学中的含义十分明显。例如：既然两项任务所共有的产生式的数量决定迁移水平，那么在选编教材时，应遵循循序渐进的原则，将所要训练的自动化基本技能分解为若干单元，让前后两个单元有适当重叠，使先前学习成为后续学习的准备；在教学方法上，应重视自动化基本技能的子技能或前提技能的训练，以便随后与所要学习的目标技能相整合；为了便于迁移，必须对先前学习的基本技能进行充分练习，因为许多基本技能只有经过充分练习，才会达到自动化而无须有意识的监控，这样才可能有力地促进新任务的学习。

三、促进认知策略的迁移

（一）在不同情境中充分练习并评价认知策略

教师在教授认知策略之后，应给予学生在实践中练习该策略的机会，可设计不同的问题情境，鼓励学生运用所学策略解决新问题，同时要求学生对策略使用的情况进行自我评价，以充分认识该认知策略在解决某类问题上的有效性。教师应培养学生这种反思的习惯。

（二）正确教授、示范认知策略

教师要正确教授认知策略，并加以示范，不仅要使学生正确掌握该认知策略的操作步骤，而且要使学生掌握该策略的使用条件。教师可以设计大量不同问题情境的练习，使学生体会策略使用的条件与时机，也可引导学生对策略使用的条件和时机进行总结，形成书面报告，并让学生讨论他们的结论。

（三）引导学生进行正确归因

教师要培养学生正确的归因倾向，注重学生的点滴进步，善用表扬，肯定学生为学习付出的努力，使学生意识到获得成功是自身努力的结果，从而克服侥幸或碰运气的心理。

（四）改善学生的学习习惯

教师应当改善学生的学习习惯，培养学生排除干扰的能力；要注重陈述性知识的教学以及自动化基本技能的训练，因为它们是认知策略所要利用的材料和操作的对象；教师还应当善于总结，使学生获得有关问题的图式性知识以及相关问题解决的经验，从而促进认知策略的迁移。

（五）提高学生的元认知能力

教师要注重提高学生的元认知能力。元认知能力虽然发展缓慢，但并不完全是自然成熟的结果。布朗等人在实验中运用矫正性反馈训练法，向学生传授元认知策略，以便提高阅读理解水平。结果发现，学生不仅对阅读理解问题的回答正确率明显提高，而且还能将这种技能迁移到了其他常规的课堂学习中。该研究表明，个人的经验和清晰的教学对元认知能力的发展有着重要的作用。教师在实际教学中有意识地向学生传授一些元认知策略，有助于学生学会如何学习，从而促进知识的迁移。

事实上，促进认知策略迁移的教学举措远不止上述这些，教师应当依据认知策略迁移的机制，主动探索更多有效的教学举措。

思考与练习

1. 名词解释

陈述性知识	程序性知识	自动化基本技能	特殊领域的策略
一般领域的策略	知识表征	命题	图式
产生式	产生式系统	迁移	正迁移
负迁移	横向迁移	纵向迁移	特殊迁移
一般迁移	自迁移	近迁移	远迁移
低路迁移	高路迁移	接受学习	发现学习
机械学习	有意义学习	下位学习	上位学习
并列结合学习	形式训练说	相同元素说	概括说
关系转换说	可利用性	巩固性	可辨别性
先行组织者			

2. 何谓知识？它与数据和信息有什么关系？
3. 简述常见的知识分类及其依据。
4. 为什么说我们在头脑中储存的是命题（观念）而非句子？
5. 试画出“瘦的男孩正在看有趣的报纸”的命题网络图。
6. 表象具有哪些特征？
7. 试述陈述性知识和程序性知识的区别与联系。
8. 常见的迁移分类有哪些？其依据是什么？
9. 试比较相同元素说和概括说的主要观点。
10. 与相同元素说相比，产生式迁移理论的主要优势在什么地方？
11. 谈谈你对“先行组织者”的理解。
12. 为什么把奥苏伯尔的学习理论称为认知-同化论？
13. 在实际教学中，教师可采取哪些举措促进学生的迁移？

课外延伸

查阅资料，了解迁移实验的类型或模式，并设计一个实验，比较两种教学方法的迁移效果（包括近迁移和远迁移）。

第八章 需要与动机

本章学习目标

- 掌握需要的含义、特征及分类
- 掌握动机的含义、功能及分类
- 了解动机冲突的表现形式
- 掌握动机与行为效果之间的关系
- 掌握马斯洛需要层次理论的基本内容以及各需要层次之间的关系
- 掌握强化动机理论、归因理论、自我效能感理论和成就动机理论
- 了解学习动机的培养和激发

以下内容是来自某中学语文教师的故事。

那天检查假期里的读书笔记，发现有好几个男生没有完成任务，在象征性的“雷厉风行”后，我开始询问原因，其中一个孩子的回答让我大感意外。“老师，暑假里为了完成我的长篇小说，您布置的作业我没来得及做。”他委屈地说。

哦？我吃了一惊，前些日子小才女李芳在写一部长篇，这毛头小子怎么也在写长篇啊？

“可以拿给我看看，顺便证明一下吗？”

一会儿工夫，他将自己的文章递到我手上，我大致翻看了一下，是篇科幻小说，以几个海盗的生活为背景内容，语言还凑合，主题也新颖别致。这小子啥时候有了这样的文字水平？听学生说，班里写长篇的人不在少数呢！

诧异之余，又有些许得意。一直以来，如何教学生写作是个令老师很头疼的事情，很多学生不知从何处入手，或者只是寥寥几行字，根本提不起写作的兴趣来。而通过这段时间组织的一系列讲座和活动，孩子们的写作兴趣陡升，写作能力也显著提高。

读完这个故事，人们不禁深深钦佩这位教师，通过教师的积极引导，学生对写作产生了浓厚的兴趣，学习动机大幅提高，取得了满意的教学效果。那么，究竟什么是动机？动机和需要之间的关系是什么？动机是如何产生和形成的？怎样提高学生的学习兴趣和学习动机？本章将和大家一起探讨需要和动机问题。

第一节　需要与动机概述

·名人名言·

对所学知识内容的兴趣可能成为学习动机。

——赞科夫

一、需要的含义及分类

（一）需要的含义

1.需要的界定

需要(need)是有机体感到某种缺乏而力求获得满足的心理倾向，它是有机体自身和外部生活条件的要求在头脑中的反映。

人作为生物体和社会成员需要完成两大任务：生存和发展。生存既包括个体的生存，又包括种族的延续。个体的生存必须具备必要的物质条件，如食物、阳光、空气等基本物质需要；要延续种族则要有性与婚配的需要。要发展，人就需要学习、交往、劳动和建立各种关系。从事劳动，在劳动中结成不同的社会关系，人们之间的交往活动是维持人类社会生存和发展所必需的。这种客观的必要性反映在人的头脑中并引起内部的某种缺乏或不平衡状态时就会产生某种需要。

2.需要的特征

(1)对象性。需要表现为有机体的生存和发展对于客观条件的依赖性。它总是指向能满足该需要的对象或条件，并从中获得满足。没有对象的需要，不指向任何事物的需要是不存在的。例如，人饥饿时，血液中的血糖下降，血糖降低的信号经过神经上传至大脑皮层，于是人就产生了进食的需要。同理，水分的缺乏会产生口渴想喝水的需要，生命财产得不到保障会产生安全的需要，孤独会产生交往的需要等。一旦机体内部的某种缺乏或不平衡状态消除了，需要也就得到了满足。这时，有机体内部又会产生新的某种缺乏或不平衡状态，产生新的需要。

(2)动力性。需要是有机体活动的积极性源泉，是人进行活动的基本动力。人的各种行为及活动，从饮食、学习、劳动到创造发明，都是在需要的推动下进行的。需要越强烈、越迫切，由它所引起的活动动机就越强烈。同时，人的需要也是在活动中不断产生和发展的。当人通过活动使原有的需要得到满足时，人和周围现实的关系就发生了变化，又会产生新的需要。这样，需要推动着人去从事某种活动，在活动中需要不断地得到满足又不断地产生新的需要，从而使人的活动不断地向前发展。需要是个体积极性的源泉，它常以意向、愿望、动机、抱负、兴趣、信念、价值观等形式表现出来。

(3)社会性。虽然动物和人类有一些共同的需要，但人类的需要和动物的需要具有本质区别。人类需要的对象和满足需要的方式，受具体的社会历史条件的制约，具有社会性；人具有意识能动性，能调节和控制自己的需要。

（二）需要的分类

人的需要是人对机体缺乏的一种主观体验，是多种多样、极其复杂的，是一个多维度、多层次的结构系统。可以按照不同的标准对其进行分类。

1. 按需要的起源划分

（1）生理需要。生理需要是一个人与生俱来的，它反映了人对延续和发展自己生命所必需的客观条件的需求。生理需要的满足是通过一定的对象或获得一定的生活条件而达到的，具有重要的生物学意义。需要注意的是，生理需要虽为人和动物所共有，但二者却有着本质的区别。动物只能依靠自然环境中现成的天然物质来满足需要，而人能通过创造性的劳动来生产满足需要的对象，同时，人的需要受社会生产、社会生活条件的制约。

（2）社会需要。社会需要是指与人的社会生活相联系的需要，如对知识的需要、交往的需要、创造的需要等。社会需要以生理需要为基础，是在社会生产和社会交际过程中形成的，是社会存在和发展的必要条件。社会需要具有社会历史性，受具体社会历史条件的制约，不同历史时期、不同阶级、不同民族和不同文化的人们，其社会需要有很大不同。

2. 按所指向的对象划分

（1）物质需要。物质需要是指对维持个体和社会生存与发展所需的物质产品的需要。物质需要既包含人们对自然界的天然性需要，又包含人们对社会文化用品的社会性需要。随着人类社会的不断发展和进步，人们物质需要的内容和方式也日趋多元化和复杂化。

（2）精神需要。精神需要是指个体参与社会精神文化生活的需要，是人类特有的需要。人的精神需要是人们对智力、道德、交流、审美、创造等方面发展的反映，是一种对观念对象的需求。人类在历史发展中最早形成的精神需要，主要是对于劳动和交往的需要，学习的需要和参加社会活动的需要也在人的精神需要中占有重要的位置。随着人类社会的不断发展和进步，精神需要的内容和形式也更加广泛而丰富。

二、动机及其分类

（一）动机的含义

动机（motivation）的意思是移动、推动或引起活动。现代心理学将动机定义为推动个体从事某种活动的内在原因。具体来说，动机是引起、维持个体活动并使活动朝某一目标进行的内在动力。动机是用来说明个体为什么要从事某种活动，而不是用来说明某种活动本身是什么或怎样进行的。

动机是在需要的基础上产生的。需要本身是主体意识到的缺乏状态，是静止的、潜在的，只有当诱因出现时，需要才被激活，成为内驱力驱使个体去趋向或接近目标，这时需要才转化为动机。所谓诱因，是指所有能引起个体动机的刺激或情境。按其性质，诱因可分为正诱因和负诱因。凡能驱使个体去趋向或接近目标者，称为正诱因；反之，驱使个体逃离或回避目标者，称为负诱因。

（二）动机的功能

作为活动的一种动力，动机具有以下三种功能。

1. 激发功能

动机能激发机体产生某种活动。有动机的机体对某些刺激，特别是当这些刺激和当前的动机有关时，其反应更易受激发。例如，饥饿者对与食物有关的刺激反应特别敏感，易激起觅食活动。

2. 指向功能

动机使机体的活动针对一定的目标或对象。例如，在成就动机的支配下，人们可以放弃舒适的生活条件而到艰苦的地方去工作。动机不同，活动的方向和所追求的目标也不同。

3. 维持和调节功能

当活动产生以后，动机维持着这种活动，并调节着活动的强度和持续时间。如果活动达到了目标，动机将促使有机体终止这种活动；如果活动尚未达到目标，动机将驱使有机体维持或加强这种活动，或者转换活动方向以达到某种目标。

（三）动机的分类

1. 内部动机与外部动机

根据动机的来源，可将其分为内部动机和外部动机。内部动机是指诱因来自学习者本身，如学生对学习活动本身发生兴趣而产生的动机，活动本身就能使其得到满足，无须外力的作用，也不必施以外部的报酬和奖励。布鲁纳指出，内部动机是由三种内驱力引起的：一是好奇的内驱力，即求知欲（见图 8-1）；二是好胜的内驱力，即求成欲；三是互惠的内驱力，即需要和睦共处、协作活动。相反，外部动机是指诱因来自学习者外部的某种因素，即在学习活动以外的、由外部的诱因激发出来的动机。

图 8-1　儿童的求知欲

2. 认知内驱力、自我提高内驱力和附属内驱力

奥苏伯尔认为，学校情境中的成就动机主要由以下三个方面的内驱力组成。

(1)认知内驱力。认知内驱力是一种要求理解事物、掌握知识、系统地阐述并解决问题的需要。它以求知作为目标，从知识的获得中得到满足，是学习的内部动机。

(2)自我提高的内驱力。自我提高的内驱力是指个体由自己的学业成就而获得相应的地位和威望的需要。它不直接指向知识和学习任务本身，而是把学业成就看作是赢得地位和尊重的根源，是一种外部动机。

(3)附属内驱力。附属内驱力是指个体为了获得长者(如教师、家长等)的赞许和同伴的接纳而表现出来的学习需要。它既不直接指向学习任务本身，也不把学业成就看作是赢得地位的手段，而是为了从长者和同伴那里获得赞许和接纳。它具有三个条件：①学生与长者在感情上具有依附性；②学生从长者方面所博得的赞许或认可将获得一种派生地位，这种派生地位不是由他本身的成就水平决定的，而是从他所自居和效仿的某个人或某些人不断给予的赞许或认可中引申出来的；③享受到这种派生地位的乐趣的人，会有意识地使自己的行为符合长者的标准和期望，借以获得并保持长者的赞许，这种赞许往往使一个人的地位更确定、更巩固。

三、动机冲突与目标确立

在社会生活中，人的需要的多样性决定了动机的复杂性，但在特定的客观条件下，这些同时存在的动机不可能同时获得满足，会在人的心理上产生动机冲突或动机斗争。所谓动机冲突或动机斗争，是指在同一时间内因目标的多样性而出现的彼此不同或相互抵触的动机，因为不可能都获得满足而产生的矛盾心理。

1. 按照动机冲突的表现形式划分

(1)双趋冲突。双趋冲突是指个体同时面临两个具有同等吸引力的目标，但不能同时达到只能选择其一时产生的动机冲突。孟子曰："鱼，我所欲也，熊掌，亦我所欲也；二者不可得兼，舍鱼而取熊掌者也。生，亦我所欲也，义，亦我所欲也；二者不可得兼，舍生而取义者也。"这是双趋冲突的一种解决办法。

(2)双避冲突。双避冲突是指个体同时面临两个具有威胁性的目标都想避开，但又必须接受其一时所产生的动机冲突。品学均差的学生既不想学习又怕受批评，二者都想逃避，但必须选择其一。

(3)趋避冲突。趋避冲突是指对同一目标，同时产生的既好而趋之又恶而避之的矛盾动机冲突。如学生既想参加校足球队为学校争光，又怕耽误学习时间。

2. 按照动机冲突的内容划分

按照动机冲突的内容，动机冲突可分为原则性动机冲突和非原则性动机冲突。凡是涉及个人期望与社会道德标准、法律相矛盾的动机冲突，均属于原则性动机冲突；凡是不与社会道德标准、法律相矛盾，仅属于个人兴趣爱好方面的动机冲突，均属于非原则性动机冲突。

四、动机与行为效果

动机作为行为的动力对行为效果具有重要的影响作用,但具体的影响如何呢?研究表明,这种影响取决于两个要素:一是动机强度;二是个体行为质量。

(1)动机对行为效果的影响取决于动机本身的强弱。具体而言,当动机强度很低时,对工作或学习持漠然态度,行为效率是很低的。动机逐渐增加,行为效率也会逐渐提高。但是,当动机过强时,个体处于高度的紧张状态,其注意和知觉的范围变得过于狭窄,也会限制正常活动,降低行为效率。一般而言,个体在中等动机强度下行为效率最高,动机过高或过低都可能会降低行为效率。同时,动机最佳水平还因任务性质的不同而不同:在比较容易的任务中,动机最佳水平会随动机提高而上升;在比较困难的任务中,动机最佳水平有逐渐下降的趋势(见图 8-2)。这种现象是耶基斯和多德森(Yerkes & Dodson)通过动物实验发现的,被称为耶基斯-多德森定律(Yerkes-Dodson law)。

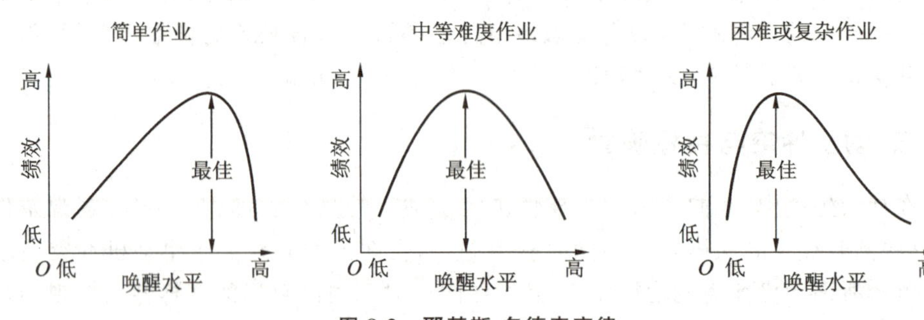

图 8-2 耶基斯-多德森定律

(2)动机对行为效果的影响还与个体行为质量有关。动机属于非智力因素,它对活动的影响需以行为质量为中介,行为质量又受到一系列主客观因素的制约。比如,一个人的学习动机对学习效果的影响,不仅取决于动机强弱,还取决于学习行为本身的质量。一个学习动机很弱的人当然不会有高质量的学习行为发生,学习效率自然很低,但是学习动机很强或达到中等强度动机水平的学生,也不一定有很高的学习质量,产生好的学习效果。因为学习质量不仅受动机的影响,还受许多变量,如学习基础、学习方法、学习习惯、智力水平等的影响。

第二节　需要和动机的基本原理

一、马斯洛需要层次理论

(一)马斯洛需要层次理论的基本内容

人类的需要是一个复杂的系统结构。美国人本主义心理学家马斯洛(Abraham H. Maslow,1908—1970)对需要进行了卓有成效的研究,提出了著名的需要层次理论。该理论把人的需要由低到高分为七个不同的层次(见图 8-3)。

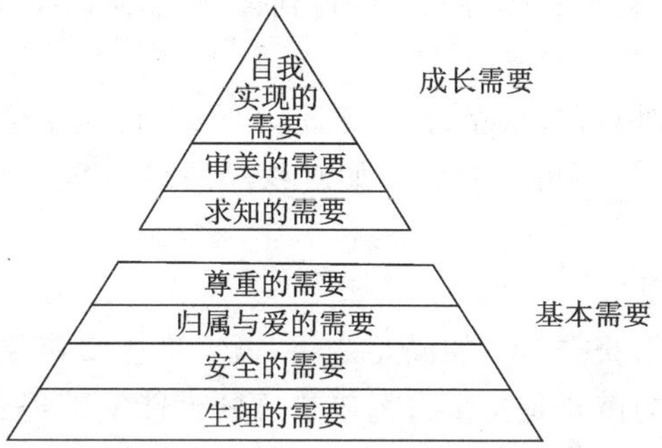

图 8-3　马斯洛提出的需要层次金字塔模型

1. 生理的需要

生理的需要是指维持生存及延续种族的需要,如对食物、水、空气、性爱、排泄和睡眠的需要等。这是人类保存个体生命和群体生命的基本需要。如果没有这种需要,人类的生命就无法存在,更无法去谈其他需要。所以,这种需要是所有需要中最基本、最原始也是最强有力的需要,是其他一切需要产生的基础。

2. 安全的需要

安全的需要是指希望受保护与免遭威胁从而获得安全感的需要。具体表现在:①物质上的,如操作安全、劳动保护和保健待遇等;②经济上的,如不失业、不发生意外事故、有养老来源等;③心理上的,希望免受不公正待遇等。

3. 归属与爱的需要

归属与爱的需要是指每个人都有被他人或群体接纳、爱护、关注、鼓励及支持的需要。这种需要比生理的需要和安全的需要更细微、更难捉摸。它包括:①社交欲,希望和同事保持友谊与忠诚的伙伴关系,希望得到关爱等;②归属感,希望有所归属,找到自己所属的社会群体,如家庭、学校、工作单位等,成为团体的一员;③爱,不单是指两性间的爱,而是广义的,体现在互相信任、深深理解和相互给予上,包括给予和接受爱。社交的需要与个人性格、经历、生活区域、民族、生活习惯、宗教信仰等都有关系。

4. 尊重的需要

尊重的需要是指在生理的需要、安全的需要、归属与爱的需要得到基本满足后产生的对自己社会价值追求的需要。尊重的需要既包括对成就或自我价值的个人感觉(自尊),也包括他人对自己的认可与尊重(他尊)。自尊需要的满足会使人相信自己的力量与价值,在生活中变得更有能力、更富创造性;相反,缺乏自尊会使人感到自卑,没有信心去处理问题和困难。他尊是指希望他人尊重和认可自己,希望自己的努力和付出能得到别人的承认、赏识和高度评价。

5. 求知的需要

求知的需要又称认知和理解的需要,是指个人对自身和周围世界的探索、理解,以及解决疑难问题的需要。马斯洛将其看成是克服障碍的工具，当求知的需要受挫时，其他需要的满足也会受到威胁。如何找到食物、如何摆脱危险等都离不开认知。

6. 审美的需要

审美的需要是指对对称、秩序、完整结构，以及对行为完美的需要。审美的需要与其他需要是相互关联、不可分开的。如对秩序的需要既是审美的需要，也是安全的需要、认知的需要。

7. 自我实现的需要

当上述几种需要都获得基本的满足之后，就会产生最高层次的需要——自我实现的需要。自我实现的需要是指个人渴望自己的潜能能够得到充分的发挥，希望自己越来越成为自己所希望的人物，完成与自己能力相称的一切活动。在人自我实现的创造性过程中，产生出一种所谓的“高峰体验”的情感，这个时候是人处于最激荡人心的时刻，是人的存在的最高、最完美、最和谐的状态，此时，人具有一种欣喜若狂、如醉如痴、销魂的感觉。

自我实现的需要是人类基本需要中最高层次的需要，但不是每个人都能自我实现。能自我实现的人占极少数，仅为1%。绝大多数人不能自我实现，其主要原因是：①自我实现是很微弱的似本能需要，容易被压抑、控制、更改和消失；②许多人不敢正视关于自我实现所需要的那种知识，对那种知识缺乏自知，使自己处于不确定的状态；③文化环境用强加于人身上的规范，阻滞一个人的自我实现；④自我实现者是由成长性需要而不是匮乏性需要推进的，其发展和持续成长依赖于自己的潜力。

视野扩展

自我实现者的人格特征

(1)了解并认识现实，持有较为实际的人生观。

(2)悦纳自己、别人及周围的世界。

(3)在情绪与思想表达上较为自然。

(4)有较广的视野，就事论事，较少考虑自我利害。

(5)能享受自己的私人生活。

(6)有独立自主的性格。

(7)对平凡事物不觉厌烦，对日常生活永感新鲜。

(8)在生命中曾有过引起心灵震动的高峰体验。

(9)爱人类并认同自己为全人类中的一员。

(10)有至深的知交，有亲密的家人。

(11)有民主风范，尊重别人的意见。

(12)有伦理观念，能区别手段和目的，绝不为达到目的而不择手段。

(13)带有哲学气质，有幽默感。

(14)有创见，不墨守成规。

(15)对生活环境有作出改进的意愿和能力。

（二）马斯洛需要层次之间的关系

1. 出现的顺序由低到高

一般来说，这七种需要像阶梯一样，出现的顺序从低到高，只有在较低层次的需求得到满足之后，较高层次的需求才会有足够的活力驱动行为。已经满足的需求，不再是激励因素。具体而言，只有当生理的需要得到基本满足后，才会产生安全的需要；只有安全的需要得到满足后，才会产生归属与爱的需要。以此类推，一直到自我实现的需要。

2. 各需要层次在全人口中所占比例由大到小

马斯洛认为，在需要层次的金字塔中，越向下的层次在全人口中所占比例越大，越向上的层次在全人口中所占比例越小。真正达到自我实现的人在全人口中只占很小的一部分，绝大多数人都停留于中间的某一需要层次。

3. 七个层次可概括为两个水平

前四种需要即从生理的需要到尊重的需要都属于基本需要，后三种需要即从求知的需要到自我实现的需要可统称为成长需要。

基本需要是个体因身体或心理上的某种缺失而产生的需要：因饥渴而饮食，因恐惧而寻求安全，因害怕孤独而寻求归属，因免于自卑而追求自尊。基本需要是人体生存所必需的，如得不到满足，严重时会危及人的生命。基本需要所具有的本质特征是，一旦获得满足，需要强度就会降低，将不再对人有激励作用。

成长需要则不同，它虽然以基本需要为基础，但它同时对基本需要有引导作用。成长需要不是维持人体生存所必需的，但成长需要的满足会促进人的健康成长。同时，与基本需要不同的是，成长需要不随其获得满足而减弱，反而因获得满足而增强，如求知的需要、审美的需要，人会在其中感觉到无限乐趣，得到满足后会进一步激发对求知和审美的兴趣。自我实现的需要更是如此。

视野扩展

马斯洛需要层次理论在企业人力资源管理中的应用

（1）对应生理的需要，员工追求的是薪水、健康的工作环境、各种福利，企业方面则要注意员工收入的提高、休假、各种福利及保健方面的设施。

（2）对应安全的需要，员工追求的是职位的保障和意外事故的预防，企业要有雇用保证，建立退休金制度、医疗保险制度及意外保险制度等。

（3）对应归属与爱的需要，员工追求的是良好的人际关系、组织内的和谐，企业要建立协谈制度、利润分配制度、互助金制度、教育训练制度，以及成立各种业余协会等。

（4）对应尊重的需要，员工追求的是地位、名分、权力、责任及与他人相对的薪水高低。企业要通过人事考核制度、晋升制度、表彰制度、选拔制度及各种员工参与制度，调动员工的积极性和创造性。

（5）对应自我实现的需要，员工追求的是能发展个人特长和才华的组织环境，以及具有挑战性的工作。企业要通过建立决策参与制度、提案制度等手段,为员工实现更高层次的需要提供活动的舞台。

在具体操作中,要注意做到满足不同层次的需要。既然上述五个需要层次是客观存在的,管理者的任务就在于找出相应的激励因素,采取相应的组织措施,来满足不同层次的需要,以引导和控制人的行为,实现组织目标。

(三)对马斯洛需要层次理论的简要评价

1. 马斯洛需要层次理论的积极意义

迄今为止,马斯洛需要层次理论是心理学界最为推崇的需要理论,其积极意义主要表现在以下方面。

(1)马斯洛需要层次理论注重社会正常人的需要,具有广泛性和普遍性,在学校教育、企业绩效管理等方面都得到了广泛应用。

(2)马斯洛需要层次理论是一个有严格组织的层级系统,比较客观、准确地揭示了人类需要产生的客观规律。

2. 马斯洛需要层次理论的不足之处

当然,马斯洛需要层次理论受其时代背景和研究方法等所限,也有一些不足,主要表现在以下方面。

(1)虽然马斯洛用“似本能”来代替“本能”的概念,用以说明人类的需要不同于动物的需要,但是他认为人类的基本需要是由体质或遗传决定的,是与生俱来的,这就把人的生物性需要和社会性需要混同起来。马斯洛似乎也承认人的需要的社会性,把人和动物加以区分,但是他不是从人的本质的社会历史制约性而是从体质或遗传性出发的,因而仍然错误地把人的需要的发展和实现看作人类生物特性的发展和实现。

(2)马斯洛十分重视人的潜能和价值,但他所讲的自我实现是个人的自我实现,仅仅是极少数人的自我实现,这种观点令人难以苟同,因为我们不能从抽象的人性出发来谈论所谓自我实现,个人的自我实现只有与理想社会的实现紧密地结合起来,才是最有价值的。

(3)马斯洛把人类的基本需要分为高级需要和低级需要,有其合理的因素,但是,他强调的是需要由低级向高级发展,低级需要没有得到满足,就不会产生较高一级的需要,而没有充分认识到高级需要对低级需要的调控作用。

(4)在研究方法上,马斯洛突破了弗洛伊德用临床法局限于对精神病人的研究和行为主义者用实验法局限于对动物的研究,采用现象学描述法对有成就的人进行整体分析,这无疑是一个进步,但是这类研究在信度和效度上都存在不少问题,具有较大的局限性。

二、强化动机理论

强化动机理论是由联结主义心理学家提出来的,主要代表人物有桑代克(Edward Thorndike,1874—1949)、斯金纳(Burrhus Frederic Skinner,1904—1990)。

联结主义用刺激-反应(S-R)的联结来解释人类的一切行为,将人类行为的动力归为强化,不考虑刺激和反应之间的任何中间环节或中介变量。

强化是指能增加反应发生概率的刺激或刺激情境,即跟随在一个行为之后,并使该行为出现的可能性增加的条件。强化可分为正强化和负强化。正强化是指在一种行为之后呈现某种良性刺激,从而使该行为出现的可能性增加。如学生因学习而得到教师和家长的赞扬,从而更加努力地学习,其中教师和家长的赞扬就是正强化。负强化是指在一个行为之后消失或减弱某种不良刺激,从而使该行为出现的可能性增加。如囚犯在监狱中因表现突出而获得减刑,减刑就是负强化。因此,负强化和正强化一样,都是一种奖励,而不是惩罚。惩罚是指跟随在一个行为之后,并使该行为出现的可能性降低的条件。惩罚也分为正惩罚和负惩罚。正惩罚是在行为发生之后呈现某种刺激从而使该行为出现的概率降低,如言语斥责、批评、罚款及体罚等,都属于正惩罚的范畴。负惩罚是在行为发生之后撤销某种刺激从而使该行为出现的概率降低,如幼儿园老师因为小朋友说脏话而取走他的一朵小红花等。

按照现代联结主义心理学家的观点,动机完全取决于先前这种行为和刺激因强化而建立的牢固联系。如果学生的学习得到强化(如得到好成绩或赞扬等),他们就会有较强的学习动机;如果学生的学习没有得到强化(如没得到好成绩或赞扬等),就缺乏学习的动机作用;如果学生的学习受到了惩罚(如遭到同学或教师的嘲笑),则会产生避免学习的动机。

总之,强化动机理论在教学及生活实践中应用广泛,但该理论将动物研究的结果简单而直接地应用于人类学习,过分强调引起行为的外在力量,忽视甚至否定人的学习行为的自觉性和主动性,因而具有很大的局限性。

三、归因理论

归因理论主要涉及的是对成功和失败的解释。其核心假设是,个体总是试图保持一个积极的自我形象。归因理论最初是由海德(F. Heider)在《人际关系心理》中提出来的。他认为,人们都具有理解世界和控制环境这两种需要,使这两种需要得到满足的最根本的手段就是了解人们行为的原因,并预测人们将如何行为。在海德看来,行为的原因或者在于环境或者在于个人。如果在于环境,则行动者对其行为不负什么责任;如果在于个人,则行动者就要对其行为结果负责。环境原因包括他人、奖惩、运气、工作难易等;个人原因包括性格、动机、情绪、态度、能力、努力等。海德关于环境与个人、外因与内因的归因理论成为后来归因研究的基础。他认为,人际知觉在人际交往上的作用就在于使观察者能预测和控制他人的行为。

此后,美国社会心理学家罗特(T. B. Rotter)根据控制点(locus of control)把人划分为内控型和外控型。内控型的人认为自己可以控制周围的环境,不论成功还是失败,都是由于个人能力和努力等内部因素造成的;外控型的人感到自己无法控制周围的环境,不论成功和失败都归因于他人的压力及运气等外部因素。

美国心理学家维纳(B. Weiner)在海德和罗特的研究基础上,尝试用归因解释成就动机，从而创造性地将这两者有机地结合在一起，形成了至今仍颇有影响力的动机归因理论。

在维纳的动机归因理论中，他首先确定了成就情境中成败归因的最显著的原因知觉，即能力、努力、任务难度、运气等。同一种活动情境中的原因知觉是多种多样的，不同情境中的原因知觉更是千差万别的。为了寻找众多的原因知觉内在的共同特性，维纳通过逻辑和经验分析、数理统计分析（相关法、多因素分析法、多元方差分析）确定了原因的三个维度。①原因源。原因源是指原因来自行动者自身还是外部环境。如考题难度是外部原因，能力是内部原因。②可控性。可控性是指原因能否受行动者主观意志的控制。如努力的可控性较高，能力、运气的可控性较低。③稳定性。稳定性是指原因是否随时间而改变，如运气很不稳定，而能力较为稳定。维纳进而提出了归因的三维结构模式：原因源×可控性×稳定性。他认为，对任何一种原因知觉都可以从这三个方面进行分析，表 8-1 列出了他对于学业成就归因中一些常见原因知觉的维度分析。

表 8-1　常见原因知觉的维度分析

原因源	可　控　性		稳　定　性	
	可控	不可控	稳定	不稳定
内部	持久的努力	一时的努力	能力	心境、疲劳、技能发挥
外部	他人的持久努力、他人的偏见	他人的一时努力、他人的帮助	他人的能力、任务难度	他人的心境、运气、机遇

维纳通过归因研究，得出如下基本结论。

(1)个人将成功归因于能力和努力等内部因素时，会感到骄傲、满意、信心十足；而将成功归因于任务容易和运气好等外部原因时，则产生的满意感较少。相反，如果一个人将失败归因于缺乏能力或努力等，会产生羞愧感和内疚感；而将失败归因于任务太难或运气不好时，则产生的羞愧感较少。维纳认为，归因于努力相比归因于能力而言，无论对成功还是对失败均会产生更强烈的情绪体验。若努力而成功，体会到愉快；不努力而失败，体验到羞愧；努力而失败，也应受到鼓励。因此，维纳总是强调内部、不稳定和可控性的维度。

(2)维纳使我们不再仅仅局限于归因本身，而开始探索归因对于后继行为的影响。维纳认为，归因不是一个独立的过程，它是行为后果与后继行为之间的中介认知过程，对行为后果所作的归因会影响到对下次结果的预期及情感反应，而预期及情感反应又成为后继行为的动因。他曾提出了一个简明的动机归因模式（见图8-4），来表达存在于行为、归因、情感反应、行为预期、后继行为之间的这种动力关系。我们可以根据个体当前的行为归因来预测其后继的行为。

(3)归因训练有助于提高自我认识。让学生学会正确而有积极意义的归因是对

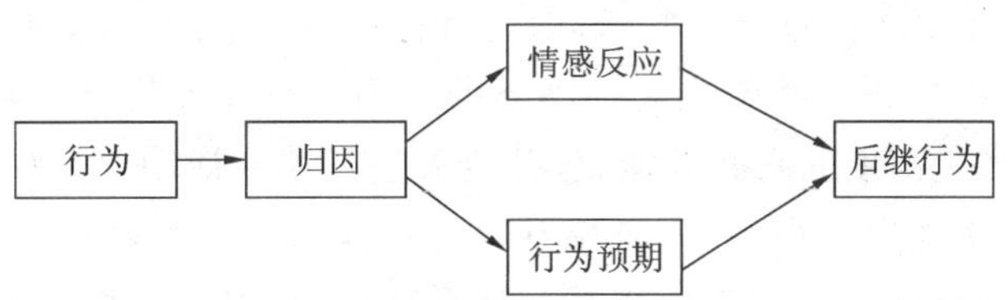

图 8-4　维纳的简明动机归因模式图

学生进行心理健康教育的一项重要内容。学生学会归因的过程也就是提高学生的自我认识的过程。通过归因训练，培养学生在从了解自己到认识别人的过程中，建立起明确的自我观念，所以无论学生自我归因正确与否，都是重要的。由此可见，归因训练首先在于培养学生的自觉的归因意向，这有助于提升学生的自我意识，培养自我观念（见图 8-5）。同时，在对具体活动的归因中，能正确地认识自己与他人行为原因的关系，更好地了解自己和他人。

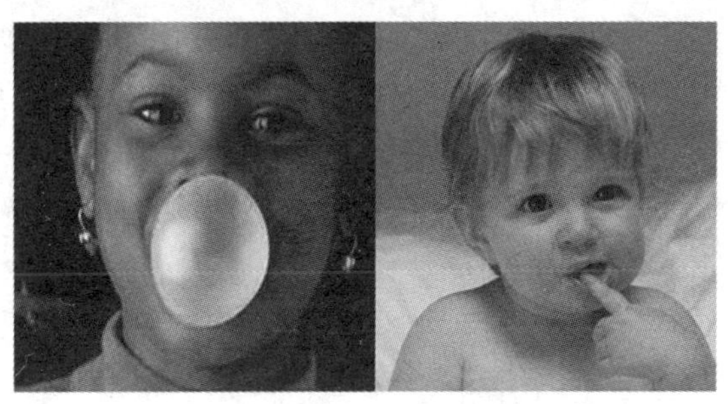

图 8-5　培养自我观念

四、自我效能感理论

自我效能感是指人们对自己是否能够成功地进行某一成就行为的主观判断，它与自我能力感是同义语。这一概念是由班杜拉（Albert Bandura，1925—?）最早提出的。在 20 世纪 80 年代，自我效能感理论得到了丰富和发展，也得到了大量实证研究的支持。

班杜拉认为，人的行为受两个因素决定，一个是行为的结果因素即强化，另一个是行为的先行因素即期待。与传统的行为主义理论不同，班杜拉没有把强化看作是决定行为的唯一因素，他承认强化能够激发和维持行为动机以控制和调节人的行为，但他同时也认为，没有强化也能够获取相关的信息，形成新的行为模式。行为的出现不是由于随后的强化，而是由于人认识了行为与强化之间的依赖关系后对下一步强化的期待。

班杜拉认为，期待可分为两种。一种是传统的期待即结果期待，即人对自己某种行为会导致某一结果的推测。如果人预测到某一特定行为将会导致特定的结果，那么这一行为就可能被激活和被选择。例如，儿童预测上课注意听讲就会获得他所希望取得的好成绩，他就有可能认真听讲。另一种是效能期待，即人对自己能否进行某种行为的实施能力的推测或判断,即人对自己行为能力的推测。它意味着人是否确信自己能够成功地实施带来某一结果的行为。当人确信自己有能力进行某一活动时,他就会产生高度的自我效能感,并会去进行这一活动。例如,学生不仅知道注意听课可以带来理想的成绩,而且感到自己有能力听懂教师所讲的内容时,才会认真听课。显然,自我效能感产生于某一活动之前,是对自己能否有效地作出某一行为而进行的主观判断。

班杜拉指出,影响自我效能感形成的因素主要有以下几点。

1. 个人的成败经验

个人的成败经验可分为两类。一类是自身的成败经验,这种效能信息源对自我效能感的影响最大。一般来说,反复的失败会降低效能期待,成功的经验会提高效能期待,这种效能感会泛化到类似的情境中去。另一类是个体成败的替代性经验。这类经验是通过观察与示范者的行为获得的间接经验。如果个体观察到与个人能力或水平相当的示范者成功完成了某项任务,自我效能感也会增强,认为自己也有能力完成类似的任务。这种影响的内在机制有两种。一种是社会比较过程。个体通过与示范者相比较,参考其能力及表现来判断自身的效能。另一种是提供信息的过程。个体可从示范者的表现中获得有效解决问题的策略,了解解决问题的条件,进而对个体自我效能感产生影响。

2. 个体的归因方式

成败经验对效能期待的影响还受个体归因方式的影响。如果将成功归因为外部的不可控的因素(如运气、任务难度等),不一定会增强效能感;如果将失败归因于内部的可控的因素(如努力等),不一定会降低效能感。因此,归因方式会直接影响自我效能感。

自我效能感理论克服了传统心理学重行轻欲、重知轻情的倾向,把人的需要、认知、情感结合起来研究人的动机,具有极大的科学价值。不足之处是仍然没有形成一个比较完整的、统一的理论框架。

五、成就动机理论

成就动机的概念是在默里于20世纪30年代提出的“成就需要”的基础上发展起来的。默里认为,人格的中心由一系列的需要构成,其中之一就是成就需要,拥有成就需要的人,喜欢追求较高的目标,完成较难的任务,竞争并超过他人。其后,麦克利兰和阿特金森接受了默里的思想,并将其发展为成就动机论。

麦克利兰(D. C. McClelland,1917—1998)等人于1953年合著了《成就动机》一书,介绍了他们20世纪40年代末用主题统觉测验来测量成就动机,并对默里提出的“成就需要”进行的实验研究。麦克利兰发现,成就动机高的人,喜欢选择难度较大、有一定风险的开创性工作,喜欢对问题承担自己的责任,能从完成任务中获得满足感。成就动机低的人,倾向于选择风险较小、独立决策少的任务或职业。

经典实验……

成就动机实验研究

阿特金森(J. W. Atkinson)在实验中把80名大学生分成4组,每组20人,给他们一项同样的任务。他对第一组学生说,只有成绩最好者才能得到奖励($P_S=1/20$);他对第二组学生说,成绩在前5名者将会得到奖励($P_S=1/4$);他对第三组学生说,成绩在前10名者可以得到奖励($P_S=1/2$);他对第四组学生说,成绩在前15名者都能得到奖励($P_S=3/4$)。

成功可能性适中的两个组成绩最好;成功概率太高或太低时成绩下降。第一组学生大都认为,即便自己尽最大努力也极少有可能成为第一名;而第四组学生一般都认为自己肯定在前15名之列,于是,这两组学生都认为无须努力了。研究表明,最佳的成功概率是二分之一左右。因为大多数学生认为,如果尽自己努力,很有希望获得成功;如果不努力的话,也有可能会失败。

麦克利兰的实验研究证实了这一点。20世纪50年代末60年代初,麦克利兰在各种实验条件下对不同年龄、不同特征的被试的成就动机作了大量的研究。其中一个实验结果证实了这一点。该实验是用5岁的儿童作为被试。每次让一个孩子走进一间屋子,用他手中绳圈去套房间中间的一个木桩。孩子们可以自由选择自己站立的位置,并且让他们预测自己能够套中多少绳圈。结果发现:追求成功的学生选择了距离木桩适中的位置,然而避免失败的孩子选择了要么距离木桩非常近,要么距离木桩非常远的地方。

麦克利兰这样解释:追求成功的孩子选择了具有一定挑战性的任务,但同时也保证了具有一定的成功可能性。因此,他选择了与木桩距离适中的位置。这个发现在不同年龄、不同任务中取得了一致的结果。避免失败的孩子关注的不是成功与失败的取舍,而是尽力地避免失败和与此相关的消极情绪。因此,要么距离木桩很近,轻易成功,要么距离木桩很远,几乎没有成功的可能,这是任何人都达不到的,因此也不会带来消极情绪。

研究表明,追求成功者选择成功概率约为50%的任务,因为这种选择能给他们提供最大的现实挑战,而那些不可能成功或稳操胜券的任务反而会降低他们的动机水平。避免失败者将心态定位于如何避免失败,使个体免受失败的打击,所以,他们倾向于选择非常容易或非常困难的任务,因为非常容易的任务可以确保他们成功,而对于非常困难的任务可将失败归因于任务本身,从而得到他人的理解和原谅,降低个体的失败感。

第三节　需要和动机原理的应用

需要和动机原理在社会生活中应用非常广泛。教师在教育活动中,合理运用需要和动机原理有着十分重要的作用。

一、学习动机的培养

（一）利用学习动机与学习效果的互动关系培养学习动机

学习动机作为引起学习活动的动力机制，是学习活动得以发动、维持、完成的重要条件，并由此影响学习效果。而学习动机之所以能影响学习效果，是因为它直接制约学习积极性。学习动机强，学习积极性就高，在学习中能专心致志，具有持久的学习热情，遇到困难时有顽强的自制力和坚强的毅力；反之，缺乏学习动机则学习积极性低，这直接影响学习效果。因此，学习动机可以影响学习效果。同时，学习效果也可以反作用于学习动机。如果学习效果好，学生在学习活动中所付出的努力与所取得的成绩紧密关联，学习动机就会得到强化，从而巩固新的学习需要，使学习更有成效。这样，学习动机与学习效果相互促进，形成学习上的良性循环。

（二）利用直接发生途径和间接转化途径培养学习动机

直接发生途径，即因原有学习需要不断得到满足而直接产生新的更稳定、更分化的学习需要。间接转化途径，即新的学习需要由原来满足某种需要的手段或工具转化而来。利用直接发生途径，主要应考虑如何使学生原有学习需要得到满足。由于认知内驱力是最稳定、最重要的学习动机，因此满足学生的认知需要有利于培养新的学习需要。为此，教师应耐心、有效地解答学生提出的问题，精心组织信息量大、有吸引力的课堂教学，以满足学生的求知欲。同时，教师要积极引导学生运用所学知识去解决实际问题，使学生认识到知识的价值，以形成掌握更多知识、探究更深问题的愿望。从间接途径考虑，主要应通过各种活动，提供各种机会，满足学生其他方面的要求和爱好。

二、学习动机的激发

学习动机的激发指使潜在的学习动机转化为学习的行动。学习动机的激发在于利用一定的诱因，使已形成的学习需要由潜在状态转入活动状态，使学生产生强烈的学习愿望。

（一）设置合理目标

在课堂教学中，目标可用来激发学生的学习动机以改善他们的学习态度。一般来说，具体的、短期内能实现的、难度中等的目标可以有效激发学生的学习动机，这是因为这类目标比较容易达到。因此，教师应当指导学生将相对宽泛的总体目标分成多个具体的子目标，将一个远目标分成多个子目标。

同时，教师应帮助学生建立自己的目标。一个重要的动机规律是，当目标是由个人自己设定的而非别人强加的时，个体通常会付出更多的努力。在设定下一个目标时，教师可以与学生一起讨论过去所设定目标的达成情况，然后设定一个新的目标。在讨论过程中，教师要帮助学生设定一个既有挑战性但又现实的目标，并表扬学生对目标的设定及其实现。研究发现，这种目标建立策略能够提高学生的学业成绩和自我效能感。

（二）引导学生进行正确归因

根据归因理论，不同的归因方式会影响个体以后的行为。如果学生认为成功是由于运气或其他外部因素，那他就不会努力学习；相反，如果学生认为成功和失败都是由于自己的努力程度造成的，那他就会付出努力。实际上，在班级中能否获得成功，既取决于努力和能力等内部因素，又取决于运气、任务难度以及教师的行为等外部因素。不过，最成功的学生往往倾向于将成功和失败更多地归因于自身。因此，教育可以通过改变个体的归因方式来改变个体今后的行为。具体而言，在教育实践中，教师应正确指导学生进行成败归因。首先，无论成败，都将其归因为内部不稳定的因素（如努力）。当学生成功时，将其归为内部因素（努力、能力），学生会感到欣慰和骄傲；当学生失败时，将其归因为内部因素，可在不损害其自尊心的前提下激发其学习的动力。其次，应结合学生实际情况，从多个角度、切合实际地分析学生成败的原因，如学习基础较差、学习方法不当、学习目的不明确等。

（三）有效利用反馈与评价

对学习目标达到与否的反馈或评价有助于激发动机。如果反馈告诉学生目前的努力程度距离达到目标的要求比较远，学生可以更加努力或尝试采用其他策略；如果反馈告诉学生目标已经达到或已超过，学生就会感到满意或有胜任感，从而设置更高的目标。强调进步的反馈比强调差距的反馈更有效。有研究表明，对成人的反馈可以强调他们已经完成了设定目标的75％，也可以强调距离目标的完成还有25％，前者在自信心、分析思维能力和成绩方面都要高于后者。

反馈要想成为一个有效的激励因素，必须是明确的、具体的和及时的。反馈不能是笼统的和概括的，应针对具体情境和问题予以明确指出，因为具体的反馈不仅具有信息性和激发性，还可以帮助个体将成功归因为努力。比如一个学生取得了好成绩，反馈应非常具体，应告诉学生成功在哪里、错误的原因及纠正的方法，这样他们就知道以后应该怎么做。相反，如果学生取得了好成绩却没有作任何具体说明，那么学生很难从中获知以后该怎样做才能成功，同时易将成功归因为能力或运气，而非努力。研究表明，只有将成功归因为努力才是产生持久动力的最有效因素。反馈必须要及时，只有及时的反馈才有激励作用。如果间隔太久，个体很难将行为与奖励联系起来，对年幼的儿童尤其如此。

（四）科学利用竞争

一般认为，竞赛是激发学习积极性和争取优良成绩的一种有效手段。因为在竞赛过程中，学生的好胜心和求成的需要会更加强烈，学习兴趣和克服困难的毅力会大大增强，所以多数人在竞赛情况下学习和工作的效率会有很大的提高。然而，竞赛有时也具有消极作用，竞赛本身往往是对不合作的一种无形的鼓励，不利于团结协作的集体主义精神的建立。

多伊奇在勒温群体动力学的基础上提出了三种类型的目标结构理论，即竞争型目标结构、合作型目标结构和个体化目标结构。研究表明，只有合作型目标结构能最大限度地调动学生的学习积极性，有利于激励学生的学习动机和改善同伴关系。在合作型目标结构中，团体成员之间有着共同的目标，只有所有成员都达到目标时，某一个体才有可能达到目标。个体必须以一种既有利于个体也有利于同伴成功的方式活动，同伴之间的关系是互相促进的、积极的。同时，学生之间存在着积极的相互依赖关系，他们共同努力，共享成功的经验。需要注意的是，要使合作学习有效，必须将小组奖励和个人责任相结合。当合作小组达到规定的目标时，必须予以奖励，同时小组的所有成员必须都对小组的成功作出贡献。

（五）教师应努力提高学生的内部动机

研究表明，内部动机强的学生学习的求知欲和学习兴趣较强烈，在面临学业挑战任务时更倾向于坚持，有更高的学业自我概念，考试焦虑更低，自我效能感较高。同时内部动机较强的学生，在学习中积极采用各种认知策略，并能根据具体情境灵活运用各种不同的学习策略，元认知策略水平很高，有助于促进学习成绩的提高。

激发学生内部动机的方法有如下几种。

1. 激发兴趣

教师应该让学生坚信其所学内容的重要性和趣味性，如果有条件，要向学生证明所学内容的用处。例如，教师可以通过下面的教学导入方式增强学生学习百分数的内部动机："今天我们学习百分数，百分数在我们日常生活中非常有用。例如，我们经常听到类似的消息：'去年的价格上升了百分之七。'几年之后，你们中的许多人可能在暑假里做些勤工俭学的工作，如果这些工作需要算钱，那么你们有可能时时会用到百分数。"

2. 保持好奇心

有经验的教师在教学过程中会用许多方式不断激发、保持学生的好奇心。例如，科学课的教师经常运用演示来使学生保持好奇或疑惑，以此吸引学生进一步探索其中的奥秘。一枚漂浮的硬币使学生对液体的张力感到好奇，而点燃一张用酒精浸泡过的纸会激起学生学习燃烧这部分内容的兴趣。格思里和科克斯发现，通过科学活动，让学生有实际的体验，有助于学生对书本上相关主题的学习，使之具有更强的学习动机。向学生提出他们用现有知识无法解答的问题，能够激发学生的好奇心，由此产生学习的内部动机。先让学生进入一个熟悉的情境，然后再打破这种模式，使所有学生兴奋起来，积极地投入。让学生先对自己的困惑进行思考，比一开始就单纯地教授相关知识有效得多。

3. 使用大量有趣的呈现方式

除了使用有趣的材料外，材料呈现方式的不同也能提高学生学习的内部动机。例如，教师可以通过使用各种录像、电影，邀请专家或相关人士做讲解，进行演示等方式，来维持学生的学习兴趣。但是每种方式的使用必须经过深思熟虑，确保不偏离教学目标，并使各种方式相互补充。计算机的使用可以提高大部分学生的内部动机。若要提高所用材料的有趣性,则可以考虑使用更具有情感特色的材料,使用具体的事例而不是抽象的事例,注意材料的因果联系、材料组织的清晰性等。

4.模拟和游戏

模拟或者角色扮演是让学生承担多种角色,并从事与角色相适应的活动。具有创造性的教师可自行设计各种模拟来进行教学。例如:可以让学生模拟着办自己的报纸;设计、生产并销售某种产品;建立自己的银行;扮演经济领域里的角色来模拟微观经济的运作过程等。模拟能够使学生从学科内部来学习该学科。研究表明,虽然在教授概念方面,模拟并不比传统的教学方式有效,但模拟能提高学生学习的兴趣、动机和情感,使学生获得有关该学科的情感知识。非模拟性的游戏也可以提高学生学习某个主题的动机。团队游戏竞赛是任何学科都可以采用的一种游戏方式。团队游戏的效果通常比个人游戏的效果好,因为它提供了团队成员之间相互帮助的机会,并且避免了个人游戏中存在的一个问题,即通常只有能力较强的学生才有获胜的机会。如果所有的学生都在异质的团队里,那么大家都有成功的机会。

思考与练习

1.名词解释

需要	动机	内部动机	外部动机	耶基斯-多德森定律
强化	正强化	负强化	惩罚	控制点
归因理论	自我效能感	成就动机		

2.什么是需要?什么是动机?它们各有哪些特点?

3.动机的分类和功能有哪些?

4.举例说明动机冲突的类型。

5.如何利用动机和行为效率的关系提高活动效率?

6.在教学中如何运用马斯洛需要层次理论?

7.在教学中如何运用奖惩?

8.如何指导学生正确进行归因?

9.如何提高学生的自我效能感?

10.如何提高学生的成就动机水平?

11.教学情境中如何培养和激发学生的学习动机?

12.如何提高学习兴趣和激发学生学习的内部动机?

课外延伸

针对大学生上大学前后的“动机落差”现象,组织一次团体辅导活动。

第九章 情绪与情感

本章学习目标……

- 掌握情绪与情感的含义及二者的关系
- 了解情绪与情感的分类
- 掌握情绪与情感的功能
- 掌握情绪的相关理论
- 了解健康情绪、情绪调节方式及相关理论

当遇到苦难时，你是否能微笑应对？恐怕很多人都不能做到。其实，只要你能换个角度来思考，很多苦难都微不足道。听听下面这则故事吧。有个人失恋了，在公园里悲痛欲绝。一位哲学家走来，轻声地问："你为何哭得如此伤心？"失恋的人回答："我和青梅竹马的女友分手了，十年的感情啊！说分就分了！呜呜……我好难受……"不料这位哲学家却哈哈大笑，并说："这是好事啊！你还哭，真笨。"失恋的人很生气地说："你怎么这样，我遭受这么大的打击，都不想活了。你不安慰我就算了，居然还指责我。"哲学家回答："傻瓜，你根本就不用难过啊，真正应该难过的是她。因为你只是失去了一个不爱你的人，而她失去了一个爱她的人。"看了这则故事，你有什么想法？受到了什么启发？

常言道：人非草木，孰能无情。可世间"情"为何物？早在两千多年以前东西方的先哲们就对这个问题开始了探讨，时至今日，无论是平常百姓还是心理学家，对于"感情"这种心理现象的看法也是众说纷纭。那么，究竟什么是感情？它是怎样形成的？感情对人有哪些意义？人应该怎样调节自己的情绪？本章将探讨情绪与情感问题。

第一节　情绪与情感概述

一、什么是情绪与情感

（一）情绪与情感的含义

喜、怒、哀、乐是人之常情，生活中人的一切活动都有情绪与情感的印迹，它像染色剂一样，使人的生活染上各种各样的色彩。积极快乐的情绪是获得幸福与成功的动力，焦虑、痛苦等消极情绪让人沮丧消沉。那么，什么是情绪与情感？情绪

(emotion)与情感(feeling)是评估客观事物是否符合人的需要而产生的态度体验及相应的行为反应。

情绪和情感由三种成分组成：主观体验(subjective experience)，表情(emotional expression)，生理唤醒(physical arousal)。主观体验是指个体对不同情绪和情感状态的自我感受。不同情绪有不同的主观体验，这就构成了情绪与情感的心理内容。表情也被称为外部表现，是在情绪和情感状态下，身体各部位的动作形式，包括面部表情、动作表情、言语表情。生理唤醒是指情绪和情感引起的生理反应，涉及广泛的神经系统。不同情绪与情感的生理反应模式是不一样的。

情绪与情感既是一种主观感受或体验，又是对客观现实的一种特殊反映。所谓特殊反映，即它反映的是客观现实与人的需要之间的关系。情绪不是自发的，它由各种刺激引起。但不同的人由于当前的需要状态不同，对客观事物的态度不同，所产生的情绪、情感体验也就不同。客观事物使人产生什么样的情绪与情感体验，是以人的当前需要为中介的。与人的需要和愿望相符的客观事物，使人产生愉快、满意、喜爱、赞叹等积极的情绪与情感体验，而与人的需要不相符的客观事物，则会引起烦恼、不满、忧愁、厌恶、愤怒等消极情绪与情感体验。英语四、六级考试结束后，有人轻松、愉快，有人苦恼、失望、悲观。个人对现实的这些不同感受就是情绪与情感。

(二)情绪与情感的区别与联系

情绪与情感既有区别又有联系。其区别主要表现在如下方面。

(1)情绪通常是与生理性需要相联系的体验，如饥饿时得到食物就会体验到满意、愉快，得不到食物就会难受、不安。而情感通常是与人的社会性需要相联系的体验，比如，人都希望得到他人的赞扬，当听到别人说自己爱听的话时，心里乐滋滋的，相反，当听到别人说自己不愿听的话时，就气愤、难受。

(2)情绪具有情境性、冲动性和短暂性，它往往由某种情境引起，一旦发生，冲动性较强，不易控制，外显的成分比较突出，在表现形式上带有较多的原始动力特征，而时过境迁，情绪就会随之减弱或消失。情感则具有稳定性、深刻性和持久性，它是对人对事稳定的态度体验，始终处于意识的控制之下，且多以内隐的形式存在或以微妙的方式流露出来。

(3)情绪发生早，是人和动物尤其是高等动物所共有的，而情感发生晚，是人在社会化过程中产生的，具有社会性。正因如此，情绪这个概念既可用于人类也可用于动物，而情感这个概念只用于人类。

情绪与情感虽然有区别，但两者又密不可分。其联系主要表现在如下方面。

(1)情感依赖于情绪。情感是在情绪的基础上发展起来的，人先有情绪后有情感，情感是情绪与社会意识整合后的产物。情感总是通过各种不断变化的情绪得以表现，离开具体情绪，人的情感就难以表现和存在。例如，当人们看到小偷行窃时，愤恨的情绪使人产生正义感；人们看到自己的祖国遭到外敌入侵时，会产生无比愤怒和激动的情绪，由此而表现出崇高的爱国主义情感。

(2)情绪也有赖于情感。情绪的不同变化，一般都受到个人已经形成的社会情感的影响。例如，在非常艰苦的条件下，人们受高尚情感的支配，可以克服很多常人难以想象的困难，让自己的情绪服从于情感。

在现实生活中，人的情绪与情感是难以彼此分离的两种心理现象，是相互依存、不可分割的，有时甚至可以互相通用。正因为情绪与情感的不可分割性，人们时常把情绪和情感通用，甚至合称为感情。

(三)情绪与情感和认识的关系

人的喜怒哀乐的体验是主观的，产生什么性质的体验取决于当事人的需要和认知因素。情绪与情感和认识是密不可分的，二者既有区别又有联系。

情绪与情感和认识是有区别的。认识活动是通过形象或概念来反映客观事物本身的，它反映的是各种对象和现象的属性、本质和发生、发展的规律。而情绪与情感是通过体验来反映客观事物与人的需要的关系的，它不反映事物本身的属性、本质、规律等。

情绪与情感和认识活动也是相互联系、相互影响的。

(1)认识活动是产生情绪与情感的前提和基础。认知对情绪的影响有两个方面：一是认知过程(包括注意、知觉、记忆等)；二是认识的结果。有了对事物本身的认识，才能有主客体之间需求关系的反映，从而产生情绪与情感。没有某种感知觉，就没有某方面的感受。例如，耳朵听不见的人对噪音就不反感，盲人体会不到看见绚丽景色时的喜悦心情。当人们回想起辛酸的往事、辉煌的成就、惊心动魄的场面时，会产生不同的情绪情感体验，这都是与记忆有关的。所以说，情绪情感总是伴随认识活动产生的。

(2)情绪情感影响和调节认识活动。情绪状态会对认知产生重要的影响，积极的情绪是认识活动的动力之一。如在一项实验中，研究者让被试处于温和、愉快的情绪之中，会发现他们在创造性测验中比控制组能取得更好的成绩。

二、情绪、情感的分类

人的情绪复杂多样，很难有准确的分类。中国古代就有“五情”、“七情”、“九情”等多种情绪分类法。我国最早的情绪分类思想源于《礼记》，其中记载人有“七情”，即喜、怒、哀、乐、爱、恶、欲；古希腊亚里士多德把情绪分为欲望、愤怒、恐怖、欢乐和怜悯等5种。情绪的纷繁多样使它的分类成为一个复杂而困难的问题。尽管如此，现代心理学还是从不同角度对情绪分类进行了许多有益的尝试。

(一)基本情绪和复合情绪

伊扎德(Izard)把情绪分为基本情绪和复合情绪，克里奇(Krech)等也把人的情绪分为原始情绪和复合情绪。

1. 基本情绪

人的基本情绪类似本能反应，直接关系到人的生存与适应，也是复合情绪的基础。现代心理学通常将基本情绪（也称为原始情绪）区分为快乐、愤怒、悲哀、恐惧和厌恶等 5 种。这些情绪与基本需要相联系，是不学就会的，常常具有高度的紧张性。

(1)快乐（joy）。是指盼望的目的达到后，随之而来的紧张解除时产生的一种轻松、满意的情绪体验。

(2)愤怒（anger）。是指由于外界事物或对象再三妨碍和干扰，使个人的愿望受到压抑、目的受到阻碍时所产生的情绪体验。

(3)悲哀（sorrow）。是指在所热爱的事物丧失和所盼望的东西幻灭时产生的情绪体验。

(4)恐惧（fear）。是指个体企图摆脱、逃避某种情境又苦于无能为力时的情绪体验。

(5)厌恶（disgust）。是指使人感到反感或非常不愉快的情绪体验，它包括强烈的躲避倾向以及像恶心、呕吐等明显的身体不舒服的感觉。

2. 复合情绪

复合情绪是由若干种基本情绪复合而成的。例如，美国心理学家普拉切克（R. Plutchik）将人的基本情绪（primary emotion）区分为恐惧（fear）、惊讶（surprise）、悲痛（sadness）、厌恶（disgust）、愤怒（anger）、期待（anticipation）、快乐（joy）和接受（acceptance）等 8 种，每一种基本情绪又都可以根据强度上的变化而细分，如强度高的愤怒是狂怒，而强度很低的愤怒是生气等。在这 8 种基本情绪的基础上，他又提出复合情绪。他认为，一种基本情绪可能与相邻情绪混合而产生某种复合情绪，也可能与相距更远的情绪混合而产生某种复合情绪；上述 8 种基本情绪的二轴复合可以产生 24 种混合情绪，三轴复合可以产生 32 种混合情绪。例如接受与恐惧混合而成屈从，而忌妒可能是由爱、愤怒和恐惧混合而成的。普拉切克情绪模型中的 8 种基本情绪和部分混合情绪如图 9-1 所示。实际上人的情绪比普拉切克所研究的要复杂得多，如人的情绪与不同的情感结合在一起就产生了无数种情绪。

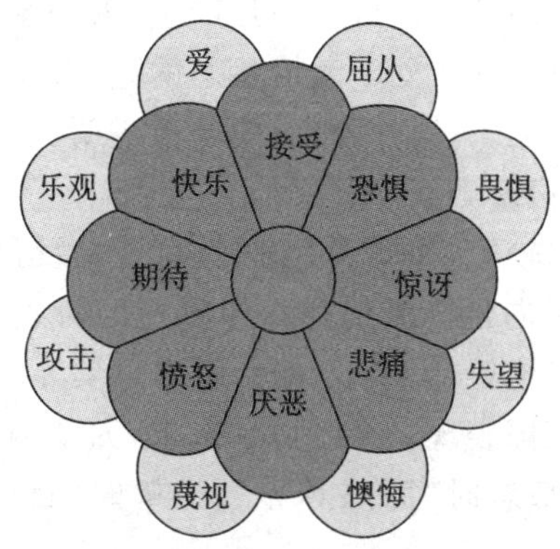

图 9-1　普拉切克情绪模型中的 8 种基本情绪和部分混合情绪

(二)情绪的不同状态

情绪的存在形式是多种多样的，依据情绪的发生强度、持续性和紧张度，可以把情绪划分为心境、激情、应激三种情绪状态。

1.心境

心境是一种使人的整个精神活动都染上某种色彩的、微弱而持久的情绪状态，也称为心情。

心境的突出特点是具有感染性。心境不是指向某一特定事物的特殊体验，而是一种影响人的所有体验的情绪倾向。当一个人处于某种心境中时，他会以一种固定的情绪倾向去看待他所遇到的一切事物和他所从事的一切活动，仿佛这一切事物和活动都染上了某种情绪色彩。所谓“人逢喜事精神爽”，就是心境的绝好写照。心境按其发生强度来说并不强烈，但往往会持续相当一段时间，因而常常使人因某种喜事而终日乐不可支，或因某种不如意而整天心灰意冷。

引起心境变化的原因是多种多样的。家庭的境遇、事业的成败、工作的顺逆、人际关系、往事的回忆、未来的遐想、身体状况等，都能引起某种心境。甚至时令、自然景物等也会影响人的心境。心境的产生总有原因，可人们并不总是清楚地意识到它，因而经常可以听到人们这样说：“不知道这几天为什么这么不高兴。”从影响心境的本质原因来看，主要是人的世界观、人生观及性格。

心境对人的生活、工作、学习和身体健康有很大的影响。心境有积极和消极之分。积极的心境，使人振奋愉快，能推动人的工作与学习，激发人的主动性与创造性；消极的心境则使人颓丧悲观，妨碍人的工作和学习，抑制人的积极性的发挥。长期处于消极的心境会破坏人的身心健康。人应当充分发挥其主观能动性，正确地认识、评价自己的心境，消除消极心境的不良影响，培养坚强的意志，树立正确的理想和信念，有意识地掌握自己的心境，做心境的主人。

2.激情

激情是一种暴风雨般的、强烈而短暂的情绪状态。

激情有以下四个特点。

(1)激情具有激动性和冲动性。激情一旦产生，人完全被它所驱使，言行缺乏理智，带有很大的冲动性和盲目性。处于激情状态的人，会出现认识范围缩小、理智下降、自我控制能力减弱等现象。《儒林外史》中的范进听到自己金榜题名，狂喜之下，竟然意识混乱、手舞足蹈、疯疯癫癫。

(2)激情维持的时间比较短，冲动一过，时过境迁，激情也就弱化或消失了。

(3)激情具有明确的指向性。激情通常由特定的对象所引起，如意外的成功会引起狂喜，理想破灭会引起绝望，黑暗、巨响会引起恐惧等。

(4)激情具有明显的外部表现。在激情状态下，人的内脏器官、腺体和外部表现都会发生明显的变化，如暴怒时“面红耳赤”，绝望时“目瞪口呆”，狂喜时“手舞足蹈”等。

激情通常是由一个人生活中的重大事件、对立意向的冲突、过度的兴奋或抑制所引发的。如重大的失败、人际冲突、意外的收获等都可以引发激情。

激情对人的影响有积极和消极之分。一方面，激情可以激发内在的心理能量，成为激励人们奋发向上的巨大动力。作家没有激情就难以写出激动人心的作品，教师没有激情就难以讲出一堂生动的课。另一方面，激情也有很大的破坏性和危害性。处于激情状态中的人由于认识范围缩小，自我控制能力减弱，往往任性而为，不计后果，对人对己都易造成损害。青少年犯罪中常见的就是激情犯罪。因此，对消极的激情我们应努力加以调控，及时采取一些自我冷静的方法，有效防止激情所带来的不良后果。

3. 应激

应激是出乎意料的紧急情况所引起的急速而高度紧张的情绪状态。在生活和工作中，往往会遇到突如其来的事件和意想不到的危险，它要求人们立即作出决策并调动自己全部的力量去对付，这时产生的情绪状态就是应激。在应激状态下，人们可能有两种表现，一种是被突如其来的刺激所笼罩，目瞪口呆、手足无措、语无伦次，陷入一片混乱之中；另一种是在突如其来的事件面前，清醒冷静、急中生智、当机立断、行动有力，常常做出许多平时根本做不到的事情。

应激有积极的作用，也有消极的作用。一般的应激状态能使有机体具有特殊防御排险机能，能使人精力旺盛，使思想特别清楚、精确，使人动作敏捷，推动人去化险为夷、转危为安，及时摆脱困境。但紧张而又长期的应激会产生全身兴奋，注意和知觉范围狭小，言语不规则，行为动作紊乱。在意外的情况下，人能不能迅速判断情况并作出决策，取决于他是否果断、坚强，是否有类似情况的行为经验。

大量研究表明，人如果长期处于应激状态，会有害于身体健康，严重的还会危及生命。

加拿大生理学家谢尔耶于1974年曾提出，应激状态的延续能破坏一个人的生物学保护机制，使人抵抗力降低，易受疾病侵袭。他把应激反应分成三个阶段。

第一阶段为警觉阶段。表现为肾上腺分泌增加，心率上升，体温和肌肉弹性下降，血糖和胃酸度暂时性增加。在这种情况下，有可能出现临床休克。这是能量聚积阶段。

第二阶段为阻抗阶段。表现为前阶段症状消失，身体动员许多保护系统参加应激，身体代谢水平提高，肝脏释放糖分，血糖增加。这个阶段如果延长（过度）会使身体内储藏的糖分大量消耗，下丘脑、脑垂体和肾上腺系统过度活动，给内脏带来物理损伤，出现胃溃疡、胸腺退化等症状。这是能量的释放阶段。

第三阶段为衰竭阶段。有机体体力耗竭，导致重病或死亡。这是能量衰竭阶段。

第二节　情绪与情感的基本原理

一、情绪的生理特性

伴随情绪、情感的产生，有机体内部会发生一系列的生理变化。这些变化主要表现在呼吸系统、循环系统、消化系统以及内外腺分泌的变化上。例如，人在紧张时，肾上腺活动增强，促进肾上腺分泌增多，引起血糖增加，同时呼吸加快、心跳加速、血压升高，大脑出现高频率、低振幅的 β 波（频率为 14～30 次/秒，振幅为 5～20 μV），皮肤电阻降低，唾液腺、消化腺分泌及肠胃蠕动减少等。而人在高兴时，肾上腺活动正常，肾上腺分泌适当，呼吸适中，血管舒张，血压下降，皮肤电阻上升，唾液腺、消化腺分泌及肠胃蠕动增加等。这种变化的差距是十分明显的。以呼吸系统为例，在不同的情绪状态下，呼吸的频率乃至呼气和吸气的比例都会产生明显变化：悲痛时每分钟呼吸 9 次，高兴时每分钟呼吸 17 次，积极动脑筋时每分钟呼吸 20 次，愤怒时每分钟呼吸 40 次，恐惧时每分钟呼吸 64 次。

科技博览……

测谎仪

在法律界运用较为广泛的测谎仪的设计正是基于情绪与生理之间密不可分这个原理。

测谎，是对谎言的鉴别活动。"测谎"一词，是由"测谎仪"(lie detector)演化而来的。"测谎仪"的英文是 polygraph，直译为"多项记录仪"，是一种记录多项生理反应的仪器，可以在犯罪调查中用来协助侦讯，以了解受询问的嫌疑人的心理状况，从而判断其是否涉及刑案。由于真正的犯罪嫌疑人此时大都会否认涉案而说谎，而说谎一般会紧张，紧张又会引起一系列生理反应。因此，可以通过测定嫌疑人生理的变化来推断其是否说谎，即测谎。但准确地讲，测谎不是测谎言本身，而是测心理所受刺激引起的生理参量的变化。所以测谎应科学而准确地被称为"多参量心理测试"，"测谎仪"应被称为"多参量心理测试仪"。目前，对测谎仪的使用还是非常谨慎的，因为引起人生理异常变化的原因，未必就是说谎的缘故，并且对于一些经历相当丰富的人来说，他们在某种程度上能够有意识地控制自己的一些情绪反应。因此，测谎仪的记录只能作为参考，不能作为判决的依据。

二、情绪的维度与极性

（一）情绪的维度与极性的定义

情绪的维度是指可以从数量上加以衡量的情绪的固有属性。主要指情绪的动力性、激动性、强度和紧张度等方面。情绪的极性是指情绪的每种特征的变化幅度。每个特征都存在两种对立的状态。不论从哪个角度来分析，都可分为向、背两个方面，如肯定、否定，满意、不满意，强、弱，紧张、轻松，快乐、不快乐等两极状态。

（二）情绪极性的表现

1. 肯定与否定

情绪的两极性有肯定和否定的对立性质，例如，满意和不满意，快乐和悲哀，热爱和憎恨，兴奋和烦闷，轻快和沉重等。

2. 积极与消极

情绪的两极性有积极和消极的性质。积极的情绪与情感，如快乐、热爱、兴奋，能增强人的活动能力，驱使人积极地行动；消极的情绪与情感，如由于悲伤而引起的郁闷，能削弱人的活动能力。

3. 紧张与松弛

情绪的两极性有紧张和松弛的性质。这样的两极性常常在人的活动的紧要关头或关键时刻表现出来。例如，在高考或一次重要的体育竞技性比赛前夕，当事人一般有紧张的情绪体验。但在关键的考试或比赛过后，往往出现紧张的解除和松弛的体验。这也是一种两极性的表现。

4. 情绪的两极性有激动和平静的性质

激动的情绪是强烈的、短暂的、爆发式的体验，如愤怒、狂喜等。这种情绪的产生往往与人生活中占有重要地位的、起重要作用的事件的出现有关。平静的情绪是与短暂而强烈的情绪相对立的情绪体验。人们在日常生活中，大多数情况下处在安静的情绪状态，只有如此，人才能正常生活和工作。

5. 情绪的两极性有其强度不同的方面

情绪有从弱到强的两极状态。一般来讲，人的任何情绪都有由弱到强的变化等级。如，从轻微的不安到强烈的激动，从愉快、微笑到狂喜，从微愠到暴怒，从担心到恐惧等。情绪的强度取决于引起情绪的事物对人的意义，以及个人的既定目的和动机是否能够实现。

三、情绪表现

（一）言语表情与非言语表情

1. 言语表情

言语作为人类特有的交际工具，本身已经表达了一定的思想感情。除此之外，人们还通过言语的轻重缓急、抑扬顿挫来表达情绪与情感，这就是言语表情。例如，人们常用语调低沉、缓慢、高低差别不大表示悲怨情绪，用语调高昂、快速、高低差别较大表示喜悦情绪。音调的高低强弱、节奏的快慢等所表达的情绪，是言语交际的重要辅助手段。

2. 非言语表情

非言语表情指的是没有言语的参与，仅通过面部、姿态动作等表达情绪与情感。在生活中，非言语表情的使用频率是最高的。

(1)面部表情是眼、眉、嘴、颜面肌肉的变化所组成的模式。例如：愉快时双眉平展、面颊上提、嘴角上翘；悲伤时双眉紧锁、嘴角下拉；轻蔑时嘴角微撇、鼻子耸起、双目斜视等。由于面部表情能最精细地区分出不同性质的情绪，因此它是了解情绪的主要线索(见图 9-2)。

(2)姿态表情是表达某种情绪状态的姿态、动作。如我们通常用手舞足蹈表示

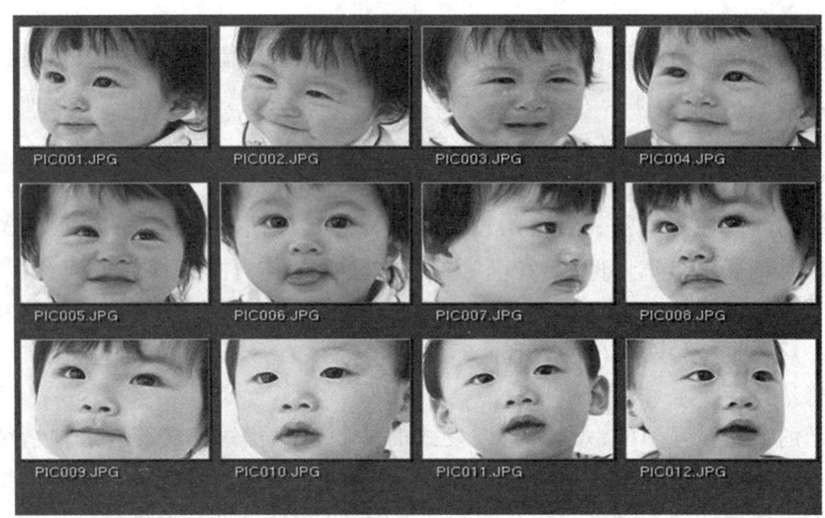

图 9-2　面部表情

高兴，咬牙切齿、紧握拳头表示愤怒，顿足捶胸表示悔恨或悲痛，手足无措表示惊慌，身体颤抖表示极度愤怒或恐惧等。其中，手势是一种重要的姿态表情，它协同或补充表达言语内容的情绪信息。手势表情是后天习得的，由于社会文化、传统习惯的影响，它往往具有民族或团体的差异。

面部表情和姿态表情均由随意运动所支配，因此在一定程度上可以被随意控制。姿态表情虽不像面部表情那样能细微地表达各种情绪，但它能与面部表情一起表露情绪信息，人在有意地控制面部表情时，身体姿态却常常泄露真情。

（二）表情表现具有先天遗传共性

1. 表情表现具有先天遗传模式

人类是否存在一些与生俱来的情绪反应？达尔文最先对这一问题作了肯定回答。他在《人类和动物的表情》一书中对人和动物的表情问题作了详细的描述和比较研究。他指出，人和动物的表情在发生上有着共同的根源。人类的原始表情与动物一样，这些表情动作通过遗传而得以延续、保留下来。

（1）先天盲婴的自发表情反应与正常婴儿相一致。那些先天性的盲婴，也能够用与正常婴儿一样的面部表情来表达欢乐、悲哀和厌恶等情绪，并不因为看不见别人的表情而“学不会”这些表情。

（2）婴儿具有非习得性的情绪反应，如刚出生婴儿的第一声啼哭等。有人指出，无须预先学习，婴儿就会对巨大的声响表现出恐惧。他们看上去对于特定的刺激具有“预置”的情绪反应，从而适应各种环境。

（3）婴儿还具有与生俱来的解释他人面部表情的能力。有人在一个情绪实验中发现，4～6 个月大的婴儿产生了习惯化反应，即对于重复呈现的成人表情的兴趣有所降低，而这些成人表情都选自惊奇、害怕和愤怒等单一情绪的表达。当婴儿对上述某种成人情绪产生了习惯化反应后，如果实验者再呈现一张不同的情绪照片，那么他们又会重新表现出兴趣。这说明惊奇、害怕和愤怒等表情在他们眼中是不同的，尽管他们还是那么小。上述实验的结果意味着他们不仅能够具有一定的识别成人单一情绪表情的能力，而且能够在一定程度上理解这些表情的"含义"。

2. 人类的表情具有普遍性

达尔文曾跟随英国皇家海军环游世界，在南洋诸岛部落中，观察不同文化背景下不同种族的人，发现基本情绪的面部表情，各种族间是一致的。如喜、怒、哀、乐等原始表情具有全人类性。外国人的表情不是"外国语"，表情在很大程度上是相通的。

1972 年，埃克曼(Ekman)将表现出高兴、惊奇、生气、厌恶、恐惧、悲伤和轻蔑的表情拍摄下来(见图 9-3)，然后把照片给 5 种不同文化背景(美国、巴西、智利、阿根廷、日本)的人们观看，发现他们都能很容易地指出每种表情所代表的情绪。即使是从未接触过西方文化的部落成员(霍尔族、丹尼族)，也都能够识别上述 7 种表情照片所代表的情绪。由此，心理学家们认为，人的面部表情具有一致性和继承性。

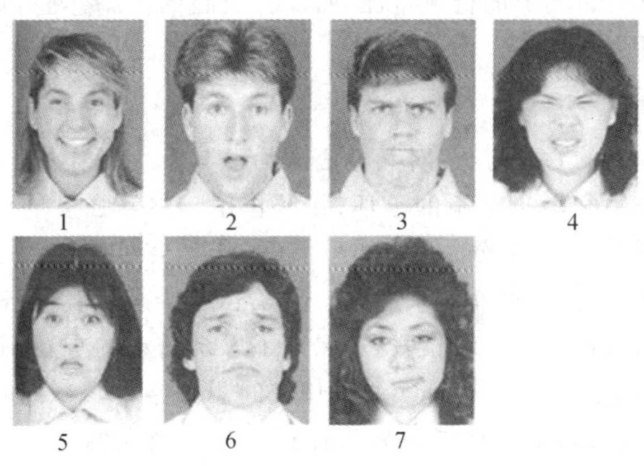

图 9-3　表情的判断

(三)表情的文化特性

人类的基本情绪具有先天遗传性，但其表露受到社会文化因素的制约，特别是复杂情绪的表露更是如此。一些形式的情绪反应，特别是表情，对于每一种文化都是特定的，即相同文化背景下的人们的表情具有一致性，不同文化背景下的人们的表情具有差异性。例如，同一个姿势在不同的文化中有时会具有不同的意义：将拇指和食指捏在一起形成一个圆圈。这个姿势在北美洲的意思是"一切顺利"或"很好"，在法国和比利时的意思是"你一钱不值"，而在意大利南部的意思是"你像头蠢驴"。欧洲和美国人习惯用亲吻、拥抱表示亲切的情感，而东方人则不太能够接受这种方式，而以微笑、握手、拍肩等方式表示亲切的情感。另外，社会文化使人的表情变得丰富而复杂。所以，表情是需要学习的。

四、情绪与情感的功能

（一）适应功能

有机体在生存和发展的过程中，有多种适应方式。情绪与情感是有机体适应生存和发展的一种重要方式。情绪的适应功能表现在两个方面：生存适应和社会适应。生存适应是指通过情绪来调动身心能量以应对外界的危险和表达自己的基本需要，这是有机体生命早期赖以生存的手段。如遇到危险时人就警觉，孩子饿了就哭等。社会适应是指个体运用情绪情感来表达自己的社会需要和参与社会交往。如通过愉快表示处境良好，通过痛苦表示处境困难，用微笑表示友好，通过察言观色了解对方等。也就是说，人们通过各种情绪、情感，了解自身或他人的处境与状况，适应社会需要，求得更好的生存和发展。

（二）动机功能

情绪、情感是动机的源泉之一，是动机系统的一个基本成分。它能够激励人的活动，提高人的活动效率。一些积极的情绪体验，如热爱科学、向往美好、抑恶扬善，会构成一个人整体发奋向上的行为特征，而那种灰暗的情绪体验，则使人萎靡不振，甚至丧失奋斗的动力。

（三）组织功能

情绪是一种独立的心理过程，对其他心理活动具有组织作用。这种作用表现为积极情绪的协调作用和消极情绪的破坏、瓦解作用。中等强度的愉快情绪，有利于提高认知活动的效果。而消极的情绪如恐惧、痛苦等会对操作效果产生负面影响，消极情绪的激活水平越高，操作效果越差。苏联心理学家基赫尼洛夫认为协调思维活动的各种本质因素正是同情绪相联系，保证了思维活动的重新调整、修正，避免刻板性和更替现存的定式。实践也证实心情愉快时思路格外灵敏，而心情沮丧时思路变得迟钝、混乱。情绪的组织功能还表现在行为上。当人们处在积极、乐观的情绪状态时，易注意事物美好的一面，其行为比较平和，愿意接纳外界的事物。而当人们处于消极的情绪状态时，容易失望、悲观，放弃自己的愿望，有时甚至产生攻击性行为。

（四）信号功能

情绪与情感在人际交往中具有传递信息、沟通思想的功能。这种功能是通过情绪的外部表现，即表情来实现的。表情是心灵的信号，在许多场合，只能通过表情来传递信息，如用微笑表示赞赏，用点头表示默认等。表情也是言语交流的重要补充，如手势、语调等能使语言信息表达得更加明确。一项研究发现，在日常生活中，55%的信息是靠非言语表情传递的，38%的信息是靠言语表情传递的，只有7%的信息是靠言语传递的。

五、情绪理论

(一)詹姆士-兰格的躯体反应理论

早在1884年和1885年,美国心理学家詹姆士(W. James)和丹麦生理学家兰格(C. Lange)就先后提出了相似的情绪理论。后来被人统称为詹姆士-兰格的躯体反应理论。

人们习惯地认为,因为伤心而流泪,因为恐惧而发抖。但是,詹姆士争辩说,这个顺序是相反的——人的感受晚于他的躯体反应。兰格则更加鲜明地提出,情绪是一种内脏的反应。他们都认为情绪只是一种身体状态的感受,先有机体变化,而后才有情绪,反应过程如图9-4所示。

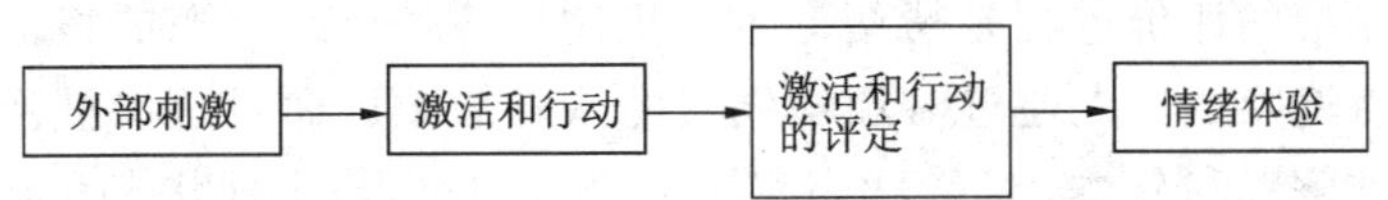

图9-4　詹姆士-兰格的躯体反应理论示意图

詹姆士-兰格理论重视情绪与机体变化的密切关系,但片面地强调了植物性神经系统的作用,忽视了中枢神经系统的控制和调节作用。这种最早的情绪理论引起了生理学家和心理学家的长期争论,促进了情绪理论的发展。

(二)坎农-巴德的中枢神经过程理论

坎农最先对詹姆士-兰格的躯体反应理论提出一系列质疑,并通过实验证实内脏反应与情绪的产生无关。坎农指出,情绪的产生要求大脑在输入刺激和输出反应中起作用:来自丘脑的信号,到达皮层的某一位置时会产生情绪感受,而到达另一位置时则会引起情绪的表达。反应过程如图9-5所示。

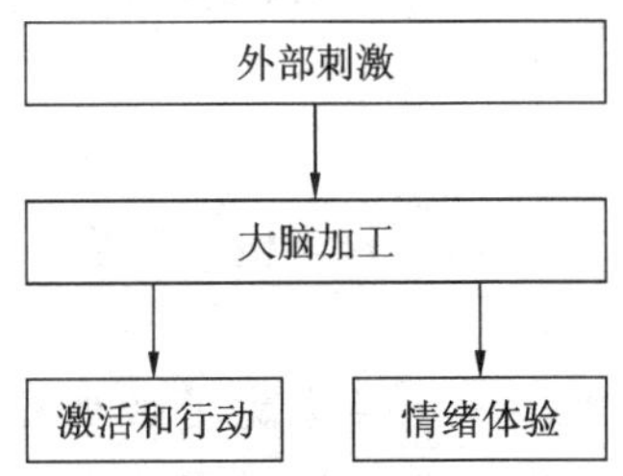

图9-5　坎农-巴德的中枢神经过程理论示意图

巴德通过研究得出了与坎农相似的结论:内脏反应不是情绪反应的关键。相反,一个情绪唤醒刺激,会同时产生两种效应:一种是通过交感神经系统导致躯体的唤起;另一种是通过皮层获得情绪的主观感受。

坎农和巴德的上述观点后来被统称为坎农-巴德的中枢神经过程理论。该理论认为,情绪的中心不在外周神经系统,而在中枢神经系统的丘脑。当丘脑过程被唤起时,情绪的特殊性质就附加于简单的感觉之上。外界刺激导致感官产生的神经冲动传递到大脑，大脑对这些神经冲动进行信息加工后，会同时激发两种反应的产生：一种是激发自主的肌肉活动（唤醒和行动）；另一种是产生情绪体验。在肌肉活动与情绪体验之间不存在因果关系。

坎农-巴德的中枢神经过程理论重视情绪的中枢生理机制的作用，相对于詹姆士-兰格的躯体反应理论来说前进了一大步，但它忽视了大脑皮层对情绪的作用以及外周神经系统对情绪的意义，因而也有较大的局限性。

（三）沙赫特-辛格的认知评价理论

美国心理学家沙赫特和辛格（S. Schachter & J. Singer）在 20 世纪 60 年代提出的认知评价理论，是最具影响力的情绪理论之一。

沙赫特-辛格的认知评价理论（见图 9-6）的基本观点是：认知的参与以及认知对环境和生理唤醒的评价过程是情绪产生的机制。各种情绪状态的特征是交感神经系统引起的普遍唤醒。人通过对环境线索的认知加工进而对这些被唤醒的机体状态进行一定的解释和分类。情绪状态实际上是认知过程、生理状态和环境因素共同作用的结果。大脑皮层将外界环境信息、内部生理变化信息，以及经验、情境的认知信息整合起来，从而产生一定的情绪。

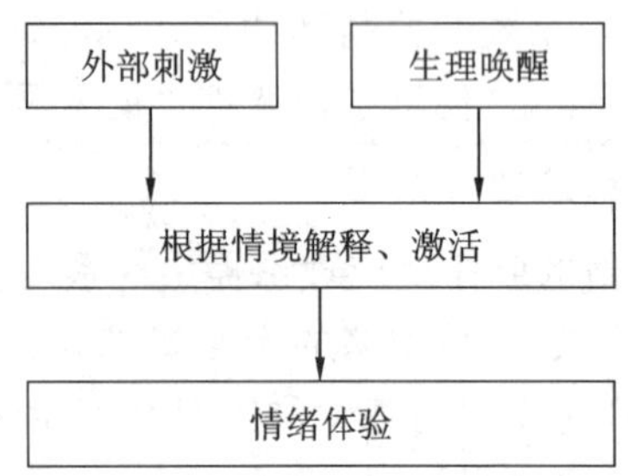

图 9-6　沙赫特-辛格的认知评价理论示意图

经典实验

沙赫特和辛格的实验

1. 实验背景

长久以来，研究者们一直就情绪产生究竟受生理因素的影响还是受认知活动或环境的影响这一问题进行着探讨。1884 年，詹姆士和兰格提出情绪发生依赖于能引起个体生理反应的刺激，即刺激引起生理反应，而生理反应是情绪产生的直接原因。后来，坎农和巴德进一步指出这种生理反应就是刺激所引起的神经冲动向丘脑部位的传递。20 世纪 50 年代，美国心理学家阿诺德提出对外部环境的认知评价是情绪产生的直接原因，认知评价作用产生于有机体的生理反应、情绪体验和采取某种行动之前。而以伊扎德为代表的研究者们认为情绪是在适应环境的过程中逐步发生的，任何一种情绪体验的产生都可能是由环境中的不同因素引起的。沙赫特和辛格的实验思路也是在这样一种争论的背景下出台的。

2. 实验过程

沙赫特和辛格的实验的基本程序如下。

第一步：先给三组大学生被试注射肾上腺素，使他们处于生理唤醒状态——这是为了使所有被试的生理唤醒状态相同。

第二步：实验者对三组被试作了三种不同的说明来解释这种药物可能引起的反应。告诉第一组被试注射药物后将产生心悸、手抖、脸发烧等反应，这些是注射肾上腺素的真实效果；告诉第二组被试注射药物后将产生双脚麻木、发痒和头痛等现象，这与肾上腺素的真实效果完全不同；告诉第三组被试，药物是温和无害的，而且没有任何副作用，即不告知这组被试肾上腺素的效果。这个步骤诱使三组被试对自己的生理状态作出不同的认知解释。

第三步：将每组被试各分成两部分，并让两部分被试分别进入两种实验情境中。在一个实验情境中被试能看到一些滑稽表演，是一个愉快的情境；而在另一个实验情境中，强迫被试回答烦琐的问题，并强加指责，是惹人发怒的情境。这个步骤是使被试处在不同的环境中，实验者观察这两种环境下各组被试的情绪反应。

3. 实验结果

在情绪的产生中，生理唤醒和环境都有影响，但认知过程则起着至关重要的作用。大脑皮层将环境、生理和认知信息整合起来后，产生了一定的情绪。

据此，沙赫特和辛格推论情绪是认知过程、生理状态和环境因素共同作用的结果，其中认知因素对情绪的产生起关键作用。

第三节　情绪的调节

在传统教育中，教师往往看重的是学生的智力水平。然而，现代心理学研究表明，智商至多只能解释成功因素的20%，其余80%则归于非智力因素。而在非智力因素中，最关键的因素就是情绪因素，即一个人是否有着积极的、乐观的健康情绪。

一、健康情绪

(一)健康情绪及其特征

1. 健康情绪

健康情绪即是一种积极、乐观的情绪状态，是指一个人的情绪的发展、反应水平和自我控制的能力与其年龄和社会对他的要求相适应，并为社会所接受。具体表现为：情绪的基调是积极、乐观、愉快、稳定的；对不良情绪具有自我调控能力；情绪反应适度；高级的社会情感(理智感、道德感、美感等)能得到良好的发展。

与健康情绪相近的一个概念就是积极情绪。孟昭兰认为积极情绪是与某种需要的满足相联系的，通常伴随愉悦的主观体验，并能提高人的积极性和活动能力。积极情绪主要包括快乐、满意、兴趣、自豪、感激和爱等。

2.健康情绪的特征

美国著名心理学家马斯洛提出健康情绪主要包括以下6个方面的特征：平和、稳定、愉悦和接纳自己；有清醒的理智；有适度的欲望；对人类有深刻、诚挚的感情；富于有哲理、善意的幽默感；有丰富、深刻的自我情感体验。

我国心理学家认为健康情绪主要包括以下内容。

(1)保持积极乐观的心态。其中包括保持好奇心，善于关注和发现生活、学习中积极的事物，并能够充分地享受愉悦感，主动创造能使自己感到快乐的生活和事业。快乐不是等待和被赐予，而是发现和创造。

(2)接纳自己的情绪变化。喜怒哀乐人皆有之，不能也不必过分压抑。能接受自己的情绪，使情绪获得适当的表现，不苛求自己，不过于追求完美，以平常心来面对自己情绪上的波动，尤其是当负面情绪出现时。

(3)善于及时调整自己的不良心态。其中包括能够保持正确、客观的理性认知，善于采用多种方式及时宣泄自己的情绪，在遇到挫折时能够积极进行自我暗示，或使自己的情感得以升华。

(4)宽容别人，增加愉快体验。保持良好的人际沟通，并能够理解和宽容别人，尤其在对方有过失时，不去怨恨别人，更不拿别人的错误来惩罚自己。怨恨是一把双刃剑，既会伤人，更会伤己。宽容别人首先是为了让自己释然。

(5)掌握有效的情绪调节方法。其中包括保持幽默的方法、自我认知的方法、行为调节的方法、自我积极暗示的方法、转移升华的方法和自我宣泄的方法等。

(二)健康情绪的意义

情绪对人的影响是多方面的，而且，这种影响具有两面性。健康或积极的情绪对人起促进作用，不健康或消极的情绪对人起阻碍和破坏作用。青少年正处于身心的发展时期，身心发育尚未完全成熟，人格及人生观、世界观处于完善阶段，更需要有一种积极而健康的情绪。

1.情绪与健康

情绪与人的身心健康关系十分密切，我国古代就有“喜伤心”、“怒伤肝”、“忧伤气”、“思伤脾”、“悲伤肺”、“恐伤肾”、“惊伤胆”之说，现代医学更是明确地提出了身心疾病的概念。

许多研究表明，愉快、欢乐、适度平稳的情绪状态能充分发挥有机体的潜能，使有机体的免疫系统和体内化学物质处于平衡状态，增强对疾病的抵抗力，提高活动的效率。不良情绪状态会给人的身心健康带来较大危害。所谓不良情绪状态是指过分强烈的情绪和过于持久的消极情绪体验，如极度紧张、过分愤怒、过度兴奋容易引起心跳加快，血压升高等不良反应，甚至能导致死亡。

现代研究还表明：神经官能症、溃疡病、哮喘病等都与情绪有一定关系。有许多心因性疾病与人的情绪失调有关，如溃疡、偏头痛、高血压、哮喘、月经失调等。有些人患癌症也与长期心情压抑有关。

因此，情绪既可以成为使人致病的因素，也可以成为帮人治病的良药。在日常生活与学习中保持良好的情绪状态对人的身心健康是十分有益的。特别是青少年正处于身心发展阶段，他们面临各种压力和冲突，更易产生各种消极情绪。

2. 情商

情商是情绪商数的简称，用EQ(emotional quotient)表示，和我们通常所说的智商(IQ)相对应。正式提出“情感智力”(emotional intelligence)这一术语的是美国心理学家沙洛维(P. Salovery)和梅耶(J. Mayer)。他们用情感智力来说明情绪和理智的结合对事业成功至关重要，并且认为智力对事业成功只起到20%的作用，情感智力则可以起到80%的作用。

1995年美国《纽约时报》科学专栏作家戈尔曼(D. Goleman)发表了《情绪智商》一书，书中系统地论述了情绪智力的内涵、生理机制、对成功的影响及情绪智力培养等问题，初步形成了情绪智力的体系和理论观点。他认为，情绪智力的衡量标准是一个人能否做到自我激励、百折不挠，控制冲动、延迟享受，调适情绪、不让焦虑烦恼干扰理性思维，善解人意、充满希望。

戈尔曼进一步指出，情商高的人，也是能使自己的智商最大限度发挥的人，因为他们善于控制自己的冲动，有着顽强的毅力，并能很好地协调与他人的关系；而情商低的人，则常常被自己的情绪所左右，结果必然导致智力活动的效率低下。情商现在被称为是另一种智能，一种能决定个体未来事业成功、生活幸福的智能。

戈尔曼在《情绪智商》一书中把情绪智力分为五个方面：了解自己情绪的能力，控制自己情绪的能力，用自己的情绪激励自己的行为的能力，了解别人情绪的能力，与别人和睦相处的能力。其中，控制自己情绪的能力是情绪智力的核心。这五种能力偏重于我们日常生活中所强调的自知、自控、热情、坚持、社交技巧等非智力方面的一些心理品质。这些心理品质也构成了我们通常所说的生活智慧。

(三)生活压力与健康情绪

压力是指个人在面对具有威胁性的刺激情境时，由于无法消除威胁、脱离困境而产生的一种被压迫的感受。因此，所谓压力，实际上是指压力感。

压力的积极面在于，适当强度的压力可以转化为个体前进的动力，但压力的消极面在于处于高压力环境下的个体容易产生健康问题，包括生理上的疾病和心理上的困扰。一般认为生活压力主要来源于以下三个方面。

1. 生活变故

这是指个人在日常生活上发生的重要改变，并且这种改变如果使人产生负面的情绪体验，那么它就会构成生活压力。如亲人的突然亡故、生活的变迁、夫妻离婚、牢狱之灾、个人患病或受伤、失业、退休等。

2. 生活琐事

西方有句谚语：最后一根稻草会压垮骆驼背。所以，生活中的琐事看似不起眼，但是由于人们经常要遇到，而且无从逃避，日积月累就会对人的身心造成不良的影响。

3. 心理因素

在生活压力的心理因素方面，挫折与冲突是其中最重要的两项内容。

（1）挫折（frustration）。挫折是指个体在刺激情境下所产生的烦恼、困惑、焦虑、愤怒等各种消极情绪交织而成的心理感受，可以称之为挫折感。在日常生活中，人们随时随地都可能遇到挫折情境，从而产生挫折感。而挫折感无疑会给人造成心理压力。

（2）冲突（conflict）。冲突是指人在由相互对立的因素引发两个或多个行为趋势时所产生的矛盾心理状态，以及处于冲突之中所产生的烦恼、痛苦、焦虑等心理感受。冲突的形式有三种类型：a. 双趋冲突（approach-approach conflict）；b. 双避冲突（avoidance-avoidance conflict）；c. 趋避冲突（approach-avoidance conflict）。这些冲突一旦产生就会给人带来巨大的压力。

大量研究表明，青少年的压力来自六个方面：社会人际关系及性发育，学业，家庭，未来前途，经济，健康。其中家庭方面的压力已成为青少年情绪困扰的主要原因；学业方面的压力更成为中学生心理适应不良的关键诱因。这些压力源都有可能使青少年产生挫折和冲突。

二、情绪调节的原则与方法

（一）情绪调节的含义

情绪调节是个体管理和改变自己或他人情绪的过程。在这个过程中，个体通过一定的策略和机制，促使自己或他人的情绪在生理活动、主观体验、表情行为等方面发生一定的变化。

情绪调节过程有以下特点。①情绪调节包括所有正性和负性的具体情绪。被调节的情绪首先是那些让人感觉难受的负性情绪，如愤怒、悲伤等。当然，正性情绪在某些情况下也需要调整。那些成绩很好的学生，如果表现出过分的满意、骄傲，则有必要进行调整。②情绪调节不只针对具有强烈感受和过高生理唤醒的情绪，较低强度的、需要增强的情绪也需要调节。换言之，情绪调节既可以是抑制、削弱、掩盖的过程，也可以是维持和增强的过程。③情绪调节过程是在一些策略和机制的作用下完成的，情绪被管理和调整的过程既包含有意识的、努力的、控制的调节，也包括无意识的、无须努力的、自动的调节，可以将它理解为一个从有意识到无意识的连续体。

（二）合理情绪治疗理论

合理情绪治疗理论是20世纪50年代由艾利斯在美国创立的，是建立在他对人的本性的看法之上的。该理论认为情绪是伴随着人们的思维而产生的，情绪上或心理上的困扰是由于不合理的、不合逻辑的思维所造成的。人既可以是有理性的、合理的，也可以是无理性的、不合理的。当人们按照理性去思维、去行动时，他们就会是愉快的，是富有竞争精神以及行之有效的人。任何人都不可避免地具有或多或少的不合理的思维与信念。

该理论认为情绪障碍不是由某一诱发事件本身所引起的，而是由经历了这一事件的个体对这一事件的解释和评价所引起的。这一理论又被称为ABC理论：A是指诱发事件；B是指个体在遇到诱发事件之后产生的信念，即他对这一事件的看法、解释和评价；C是指在特定情境下个体的情绪及行为的结果。通常，人们会认为人的情绪及行为反应是直接由诱发事件A引起的，即A引起了C。但合理情绪治疗理论认为，诱发事件A只是引起情绪及行为反应的间接原因，而B，即人们对诱发事件所持的信念、看法、解释才是引起人的情绪及行为反应的直接的起因，即人们的情绪及行为反应与人们对事物的想法、看法有关。合理的信念会引起人们对事物的适当的情绪反应；而不合理的信念则会导致不适当的情绪反应。当人们坚持某些不合理的信念，长期处于不良的情绪状态之中时，最终将会导致情绪障碍的产生。因为情绪是由人的思维、信念所引起的，所以每个人都要对自己的情绪负责。

拓展阅读

不合理信念的几个特征

1.绝对化要求

绝对化要求是指人们以自己的意愿为出发点，对某一事物怀有认为其必定会发生或不会发生的信念，它通常与“必须”，“应该”这类字眼连在一起。比如：“我必须获得成功”，“别人必须很好地对待我”，“生活应该是很容易的”等。怀有此类信念的人极易陷入情绪困扰中，因为客观事物的发生、发展都有其规律，是不以人的意志为转移的。就某个具体的人来说，他不可能在每一件事情上都获得成功；而对于某个个体来说，他周围的人和事物的表现和发展也不可能以他的意志为转移。因此，当某些事物的发生与其对事物的绝对化要求相悖时，他们就会受不了，感到难以接受、难以适应，从而陷入情绪困扰。

2.过分概括化

过分概括化是一种以偏概全、以一概十的不合理思维方式的表现。艾利斯曾说过，过分概括化是不合逻辑的，就好像以一本书的封面来判定其内容的好坏一样。过分概括化的一个方面是人们对自身不合理的评价。如当面对失败时，往往会认为自己“一无是处”、“一钱不值”、是“废物”等。以自己做的某一件事或某几件事的结果来评价自己、评价自己作为人的价值，其结果常常会导致自责自卑、自暴自弃的心理和焦虑，以及抑郁情绪的产生。过分概括化的另一个方面是对他人的不合理评价，即别人稍有差错就认为他很坏、一无是处等，这会导致一味地责备他人，以致产生敌意和愤怒等情绪。

3.糟糕至极

这是一种认为如果一件不好的事发生了，将是非常可怕、非常糟糕，甚至是一场灾难的想法。这将导致个体陷入极端不良的情绪体验，如耻辱、自责自卑、焦虑、悲观、抑郁的恶性循环之中难以自拔。当一个人觉得什么事情都糟透了的时候，对他来说往往意味着碰到的是最坏的事情，是一种灭顶之灾。艾利斯指出这是一种不合理的信念，因为对任何一件事情来说，都有可能发生比之更好的情形，没有任何一件事情可以定义为是百分之百糟透了的。当一个人沿着这条思路想下去，认为遇到了百分之百糟糕的事或比百分之百还糟的事情时，他就是把自己引向了极端的、负性的不良情绪状态之中。糟糕至极常常是与人们对自己、对他人及对周围环境的绝对化要求相联系而出现的，即在人们的绝对化要求中认为的“必须”和“应该”的事情并未像他们所想象的那样发生时，他们就会感到无法接受这种现实，因而就会走向极端，认为事情已经糟到了极点。

（三）健康情绪的心理基础

实际上，控制和调节情绪并不是单靠方法和技巧就能解决的，要想获得稳定、健康、欢快的情绪，首先必须具备良好的个性品质。

1. 正确的人生态度

人们的情绪活动首先是建立在一定人生态度基础上的。生活中我们可以看到：面对同样的环境或遭遇，不同的人的情绪反应有着很大的差异。在我们的现实生活中，不顺心的事情难以避免：失恋、失学、疾病，以及被嘲讽、压制。只有确立正确人生态度的人，才能不被压垮，才能百折不挠，始终保持乐观向上的情绪。

2. 宽广的胸怀

度量宽广、心胸豁达也是保持健康情绪的基本条件之一。生活中我们可以看到凡是在情绪上容易大起大落，或者长期陷入不良情绪状态的人大多是心胸狭隘的人。从小事中超脱出来，开阔视野，把自己的注意力更多地集中到自己所为之奋斗的事业上，集中到那些对人生更有意义的方面，这对于保持健康的情绪具有重要意义。

3. 适应生活的能力

所谓适应能力，首先就是接受生活现实的能力。人们往往对于那些令人高兴、满意的现实比较容易接受，而一遇到那些扫兴的、失意的、倒霉的现象就不容易接受，就想不开，闹情绪，好像通过发牢骚，到处辩解，这些事就能摆脱似的。其实，这样做往往是白费时间，现实还是现实，并不因为你不接受，它就不存在。

适应能力还包括正确地评价自己。不能接受现实会引起对生活的不适应，不能正确评价自己也会引起对生活的不适应。例如，对自己的能力、才华估计偏高，追求过高的目标而难以达到，就容易产生挫折感和失败感。

4. 坚毅的性格

情绪的波动还同人们的性格有着密切联系。性格不同的人，在情绪活动特征上也会有很大的不同。有的人性格坚强，遇到失意和伤心事能挺得住。而有的人性格软弱，遇到失意和伤心事就容易被不良情绪所征服。性格豪爽的人，一般的小事不会放在心上，不会引起情绪波动。而喜欢斤斤计较的人，情绪波动的机会就多一些。可见要保持健康的情绪状态还必须考虑到自己的性格特征，注意克服性格方面的缺陷。

5. 对情绪的控制

自我情绪认知能力，是指对自己的某种情绪刚一出现就能觉察的能力，这是情商的核心。没有能力认识自身的真实情绪就只好听凭这些情绪的摆布。因此，我们应该学会觉察自己真实的情绪，做自己情绪的主人。无论何时何地，人们都不要自寻烦恼。确有可恼、可忧之处，就要寻求适当的解决办法。通过问题的解决，从根本上消灭不良情绪产生的根源，进而帮助人们走出不良情绪的阴影。

（四）不良情绪调节的方法

在日常生活中，每个人都难免有这样或那样的消极情绪，且不同程度地受到它的困扰和伤害。认识消极情绪产生的主要原因及控制的方法，将有助于我们最大限度地减轻不良情绪对我们的影响，并有助于健康情绪的培养。

1. 不良情绪的表现

1）焦虑

焦虑（anxiety）是指对可能出现的危险、威胁或担心目的不能实现所产生的紧张、不安、忧虑等不愉快的复杂情绪。

焦虑有程度的差异，轻微乃至中度的焦虑大多数人都曾经经历过。那种非病态的焦虑是有积极意义的。心理学研究表明，适度的焦虑有利于提高工作效率。如果焦虑水平过高或频繁地体验某种焦虑，会对我们的学习和工作产生负面影响，如考试焦虑。

焦虑产生的原因是多方面的，一方面与外界的压力有关。如果个体面临的要求或目标较高，或者学习负担过重，都可能使个体感到压力并引发焦虑；另一方面，与个体的心理素质有关，对那些心理承受力比较弱的人来说，本来并不构成威胁的情境也会使其感受到焦虑。

对于一般性的焦虑，个体可以通过自我调节的方式加以改善，比如改变认知方式，可以有效地缓解焦虑症。对于严重的或者说病态的焦虑，则应该寻求心理医生的帮助。

2）沮丧

沮丧（dejection）是指由于严重挫折与失败而产生的一种由灰心、失望等构成的情绪低落状态。常伴有长吁短叹、灰心丧气、无精打采、自怨自艾，不能正确面对现实，看不到未来的希望，固执己见等行为表现。

对生活不满或经常遭受挫折是沮丧产生的主要原因。沮丧这种情绪体验不但让人感受不到生活的乐趣，失去完成任务的信心，而且时间长了，极有可能转化为抑郁症。

3）抑郁

抑郁（depression）是一种具有弥散性、感染性的由忧郁、压抑、悲观或者烦躁组成的情绪低落状态。抑郁与沮丧有所不同，沮丧一般是由于没有达到想要达到的目的而造成的一种挫折感或者失败感，而抑郁则可能是由生活中的消极事件而引起，如亲人去世、朋友离去等。二者又有一定的联系，抑郁是在沮丧的基础上演变而成的，如果一个人长时间不能从沮丧中解脱出来，则很可能由沮丧而转化成抑郁。抑郁常常表现为情绪低落，对什么都不感兴趣，心情烦躁、悲观、忧郁，刻意压抑情绪，精神萎靡不振，身心疲惫，工作、学习效率低下。另外，人在抑郁时还会产生一系列的生理反应，如头痛、失眠、厌食、消化不良等。

4）愤怒

愤怒（anger）是指由于外界事物或对象再三妨碍和干扰，使个人的愿望受到压抑、目的受到阻碍而产生的情绪体验，也就是我们平常所说的生气。

个人的愿望受到人为的干扰和阻碍，身心受到攻击与侵害，遇到不公平、不公正的事件等，都可能是愤怒产生的原因。

那种代表正义的愤怒是抑恶扬善的积极力量，而作为一种不良情绪的愤怒是指无谓的、非理性的和不加控制的愤怒，这种愤怒往往会导致对他人的无端攻击，并会酿成无法挽回的恶果。

2. 不良情绪的调节

不良情绪不可能完全杜绝，但如果一个人能够整体上保持一种乐观的心态，并掌握一些有效的调节方法，他就能够避免不良情绪对其身心的不利影响。

（1）情感升华。面对悲伤和痛苦，青少年可以努力将悲痛化为向上的动力，积极投身到有益的活动中去，用全部精力和心血取得显著的成就。比如歌德从失恋的悲痛、消沉中走出来，以满腔的热情倾注于文学创作之中，写出了举世闻名的优秀小说《少年维特之烦恼》，既获得了成功，又减轻和消除了自己的消极情绪。

（2）自我暗示。当青少年为消极情绪所困扰时，可以通过言语的自我暗示来调节和松弛紧张情绪。例如，可用言语暗示自己“不要发愁”，“发怒会使事情更坏”，“忧愁无济于事，还会损害健康”，“不要着急，冷静处理，一切都会好起来”等，给自己以安慰和鼓励。在心情平静的情况下，进行这种自我暗示，会对情绪的调节起到明显的作用。

（3）请人疏导。消极情绪光靠自身调节是不够的，还需要借助于他人的引导。心理学家认为，人的心理处于压抑时，有节制地发泄，把苦闷倾吐出来是有益的。当一个人被不良情绪困扰时，找个知心人谈谈，听听好朋友的意见是大有好处的。俗话说：快乐有人分享是更大的快乐，而痛苦有人分担就可以减轻痛苦。何况，当人的情绪压抑时，向朋友倾诉了苦恼，从朋友处得到的不仅仅是安慰，还有解决问题的具体方法。俗话说：当局者迷，旁观者清，别人的点拨往往会使自己茅塞顿开。所以，青少年有了烦恼和苦闷，向亲人朋友诉说是非常有益的。

（4）自我宣泄。每个人都会产生喜怒哀乐的情绪体验，这是十分自然的，所以当某种情绪发生时，除了用上述方法消减之外，还可以让情绪宣泄出来，以减除内心的紧张。例如愤怒时猛击沙袋，高兴时手舞足蹈、悲伤时放声哭泣等。只要情绪表现的方式、时机、场合适当，都是一种正常的情绪反应，有助于情绪的调节。

（5）环境调节。环境对人的情绪同样起着重要的作用，宁静的环境使人心情平静，而杂乱、尖利的噪音易使人烦躁。因此，改变环境对不良情绪的调节会起到一定的作用。的确，当人被不良情绪困扰时，出去走走，大自然的美景会使人胸怀豁达、身心愉悦。绿色的世界，蓬勃的生机，会令人心旷神怡、精神振奋、忘却烦恼，解除精神上的烦恼和压抑。青少年大部分时间都在学校,因此学校环境状况的好坏会直接影响其学习情绪。为此,学校可以通过组织健康、有益的交往活动,让学生在活动中增进友谊,体会快乐向上的情绪氛围。同时学校还可以运用多种教学模式,如情境教学、快乐教学、赏识教学等激发学生的积极情绪。另外,家庭环境也是不可忽视的重要因素。良好的亲子关系能营造和睦的家庭氛围,使孩子获得轻松愉快的情绪体验。改善挫折环境有助于减弱消极情绪的影响。虽然挫折是青少年成长过程中必要的人生经历,但挫折环境是导致青少年产生消极情绪的重要原因。改善挫折环境的有效方法就是使青少年建立具体、适当的目标,为其提供多种实践活动,使他们能更多地获得成功体验;同时应营造一种合作的学习氛围,避免过度的学业竞争,以减少青少年消极情绪的产生。

(6)社会交往。保持健康情绪和身心健康的最佳途径,就是积极参与社会活动,多与人交往,在为社会贡献力量的同时体现自我价值。研究证明,社会交往能使人产生积极的情绪体验,积极的情绪体验又会使人们更积极地与人交往,更好地适应环境与应对突发事件,从而形成一种良性循环。

青少年只要善于应用各种情绪调节技术,就有助于克服情绪不稳定的不足,并能使自己在适当的情绪与情感体验中发挥自己的学习潜能,取得较好的学习效果。

思考与练习

1.名词解释

情绪与情感　　情绪的动机功能　　心境　　激情　　应激

情绪的两极性　　情感智力　　情绪健康　　生活压力

2.什么是情绪?怎样理解情绪与需要的关系?

3.简述情绪与情感和认识的关系。

4.你能从情绪与情感的关系来解释基本情绪是人类复杂情绪的基础吗?

5.怎样看待应激?在生活中如何才能做到临危不乱?

6.试述沙赫特和辛格的认知评价理论。

7.简述情绪调节的 ABC 理论基本观点。

8.健康情绪的心理基础有哪些?

9.怎样看待健康情绪对我们生活、学习的意义?谈谈你对情商的理解。

10.举例说明引起消极情绪的原因并提出调控方法。

课外延伸

根据情绪调节的 ABC 理论,结合自己的实际经历,谈谈你在面对某次事件时是如何调节自己的情绪的。

第十章 意　志

本章学习目标……

- 掌握意志的概念
- 掌握意志的基本特征和意志的品质
- 掌握意志与认识、情感的关系及对行为的调节作用
- 掌握意志行动的概念、特征和基本阶段
- 掌握意志行动中的冲突类型
- 了解培养学生良好意志品质的途径和方法

西汉著名学者匡衡从小生活十分贫困，但他渴望读书，可父母没有能力供他上学，甚至连书本也买不起，匡衡只好向别人借书。一天晚上，匡衡很希望在睡前读一读书，但家里穷得连灯油也没有，根本没法点灯读书。正当匡衡发愁时，忽然发现有丝丝光线从墙壁的缝隙中透射过来，原来这是邻居家的灯光。匡衡心生一计，用凿子把那小缝挖成一个小洞，然后捧着书，倚在墙边，利用那点微弱的光线阅读。从此，匡衡每晚借着邻居家的灯光埋头苦读，最终成为著名的学者。

这个故事想必我们都听说过。大家在感叹古人"凿壁借光"刻苦学习的同时，是否也会思考，为什么有些人具有顽强的意志，而另一些人则是三天打鱼、两天晒网呢？坚强的意志可以促使我们走向成功，而意志不坚定者往往与成功失之交臂。那么，到底什么是意志？意志有哪些特征？在教学实践过程中，如何指导学生锻炼意志品质呢？本章将和大家一起探讨与意志和行为有关的内容。

第一节　意志概述

·名人名言·

既然我已经踏上这条道路，那么，任何东西都不应妨碍我沿着这条路走下去。

——康德

一、意志的概念

在我们成长的过程中，要想不断取得成功，除了需要认识活动的参与和情感的调控外，还需要借助心理过程的另一个重要方面——意志。那么，什么是意志呢？

在心理学中，意志(will)是指人们自觉地确定目的，根据目的支配、调节自己的行为，并通过克服困难以实现预定目的的心理过程。

所以，在社会生活中，小到我们搬一件东西、解一道数学题，大到参加科学考察、抗洪抢险，都需要意志的参与。

需要指出的是，意志是人自觉地确定目的并支配行动、克服困难、实现目的的心理过程，是人的思维见之于行动的心理过程。无意识的本能活动、盲目的冲动或一些习惯性动作等都不含有或很少含有意志的成分。

二、意志的基本特征

(一)意志有明确的预定目的

人的认识、情感和行动有的是有目的的、自觉的，有的则没有。而人的意志行动完全是有目的的、自觉的。正因为如此，人类才不是消极、被动地适应环境，而是积极、能动地改造世界，成为现实的主人。这也是人区别于动物的特征之一，意志行动是人所特有的。离开了自觉和目的，就没有意志可言。冲动的、盲目的行动是缺乏意志的行动。一个人对任务、对目的愈明确，愈意识到这个任务或目的的重要意义，其意志就愈坚定。人的意志行动的明确的、预定的目的是人主观能动性的表现。

人的意志具有主观能动性，是否一个人想干什么就可以干什么，是否存在着绝对自由的意志？对于这个问题，辩证唯物主义认为，人的意志是自由的，但又是不自由的。说它是自由的，是因为在一定的条件下，人们可以根据自己的意愿选择目的，发动或制止某种行动，按照某种方式、方法行事。说它是不自由的，是因为人的一切愿望、一切行动都必须符合客观规律，否则将一事无成。

意志有明确的、预定的目的，因此，意志同与目的有密切关系的动机之间存在一定联系。动机是一种由需要所推动，达到一定目标的行为动力，是直接推动一个人进行活动的内部动因或动力。沈德立等认为，意志一定表现在动机冲突之中。如一个人感到饥饿，就会产生吃饭的动机，但如果有另一个比吃饭更重要的动机存在，就会表现出意志。革命先烈在狱中的绝食斗争，就是坚强意志的表现。意志的强度表现在高级动机对低级动机的克服力量上。以高层次需要为背景的动机战胜了以低层次需要为背景的动机，这就是坚强意志。

(二)意志是人所特有的心理现象

人在认识客观事物并感到有一定需要的时候，就会组织自己的行动去改变客观现实，以满足自己的需要。也就是说，人在活动之前，活动的目的和结果就已经存在于头脑之中，并以此为前提，拟订计划、选择方法、调节行动，使之服从于预定目的。

动物的行为虽然也作用于环境，但动物的行为是无意识发生的，而且对于动物本身来说也是偶然的。例如，羊群到草地去吃草，羊的代谢物无意识地供给牧草以肥料，使牧草长势更好，从某种意义上说，羊的行为维护了生态循环。但它意识不到代谢物过多会导致牧草枯萎，也不能改变这个结果。所以，动物只能是消极地适应环境，而只有人类才能积极主动地影响环境和改造环境。意志是意识的能动作用，只有人才有意志行动。

（三）意志表现为有意识地对行为进行调节

意志对行为的调节表现在两个方面：发动行为和制止行为。发动行为表现为推动人们从事达到预定目的所必需的行动；制止行为表现为制止与预定目的不相符合的愿望和行动。这两方面在实际生活中是相互联系、相互制约的，有所为有所不为。例如，学生为了明天的考试而紧张复习，这时即使有精彩的电视节目也只有放弃不看。正如苏联教育家马卡连柯所说："坚强的意志——这不但是想要什么便获得什么的那种本事，也是迫使自己在必要时抛弃什么的那种本事。没有制动器就没有汽车，而没有克制也就不可能有任何意志。"

应该指出，人的意志行动并不是经过一次发动和制止就可以轻而易举地完成的，往往需要反复多次克服内在与外在的困难和干扰才能完成。也就是说，一方面人要根据预定的目的支配自己的活动；另一方面，人活动的结果又不断地反馈给人的意识，进行判断和调节，校正人的活动，最后才能实现预定目的。例如，我们决定要搬走一块拦路的石头，首先根据反映在我们意识中的有关这个对象的客观属性，如大小、重量、光滑度等，来决定对它施加的作用力。在反复搬动的过程中，根据每次搬动的结果，来校正臂力的大小，直到搬走为止。人的意志的调节作用，不仅限于外部行动，对植物神经支配的内脏活动也能进行一定的调节。如通过专门训练，人可以在一定程度上调节心率、升降血压、收缩膀胱等。

（四）意志对客观规律的依存性

人经常对自己设定这样或那样的目的，并力图达到这些目的；人也经常作出这样或那样的决定，直接激励人的行动或制止人的行动；人也可以按照自己的主观意愿选择这样或那样的途径和方法，顺利实现意志行动的目的。人的意志具有高度的自主性，似乎是"自由"的。

唯心主义者正是抓住这一点进行"意志自由"的宣传的。他们把意志看成"绝对自由"，是不受任何客观规律所制约的。意志作为一种纯粹的精神力量，可以超越客观现实，并"自由地"驾驭客观现实。但唯物主义者认为，意志自由是相对的、有条件的，在绝对意义上，意志是不自由的。它像人的其他心理过程一样，是由客观世界决定的。人的头脑中不论出现哪种自由的选择、自由的决定，归根到底都有客观原因和客观依据。恩格斯认为，自由不是在幻想中摆脱自然规律而独立，而在于认识这些规律，从而能够有计划地让它们为一定的目的服务。这无论对外部自然界的规律，或对支配人本身的肉体存在和精神存在的规律来说，都是一样的。因此，意志自由只是借助于对事物的认识来作出决定的那种能力。

因此,人的意志不能主宰客观世界;相反,正是客观规律支配和决定着人的意志。人对客观世界的规律性认识得越深刻,就越能自觉地支配自己的行动,及早实现预定的目标。如果人的行动背离了自然规律和社会规律,就会到处碰壁,走投无路,当然也就谈不上任何自由了。总之,意志自由是受客观规律所支配的,自由是在尊重客观规律基础上的自由。

三、意志的品质

克鲁捷茨基认为,意志的品质包括坚定的目的性、独立性、果断性、坚忍性、自制力、果敢性、英勇性、纪律性。我国心理学家认为,意志的品质一般包括独立性、果断性、坚忍性和自制力。

(一)独立性

独立性是指个体倾向于自主地选取决定和行动,既不易受外界环境偶然因素的影响,也不易被周围的人所左右。意大利诗人但丁由于反对当时权重势大的教皇统治,被教皇罗织罪名,判处终身放逐。在他逝世前5年,当局曾宣布,若他当众认罪,可允许回国。但丁为使自己的清白不遭受玷污,断然拒绝。他说:“走自己的路,让别人说去吧!”这句为马克思十分欣赏的名言,显示出一种高度独立的意志品质。

与独立性相反的是依从性或受暗示性。这种人缺乏主见,人云亦云,想事处事,先看看左邻右舍,别人怎么干,自己也跟着干,这是意志薄弱的表现。具有这种性格的人,难以充分发挥自己的智慧和个性,工作中也难以发挥应有的独创性。

独立性又不同于独断性。独断性是以主观、片面、一意孤行为特征的,独立性则以冷静的理性思考为基础。因此,独立性强的人虽不人云亦云,但也不会因一概拒绝他人的合理见解而陷入刚愎自用的境地。

(二)果断性

果断性是指个体善于在复杂的情境中迅速而有效地作出决定。欲求成功,把握时机是重要的,时机是变化的、稍纵即逝的,只有处事果断,才能抓住有利时机。

这一点在军事指挥员身上表现得尤为突出。战场形势错综复杂,瞬息万变,需要作出迅速、及时的决断。战斗的胜负不仅取决于指挥员决策的正确与否,而且取决于决策的及时与否。有时,即使军事布置正确,如果在时间上延迟、耽误,也可能招致失败。

意志的果断性还要求人们在时机尚未成熟时耐心等待。民间流传的“东方朔偷饮长生酒”的故事,就充分表现了东方朔办事的果断性。东方朔是汉武帝的内宫官员,敢于直言进谏。汉武帝登基后,采取了一系列改革措施,国强民富。晚年,汉武帝也学秦始皇,派人四处寻找长生不死的秘方,并大兴土木祭祀神仙。东方朔想劝谏皇帝,但苦于找不到机会。一天,有人求见汉武帝并进献一坛长生不死酒,汉武帝高兴地收下了。东方朔见机行事,将酒偷喝光,故意让人发现并把自己押去见皇帝。

汉武帝大怒勒令将其斩首，东方朔大笑。汉武帝问其为何而笑，东方朔趁机劝谏："如果长生不死酒是真的，我喝了它，你是杀不死的；如果你把我杀死了，那不死酒便是假的，你为一坛假酒杀人值得吗？"汉武帝终于领悟。这种善于把深谋远虑与当机立断相结合的行为，充分体现出意志的果断性。

与果断性相反的特性有两种。一是优柔寡断。优柔寡断者每遇抉择，总是犹豫不决，摇摆不定，难以作出最终选择，好不容易做了个决定，又迟迟不付诸行动，生怕走错步子而后悔。这种人的智慧水平可能不低，但因其太缺乏行动性，结果限制了其才能的发挥。莎士比亚笔下的哈姆雷特头脑清醒、感觉敏锐、感情丰富，但由于他太过分地耽于思索而怯于行动，结果错失多次良机，终难实现替父报仇的夙愿。果断性的另一对立面是鲁莽。虽然鲁莽者办事也很少迟疑，说干就干，他们行动虽快，却不善于事前做周密考虑和斟酌，结果多半成事不足，败事有余。所以，避免优柔，需要当机立断；避免鲁莽，需要深思熟虑。

（三）坚忍性

人的一生是个漫长的过程，实现人生的总目标，需要数十年的奋斗。长时间地向着既定目标奋进、拼搏，必须有坚忍的意志。鲁迅在"风雨如磐"的旧社会，特别强调要坚持"韧性的战斗"。韧性的战斗要求坚忍的意志品质。许多卓有成就的革命家、科学家、文艺家之所以取得成功，除了他们的才能之外，无一例外地都具有一种共同的心理品质，即意志的高度坚忍性。正是这种坚忍性，使他们数十年如一日地克服种种艰难险阻，百折不挠地向前奋进。大目标是由一系列的小目标积累而成的。有些小目标的实现，也需要假以时日，不能一蹴而就。以冬季长跑锻炼为例，寒冬腊月，室外刺骨的寒风会使人退缩，长时间跑步的生理疲劳，又时时让人想停下来。跑步动作本身是单调的，并无什么引人入胜之处，倘若再碰上考试临近，时间紧迫，就会促使人产生"算了吧，今天就免掉一次"的念头。这些都是干扰行动的不利因素。只有持之以恒、风雨无阻，才能是最后的胜利者，才具有真正的坚忍性。可见，意志的坚忍性体现在善于长久地坚持业已开始的符合目的的行动，做到锲而不舍、有始有终。

意志的坚忍性既不同于动摇，也不同于执拗。动摇的人，开始也可能有某种壮举，而且决心不小，但一遇挫折，就知难而退，以各种借口原谅自己，甚至怀疑当初所作决定的必要性或可行性。性格执拗者，只能刻板地依照一成不变的计划行事，不能敏锐地觉察情势的变化，不善于及时根据新情况对行动方式或行动目的作出修正，一意孤行。所以，良好的意志品质，不仅表现为能坚持贯彻既定的决定，而且表现为在必要时能当机立断地改变旧的决定，采取新的决定。顽固、执拗、我行我素都是意志薄弱的特征。

（四）自制力

人不但是客观现实的主人，也应是自己的主人。此话听起来理所当然，做起来却很不容易。做自己的主人，意味着要根据正确的原则指挥自己、控制自己。人的各种愿望和冲动并不都是合理的，而合理的欲望和冲动在一定条件下也并不一定都是适当的。人生活在社会环境中，生活在同他人的相互关系中，个人的利益和愿望同社会利益和他人愿望时时会发生矛盾。有时，个人的一时冲动和愿望同他自己本人的根本利益也会存在矛盾。因此，人必须依据社会的规范来约束自己的行动，必须根据自己的根本利益来调节自己的行动。

自制力还表现在对情绪反应的控制上。情绪是会直接影响人的行为的，因此，对情绪的有效控制也间接地调节着人的行动。突然遇到危险，人往往会产生恐惧，甚至惊慌失措。但呆若木鸡也好，手忙脚乱也好，不但无助于人应付险情，反而会使事态更加严重。只有临危不惧、镇定自若，才能急中生智、思考对策，最终才可能化险为夷，而要做到这一点，需要自制力。

在心理学领域中，意志研究历来是十分薄弱的环节，关于意志的研究很少，究其原因主要是因为研究方法欠缺，评价指标难以确定。迄今为止见到的最早的有关研究是关于意志品质方面的。

经典实验

关于意志品质的实验研究

密格勒尔和艾勃森以幼儿为对象对意志品质中的坚忍性做了如下实验。把被试带到实验室内，让他一个人在室内等着。如果能安静地等下去(最多15分钟)，可以得到好吃的糖果(延续报酬物)。如果被试不愿等时，马上按铃，只能得到不大好吃的糖果(即时报酬物)。报酬物是否在眼前出现，被作为一个实验条件。

结果发现，在延缓报酬物和即时报酬物都看不见时，被试能等待最多10分钟；能看见一种报酬物时，被试能等5分钟左右；两种报酬物都能看见时，被试能等待的时间最短。

四、意志与认识、情感的关系

(一)意志与认识的关系

意志与认识有着密切的联系。首先，意志的产生以认识过程为前提。意志的一个首要特征是具有自觉性和目的性，人的任何目的，都是在认识活动的基础上产生的。目的虽然是主观的东西，但它来源于对客观现实的认识。目的、方法的选择都是在认识活动的基础上产生的。人在确定目的、选择方法和步骤时，要分析主客观条件、回顾过去的经验、设想将来的结果、拟订方案、编制计划，并对这一切进行反复权衡，所有这些都必须通过感知、记忆、思维、想象等认识过程才能实现。因此，意志行动离不开认识过程，意志是在认识活动的基础上产生。其次，意志对认识过程也有很大的影响。人在进行各种认识活动时，总会遇到一定的困难。要克服这些困难，就要作出意志努力。例如，注意的维持、思维活动的进行等都需要意志努力。认识活动是在实践中进行的，而实践活动又离不开人意志的支配。没有意志行动，就不可能有认识活动，也不可能进行各种有效的社会实践活动。

（二）意志与情绪、情感的关系

意志总是与情绪、情感活动相联系。在日常活动中，许多道理不是我们认识了、理解了，就能转化为行动的，而是在人对这些道理产生了一定的与情感有密切联系的态度的情况下才转化的。

1.情绪、情感可以成为意志行动的动力或阻力

当人们对自己的行动目的满怀热情时，就会干劲十足、勇敢坚强、勤奋努力、善始善终；相反，如果对目的缺乏热情，行动中就会敷衍了事、马马虎虎，遇见困难就犹豫、退缩甚至放弃。意志过程执行着对行为的组织和调节功能，意志行动最终是否得到体现，取决于各种主客观条件。就人的内部条件来说，主要取决于意志和消极情绪之间的力量对比：意志力薄弱而消极情绪强烈，会导致意志行动半途而废；意志坚强则可克服不利情绪的干扰，使行动贯彻始终。由此可见，要具有坚强的意志品质，首先应保持良好的心境。除此以外，对生活、事业是否具有热情也会影响意志的实现。例如，电视连续剧《激情燃烧的岁月》中的主人公石光荣正是因为对事业怀有强烈的激情，才具有坚忍的意志品质。

传统观点认为，人在理性的决策过程中，全然依赖思维活动而无情绪的参与。但神经病学家戴马修认为，理性的决策离不开情绪的参与。他发现，如果病人前额叶与杏仁核（与情绪加工有关）之间的通路受损，那么，病人的决策能力将严重下降。这类病人无论是在事业上还是在生活中，都表现出决策水平的低下，甚至连决定一次小小的约会都会令其倍感困惑。在戴马修看来，个体在生活历程中积累起来的具有情绪色彩的经验，在决策过程之始就指引着他排列、集合所有的可能性，权衡取舍，以便作出最佳选择。由于这些经验具有一定的情绪色彩，所以其储存离不开杏仁核的功能。一旦新皮层前额叶同杏仁核之间的通路受损，关于情绪体验的记忆就难以激活。在这种情形下，纵使新皮层如何深思熟虑，也不能引起同以往的情绪体验相关的经验，于是他对一切事物都变得淡然、冷漠，自然无法确定行动的目的与方向。

2.意志对情绪和情感的影响

（1）情绪、情感是在对一定事物的认识基础上产生的，而认识活动的进行离不开意志。例如，坚强的意志可以使学生在学习中努力不懈，努力的结果使学生对自己的功课有更为深入、全面的认识，学生也因此可以获得一定的成就感，进而对课本知识产生浓厚的兴趣与热情。相反，意志薄弱的学生，在学习中很难获得充分的成就感，进而对学习丧失兴趣与热情。可见，意志与情绪、情感之间会形成一种良性循环。积极的情绪、情感可以促进意志的实现，意志的实现又可以促使情绪、情感更加积极向上。当然，这两者之间也会形成恶性循环，即消极的情绪、情感阻碍意志的实现，无法实现的意志又会使人产生失败感，导致情绪、情感更加消极、悲观。

（2）意志对情绪具有调控作用。一个遭遇不幸而陷入悲伤心境中的演员，通过意志努力，在舞台上仍能成功地扮演喜剧角色，“化悲痛为力量”，即意志对情绪情感

的调节作用。我们常说，“用理智驾驭情感”，实际上也是指意志遵循理智的要求而实现的对情感的驾驭。认识过程本身并不具有直接调节情感的功能，调节是由意志来完成的。所谓“理智战胜情感”，就是通过意志的力量根据理智的认识克服了与理智相矛盾的情感。

(3)认识、情感和意志是密切联系、彼此渗透的。发生在实际生活中的同一心理活动，通常既包括认识过程又包括情绪、情感过程，同时也离不开意志过程的参与。任何意志过程总包含有理智成分和或多或少的情绪成分，而理智和情感过程也包含有意志成分。不存在纯粹的、不与任何认识和情绪过程相关的意志过程。

视野扩展

意志的生理机制

意志过程与认识过程、情感过程一样，也是脑的机能。但意志过程的生理机制还没有完全揭示出来。巴甫洛夫通过研究发现，意志行动是通过一系列随意活动实现的，并认为大脑皮层的运动分析器感受和分析来自运动器官(肌肉、肌腱、关节)的神经冲动，并调节运动器官的活动，这对于随意运动具有特别重要的意义。但随意运动中每一个动作的完成，在很大程度上还依赖于效应器官的返回传入。大脑皮层通过运动感受器接受返回传入以实现对运动过程的调节。

巴甫洛夫指出，词语是全部高级神经活动的随意运动的调节者，在人们的意志行动中起主导作用。所以，一个人在长跑途中，别人对他喊“加油”、“努力”，或者自己的内部言语激励自己“坚持到底”，都能帮助他很好地完成意志行动。通过对割裂脑病人的研究发现，大脑两半球切开的人，对自己身体左侧失去意志的联系和控制，从而出现了奇特的情况：当把一幅图画呈现给大脑左半球时，右手就会像一位受理性支配的艺术家那样勾画草图；当将图画呈现在大脑右半球时，左手则像一台自动打字机一样临摹图画，但被试意识不到他在做什么。可见，大脑左半球言语中枢是意志控制的场所。

研究还表明，大脑额叶是形成人的意志行动的目的并保证贯彻执行的部位。额叶区严重损伤，人就会丧失形成自我行动的愿望，不能独立制订行动计划，也意识不到行动中的偏差和错误，无法有效调控自己的行动。如果要求病人依次画圆圈、十字、三角形、正方形等，他画了一个圆圈后仍继续画圈。另外，如果要求病人对一个声音用右手反应，对两个声音用左手反应，并形成右—左—右—左的刻板运动；然后突然改变序列，变成右—左—右—左—左，病人无法接受新的命令提示，只会继续做先前的动作。后来人们发现，儿童的额叶比其他各叶发育成熟的时间晚，其言语系统的机能较弱，自觉性较差，意志力也较差。

五、意志对个人发展的影响

(一)一定强度的意志品质是一个人健康的基本保证

必要强度的意志是一个人适应环境、改造环境，使之符合自身需要的必要条件。

一旦意志方面出现问题，直接就会威胁人的正常活动，导致不健康行为的出现，进而无法适应周围环境的变化。意志方面存在的问题一般被称为意志障碍，主要表现有：意志增强，即意志活动增多，产生病态的固执行为与过分自信，多见于有妄想观念的精神病人；意志减退，意志活动减少，缺乏主动性和进取性；意志缺乏，缺乏要求与打算，生活被动，处处要人督促。例如，抑郁症患者的一个主要表现就是意志减退，这种患者往往对周围事物缺乏必要的兴趣，同时也缺乏起码的克服困难的信心与勇气，因而变得非常懒惰，任何事都不愿意做，严重者对生活产生厌烦、无聊、乏味的感觉，甚至导致自杀。

（二）正确的意志行为是一个人成功的基本条件

关于意志对人的影响，长期以来有两种观点。行为主义心理学派完全否认意志的存在，它把人的行为归结为“刺激—反应”的简单公式，认为人的反应是机械地由外界刺激物所决定的，否认意志及其作用。精神分析学派认为，人的一切行为都是由隐藏在潜意识中的本能决定的，同样否认了意志及其对人的作用。这些对意志的取消主义的观点是不符合事实的。主观唯心主义者则从另一个角度极端片面地夸大了意志的作用，他们提出“意志自由”的观点，把意志看成一种独立于客观现实的、纯粹的精神力量，认为意志是一种超越物质且不受客观规律制约的“自我”表现。德国哲学家尼采和叔本华就宣扬过唯意志论，鼓吹人的自由意志主宰一切，认为只要具有坚强的意志力，就能成为无所不能的“超人”。

以上观点都有偏颇之处。事实上，人的行为有高度的自主性。就一定条件下的具体行动而言，它的确是受个人的主观意愿所左右的。面临同样的情境，人可以产生这样的动机，也可以产生那样的动机；可以采取这个行动目的，也可以采取那个行动目的。人的行为不是被动地、单纯地由外部情境所决定的，也受主体内部意识状态的调节，这种调节正是意志活动存在的证明，是人的意志具有某种自由的证明。意志是决定人的活动的直接原因，但不是终极原因。意志受人的目的所指引，受人的动机所推动，但目的和动机是由人的需要决定的，而人的需要最终必须受制于物质世界的因果制约性。恩格斯在驳斥意志自由论时曾经指出：自由不在于在幻想中摆脱自然规律而独立，而在于认识这些规律，从而能够有计划地使自然规律为一定的目的服务。因此，意志自由只是借助于对事物的认识来作出决定的那种能力。恩格斯的这一论断，既指出了意志自由的存在，也对意志自由的本质作出了科学的解释和严格的限定。简而言之，意志自由只是人对必然的认识和在行动中对必然的驾驭。可见，正确的意志行为是人的主观能动性与客观现实的统一，也是我们认识、改造客观现实与提高自身素质的必要手段。不论是忽视意志的存在还是一味夸大意志的作用都会使我们一败涂地。

六、意志对行为的调节作用

意志对行为的调节作用表现在两个方面：发动和抑制。一方面，人类为了实现既定的目的，要通过意志去调动积极性，采取达到一定目的所必需的行动；另一方面，意志约束、控制人们去战胜与预定目的相违背的各种诱惑或干扰。

意志的这两个方面在实现时并不相互排斥，而是相互联系和统一的。例如，有了利用业余时间学好外语的决心，一方面会推动人去学习外语，另一方面又抑制人去做那些可能对学好外语有干扰作用的其他活动。正因为意志有这两个功能，才对人的行为具有调节和控制作用。它不仅可调节人的外部行为，而且可调节人的内心状态，调节人的认识过程、情绪与情感过程和个性心理。学生的学习过程如果没有意志的调节，就不能排除干扰而注意听讲，也不能集中精力思考问题，更不可能在学习中有所创新。人在危急、险恶的情况下要想镇定自若、急中生智，没有意志是根本不可能的。意志对内心状态调节的一个特殊表现就是冒险行为。个人为了实现自己的愿望，敢于承担多大程度的风险，可以表明他的意志力水平。在社会生活中，机遇常常伴随着风险。人类古往今来的许多伟大发明与创造，许多丰功伟绩的建立，都经历过种种艰难险阻。人类承受和战胜无数风险的历程闪烁着巨大的意志力量的光辉。

意志还可以通过对内心状态的调节间接地影响人的某些内脏活动。根据这个原理，可以对一些心理疾病和生理疾病实施生物反馈疗法。所谓生物反馈，是指个体通过操作性条件反射的机制，调节自己的身心机能，进行有意识学习的方法。通过专门的仪器设备，将生理变化的信息转变为信号或数字，自动地显示给病人，在专家的指导下，病人练习改变自身的生理特征，控制自己过去所不能控制的自主反应，以达到治疗的目的。米勒(Miller)等人于 1967 年成功地在动物身上训练了其对心跳、血压和肠收缩的控制。之后其他一些心理学家在人身上训练了其对心跳快慢、血压变化和脑电波的变化的控制。现在，生物反馈和其他技术相结合，已经能帮助人们控制应激反应、头痛等疾病，在临床治疗和运动员训练等方面起到了一定的作用。

第二节　意志的基本原理

一、意志行动

(一)什么是意志行动

如果说感知觉是外部刺激向内部意识的转化，那么，意志过程就是内部意识向外部行为的转化。因为意志过程总是要伴随着行动，并指向外部的特定目标。我们把意志过程中所表现出来的行动称为意志行动。

意志行动是人类所特有的，只有人类才能预先自觉地确定行动目的，有意识地调节自己的行为。动物虽然也能够作用于环境(如挖洞、啃食树木等)，甚至有些高等动物能表现出某种带有目的性的行为(如黑猩猩觅食)，但从根本上讲，它们都未能上升到自觉意识水平。这是因为，动物的行动可能十分精巧，但它们不能明确意识到行动的目的，也无法预测和控制行为的结果。而人在从事活动之前，就有了明确的行动目标来调节和引导自己的行动,并能预测和控制活动的结果,这一点动物是无法做到的。

(二)意志行动的特征

1.明确自觉的目的性

意志行动是和目的分不开的,没有目的就没有意志。人的本能行为如咳嗽、眨眼等,或无意识动作如走路时的姿势等,都没有什么明确、自觉的目的,不属于意志行动。意志行动是一种经过思考,根据一定的目的去支配和调节行动的心理过程。例如:人在身体某一部分受到创伤时,为了使伤口早日愈合、减少痛苦,及时在伤口处涂上药物;学生为了学习科学文化知识而克服困难,上课认真听讲,记好笔记;教师克服生活和工作中的各种压力和挫折而尽职尽责地教书育人等,这些都是意志行动。自觉的目的性是意志行动的首要特征,这是意志行动的前提。人在从事活动之前,活动的结果已经作为行动的目的以观念的形式存在于人脑之中了。正是由于这种自觉的目的性和对行动的意识,人才能产生符合目的的行动,同时又制止那些不符合目的的行动。离开了自觉的目的,就没有意志可言。行动的目的越明确,目的的社会价值越大,意志的水平就越高,行动的盲目性和冲动性也就越小。

2.与克服困难相联系

意志行动和克服困难总是紧密相连的。一般的有意动作,例如,打开窗子换气,打开音响听音乐等都不能算意志行动。意志行动总是与调节人去克服困难,排除行动中的障碍分不开的。与克服困难相联系是意志行动的核心和基本特征。行动虽有自觉的目的性,但若不与克服困难相联系仍不属于意志行动。

意志行动的水平往往是随着困难的性质和克服困难的难易程度的不同而变化的。就意志过程中的困难来说,一般可分为内部困难和外部困难。

内部困难主要是指主体内部的障碍,包括知识经验欠缺,能力有限,以及身体有疾患等。一些运动员可能由于能力所限导致成绩停滞不前而中途放弃,一个舞蹈演员可能因为意外受伤而告别舞台生涯。此外,不良的生活习惯、不好的性格特征等都有可能成为实现活动目的的内部障碍。懦弱、自私、懒惰的人很难承担长期而艰巨的任务。

外部困难是指意志行动中遇到的外部环境的阻碍,既可能是有限的生活环境和复杂的人际关系,也可能是恶劣的气候条件或工作条件等。20世纪90年代以前,人们乘热气球进行环球航行总会失败,既和变幻无常的气候条件有关,也和经验不足以及设备不够精良有关。但总的来说,外部困难必须通过内部困难起作用。克服了内部困难,就更容易战胜外部困难。中国古代的《为学》一文提及:“学之,则难者亦易矣;不学,则易者亦难矣。”说的就是这个道理。

人们往往由于在心理上无法克服内部障碍而总是过分夸大和惧怕外部困难,以致半途而废、一蹶不振。因此要培养坚强的品质,加强意志锻炼,勇于挑战自我,才能克服各种困难,达到预定的目标。

3.以随意运动为基础

随意运动是指一种受意识支配的，具有一定目的性和方向性的活动，通常是一些已经熟练掌握的动作。譬如在生活中，运动员自如地运球上篮，学生熟练地屈膝做操，画家持笔作画，音乐家操琴谱曲，都是意志行动的表现。意志行动离不开个体的行为，但个体的行为表现并不见得都是意志行动。如一个不会作画的人信手涂鸦，一个不会打拳的人胡踢乱打，没有明确的目的性和方向性，更谈不上熟练掌握，都不能算作意志行动。一般来讲，随意运动越熟练，掌握程度越高，意志行动也就越容易实现。所以，坐在钢琴前练习两个小时，一个钢琴家要比一个初学弹琴的小孩子更容易做到；一个经验丰富的司机可以担负起长途驾驶的任务，一个刚学开车的生手则会感到困难无比。

自觉地确定目的是意志行动的前提，克服困难是意志行动的核心，随意运动是意志行动顺利进行的基本手段。只有具备这三个特征，才能构成完整的意志行动。

二、意志行动的基本阶段

意志行动是一个复杂的自觉行动过程，有其发生、发展和完成的心理过程。意志行动一般可以分为两个阶段：采取决定阶段和执行决定阶段。

（一）采取决定阶段

采取决定是意志行动的开始阶段，它决定意志行动的方向，是意志行动的动因。一般要经过确定目的、形成动机和拟订计划等环节。

1.确定目的

意志行动的基本特征是目的性。如果行动的目的只有一个，那么确定目的就不需要意志努力。如果行动的目的不止一个，则需要意志努力。但是，目的的确定并不是件容易的事情。通常，人们在行动之前往往会有几个彼此不同、甚至相互抵触的目的，需要对其进行权衡比较，根据目的的意义、价值、客观条件和自身特点最终确定一个。有一定难度、花费一定意志努力后可以达到的目的，往往是比较适宜的目的。一旦目的得以实现，便可以带来心理上的满足和喜悦，弥补由于在目的确定时发生内心冲突所带来的损害，为更好地实现下一个目的做准备。如果有几种目的都很适宜、很诱人，人们就会发生内心冲突或动机斗争，难以下定决心作出抉择，这就需要合理安排。先实现主要的、近期的目的，后实现次要的、遥远的目的。在几个目的中，选择确定一个目的的过程，是一个决策过程。决策是意志行动中重要的成分，在整个决策过程中，人的心理过程和个性特征都起着重要作用。在决策实行之初，必须探讨目的的实现意义、价值及其各种方案，同时搜集各种情报，从中筛选出一种最可行和最有前途的方案。在决策执行阶段，必须建立一套信息反馈系统，以便有效地修正行动，顺利达到目的。

2.形成动机

人的行动总是由一定动机引起的。在简单的意志行动中，动机是单一的、明确的。动机一经引发，通过习惯性的行为方式就可实现。但是，在复杂的意志行动中，有时会同时存在几种动机，其中哪一个先实现，哪一个后实现？哪一个是对的，哪一个是错的？轻重缓急、利弊得失等使人面临复杂的冲突和选择，这就是动机冲突。

在大多数情况下，一个人存在着复杂多样的动机，但它们在意志行动中所起的作用是不同的。一个人最强烈、最稳定的动机，常成为他的主导动机。主导动机决定着行动的方式和行动过程的坚持性，还决定着意志过程的结果。除了主导动机外，其余的都属于行动的辅助动机。但有时主导动机和辅助动机之间可能会发生转化。

3. 确定行动目的

在动机斗争获得解决之后，或明确了行动的主导动机之后，行动的方向和目的就容易确定了。作为意志行动都要有预先确定的行动目的，这是意志行动产生的重要环节。

从某种意义上说，动机斗争的过程也涉及对外界多种行动目的的权衡选择。目的有好坏之分，最终应确立既有益于社会也有益于个人的行动目的。目的也有远近、主次的不同。一般来讲，我们总是要先实现近期目标，再实现远期目标。我们既可以选择先实现主要目标，再实现次要目标，也可以选择先实现次要目标，再集中力量实现主要目标。

4. 选择行动方法

确立行动目的之后，就需要选择适宜的行动方式和方法。有时行动方法同行动目的有直接联系，无须选择。但在许多情况下，达到同一个行动目的的方式和方法可能不止一种，这时就需要进行选择。首先要比较不同方式和方法的优缺点。其次还要考虑行动方式和方法是否符合公众利益和社会公德，是为达到个人目的而不择手段、损人利己，还是选择既有利于社会也有利于个人的方式。

5. 制订行动计划

选定了行动目的和行动方法之后，在执行决定之前，还有一个步骤就是制订行动计划。特别是在复杂的意志行动中，如打一场战争或做一次大手术，都需要精心准备，做好计划。计划的制订要在调查研究的基础上，综合考虑主客观因素，力争周密而严谨。因为一个切实、合理的计划将为执行决定打下良好基础。

（二）执行决定阶段

执行决定是意志行动的完成阶段，使拟订的计划付诸实施，从而达到既定目的。执行决定是意志行动的最重要环节，因为即使有了美好的行动目的和高尚的动机，拟订的计划也很完善，如果不付诸实际行动，所有的一切就失去了意义，也就谈不上意志行动的完成，即所谓“思想的巨人，行动的矮子”。因此，执行决定阶段是意志行动的关键阶段。

1. 执行决定阶段是一个不断克服困难的过程

如果说采取决定阶段主要是克服主观上的内部困难，那么，在执行决定阶段，就既要克服内部困难，也要克服外部困难。

引起执行决定过程中内部困难的因素有很多，有的可能是前一阶段的动机冲突未解决好，原先被压抑的动机又开始抬头，同当前的动机相冲突；有的可能是由于境况的变化，产生了新的动机，同原有的行动目的相矛盾；另外，淡漠的态度，消极的心境，自私、懒惰、保守等不良性格都可能成为意志行动中的障碍，使人的行为处于犹豫、动摇状态，阻碍活动目的的实现。

引起执行决定过程中外部困难的原因也很复杂，既可能是资金设备的短缺，也可能是时间、空间上的不利因素，还可能是人为的干扰和破坏。

对此，首先应该解决内部困难，只要认定行动目的是有意义的、计划是合理的，就应该发挥主观能动性去排除干扰，克服自身的弱点，坚持意志行动。内部困难得到解决后，外部困难一般总能加以克服。长征路上的红军战士面对敌人的围追堵截和凶险恶劣的地理形势，抑制住内心的恐惧、动摇和畏缩，以革命的英雄主义和乐观主义精神，爬雪山、过草地，胜利到达陕北，完成了一项在当时条件下几乎是不可能完成的壮举。当然，如果有人力不可抗拒的客观原因使得决定无法执行，就应该果断终止原定计划，再作新的打算，这仍然是意志行动的良好表现。

2.执行决定阶段还要接受成败的考验

有很多时候，执行决定是一个漫长的过程。科学家为发现一种新物质，要长年累月地待在实验室里搞研究；运动员要夺得奥运冠军，必须经过多年的训练和无数比赛的磨砺。在这个过程中，有短暂的成功，也有暂时的挫折和失败。要使意志行动的目的最终实现，就要有对待成败的正确态度。既不要迷失在成功的喜悦里，造成后面意志行动的轻率和盲目，也不要因一时的失败就丧失信心、半途而废。特别是对待失败，应该冷静地分析原因、总结经验，避免犯同样的错误。只有经历过成败的考验，做到“胜不骄，败不馁”，才能取得最后的成功。

三、意志行动中的冲突

（一）什么是冲突

人们在意志行动中会产生多种多样的愿望和动机，但因为时间、地点、条件，以及各种主客观因素的限制，并非所有的愿望都能得到实现和满足，于是出现了动机之间的矛盾斗争或冲突。一旦冲突出现，总会伴随着某种情绪状态，如紧张、焦虑、烦恼、心神不定等。当问题特别重要，而可供选择的各方面又都具有充分的理由时，这种特殊的内心状态就会更深刻、更持久。

（二）冲突的种类

人的意志行动表现为接近或回避某一个目标。根据意志行动的这一特点，可以把冲突分为以下四种类型。

1.接近—接近型冲突

接近—接近型冲突是指当个体以同等程度的两个动机去追求两个有价值的目

标时，因不能同时获得而产生的动机冲突。"鱼与熊掌不可得兼"就是这种动机冲突的体现。在某些时候，人们面临多种选择，分身乏术，不能同时得到。譬如一个面临大学毕业的学生既想参加工作，又想考研究生，为此犹豫不定。若要解决这种冲突，只能是权衡轻重，趋向认为更有价值的目标。如果那个学生认为考研后继续深造意味着新的学业压力和经济负担，但从长远来看，参加研究生学习更符合社会发展的要求，自己也会有更大的收益，那他可能会选择放弃眼前的工作机会去考研。

2. 回避—回避型冲突

回避—回避型冲突是指个体以同等程度的两个动机去躲避两个具有威胁性的事件或情境时，因不能同时避开而产生的动机冲突。所谓"前有断崖，后有追兵"就属于这种情况。再比如一个学生犯了严重的错误，想认错又怕挨批评、丢面子，不认错又担心被人揭发后受更大的处分。对于这种情况，也需要当事人权衡轻重，作出明智的选择。当这个学生认识到立即承认错误、悬崖勒马是最好的补救方法时，动机冲突也就随之解决了。

3. 接近—回避型冲突

一个人面对同一个既有吸引力又有排斥力的目标，既欲趋近它的益处，又想避开它的弊处时产生的心理冲突，称为接近—回避型冲突（也称趋避式冲突）。如既想吃肉又怕发胖，既想成名又畏惧成名途中的艰辛，既想旅游又怕花钱等。古代文学作品《三国演义》中说，曹操兵败斜谷，进退两难，当夜规定军中口号为"鸡肋"——食之无味，弃之可惜，就是这种内心矛盾的体现。在生活中我们对一个人爱恨交织，对一件东西取舍不定，也是趋避斗争的体验。面对这种情况，只能权衡利弊，作出接受或放弃的决定。比如一个人既为炒股的丰厚收益所吸引，更为股市的高风险而担忧，再考虑到自己工资微薄，没有雄厚的炒股资本，可能会就此放弃。

4. 多重接近—回避型冲突

在实际生活中，人们的接近—回避型冲突常常出现一种更复杂的形式，即人们面对着两个或两个以上的目标，而每个目标又分别具有吸引和排斥的作用，人们无法简单地选择一个目标，而回避或拒绝另一个目标，必须进行多重选择，由此引起的冲突称为多重接近—回避型冲突。例如，现在各用人单位都提倡人员流动。当一个人看到某经济特区招聘职工时，可能会引起接近—回避型冲突。他想到去特区工作的很多好处，如工资收入高、住房条件好等，但又担心去一个新的城市工作和生活不习惯，子女教育问题难以解决。如果留在原单位工作，工资和住房条件差，但工作和生活环境早已习惯，也比较安定，子女升学的条件也好等。由于考虑各种利弊、得失，产生了多重接近—回避型冲突。解决这种冲突要求人们对各种可能性进行深入的思考，因而要花费较长的时间。

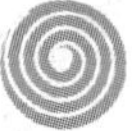

经典实验……

动机斗争与学业成绩的相关研究

苏联心理学家以人为被试，巧妙地设计了一个趋避动机斗争的实验：在距离 1.5

米处的一块垂直板上有一个光点,沿25厘米直径做圆周运动,圆周的正上方既为起点又为终点,整个圆周划分为60格。被试的任务是在光点开始顺时针方向转动后,跟踪监视,当被试认为光点回到起点时,即按一下键,使光点停止移动。若光点正好停在起点处,得10分,超前一格扣10分,滞后不给分也不扣分。实验设计的意图是引起趋避动机斗争的条件:既要得分,又要避免扣分。

结果发现,不同的人可能产生下述三种不同的活动倾向:

(1)趋强于避,宁可因按键过迟而扣分,也不愿轻易提前按键;

(2)趋避折中,被试有时准时按键,使光点停在出发点上,有时略为提前,使光点停在起点左右;

(3)避强于趋,被试倾向于提前按键,使光点在出发点的前一格停止。

实验结果表明,趋避折中者得分最高,避强于趋者得分最低。由此可见,趋的动机过强或避的动机过强都不利于作业。因此,在学习和工作中适当调节趋避动机的强度,将有助于学习成绩的提高。

(三)冲突的结构模型

为了说明不同冲突的性质和作用,德国心理学家勒温(Lewin)提出了描述冲突的结构模型,这些模型包含以下四个重要概念。

1. 效价

效价是指物体或活动的积极或消极特性。效价通常以"+"、"-"符号来代表。"+"表示该特征对个体具有吸引力;而"-"表示该特征对个体具有排斥力。在接近—接近型冲突及回避—回避型冲突中,"+"、"-"特性分别属于不同物体或活动;而在接近—回避型冲突和多重接近—回避型冲突中,正、负效价属于同一物体或活动,因而使该物体或活动具有两歧的效价。

2. 向量

向量驱使个体朝向或离开有效价的物体。

3. 运动

运动是指当情境中出现单一驱动力(接近的或回避的)时,个体所采取的行动方式。

4. 生活空间或场

生活空间或场是指每次冲突发生的疆界。在回避—回避型冲突中,疆界具有重要的意义。如果没有它的限制,个体就可能完全回避整个情境,即离开生活空间而没有任何反应。

四、意志行动中的挫折

(一)挫折

挫折是指个体的意志行为受到无法克服的干扰或阻碍,预定目标不能实现时所产生的一种紧张状态和情绪反应，也就是俗话说的“碰钉子”。挫折包括挫折情境和挫折感受，两者关系密切。挫折情境导致挫折感受，挫折感受是一种复杂的内心体验，包括交织在一起的烦恼、困惑、焦虑、愤怒等负面情绪。

挫折也像压力一样无所不在，关键要看人们是否承受得住。有不少各方面都非常优异的高中生在进入大学后，由于在强手如林的新环境里一下子失去了绝对优势，不再是最出色的学生，因而意志消沉，出现了各种各样的心理问题，这便是一个承受不了挫折的例子。

（二）挫折情境

挫折情境也就是导致挫折的原因。人的任何挫折都与所处的情境有关。挫折情境是指使目标不能实现的各种阻碍和干扰因素。导致挫折的原因有很多，一般包括外在因素与内在因素。

外在因素主要是指环境方面的因素，包括自然条件和社会条件。外在因素常常是个人意志或能力所不能左右的，如个人无法预料的天灾人祸、意外事件、社会动乱等。例如，一名辛勤耕作了一年的农民眼看丰收在望，正盘算着如何把即将得来的收益用于改善生活时，一场突如其来的洪涝灾害冲走了庄稼，也冲走了他的希望。这里导致挫折的因素就是无法预料和控制的外部力量。

内在因素主要是指阻碍目标实现的自身条件限制。包括个人的生活条件、人格特点、心理状态、经济水平等。例如，一个身材矮小的人，一心想成为职业篮球运动员，这个愿望显然很难实现，使他体验到挫折感。自我估计过高的人，因为设定了不现实的目标，很多愿望难以实现，也容易受到挫折的打击。挫折虽然带来的是不愉快的情绪体验，但挫折对人的影响并不都是负面的。法国大文豪巴尔扎克根据自己丰富的人生体验，形象地把挫折比作一块石头。石头本身是中性的，无所谓好坏。但对于不同的人就会产生不同的影响。对于强者它可以成为垫脚石，让人站得更高；对于弱者它可以成为绊脚石，使人一蹶不振。经历挫折，可以使人从失败中吸取教训、磨炼意志，增加克服困难的勇气，增强解决问题、适应环境的能力。俗话说“吃一堑长一智”、“失败是成功之母”，就是这个道理。相反，挫折承受能力差的人却可能因此产生心理上的痛苦，情绪不稳，行为失态，甚至导致生理或心理疾病。

（三）挫折反应

人们在遭受挫折后，个体对挫折的反应主要表现在以下几个方面。

1. 攻击行为

社会学习心理学家多拉德和米勒（Dollard & Miller）于1939年出版了《挫折与攻击》一书，他们用大量实验证据来证明挫折与攻击的关系。他们认为，攻击是挫折的必然结果，如果一个人表现出攻击行为，那么他可能受到了挫折。在现实生活中也可以找到不少这样的例子，如有人在单位受了气回家后就打骂妻儿，一些青少年为社会所抛弃而走上犯罪道路等。

2. 冷漠

有的人在长期遭受挫折，又对改变现状感到无力和绝望时，可能会表现出冷漠、麻木。这种冷漠中包含着愤怒，是愤怒暂时受到压抑而以间接方式表达的反抗。

3. 幻想

个人遭到挫折后，可能会陷入一种想象中，就好像白日梦，即暂时离开现实，沉浸在自己的想象中以获得满足。这是一种对待挫折的非现实的方法。幻想对挫折后的情绪可以起到缓冲作用，但它终究代替不了现实，并不能使问题得到彻底解决。

4. 心理防御机制

个体处于挫折与冲突的情境中时，经常会自觉不自觉地运用一些方法来减轻内心的不安，以恢复情绪的平衡与稳定，这些方法统称为心理防御机制，它是指个体在潜意识中为减弱、回避或克服现实冲突带来的挫折、焦虑、紧张等而采取的一种防御手段，借此保护自己。常见的心理防御机制有压抑、抑制、否认、转移、退行、投射、补偿、合理化、反向、文饰等。

心理防御机制在现实生活中是一种相当普遍的心理现象。当人面对挫折时，心理平衡往往会遭到破坏。在多数情况下，人会感到困扰、不适应，体验到痛苦的折磨。出于人的自我保护本能，会自发地唤起心理防御机制，以达到缓冲挫折、减轻焦虑情绪的作用。从这种意义上说，心理防御机制的使用是积极的，但如果心理防御机制使用不当或过分使用，就会影响个人对环境的适应，反而起到不良效果。

心埋防御机制的作用具有二重性。积极的心理防御机制有助于化解困境，而消极的心理防御机制只能起到暂时平衡心理的作用，并不能解决问题，甚至还会埋下心理变态的种子，某些心理不健康的人就是消极心理防御机制使用过度的结果。因此，我们要准确地认识和把握心理防御机制，适时、适度地运用它，发挥它的积极作用，学会更有效地应对挫折。

（四）增强挫折承受力

既然挫折不可避免，那么就有必要学会面对挫折，提高挫折承受力，以下是一些相关建议。

1. 正确认识挫折

要提高承受挫折的能力，首先要正确认识挫折，建立一个正确的挫折观。在现实生活中，考试不理想、人际关系困难、生活不适应等挫折几乎每个人都曾遇到过。有的人总认为生活中的挫折、困境、失败都是消极、可怕的，受挫后往往悲观、抑郁，甚至丧失生活的勇气。事实上，挫折并不都是坏事，处理得好的话，它可以成为自强不息、奋起拼搏、争取成功的动力和精神催化剂。生活中许多优秀人物就是在挫折磨炼中成熟，在困境中崛起的。相反，过于一帆风顺的生活反而会使人耽于安逸、丧失斗志，在挑战到来时措手不及。因此只要能坦然面对挫折，树立战胜挫折的勇气和信心，就可以适应任何变化的环境。

2.改变不合理观念

心理学研究表明，引起强烈挫折感的与其说是挫折、冲突，不如说是受挫者对所受挫折的看法以及所采取的态度。常见的不合理观念有以下几种。

(1)此事不该发生。有些人把生活中的不顺利，学习、交往中的挫折和失败看作是不应该发生的。他们认为，生活应该是愉快的，人际关系应该是和谐的。一旦生活中出现诸如人际冲突、成绩滑坡、好友背叛、评不上优秀等事件，就认为它不应该发生，因而变得烦躁易怒、束手无策、痛苦不堪、失去信心。

(2)以偏概全。有些人常常以片面的思维方式看待事物，简单地以个别事件来断言全部生活。例如：有人对自己不友好，就得出结论说自己人缘不好或缺乏交往能力；一次考试成绩不理想，就认为自己彻底失败，不是读书的材料；一次失恋就认为自己对异性没有吸引力等。从而出现自责自卑、自暴自弃的心理而焦虑、抑郁。以偏概全不仅表现在对自己的认识上，而且表现在对他人、对社会的认识中。例如，因一件事有错而对他人全盘否定；因社会有缺陷，存在阴暗面，就看不到光明而彻底丧失信心等。

(3)无限夸大后果。有些人遇到的是一些小挫折，却把后果想象得非常糟糕、可怕。夸大后果的结果是使人越想越消沉，情绪越来越恶劣，最后难以自拔。例如，一门功课考试不及格，就认为自己能力不行，学不下去，毕不了业，找不到工作，人生没前途，生命没价值。这实际上是一种自己吓唬自己，给自己施加不必要的压力的做法。只有改变不良的认知方式，纠正错误的观念，才能实事求是地评价挫折带来的后果，从困难中看到希望。

3.加强修养，勇于实践

为了提高承受挫折的能力，应该主动、自觉地将自己置身于充满矛盾的、复杂的社会环境中去磨炼，向生活学习，而不是逃避社会。同时，必须提高自身的思想修养、道德修养，养成冷静思考的习惯，经常自我分析、自我反省、自我激励。从心理发展的角度看，积极主动地适应、勇敢顽强地拼搏、反复不懈地磨炼等，都会使心理更趋成熟，增强承受挫折、化解冲突的能力，可促使心理朝着健康、向上的方向发展。

4.优化自身人格品质

挫折承受力与人格特征有关，如下几种人格类型的人常易引起挫折感。

(1)性情急躁的人。他们情绪变化大，易动怒，火爆脾气一点就着，常常因为一点芝麻绿豆的事而引起挫折感。

(2)心胸狭窄的人。他们气量小、好猜疑，喜欢斤斤计较，容易产生消极的情感。

(3)意志薄弱的人。他们做事缺乏耐力和持久性，患得患失，害怕困难，只看眼前利益，经受不了打击和挫折。

(4)自我偏颇的人。他们缺乏自知之明，或者自高自大、目空一切，或者自卑自贱、畏首畏尾。

为了提高挫折承受能力，每个人都应主动培养自己良好的人格品质，改变那些不适应发展的不良的人格品质。重点应培养自信乐观、自强不息、宽容豁达、开拓创新等品质。自信才能乐观，乐观才能自信，两者相辅相成。当遇到挫折、困境时，如果相信自己一定能取胜，则会积极去改变现实，克服困难，战胜挫折，这是自信的作用。乐观者在面临挫折、困境时，不会被眼前的困难吓倒，而是能够透过表面的不利看到蕴藏在背后的希望，相信明天是美好的，从而信心十足地去战胜困难。自强不息是良好的意志品质，是一切成功者的共同特征。生命不息，奋斗不止。通向成功的道路不是平坦的，挫折、逆境常常会出现，只有坚强不屈、顽强拼搏，才能到达光辉的顶点。而那些一遇挫折就偃旗息鼓者，只能半途而废，永远不可能成功。宽容豁达和开拓创新的人胸怀宽阔，对挫折不是被动地适应、一味忍耐，而是面向未来、积极进取，勇于创造新生活。因此，提高承受挫折的能力应从培养良好的人格品质入手，从细微小事中严格要求自己，努力在实践中锻炼，使自己的心理得到充分、有效的发展，使心理健康达到高水平的状态。

第三节　学生良好意志品质的培养

意志品质作为学生学习活动的保证和身心发展的重要条件，不是生来就有的，特别是良好的意志品质，更需要在后天的教育实践活动中有目的地加以培养。

一、加强世界观和人生观教育，确立正确的行动目的

自觉的目的性是意志行动的重要特征，学生意志品质的发展应建立在一个正确而合理的行动目的的基础上。为此，在学校教育活动中，应该对学生加强科学的世界观和正确的人生观教育，使他们勇于探索人生的意义和价值，学会明辨是非。只有这样，才能使他们既具有崇高的人生目标，又能在日常生活和学习中确立有意义的行动目的。

在对学生进行世界观和人生观教育时，应紧密结合社会现实和学生当前的学习、生活实际，帮助他们把个人的理想和价值追求同国家、社会、集体的利益联系起来，既具有远大的目标，又能将其转化成日常学习和生活中的苦干、实干精神。例如，我国著名数学家陈景润在中学时的一位数学老师的启迪下，立志要摘取哥德巴赫猜想这颗数学王冠上的明珠，为中国人争光，在以后的十几年中，他不顾政治运动的冲击和生活条件的简陋，埋首于数字和草稿纸中，夜以继日地进行推导、演算，终于取得了重大突破，得到了国际数学界的认可。

二、组织实践活动，加强意志锻炼

坚强的意志是在克服困难的实践活动中磨砺出来的。在学校教育中，日常的学习、劳动和课外活动，都需要为达到一定的目的而付出艰辛和努力，这正是培养学生良好的意志品质的最好途径。特别是学习活动，更需要一种锲而不舍的、顽强的学

习毅力。所以，教师应该科学、严谨地组织学生的学习活动，合理安排班集体的劳动和课外文体活动，使每个学生融入其中。学生形成了良好的学习习惯和劳动习惯后，他们的意志品质也必然会发展起来。在学校日常活动之外，教师也可以有意识地组织能磨炼学生意志的实践活动，如晨练、爬山、野营、徒步旅行等，甚至有时可以人为地给他们制造一些挫折和磨难。

另外，在意志锻炼中，还要根据学生的实际情况因材施教。对于学生在实践活动中表现出的良好意志品质，教育者要及时肯定，帮助其巩固下去；对于不良的意志品质，则要及时指出，设法予以教育、纠正。例如：对于行为盲从、易受暗示的学生，教师应该培养他们对集体和他人的义务感和责任感，启发他们的独立精神和自觉意识；对于行事轻率、行为鲁莽的学生，要帮助他们认清行为的不良后果，帮助他们学会控制自己的情绪，理智行事；对于优柔寡断、怯懦的学生，则要树立他们克服困难的信心和勇气，帮助他们学会审时度势、当机立断；对于行为偏执、性情孤僻的学生，要从心理上接近他们，帮助他们正确看待个人与社会、集体的关系，使自己的行动符合群体的利益。

三、发挥教师和班集体的作用，给以必要的纪律约束

学生意志品质的形成，离不开周围人和环境的影响。特别是在学校教育中，教师和班集体发挥着不可忽视的作用。除了父母之外，学生对在学校生活中与自己朝夕相处的教师有一种特别的信任和尊重，并不自觉地去模仿其言行。因此，一位教师如果想培养学生良好的意志品质，自己首先在工作中要表现出目标明确、处事果断、兢兢业业、不畏困难的作风。俗话说："身教重于言教。"教师的行为榜样对学生意志品质的培养具有特殊的效果。

学生所在的班集体是其成长的重要环境，在具有良好班风的集体中，同学之间互帮互助，注重集体利益，也为自己是集体的一分子而感到自豪。当学生建立起对集体的责任感和荣誉感时，就会为了集体的目标和利益去努力学习，热心支持集体活动，在此过程中，独立、坚强、勇敢、自制等意志品质也得到了培养。当然，要形成良好的班风，还要有严格的纪律去约束集体成员，使其朝共同目标努力。学生能够自觉遵守集体的规章制度，不做违反纪律的事，这本身就是最好的意志锻炼。

四、启发学生进行意志的自我锻炼

学校的政治思想教育、课内外的实践活动以及教师和班集体的影响，要在学生的意志品质形成中真正发挥作用，还必须调动学生自己的主观能动性。随着学生自我意识的增强和自我评价能力的提高，他们会逐渐意识到意志品质的重要性，以及自己意志品质的缺点和不足对学习的影响，从而会主动接受这些教育影响，予以积极配合。这个时候，也为教师启发学生进行意志的自我锻炼提供了条件。在教育实践中，人们发现学生能够做到意志品质的自我锻炼，并有一些行之有效的方法和途

径。例如：用格言、座右铭警醒自己，用杰出人物的事迹对照、监督自己的言行；同身边的榜样相比较，找出差距，迎头赶上；制订作息计划和学习计划，并严格执行；自己设计一些加强意志锻炼的活动，并努力实践；每天坚持写日记，反思自己的言行和思想，发现缺点，及时改正等。

视野扩展

锻炼意志力的 10 种方法

(1)每天都要做一件自己不愿意做的事。只有先做自己不愿意做的事，才有资格做自己愿意做的事。

(2)把每一件小事做好，做完美！只有这样的人才可能把大事做好，做完美！比如说，扫地就要把桌子底下、窗户底下也打扫得干干净净！

(3)刷牙一定要刷够三分钟！牙一生只有一副！牙齿的疾病会导致全身的疾病！

(4)每天要坚持读一篇难度大的文章！读难度大的文章对智商有很大的提高作用，对情商也有巨大的提升作用！

(5)每天坚持爬 100 级楼梯。你会因此而心情好、精神爽、身体棒！马上去行动吧！

(6)美国人饭前祈祷，那我们就要在饭前、饭后快速读一篇文章，可以是中文的，也可以是英文的！因为饥饿、因为别人都在看着你，所以你的阅读速度会非常快！用不了一年的时间，你吸收知识的速度会远远超过别人！

(7)每天坚持用冷热水交替洗澡！你会发现自己的梦想会更远大，精神会更集中，能量会更强大！

(8)每天坚持向 10 个以上的人微笑和表示赞扬！微笑和表示赞扬才是全世界最有威力的武器！功夫明星李连杰认为微笑比他一身的武艺更强大！

(9)每天坚持做一件不求回报的善事！如果你能坚持日行一善，那么你的意志力会有很大的提升！

(10)自我肯定也非常重要。要经常对自己说："我是一个有意志力的人！我能圆满地完成自己每天的任务，获得应有的成长。我能控制我的情绪和欲望，让它们朝着积极的方向发展！"

思考与练习

1. 名词解释

意志　　独立性　　果断性　　坚忍性　　自制力

意志行动　　冲突　　回避—回避型冲突　　效价　　生活空间

挫折　　心理防御机制　　多重接近—回避型冲突

2. 什么是意志？意志的特征有哪些？

3. 良好的意志品质有哪些？

4. 意志与认识、情感的关系是怎样的？

5. 意志行动有哪些阶段？举例分析意志的行动过程。

6. 什么是意志冲突？意志冲突有哪几种？说明冲突结构模型中的四个重要概念。

7. 分析自己的意志特点，说明自己是如何培养与锻炼意志的。

8. 什么是挫折？战胜挫折有哪些策略和方法？

课外延伸

准备一份课堂演讲稿，讲述一个关于意志力的故事，并通过有关理论原理，给予心理学上的解释。

第十一章 气质与性格

本章学习目标……

- 掌握气质的特点和气质的产生过程
- 了解神经类型和气质的关系
- 了解性格的由来、性格的生理基础、性格的形成和发展及性格与气质的关系
- 掌握人格的特性、影响因素及与人格相关的理论
- 掌握人格测评的几种类型

众所周知，在中国古典名著《红楼梦》中有金陵十二钗，她们生活在大致相同的环境中，但命运各有不同。例如：林黛玉多愁善感，不世故，却过于敏感，最后饮恨而终；薛宝钗沉稳干练，却始终得不到贾宝玉的真心；王熙凤嘴甜心毒、两面三刀、持家有方，但也是机关算尽，结局十分悲惨，等等。为什么在相同的环境中，这些人的命运会出现如此大的差距呢？研究认为，金陵十二钗虽受到种种外在的，甚至是不可预知的因素的影响，但这些因素无不与其自身的气质和性格有很大关系。

心理学认为，气质与性格是决定人的个性发展的重要因素。所谓“性格即命运”，正是从这个意义上说的。

第一节 气质与性格概述

·名人名言·

做一个杰出的人，光有一个合乎逻辑的头脑是不够的，还要有一种强烈的气质。

——司汤达

一、气质及其由来

在社会日常生活中，我们通常可以看到这样一些现象：有些人总是活泼好动，反应灵活；有些人总是安静稳重、反应迟缓；有些人不论做什么事总是十分急躁，有些人情绪总是那么细腻深刻。为什么人与人之间会有如此大的差异呢？心理学研究表明,这是由人的气质不同所决定的。

1.气质的界定

气质(temperament)通常也称"脾气"、"禀性",是人格的主要特征之一。气质是个体生来就具有的心理活动的动力特征。所谓心理活动的动力特征,是指心理过程的强度(例如情绪体验的强度、意志努力的程度),心理过程的速度和稳定性(例如知觉的速度、思维的灵活程度、注意力集中时间的长短),以及心理活动指向性特点(有的人倾向于外部事物,从外界获得新印象;有的人倾向于内心世界,经常体验自己的情绪,分析自己的思想和印象)等方面在行为上的具体表现。

2.气质的特点

气质不仅表现在情绪活动中,而且也表现在包括智力活动等在内的各种心理活动中,它往往使人的全部心理活动都染上独特的个人色彩。例如,某学生具有安静迟缓的气质特征,这种气质特征常常会在学习、工作、参加考试、当众演说、体育比赛等各种活动中表现出来。

3.气质的产生过程

任何个体一出生,就具有由生理机制决定的某种气质。在日常生活中我们可以观察到:有的新生儿爱哭闹,四肢活动量大;有的新生儿则比较安静,较少啼哭,活动量小。这种先天的生理机制构成了个体气质的最初基础,而且会在儿童的游戏、作业和交往活动中表现出来。

同时,随着生理的成熟和环境的影响,个体的气质也会发生改变。例如,在集体主义的教育影响下,有些脾气比较急躁的人也可能变得较能克制自己,有些行动比较迟缓的人也可能变得行动迅速起来。一般而言,一个人的气质具有极大的稳定性,但也有一定的可塑性。

二、有关气质的学说

(一)体液说

在中外医学、哲学、生理学以及心理学等学科发展史上,"气质"是一个十分古老的概念。早在古希腊时期,医学家恩培多克勒(Empedocles)的"四根说"就已经具有气质和神经类型学说的萌芽。恩培多克勒认为,人的身体由四根(土、水、空气、火)构成:固体的部分是土根,液体的部分是水根,维持生命呼吸的是空气根,血液主要是火根。思维是血液的作用。火根离开了身体,血液就会变冷些,人就会入眠。火根全部离开身体,血液就会全变冷,人就会死亡。他还认为,人的心理特性依赖于身体的特殊构造,各人心理上的不同是由于身体上四根配合比例的不同。他认为,演说家是舌头的四根配合最好的人,艺术家是手的四根配合最好的人。这可以说是后来的气质概念的萌芽。

视野扩展

希波克拉底的“四液说”

希波克拉底(Hippocrates)把“四根说”进一步发展为“四液说”。他在《论人类的自然性》一书中写道:“人的身体内部有血液、黏液、黄胆汁和黑胆汁,所谓人的自然性就是指这些东西,而且人就是靠这些东西而感到痛苦或保持健康的。”他认为人体内的体液有四种:血液(harma)、黏液(phlegma)、黄胆汁(chole xanthe)、黑胆汁(chole melania)。根据哪一种体液在人体内占优势,可以把人分为四种类型:多血质、黏液质、胆汁质和抑郁质。在体液的混合比例中血液占优势的人属多血质,黏液占优势的人属黏液质,黄胆汁占优势的人属胆汁质,黑胆汁占优势的人属抑郁质。希波克拉底认为,每一种体液都是由寒、热、湿、干四种性能中的两种性能混合而成的,血液具有热-湿的性能,多血质的人温而润,如春天一般;黏液汁具有寒-湿的性能,黏液质的人冷酷无情,如冬天一般;黄胆汁具有热-干的性能,黄胆汁的人热而躁,如夏天一般;黑胆汁具有寒-干的性能,抑郁质的人冷而躁,如秋天一般。这四种体液配合恰当时,身体便健康;配合异常时,身体便生病。按照希波克拉底的原意,他所谓的四种气质类型,其含义是很广泛的,涉及整个体质(也包括气质),而不是单指现在心理学上的所谓气质。

希波克拉底的体液学说在五百年后为罗马医生盖仑(C. Galen)所发展。盖仑将四种体液作种种配合而产生出13种气质类型,并用拉丁语temperameteum一词来表示气质这个概念。这便是近代气质(temperament)概念的来源。不同气质类型的人在生活中有不同的表现。希波克拉底关于四种气质类型的概念,一直被沿用至今。但限于当时的条件,仅用四液来解释气质类型还缺乏科学依据。

(二)阴阳五行说

在中国古代历史上,也有人提出类似气质的分类来表示人在心理特征上的差异。例如孔子把人分为“狂”、“狷”、“中庸”。孔子说:“不得中行而与之,必也狂狷乎?狂者进取,狷者有所不为也。”孔子在《子路》中所说的“狂者”相当于多血质的人,“狷者”相当于黏液质的人,“中行”一类的人相当于“中间型”。《黄帝内经·灵枢》则根据阴阳五行学说把人的某些心理特点与生理解剖特点联系起来,按阴阳的强弱,分为太阴、少阴、太阳、少阳、阴阳平和五类人,每类人都具有不同的体质形态和心理特点;同时,根据五行法则把人分为金、木、水、火、土五种类型,他们各有不同的肤色、毛发、筋骨特点和情感特点,用以说明人的个别差异。

(三)体型说

德国精神病学家克瑞奇米尔(Kretschmer)根据自己多年对精神病患者的临床观察,提出了按体型划分人的气质类型的理论。他认为人的身体结构与气质特点以及可能患的精神病种类之间有一定的关系。克瑞奇米尔把人分为肥胖型、瘦长型、斗士型。

肥胖型（身材矮胖，肩圆腰阔）的人易患躁狂抑郁症。其特点是好社交、通融、健谈、活泼、好动、表情丰富、情绪不定，此即躁郁性气质（cyclotymes temperament）。瘦长型（高瘦纤弱、细长、窄小）的人易患精神分裂症。其特点是不善社交、内向、退缩、世事通融、害羞沉静、寡言多思，此即分裂性气质（schizothymes temperament）。斗士型（骨肉均匀，体态与身高比例协调）的人易患癫痫症。其特点是正义感强、注意礼仪、节俭、遵守纪律和秩序，此即黏着性气质（visköses temperament）。

美国心理学家谢尔登（Shelden）把体型分为三类：内胚叶型（柔软、丰满、肥胖），中胚叶型（肌肉与骨骼发达、结实强壮、体态呈长方形），外胚叶型（虚弱、瘦长）。谢尔登认为人们的每一种体形都可以用一个七点量表进行测量，并认为体型与气质之间有密切的关系。他根据自己所搜集的资料认为：内胚叶型的人贪图舒服、闲适，乐群，称为内脏气质型；中胚叶型的人好活动，自信，独立性强，爱冒险，不太谨慎，称肌肉气质型；外胚叶型的人爱思考，压抑，约束，好孤独，称为脑髓气质型。

虽然体型与气质确实具有某种相关性。例如，体型的差异受社会态度的影响大，因而造成个人行为表现上的不同。但这并不能说明体型与气质之间存在着必然的因果关系。特别是克瑞奇米尔的气质理论，把一切个体都归入精神病患者的类型之中，这更是不合理的。

（四）血型说

人的血型包括A型、B型、AB型和O型等。许多心理学家认为，人的气质是由不同的血型决定的。关于这方面的研究工作，日本学者做得比较多。

最新发现……

血型的气质表现

日本学者经过多年研究，认为血型具有有形物质和无形气质两方面的作用。气质是无形成分，血型的气质表现，就是这类血型的人特定的思维方式、行为举止、谈吐风度等，是生物遗传的结果。例如：O型血的人的性格特征是热情、坦诚、善良、讲义气，办事雷厉风行、踏实苦干、效率高；B型血的人聪明、思路广、拓展力强、最怕受约束。

（五）活动特性说

美国心理学家巴斯（Buss）采用活动性、情绪性、社交性和冲动性等反应活动的特性为指标，区分出四种气质类型。例如，活动性的人总是抢先迎接新的任务，他们爱活动，不知疲倦。在婴儿期表现为手脚总是不停地乱动，儿童期表现为在教室里坐不住，成年期显露出一种强烈的事业心。情绪性的人觉醒程度和反应强度大。在婴儿期表现为经常哭闹，口唇期需要强烈，儿童期易激动、难以相处，成年期表现为喜怒无常、难以相处等。社交性的人渴望与他人建立密切的联系。在婴儿期表现为要求母亲和熟人在其身边、孤单时哭闹得凶，儿童期容易接受教育的影响，成年期与周围的人相处融洽。冲动性的人缺乏抑制能力。在婴儿期表现为等不及母亲喂奶、换尿布等，儿童期经常坐立不安、注意力容易分散，成年期表现为讨厌等待，倾向于不假思索地行动等。

（六）激素说

大量研究表明，内分泌腺的机能与有机体的新陈代谢密切相关，而且影响着人的行为。伯曼（L. Berman）等人提出，人的气质是由某种内分泌腺的活动所决定的。他根据人的某种内分泌腺特别发达而把人划分为甲状腺型、脑下垂体型、肾上腺型、副甲状腺型及性腺过分活动型。例如：甲状腺型的人，其体态表现为身体健康、头发茂密、双眼明亮，其气质特征是知觉灵敏、意志坚强、不易疲劳；脑下垂体型的人，其体态发育较好，体形纤细，其气质特征是情绪温柔、自制力强等。

三、高级神经活动类型与气质

（一）高级神经活动类型

巴甫洛夫在1909—1910年第一次提出了有关神经系统类型的概念。他认为，大脑皮质的神经过程（兴奋和抑制）具有三个基本特性：强度、均衡性和灵活性。

1. 强度

神经过程的强度是指神经细胞与整个神经系统的工作能力和界限。在一定的限度内，神经细胞的兴奋能力与刺激的强度相符合：强的刺激引起强的兴奋，弱的刺激引起弱的兴奋。兴奋能力强的动物对于强烈刺激能形成条件反射，已经形成的条件反射也能继续保持；而兴奋能力弱的动物对于强烈的刺激难以形成条件反射，已形成的条件反射当刺激强度增加到一定限度时，就出现超限抑制。抑制能力较强的动物对于要求持续较久的抑制过程能够忍受；而抑制能力较弱的动物在这种情况下就可能导致抑制过程的破坏，甚至引起中枢神经系统的病理性变化。

2. 均衡性

神经过程的均衡性是指兴奋和抑制两种神经过程间的相对关系。均衡的动物的兴奋能力和抑制能力的强度是相近的。不均衡的动物表现为兴奋能力相对占优势，抑制能力较弱；或抑制能力相对占优势，兴奋能力较弱。

3. 灵活性

神经过程的灵活性是指兴奋过程或抑制过程更替的速率。它保证有机体能适应外界环境的迅速变化，表现在各种条件反射的更替是迅速还是缓慢，是容易还是困难等方面。

经典实验

看戏迟到的不同表现

A. H. 达威多娃的研究表明，同是看戏迟到，四种气质类型的人言行表现各不相同。胆汁质的人会跟检票员争执起来，急于想进入剧场。他分辩说：剧场的钟走得快了，他不会影响别人，打算推开检票员跑到自己的座位上去。多血质的人知道检票员不会放他进入剧场，就通过没有人注意的侧厅跑到自己的座位上。黏液质的人看到检票员不会让他进入剧场，就想："算了，第一场可能不太精彩。我还是去小卖部等一等，到幕间休息时再进去吧。"抑郁质的人则想："我总是不走运，偶尔来一次剧场就这样倒霉。"接着就回家去了。

（二）神经类型和气质的关系

巴甫洛夫认为，兴奋型相当于胆汁质，活泼型相当于多血质，安静型相当于黏液质，抑制型相当于抑郁质。

后来的研究表明，精神类型并不总是与气质类型相吻合。气质是心理特征，神经类型是气质的生理基础，气质不仅与大脑皮质的活动有关，而且与皮质下的活动有关，还与内分泌腺的活动有关。因此可以说整个个体的身体组织都影响着一个人的气质。

气质是神经类型的心理表现，所以，气质心理特征和神经类型生理特性之间并不存在着一一对应的关系。有时，几种不同的气质特征依赖于同一神经过程的特性；有时，一种气质特征依赖于神经过程的几种不同的特性。例如，情绪的兴奋性、注意集中的程度等是气质的不同心理特征，但是，它们都依赖于兴奋过程的强度。自制力这种气质的心理特征，不仅取决于兴奋过程的强度，同时也取决于抑制过程的强度以及兴奋和抑制的均衡性(见表 11-1)。

表 11-1　高级神经活动类型与气质类型

神经过程的基本特征			高级神经活动类型	气质类型
强度	平衡性	灵活性		
强	不平衡	—	兴奋型	胆汁质
强	平衡	灵活	活泼型	多血质
强	平衡	不灵活	安静型	黏液型
弱	不平衡	—	抑制型	抑郁质

气质是个体心理活动的稳定的动力特征。但是，在生活实践的过程中，它也是可以发生变化的。气质的变化，从生理机制上看，可能有两种情况：一种是后天的暂时联系系统掩盖了神经类型的先天特征，但神经类型的先天特征本身并没有改变；另一种是在暂时联系系统形成和发挥机能作用的过程中，神经类型的先天特征本身得到了某种改造。但到底属于哪种情况，现代科学还不能完全确定。

四、性格及其由来

（一）性格的含义

在国外的心理学文献中，性格(character)一词源于希腊语，意为雕刻的痕迹或戳记的痕迹。这个概念强调个人的典型行为表现和由外部条件决定的行为。我国心理学界倾向于把性格定义为个人对现实的稳定态度和习惯化了的行为方式。

人在活动的过程中，客观事物的种种影响，特别是社会环境的种种影响，通过认识、情绪和意志活动在个体的反映机构中保存下来、固定下来，构成一定的态度体系，并以一定的形式表现在个体的行为之中，构成个人所特有的行为方式。

并不是人对现实的任何一种态度都代表他的性格特征。在有些情况下，人对待事物的态度是属于情境性、偶然性的。例如，一个人处理事情通常很果断，偶尔会表现出优柔寡断，那么优柔寡断就不能被视为此人的性格特征，而果断才是他的性格特征。同样，并不是任何一种行为方式都可以表明一个人的性格特征，只有习惯化了的行为方式，才能表明其性格特征。再如，一个人在某种特殊情况下，一反机敏之常态，行动表现比较呆板，我们就不能把呆板看作此人的性格特征。总之，作为性格的态度和行为方式，总是比较稳固的、习惯性的，甚至在不同的场合都会表现出来。

美国心理学界不常用性格一词，在欧洲心理学文献中，性格一词通常等同于人格(personality)。不过，西方心理学文献中的“人格”概念与我国文献中的“个性”或“个性心理特征”的概念也不尽相同。大多数西方心理学家的人格概念一般仅指“气质”和“性格”而不包含“能力”。

(二)性格的生理基础

如同其他心理现象一样，性格也是脑的机能。早在19世纪中叶就有人报导过，额叶受伤的病人性格上有明显的变化。由于性格现象的复杂性以及对其研究的种种困难，关于性格的生理基础目前了解得还不多。

巴甫洛夫对性格生理基础的解释具有一定的参考价值。巴甫洛夫认为，神经类型不仅是气质的直接生理基础，而且是性格的自然基础之一。但是，神经类型不是性格。神经类型是性格产生的自然前提，性格是在生活实践中形成的心理特征。从生理机制上来说，性格是神经类型和后天生活环境所形成的暂时联系系统的合体。

(三)性格与气质的关系

性格与气质都是描述个人典型行为的概念。二者既有区别，又有联系。

1. 性格与气质的区别

性格与气质的区别主要表现在以下方面。

(1)从起源上看，气质是先天的，一般产生在个体发育的早期阶段，主要体现为神经类型的自然表现。性格是后天的，在个体的生命开始时期并没有性格，它是人在活动中与社会环境相互作用的产物，反映了人的社会性。

(2)从可塑性上看，气质的变化较慢，可塑性较小，即使可能改变，也较不容易。性格的可塑性较大，环境对性格的塑造作用是明显的，即使已经形成的性格是稳定的，改变也要容易些。

(3)气质所指的典型行为是它的动力特征而与行为内容无关，因而气质无好坏善恶之分。性格主要是指行为的内容，它表现为个体与社会环境的关系，因而有好坏善恶之分。

2.性格与气质的联系

性格与气质是密切联系、相互制约的关系。

(1)气质影响个人性格的形成。气质作为性格形成的一种变量，在个体发展的早期阶段就表现出来。例如，有些婴儿喜欢哭或笑，有些婴儿安静，另一些婴儿很好动，这些气质特征必然会影响家庭教育环境，影响父母或其他哺育者的不同行为反应。一个人的性格就是在这种不同性质的教育和社会环境的相互作用过程中逐渐形成的。

(2)气质使性格特征具有独特的色彩。在日常生活中，同样是乐于助人的性格特征，多血质者在帮助别人时，往往动作敏捷，情感明显表露于外；而黏液质者则可能动作沉着，情感不轻易表露于外。

(3)气质还会影响性格特征形成或改造的速度。例如，要形成自制力，胆汁质的人往往需要作极大的努力；而抑郁质的人则比较容易形成自制力，用不着特别抑制自己就能办到。再从性格对气质的影响上来看，性格也可以在一定程度上掩盖或改变气质，使它服从于生活实践的要求。

在社会生活中，甚至在心理学文献中，都很难把性格和气质这两类心理特征严格区分开来，这是因为人具有生物社会性。人的发展是生物因素和社会因素相互作用的结果。我们不能撇开生物因素来看待性格的形成与发展，也不能撇开社会因素来看待人的气质。不过，为了研究工作的需要，把气质和性格适当加以区分还是很有必要的。

(四)性格的形成和发展

人出生时并不具有某种性格。一个人的性格主要是在他的生活环境、教育、实践的过程中形成的。性格的形成和发展，反映着一个人的整个生活历程。影响性格形成和发展的因素主要表现在以下几方面。

1.生物学条件在性格形成中的作用

(1)身高、体重、体型和外貌等生理特点。这些特点，有的人的符合文化的社会价值，有的人的不符合，并经常受到人们的品评，无疑会影响一个人的性格的形成。例如有生理缺陷者容易被人们讥笑或怜悯，往往易形成内向性格。

(2)生理成熟的早晚。一般研究表明，早熟者的特征是，爱社交，关心并遵守社会常规和社会准则，给人以好的印象，社会化程度高；而晚熟者则不大遵守社会常规和社会准则，一意孤行。

最新发现……

从着装、服装色彩看女性的性格

美国心理学家彼得·罗福博士研究发现，喜欢穿红色服装的女性被认为是“具有丰富愿望的年轻型”女性，生活中她们常常感到不满足，富有冒险精神，追随流行时尚，但其变幻无常的性格常常令人捉摸不透。喜欢绿色的女性被认为是“坚忍、实际的母亲型”女性，生活中她们安于现状，行动慎重并很努力，但害怕冒险和超前，性格内向且常常压抑自己的欲望，在感情方面羞于主动。另外，喜欢白色的女性常让人产生可远观但不可亲近之感；喜欢紫色的女性也许会比较浪漫；喜欢黄色的女性内心天真烂漫；喜欢蓝色的女性诚恳真挚、富于幻想；喜欢黑色的女性抑制感情外露但渴望关怀爱护……当然，这样的分类似乎有些过于简单，一名女性喜欢的颜色常常有很多种，不可一概而论。不过，知道一个女性偏爱什么颜色，对于了解其内心会有所帮助。

2.家庭因素在性格形成中的作用

家庭是社会的细胞，是儿童最早接触的社会环境。家庭的各种因素，例如，家庭经济的收入水平，家长的职业，家庭结构的健全程度（是否有父母，或只有父或母，或由继父或继母哺养），家庭的气氛，父母的教养态度，家庭子女的多少，儿童在家庭中的作用等，都会对儿童性格的形成起重要作用。就家庭环境来说，如果家庭环境不顺利，父母的困难处境及其忧伤的言语与苦恼表情，容易使生长在这种家庭中的孩子变得沉默寡言、消极悲观，甚至玩世不恭，或者被锻炼得比较坚强、懂事和早熟。

在家庭的诸因素中，父母的教养态度对儿童性格的形成具有深刻的影响。日本心理学家诧摩武俊对这方面的研究成果作了概括，如表11-2所示。表11-2表明，如果双亲采取保护的、非干涉性的、合理的、民主的、宽大的态度，儿童就容易显示出领导能力、积极性、态度友好、情绪安定等特性。如果双亲采取拒绝的、干涉的、溺爱的、支配的、独裁的、压迫的态度，儿童就容易表现出适应能力差、胆怯、任性、执拗、情绪不安等特性。

表11-2　父母的教育方式与儿童性格的关系

父母的教育方式	儿童性格
支配性的	消极、任性、依赖、缺乏独立性
溺爱性的	任性、骄傲、利己主义、缺乏独立精神、情绪不稳定
过于保护的	缺乏社会性、依赖、被动、胆怯、深思、沉默、亲切
过于严厉的（经常打骂的）	顽固、冷酷、残忍、独立，或者怯懦、盲从、不诚实、缺乏自信心和自尊心
忽视的	妒忌、情绪不安、创造力差，甚至有厌世、轻生情绪
父母意见分歧的	易生气、警惕性高，或者有两面讨好、投机取巧、好说谎的作风
民主的	独立、直爽、协作、亲切、社交、机灵、安全、快乐、坚持、大胆、有毅力和创造精神

儿童在家庭中的地位和作用不同，其性格的发展也不同。科瓦列夫对一对孪生女大学生进行4年观察后发现，她们在同一家庭、同一小学，以及同一大学的历史系中接受教育，但性格具有明显差异：姐姐比妹妹好交际，善谈吐，也比较果断、勇敢和主动。在谈话和回答问题时总是姐姐先回答，妹妹只表示同意或作些补充。造成姐妹俩性格差异的原因之一，是他们的祖母从小把她们中的一个定为姐姐，另一个定为妹妹，并责成姐姐照管妹妹，对她的行为负责，做她的榜样，首先执行长辈委派的任务。这样，姐姐就较早地形成了独立、主动、善交际、果断等特点；而妹妹则养成了追随姐姐、听从姐姐的习惯。

3. 学校教育在性格形成中的作用

学校教育对学龄儿童性格的形成具有重要的作用。课堂教学是学校教学的主要环节。在传授知识的过程中，训练学生习惯于系统地、有明确目的地学习，克服学习中的困难，可以培养坚定、顽强等性格。体育课不仅能使学生掌握运动技能，也能培养学生的意志力和勇敢精神。

校风、班风也会影响学生性格的形成。良好的校风、班风能使学生养成积极、主动、独立和自觉遵守纪律的优良性格特征；不好的校风、班风可能使学生养成懒散、无组织、无纪律等不良性格特征。通过吸引学生加入少先队、共青团，以及贯彻学生守则，对中小学生进行思想品德好、学习好、身体好和爱祖国、爱人民、爱劳动、爱科学、爱护公共财物的教育，能使学生养成谦虚诚实、爱劳动、讲文明、守纪律、有礼貌、勤劳俭朴、助人为乐等优秀品质。

教师是学生的一面镜子，是学生模仿学习的榜样，学生往往以各种情感和猜测关注着教师。教师的言行对学生的性格会产生潜移默化的作用。对于有威信的教师，学生言听计从，教师的高尚品格，如思想进步、强烈的责任心、富于同情心、谦虚朴素等，会对学生产生深刻的影响；对于没有威信的教师，学生不愿接受其教育，但教师的消极性格，如粗暴、偏心、神经质等，可能会使学生产生自暴自弃、不求上进等消极作风。

4. 文化、社会因素在性格形成中的作用

大多数儿童都是在某种文化、某种社会和某种特定的经济地位中接受教育的。文化背景、社会制度、经济地位等会对儿童性格的形成和发展产生深刻的影响。因为不同的时代、不同的民族以及不同的社会生活条件和自然环境，都会影响人的实践活动，在其性格上打下烙印，从而形成不同时代、不同民族的典型性格。实际上，影响个体性格形成和发展的因素是多方面的。即使是在同样的社会背景下，某种性格特征的形成，其影响因素也是很复杂的。

因此，个体的性格特征实际上就是其生活经历的一种反映，也是其生活历史的记录。一般来说，人的性格到了中学时期即青年期就已初步稳定了。但是性格的形成并不限于儿童、少年和青年时期，在人的整个生命过程中，性格特征在各个年龄段都有可能发生变化。虽然这种改变是比较困难的，但由于人们生活实践的变化以及主体的主观努力，在青年期以后，性格还有可能发生比较大的变化。

5.影响性格形成的心理原因

双亲的态度、学校的教育以及一般的文化与社会因素对性格的形成虽然起重要作用,但它们并不直接决定一个人的性格,这些因素都必须通过个体的心理活动才发生作用。性格的形成还有其心理活动的内部依据,关于性格形成的心理原因,目前还在探索之中。

总之,性格的成因是很复杂的,既有外部因素又有内部因素,是这些因素交互作用的产物。它们的影响程度随性格特征或随个人而异。

第二节　与气质和性格有关的人格理论

面对复杂的生活环境和不同的社会现象,你是感到高兴还是忧郁?在即将行动之前,你应该作出怎样的判断和决定?在人才选拔和职位提升时,应当依据怎样的标准?只有心理学家知道这些是远远不够的。

一、人格理论

(一)人格的含义

在心理学领域,人格(personality)一词又称个性,源于古希腊语(persona),意指古希腊时期的戏剧演员在舞台上戴的面具,它代表剧中人物的角色和身份,面具随人物角色的不同而变换,体现了角色的特点和人物性格,犹如我国戏剧中的脸谱。

视野扩展……

人格面具

在戏剧舞台上,演员的无意之举使人格与面具由无缘发展为有缘。心理学家借用“面具”一词来表示人格,“人格”一词由此而生。心理学沿用“面具”的含义,转译为“人格”,其中包含以下两个方面的内容。一方面是指一个人在人生舞台上所表现出来的种种言行,这是人们遵从社会文化习俗的要求所表现出来的性格,如女性要稳重,男性要坚强等。人格所具有的“外壳”就像舞台上根据角色要求所戴的面具,表现出一个人外在的人格品质。另一方面是指一个人由于某种原因没有展现的内隐人格成分,是人格的内在品质,如同面具后的真实自我。俗话说“知人知面不知心”,此“心”即指内在人格。由面具演绎过来的人格诠释了人格的内外层面。

“人格”是我们日常生活中经常使用的词汇,人格一词在含义上有三种解释:一是指人品,与品格同义,是社会上的一般解释;二是指权利与义务主体之资格,是法律上的一般解释;三是指人的个性,与性格同义,是心理学上的解释。那么,在心理学中,人格的准确含义是什么呢?

美国著名人格心理学家奥尔波特(G. W. Allport)对人格的定义作了统计,发现心理学家关于人格的定义不下 50 种，在对此进行总结的基础上，他指出人格是一个人内部决定他特有的行为和思想的心身系统的动力组织。米歇尔(M. Michel)则把人格定义为：人格是心理特征的统一，这些特征决定人的外显行为和内隐行为，并使它们与别人的行为有稳定的区别。人格包括个人的人格心理特征和人格倾向性两个相互联系的方面。

人格心理特征包括能力、气质、性格，这些心理特征在不同程度上受先天遗传因素的影响，相对比较稳定。人格倾向性包括需要、动机、兴趣、价值观、理想等，主要在后天社会化过程中形成，集中反映了人性独特的一面。

在心理学中，人格是探讨完整个体与个体差异的领域。到目前为止，由于心理学家各自的研究取向不同，因而对人格的看法有很大差异。综合各家的看法，可以将人格的概念界定为：人格是构成一个人的思想、情感及行为的特有综合模式，这种独特模式包含了一个人区别于他人的稳定而统一的心理品质。

(二)人格的特性

人格是一个具有丰富内涵的概念，其特征如下。

1. 独特性

世界上没有两个一模一样的指纹，同样，也不存在两个人格特征完全相同的人。一个人的人格是在遗传、生存及教育环境等先天与后天因素的交互作用下形成的。不同的遗传、生存及教育环境，形成了每个人独特的心理特点。所谓“人心不同，各如其面”，正说明了人格是千差万别、千姿百态的，这就是人格的独特性。生活在同一社会群体中的人具有一些相同的人格特征。例如，德国人保守，法国人浪漫，英国人具有绅士风度，美国人富于创新精神等。

2. 稳定性

相对而言，人格是一种在较长的时间内和较多的情形下表现出的具有一致性的心理与行为特征。也就是说，儿童出生以后，随着年龄的增长，在教育、环境的影响下，人格开始形成并逐步成熟。而人格一旦形成，就具有其稳定性，持续呈现出一种明显的特征，不容易改变。

3. 动力性

在社会生活中，个体并非机械地对外部情境或刺激作出反应，人们做什么或表现自己的什么方面，怎么做或怎么表现，做或表现的程度如何等，都是由人格的内在动力组织推动并决定的，说明人格具有动力性的特点。因此，“性格决定命运”的观点带有一定的片面性。

4. 整合性

人格的各个方面，如性格、气质、能力等并不是彼此孤立存在的，而是由各种成分构成的一个有机整体，具有内在的一致性，受自我意识调控。当一个人的人格结构在各方面彼此和谐一致时，他的人格就是健康的，否则，会出现适应困难，甚至人格分裂。

视野扩展

积极的人格特征

Hillson 和 Marie 在问卷研究的基础上对积极的人格特征与消极的人格特征进行了区分，认为积极的人格特征中存在两个独立的维度：一是正性的利己特征(positive individualism)，包括接受自我，具有个人生活目标或能感受到生活的意义，感觉独立，感觉到成功或者能够把握环境和应对环境的挑战；二是与他人的积极关系(positive relations with others)，指的是当自己需要帮助时能获得他人的帮助，在别人需要帮助时愿意并且有能力提供帮助，看重与他人的关系并对已有的与他人的关系表示满意等。

积极的人格有助于个体采取更有效的应对策略，从而更好地面对生活中的压力情境。

(三)人格的相关理论

1. 奥尔波特的人格特质论

"特质"是人格最有效的分析单元。西方心理学中的人格特质论属于对性格静态结构进行定量分析的一种方法。奥尔波特认为，人格结构中包含两种特质：共同特质(common traits)和个人特质(individual traits)。所谓特质，是指个人的遗传与环境相互作用而形成的对刺激发生反应的一种内在倾向。如果不作严格区分，也可把特质理解为性格特征。共同特质是属于同一文化形态下人们所具有的一般性格特征。人们在共同特质上有多寡或强弱的差异。个人特质是指个人独特的性格特征。个人特质又可分为三类。第一类叫首要特质(cardinal traits)，它代表一个人的人格的最独特之处。例如说某人鲁莽，仅"鲁莽"这个特质即可说明他的个性。第二类叫中心特质(central traits)，这类特质虽不及首要特质的影响遍及个体的每一行动，但也代表个性的重要特征。例如，我们常用聪明、能干、勤奋、诚恳等形容词来描述一个人，就是用中心特质来形容其性格的。第三类叫次要特质(secondary traits)，这类特质只是个人在适应社会环境时的某些暂时性行为，而不是一种固定的特征。

2. 卡特尔的特质因素分析论

卡特尔用因素分析方法把特质区分为表面特质(surface traits)和根源特质(source traits)。表面特质是指一组看来似乎聚在一起的特征或行为。但同属于一种表面特质里的特征，其间关系很复杂，因此这些特征虽有关联，但不一定一起变动，也不一定源于共同的原因。而根源特质指的是行为之间形成一种关联，会一起变动而形成单一的、独立的人格维度。每一种表面特质都来自一种或多种根源特质，而一种根源特质能影响多种表面特质。因此，根源特质是构成人格的基本要素。卡特尔根据因素分析的结果得出有 16 个根源特质，并设计出一种人格测验——16 种人格因素问卷，简称 16PF。

3. 艾森克的人格维度理论

英国心理学家艾森克以两个维度，即内倾与外倾以及情绪的稳定与不稳定，把人分成四种类型：稳定内倾型、稳定外倾型、不稳定内倾型和不稳定外倾型。稳定内倾型表现为温和、镇定、安宁、善于克制自己，相当于黏液汁；稳定外倾型表现为活泼、悠闲、开朗、富于反应，相当于多血质；不稳定内倾型表现为严峻、慈爱、文静、易焦虑，相当于抑郁质；不稳定外倾型表现为冲动、好斗、易激动等，相当于胆汁质。在图 11-1 中，小圆圈代表四种传统的气质类型，大圆圈表示按两个维度区分出的四种气质类型的特征。

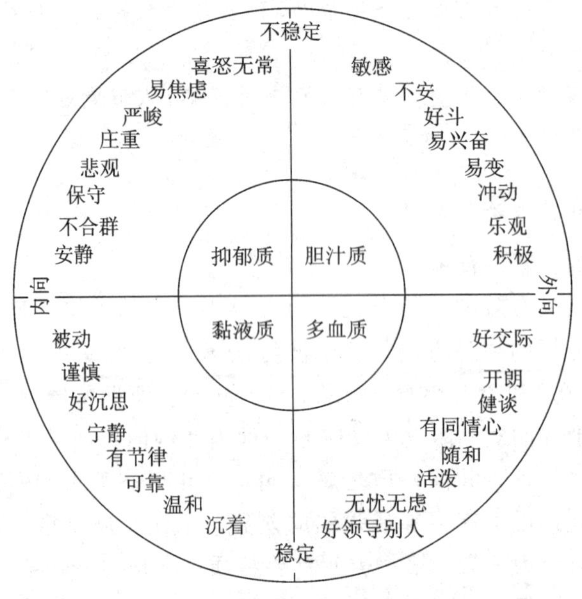

图 11-1 艾森克的人格结构图

应当注意的是，在现实社会生活中，并不是每个人都能被归入某一气质类型中。除了少数人具有四种类型的典型特征外，大多数人均属于中间型或混合型，即较多地具有某一类型的特点，同时又具有其他类型的一些特点。

4. "大五"人格理论

目前最为流行的人格分类当推"大五"。以前的分类都给人过于烦琐的感觉。不少学者对以前的分类借助自然语言样本重新作了分析。如图普斯和克瑞斯特尔(Tupes & Christal)对 8 组被试的相关系数矩阵进行了重新分析，被试从只受过高中教育的空军士兵到一年级的研究生，评定者包括同伴、监管者、教师，以及有经验的临床医生，场所是在军事训练课和妇女社团活动处等情境下。在所有的分析中，他们发现了五个相对显著和稳定的因素，除此之外没有什么值得重视的。很多人都重复得到了五因素结构(见表 11-3)。如果你需要对另外两个人做人格方面的比较，可以试着按表 11-3 中的五个维度对他们进行大致的评估，比较一下他们在这五个维度上的得分情况。"大五"人格结构的特点在于，你所想的任何特质，都与这五个因素中的一个有关。如果你正在选择恋爱对象，或者正在挑选合作伙伴，这五个因素有助于让你全面了解对方。

表 11-3　“大五”人格结构

因　素	低　分	高　分
外倾性	孤独、不合群	喜欢参加集体活动
	安静	健谈
	被动	主动
	缄默	热情
宜人性	多疑	信任
	刻薄	宽容
	无情	心软
	易怒	好脾气
责任心	马虎	认真
	懒惰	勤奋
	杂乱无章	井井有条
	不守时	守时
情绪稳定性	自寻烦恼	冷静
	神经质	不愠不火
	害羞	自在
	感情用事	感情平静
开放性	刻板	富于想象
	创造性差	创造性强
	遵守习俗	标新立异
	缺乏好奇心	有好奇心

这些因素最终被称为“大五”——选择这一称谓不是要反映它们多么重大，而是要强调这其中的每一个因素涉及的范围都极其广泛。所以，“大五”结构并不意味着人格差异可以被缩减至仅仅五个特质。更恰当地说，这五个维度代表着在最大限度内抽象出来的人格，而每一维度包含了大量的人格特征的更为具体的差异。

经典实验

明尼苏达大学关于分开抚养双生子的研究

在明尼苏达大学关于分开抚养双生子的研究中，研究者对参与研究的双生子进行了解测验和人格测验。此外，还对这些双生子做了长期的访谈，并得到他们对有关童年的经验、恐惧、嗜好、音乐兴趣、社会态度和性兴趣等问题的回答，结果发现了一些惊人的相似性。

成长背景最不同的双生子要属奥斯卡·斯托尔和杰克·伊弗。他们出生在特里尼达,父亲是犹太人,母亲是德国人。刚出生时,他们就被分开。母亲把奥斯卡带到德国,由信奉天主教和纳粹主义的外婆抚养。杰克由身为犹太人的父亲抚养,他的青年时期大部分时光是在以色列的一个集体农场度过的。居住在两地的这一家人从未联系,兄弟俩过着截然不同的生活。20多年未曾见过面的兄弟俩竟然表现出显著的相似性:都穿着蓝色、双排扣、带肩章的衬衫,都留有短髭、戴金丝眼镜,都喜欢吃辣的食物、喝甜酒,喜欢把涂了黄油的吐司放在咖啡里,甚至乘电梯时都会打喷嚏,等等,使人难以置信。

另一对同卵双生女,她们在很小时(第二次世界大战期间)被分开,在两个社会经济地位迥异的家庭中长大,分开后第一次见面时都已经是家庭主妇了。令人惊讶的是,她们见面时手上都戴着7枚戒指!

二、人格测评

在社会生活中,人们都希望知道自己或他人的性格。人格的评定可以通过多种方法来实现,常用的有下面几种类型。

(一)自陈量表法

人格自陈量表是一种对人格作客观测量的工具,它包括许多描述人格的项目,要求被试以是非法或选择法的方式选择答案,从而把自己的人格特点陈述出来。人格自陈量表的编制有多种设计类型,目前我们最常见到的有以下两种设计类型。

1. 以经验建构的量表

这方面最有名的是明尼苏达多相人格量表(Minnesota Multiphasic Personality Inventors,MMPI)。它是一种探测人格病理倾向的测量工具,其设计是将被试的反应与已知患有某种心理疾病的人的反应相比较来记分的。测量的是10种病理倾向:多疑症、忧郁症、癔症、病态人格、男—女性倾向、偏执狂、精神衰弱、精神分裂、躁狂症、社会内向。共566个题。下面是MMPI中的一些例题,被试从每题后的“是”、“否”或“?”(表示无法肯定)三种答案中圈选一项。

(1)我早上醒来觉得睡眠充足,精神爽快。

A. 是　　B. 否　　C. ?

(2)我易被声音闹醒。

A. 是　　B. 否　　C. ?

(3)我喜爱阅读报上关于犯罪的文章。

A. 是　　B. 否　　C. ?

(4)我的手脚经常是很温暖的。

A. 是　　B. 否　　C. ?

(5)有时我的思想飞驰,使我都来不及讲出来。

A. 是　　B. 否　　C. ?

2. 由因素分析建构的量表

卡特尔16种人格因素问卷是根据因素分析法找出的16个根源特质而编制的,

共 187 个题。下面是卡氏 16 种人格因素问卷(16PF)中的一些例题,被试在每题后的三种答案中圈选一项。

(1)在接受困难任务时,我总是:

A. 有独立完成的信心　　B. 不确定　　C. 希望有别人的帮助和指导

(2)我的神经脆弱,稍有点刺激就会使我战战兢兢:

A. 时常如此　　B. 有时如此　　C. 从不如此

(3)我喜欢从事需要精密技术的工作:

A. 是的　　B. 介于 A、C 之间　　C. 不是的

(4)在需要当机立断时,我总是:

A. 镇静地应用理智　　B. 介于 A、C 之间　　C. 紧张兴奋

人格自陈量表属于纸笔测验中的一种,它的优点是实施简便,评分明确,容易量化,便于绘制人格侧面图。其缺点是被试在回答问题时容易受社会期望的影响而隐瞒自己的缺点,同时被试对自己性格的认识不一定准确,因而会影响测量的效度。

(二)投射测验

投射测验就是向被试呈现模棱两可的刺激材料(如墨迹或不明确的人物图片),要求被试解释其知觉,使其在不知不觉中将情感、态度、愿望、思想等投射出来。人格投射测验主要有主题统觉测验和罗夏墨迹测验两种。

1. 主题统觉测验

主题统觉测验(Thematic Apperception Test,TAT)是美国心理学家默里和摩根(H. A. Murray & C. D. Morgan)创制的。它由 30 幅图像和一张空白图片组成。图像多数是人物,也有一部分是风景。每幅图像(见图 11-2)都相当模棱两可,可以作出种种不同的解释。被试从中抽取 20 幅图像和一张空白图片。当被试看到图片时,凭个人的想象,编出一幅图像上的故事。所编的故事必须包括:图像的情境,情境发生的原因,将来的演变,可能的结果以及个人的体会。主试根据故事的主题,故事中

图 11-2　类似于 TAT 的图画

人物的关系，知觉的歪曲，不平常形式的特征，故事中反复出现的情节以及整个故事的基调（如是悲观的还是乐观的）等，对被试的性格作出鉴定。

2. 罗夏墨迹测验

罗夏墨迹测验由瑞士精神病学家罗夏（H. Rorschach）编制。它由10张类似于图11-3上的墨迹所组成（5张黑色，5张黑色加彩色）。每张图片都向被试提出这样的问题："这可能是什么？""你看见了什么？"或"这使你想起什么？"对10张图片都回答完之后，被试再将图片看一遍，指明墨迹的哪一部分启发了他的回答。主试根据下列四项标准进行统计。①部位。被试是对墨迹全部反应还是对部分反应？②决定。被试的反应是由墨迹的形状决定的还是由颜色决定的？把图形看成是运动的还是静止的？③内容。被试把墨迹看成什么东西？是动物还是人或物体等？④独创性。被试的反应是与众一致还是与众不同？然后确定其性格。

图11-3 罗夏墨迹测验图片示例

由于在投射测验中被试不知道答案的意义，因而可以排除在自陈量表法中可能出现的作假现象。但投射测验的实施程序、记分以及对结果的解释都必须经过特殊的训练，这种测验比较缺乏客观效度。

（三）观察法

观察可以在日常生活中进行，也可以在特定场合下进行。主要是观察个人的行为以了解其性格。为了便于整理观察结果，在观察时常用以下两种方法。

1. 项目查核法

在观察前把所要观察的重要行为进行分类，并将分好类的行为记在预先准备的纸上。观察时对拟观察的行为进行查核，记下这些行为的出现或不出现。这种方法的优点是使用方便，缺点是不能记下质量上的差别，即不能解决"怎样"的问题。

2. 等级评定法

等级评定的形式有很多，其基本做法是要求观察者对被观察者在某一（或某些）性格特征上的轻重程度进行评定，量化的程度可以用数字表示（例如以0表示完全没有，数字愈大代表程度愈高），也可以用文字加以叙述，用一定的评定尺度去评定被观察者的性格和行为特征。

用上述两种方法来评定一个人的性格特征时，首先必须明确地列出行为的特征，同时还应考虑到用在特殊情况下观察到的行为特征去推测被试的性格特征不一定是准确的。

（四）访谈法

访谈法就是研究者采用同被试面对面交谈的方式来了解其性格的方法。交谈的内容包括被试的现状、生育历史、本人和环境的关系，以及在某些环境（学校、车间）里的行为等。进一步也可以了解被试对特定的人的感情、态度，对某件事情的有关意见，以及对于自身的认识内容等。此外，还可以找与被试有关的人进行谈话，例如了解一个学生的性格，可以找他的教师或父母谈话，这种谈话有助于进一步了解学生的性格。

访谈法一般需相当长的时间，很难在短期内得到很多材料。这种方法还受访谈者能力的左右，在客观性和可靠性方面也多少有些问题。为此，应尽量使访谈技术标准化，同时访谈者也必须经过专门的训练。

（五）自然实验法

用自然实验法也可以对一个人的性格特征进行研究。例如，在游戏中或上课时，让被试完成一些实验性的作业，来研究学生的责任心、自制力、诚实、果断等性格特征。

经典实验

课业责任心的实验

课业责任心的实验是这样进行的：在小学五年级选择 14 名学生（被试），分为实验组和控制组，每组各 7 人。先由班主任（主试）对全体学生作动员谈话，鼓励大家争取成为三好集体和优秀学生，并提出认真对待作业的三项行为要求：①放学回家先完成作业；②做完作业后要检查验算；③改正上次作业中的错误。然后，对实验组进行行为训练：头 3 天放学后留校，由主试具体指导他们按三项要求完成数学作业；请家长、老师督促学生按三项规定，针对实际情况给予表扬或批评；并要求学生登记每天的作业成绩，绘制成曲线图，在日记上分析成绩好坏的原因，定期交流学习经验，让每个学生意识到完成作业的三项行为要求与作业成绩的关系。对控制组只作一般要求，不给予上述训练。经过两周实践，结果发现，在学习成绩方面，两组都有提高，实验组进步较显著。从作业责任心的两项指标上看，对于作业中的粗心性错误（非理解性错误），实验组在实验后比实验前降低 61%，而非控制组只降低 33%。在验算行为方面，实验组全做到的有 6 人，不能经常做到的有 1 人；而控制组全做到的只有 1 人，不经常做到的有 5 人，基本上没有做到的有 1 人。这表明，在对待作业的态度上，实验组比控制组进步更大。

自然实验法的优点是，便于结合日常工作进行性格鉴定。教师可以把难度大的作业布置给学生，观察他们在这种情况下是否具有克服困难的坚忍性；也可以把已经批阅过的卷子交给学生，让他们对照答卷，各自评定记分，从中考查学生是否更改自己的答案，以观察其是否诚实。这种方法对了解性格具有重要意义。它的缺点是难以对实验条件作严密的控制。

第三节　气质与性格理论的应用

世界上不存在两个完全相同的人，每个人都有自己独特的风格，这种差异主要是气质、性格等个性差异。因此，掌握个性差异原理，对科学选择职业、合理选拔人才等有重要意义和应用价值。

一、气质理论的应用

个人的各种心理活动，如认识活动、情绪活动和意志行动都会表现出其固有的气质特点，使其个性具有一定的色彩。那么，如何评价气质在人们实践活动中的作用呢？

（一）气质在人的社会活动中的作用

1. 气质使个性带有倾向性色彩

价值观处于个性倾向性的最高层次，它在需要的基础上产生而又制约着一个人的需要、动机、兴趣、爱好、理想、信念。一个人的精神面貌（即个性）的性质是由他的理想、信念和价值观所决定的。显然，气质不能决定人的价值观、不能决定人的个性倾向性，它仅使个性带有一定的动力色彩。在人群中，具有不同价值观、理想、信念的人可能具有相同的气质特征，具有相同价值观、理想、信念的人也可能具有不同的气质特征。

2. 各种气质类型都有优点和缺点

不同气质类型的人具有各自的优点和缺点。例如：多血质的人情感丰富、反应灵活、易接受新事物，但是情绪不稳定、精力易分散；胆汁质的人直率热情、精力旺盛、反应迅速而有力，但是脾气急躁、易于冲动，准确性差。黏液质的人安静稳重、善于自制，但对周围事物冷淡、反应缓慢；抑郁质的人情感体验深刻而稳定、观察敏锐、办事认真细致，但多愁善感、行为孤僻、反应迟缓。每一种气质类型的人都有可能在事业上取得成就。

3. 气质可以影响活动效率

考察记忆效率的研究表明：神经系统强型的人记忆数量多、难度大的材料较神经系统弱型的人效果要好；神经系统强型的人记忆大量的无意义音节效果较好，而神经系统弱型的人记忆大量有意义的文章效果较好；在动觉记忆方面，对于不复杂的任务（如再现切线几何图形的长度），神经系统弱型的人比神经系统强型的人记忆效果要好；而在复杂情境中，神经系统强型的人比神经系统弱型的人记忆效果要好。正因为每一种气质类型都有其优缺点，因此有可能影响活动的效率。

（二）气质与职业活动密切相关

1. 气质与职业活动的关系

气质与职业活动的关系表现在两个方面：一是使个人的气质特征适应于职业活动的客观要求；二是在选拔人才和安排工作时应考虑个人的气质特点。研究表明，气质无所谓好坏，也无善恶之分。每一种气质都有其积极的一面，也有其消极的一面。因此，在每一种职业领域都可以找出各种不同气质类型的代表，同一气质类型的人在不同的工作岗位都能作出各自的贡献。

多血质的人适合做外交人员、驾驶员、服务员、医生、律师、运动员、冒险家、新闻记者、演员、侦察员、干警、救援人员等。他们不适宜做细致的工作，对于单调、机械的工作也很难胜任。黏液质的人容易养成自制、镇静、安静、不急躁的品质，适合做外科医生、法官、管理人员、出纳员、保育员、话务员、会计、播音员等。胆汁质的人喜欢不断有新的刺激和热闹，适合做导游员、推销员、节目主持人、演讲员、外事接待人员、监督员等，但很难胜任需要长期安坐、细心检查的工作。抑郁质的人可以很好地胜任胆汁质的人难以胜任的工作，适合做校对人员、打字人员、排版人员、检查员、登录员、化验员、雕刻人员、刺绣工作者、保管员、机关秘书等。

2. 气质差异原理应用的原则

由于组织中不同岗位的活动性质是不同的，因而在一般的工作岗位上，气质的各种特性可以起到互相弥补的作用。如有人对优秀纺织女工的研究发现：属于黏液质的女工，由于具有稳定的注意力，能及时发现断头的故障，从而弥补了注意力不易于转移的缺陷；属于多血质的女工，注意力易于转移，这种灵活性弥补了注意力分散的缺陷。她们以不同的工作方式完成了同样质量的工作。

实际上，组织中的每个工作岗位，对其工作人员的气质特点都有特定的要求，因此在选择职业时必须考虑个人气质类型，要遵循以下两个原则。一是气质的适应原则。当一个人所从事的工作符合其气质特点时，就比较容易适应工作，工作起来也会感到轻松愉快；反之，如果一个人所从事的工作与其气质特点不符，适应工作就比较困难，工作起来也比较吃力。二是气质的互补原则。在一个群体中，让不同气质类型的人在一起工作，可以起到不同气质类型间的行为互补作用，有利于工作任务的完成和工作效率的提高。

还有一些特殊职业（如飞行员、潜水员、宇航员、大型动力系统的调度员、矿坑及地震救护员、国际比赛运动员等）的活动对人的心理素质要求非常高。对于这些特殊职业的活动并不是每个人都能胜任的。2001 年美国“9·11”事件之后两年内，纽约市 100 多名消防人员因精神紧张而请假，许多人靠服用安眠药和镇静剂维持心理平衡，越来越多的人向心理医生咨询。一位消防员说，即使在同孩子玩耍时，脑海里还会浮现出他在“9·11”事件现场拼凑遇难者尸体的情形。中国 2008 年汶川地震、2010 年玉树地震等灾难的抢险救灾人员中，不少人也出现了心理问题。可见，对灾害救护人员应具有特殊的心理素质要求。

（三）气质与教育工作的关系

作为教师，了解学生的气质特点，对于做好教育工作、培养学生的良好个性等，具有重要的意义。

1.有利于了解学生

教师应认识到每一个学生的气质都有优点和缺点,都有可能掌握知识技能,形成优良的个性品质,成为有价值的社会成员。教育工作者的任务就在于根据学生的气质特点,在组织教育活动时,使学生不断克服自己气质上的缺点,发展其优点。例如,胆汁质的人的优点是热情、积极、精神振奋,但缺点是急躁、易激动、缺乏自制力;抑郁质的人的优点是敏感、富于同情心,但缺点是要求不高、易受暗示、优柔寡断等。教师应根据学生的不同特点,采取不同的教育措施,使他们逐步克服气质上的缺点,形成优良的个性。同时应当注意,不同气质类型的学生形成某种优良个性品质的难易程度是不同的。

2.有利于因材施教

对于不同气质类型的学生应采取不同的教育方式和方法。因为同一教育方式对不同气质特点的学生所产生的实际影响可能是很不相同的。例如,尖锐严厉的批评,可能会使多血质的学生受到震动,从而改正自己的缺点,但会使抑郁质的学生感到恐惧,更加萎靡不振。又如,胆汁质的学生易激动和发怒,粗声大气地同他们讲话,则容易惹怒他们,产生师生之间的对立;而轻声细语地同他们谈话,则会获得较好的教育效果。

3.有利于调控行为

教师要提高教育教学效果,就要设法教育学生正确剖析自己气质的优缺点,加强行为的自我修养,克服自己气质的消极面,发扬其积极面。这对于学生监控自己气质的发展具有重要的意义。

4.有利于自身修养

教师本人也应该正确认识自己气质的优缺点,加强自身的行为修养,这对于搞好教育工作尤其具有重要意义。因为,教育者必须先受教育,只有这样他才不至于因自己消极气质特征的流露而对学生产生消极的影响(见表11-4)。

表11-4 教师的教育态度与学生的性格

教师的教育态度	学生的性格
专制的	情绪紧张,不是冷淡就是带有攻击性;教师在场时毕恭毕敬,不在场时秩序混乱,不能自制
民主的	情绪稳定、积极,态度友好,有领导能力
放任的	无团体目标,无组织、无纪律,处于放任状态

二、性格理论的应用

在现实生活中,有的人诚实、正直、谦逊,有的人活泼、好动、善交际,有的人则悲观、孤僻。在人际交往过程中,有内向的人,也有外向的人。在情绪特征上,有稳定型的,也有激动型的。在适应工作方面,有的人积极进取,有的人消极被动。个体之间的差异，除了相貌、体形不同外，性格特征上的差异是最主要的差异。所以，如何针对这些差异选拔或使用人才，就显得十分必要。

（一）性格差异的表现

人的性格差异不仅表现在性格类型（如内倾型、外倾型、独立型、顺从型、理智型、情绪型、意志型等）上，而且表现在性格特征的各个方面。一般可从以下四个方面进行分析。

1. 性格的态度特征

主要包括对社会、对他人、对自己及对工作的态度，这种态度通常可以决定人的社会行为。

2. 性格的意志特征

它是人能否自觉地调节自己的行为方式和水平的标志，表现为一个人对自己行为的目的是否有明确而深刻的认识，能否主动约束自己，在困难和紧急情况下能否迅速、准确地作出抉择，以及能否以顽强的毅力把作出的决定贯彻到底等。属于这方面的特征有独立性、纪律性、组织性、主动性等。

3. 性格的情绪特征

通常表现在情绪活动的强度、稳定性、持久性和主导心境四个方面。

4. 性格的理智特征

表现在感觉、知觉、记忆、思维、想象等认识方面的性格特征。

（二）性格类型与职业匹配

性格类型与职业匹配的关系可以说是彼此制约、相互促进的关系。一方面，安排工作岗位要考虑性格的职业品质，尽量使个体所从事的工作与其性格特点相适应。另一方面，性格是在长期生产与生活实践中逐步形成的。美国职业指导专家、约翰·霍普金斯大学教授约翰·霍兰德把职业类型和人格类型分成六大类：现实型、调研型、艺术型、社会型、企业型、常规型。并与相应的六大类职业相对应。

1. 现实型

这类人喜欢从事有规则的具体劳动和需要基本技能的工作，这类职业主要包括熟练的手工工作和技术工作，即西方被称为“蓝领”的工作。如木匠、铁匠、电工、车工、建筑工人、驾驶员、汽车修理工等。

2. 调研型

这类人喜欢智力的、抽象的、逻辑的定向任务，大都喜欢独立工作，不愿受人督促，也不愿督促别人，不喜欢纪律严明的环境和重复性的活动。其职业范围主要是科学研究和实验室工作，主要是指科学研究人员。

3. 艺术型

这类人感情丰富、善于想象、喜欢求异，希望通过创作独特的艺术作品来表现自我。这类职业主要指艺术创作工作，使用语言、音响、动作、色彩、造型等创造艺术作品。典型的职业如文学家、诗人、音乐家、演员、记者等。

4. 社会型

这类人对社会交往感兴趣，愿意出席社交场所，关心社会问题，有较强的社会责任感，重友谊，愿意为别人服务，容易和人相处，但往往缺乏机械能力。主要从事与人打交道的工作，如教师、医生、护士、思想教育工作者等。

5. 企业型

这类人性格外向、自信、精力旺盛，对冒险活动、领导角色感兴趣，具有支配、劝说和使用语言的技能，但缺乏科研能力。相应的职业范围主要是指管理、决策方面的工作。如国家机关及工作机构的负责人以及党团干部、经理、厂长等。

6. 常规型

这类人对系统的、有条理的工作感兴趣，喜欢整洁有序的生活环境，习惯于按照固定的规则和方法进行重复性、习惯性的活动，往往缺乏艺术创作能力。典型的职业是办公室工作，如办公室的办事员、图书管理员、打字员等。

学以致用

气质自测

下面60道题大致可以确定你的气质类型。若与你的情况“很符合”记2分，“较符合”记1分，“一般”记0分，“较不符合”记−1分，“很不符合”记−2分。

1. 做事力求稳妥，一般不做无把握的事。
2. 遇到可气的事怒不可遏，想把心里话全说出来才痛快。
3. 宁可一个人干事，不愿很多人在一起。
4. 到一个新环境很快就能适应。
5. 厌恶那些强烈的刺激，如尖叫、噪音、危险镜头等。
6. 和别人争吵时，总是先发制人，喜欢向别人挑衅。
7. 喜欢安静的环境。
8. 善于和人交往。
9. 羡慕那种善于克制自己感情的人。
10. 生活有规律，很少违反作息制度。
11. 在大多数情况下情绪是乐观的。
12. 碰到陌生人觉得很拘束。
13. 遇到令人气愤的事，能很好地自我克制。
14. 做事总是有旺盛的精力。
15. 遇到问题总是举棋不定、优柔寡断。
16. 在人群中从不觉得过分拘束。
17. 情绪高昂时，觉得干什么都有趣；情绪低落时，又觉得干什么都没意思。
18. 当注意力集中于某一事物时，别的事很难使我分心。
19. 理解问题总比别人快。
20. 碰到危险情境，常有一种极度的恐惧感。

21. 对学习、工作怀有很高的热情。
22. 能够长时间做枯燥、单调的工作。
23. 符合兴趣的事情，干起来劲头十足，否则就不想干。
24. 一点小事就能引起情绪波动。
25. 讨厌做那种需要耐心、细致的工作。
26. 与人交往不卑不亢。
27. 喜欢参加热烈的活动。
28. 爱看感情细腻、描写人物内心活动的文艺作品。
29. 工作或学习时间长了，常感到厌倦。
30. 不喜欢长时间谈论一个问题，愿意实际动手干。
31. 宁愿侃侃而谈，不愿窃窃私语。
32. 别人总是说我闷闷不乐。
33. 理解问题常比别人慢些。
34. 疲倦时只要短暂的休息就能精神抖擞，重新投入工作。
35. 心里有话宁愿自己想，不愿说出来。
36. 认准一个目标就希望尽快实现，不达目的，誓不罢休。
37. 学习、工作同样一段时间后，常比别人更疲倦。
38. 做事有些莽撞，常常不考虑后果。
39. 教师或他人讲授新知识、新技术时，总希望他讲得慢些、多重复几遍。
40. 能够很快地忘记那些不愉快的事情。
41. 做作业或完成一件工作总比别人花的时间多。
42. 喜欢运动量大的剧烈运动，或者参加各种文艺活动。
43. 不能很快地将注意力从一件事转移到另一件事上去。
44. 接受一个任务后，就希望把它迅速解决。
45. 认为墨守成规比冒风险强些。
46. 能够同时注意几件事物。
47. 当我烦闷的时候，别人很难使我高兴起来。
48. 爱看情节起伏跌宕、激动人心的小说。
49. 对工作持认真严谨、始终如一的态度。
50. 和周围人的关系总是处不好。
51. 喜欢复习学过的知识，重复做已经熟练的工作。
52. 希望做变化大、花样多的工作。
53. 小时候会背的诗歌，我似乎比别人记得清楚。
54. 别人说我“出口伤人”，可我并不觉得这样。
55. 在体育活动中，常因反应慢而落后。
56. 反应敏捷，头脑机智。
57. 喜欢有条理而不甚麻烦的工作。
58. 兴奋的事常使我失眠。

59. 老师讲新概念，常常听不懂，但是弄懂了以后很难忘记。

60. 假如工作枯燥无味，马上就会情绪低落。

评分方法如下：

(1)如果某一项或两项得分超过 20 分，则为该项的典型气质；

(2)如果某一项或两项以上得分在 20 分以下、10 分以上，其他各项得分较低，则为该项一般气质；

(3)若各项得分均在 10 以下，但某项或几项得分较其余项高(相差 5 分以上)，则为略倾向于该项气质(或几项的混合)；

(4)一般来说，正分值越高，表明该气质特征越明显，反之，正分值越低或得分为负分值，表明越不具备该项气质特征。

各种气质类型的对应题号如表 11-5 所示。

表 11-5　各种气质类型的对应题号

气质类型	题　　号	得　分
胆汁质	2,6,9,14,17,21,27,31,36,38,42,48,50,54,58	
多血质	4,8,11,16,19,23,25,29,34,40,44,46,52,56,60	
黏液质	1,7,10,13,18,22,26,30,33,39,43,45,49,55,57	
抑郁质	3,5,12,15,20,24,28,32,35,37,41,47,51,53,59	

思考与练习

1. 名词解释

气质　　胆汁质　　多血质　　黏液质　　抑郁质　　性格

人格　　特质　　人格测评

2. 有哪些主要的气质学说？试作出评价。

3. 试用巴甫洛夫学说解释气质。

4. 如何看待气质？

5. 说明性格与气质的关系。

6. 举例说明影响性格形成和发展的因素。

7. 常见的人格分类有哪些？

8. 人格测验有哪些类型？各有何特点？

9. 气质和性格差异表现在哪些方面？你是怎样理解的？

10. 如何针对不同气质及性格特点的学生做好教育教学工作？

课外延伸

请利用教育实习或社会实践的机会，创作一个“如何完善青少年人格的心理剧本”，自编、自导、自演。

第十二章 能　力

本章学习目标

- 理解能力的概念及主要种类
- 掌握现代心理学中重要的能力理论
- 理解能力与知识、技能的关系
- 了解常用的智力测验方法
- 能联系实际分析影响能力形成和发展的因素
- 掌握能力发展的一般趋势及能力发展的差异
- 能运用能力的基本原理培养和发展学生的能力

你一定知道纸上谈兵这个成语，可是你知道这个成语的来历吗？

赵奢是战国后期赵国的著名将领，曾多次领兵打败秦军，被赵王封为马服君。他的儿子赵括受父亲影响，从小也喜欢军事，熟读兵书，说起兵书战策、行军打仗，总是口若悬河、头头是道。他曾与父亲赵奢谈论用兵之事，赵奢也难不倒他。

公元前259年，秦军与赵军在长平对阵。那时赵奢已死，蔺相如也已病危，赵王派廉颇率兵攻打秦军，秦军几次打败赵军，赵军坚守营垒不出战。秦军屡次挑战，廉颇置之不理。秦军间谍说："秦军最忌讳的，就是马服君赵奢的儿子赵括做将军。"赵王听信了秦军间谍散布的谣言，让赵括取代了廉颇。蔺相如说："赵括只会读他父亲留下的书，不懂得灵活应变。"赵王不听，还是命赵括为将。赵括的母亲也上书给赵王说："赵括不可以做将军。"赵王说："这事您就别管，我已经决定了。"

只有军事理论知识，从无实际作战经验的赵括，初次作战就要承担统帅四十万大军作战的重担，怎么可能是身经百战的秦将白起的对手？他的人生第一仗毫无悬念地以全军覆没、自己战死而谢幕，并因此留下了"纸上谈兵"的笑谈。

赵括纸上谈兵的故事告诉我们，仅有知识不能保证活动的成功，丰富的知识必须通过活动转化为能力！那么什么是能力？能力有哪些种类？能力和知识、技能之间有什么关系？能力与人们活动的成败之间又有什么关系？如何了解人的能力？影响人的能力的因素有哪些？怎样培养青少年的能力？这些都是本章所探讨的问题。

第一节　能力概述

·名人名言·

天才是99%的汗水加1%的灵感，但那1%的灵感是最重要的，甚至比那99%的汗水都要重要。

——爱迪生

一、能力的定义

虽然能力(ability)一词人人皆知，个个会用，但是要给能力下一个科学的定义却并非易事。在这方面，西方心理学界已经作了百余年的努力。综合各种观点，一般认为，能力是人顺利地完成某种活动所必须具备的心理特征。

能力总是和人的某种活动联系在一起，并表现在活动中。从事任何活动，都要求人们具有能胜任该项活动的相应的心理特征。如医生能用听诊器了解病人心肺的活动情况，这就要求医生对声音有很高的感受性；牧民能靠发达的味觉和嗅觉鉴定草的营养价值；炼钢工人要对火焰的颜色有很高的分别力。而且，只有从一个人所从事的活动中，才能看出他具有的能力。在绘画活动中，一个学生在色彩鉴别、空间比例关系的估计等方面都很强，画得特别逼真，于是，我们说他具有绘画能力；在音乐活动中，一个学生的曲调感、节奏感和听觉表象等都很强，歌声优美动听，于是，我们说他具有音乐能力。能力影响活动的效果，能力的高低也只有在活动中才能比较。在其他条件(知识、技能、花费的时间)相同的情况下，数学运算时，甲生比乙生能更快地了解题意，采用简便的方法，准确地进行计算，那么，我们说甲生的数学能力强于乙生。倘若一个人不参加某种活动，就难以确定他具有什么能力。

但是，在活动中表现出来的心理特征并非都是能力。例如，在音乐或绘画活动中人们可能表现出脾气急躁、性格开朗，也可能表现出情绪稳定、内向沉默。这些心理特征也可能会影响人顺利地完成音乐或绘画活动，但对于音乐或绘画活动并不是最必需的。而曲调感、节奏感、听觉表象对于顺利地进行音乐活动，色彩鉴别、空间比例关系的估计、形象记忆对于顺利地进行绘画活动，是最必需的心理待征。没有这些心理特征，有关的活动便不能顺利地完成。因此，我们把顺利完成某种活动最必需的那些心理特征称为能力。

在西方心理学中，能力一词有两种含义：既可解释为实际能力(actual ability)，也可解释为潜在能力(potential ability)。实际能力是指个人现在实际所能做的。例如，某人能说日语、能骑自行车等，就是指他现在实际具备的能力。这种能力以知识技能来表现，而知识技能主要是学习的成就或训练的结果，所以实际能力也称为成就(achievement)。潜在能力不是指个人已经发展出来的实际能力，而是指如果通过训练可能可以达到的水平，在英语中常用 capacity（能量）、potentiality（潜力）或 aptitude（倾向，才能）等词来表示。实际能力通过成就测验来了解，潜在能力通过倾向测验来了解。

任何单独的一种心理特征都不可能完成比较复杂的活动。要完成某种复杂的活动，往往需要几种心理特征的有机组合。例如，画家要完成绘画活动，需要色彩鉴别能力、形象记忆能力、视觉想象能力、形象思维能力等多种心理特征的有机组合；优秀教师的工作，需要逻辑思维能力、言语表达能力、注意分配能力、观察力等心理特征的有机组合。为了顺利地完成某种活动而进行的多种能力的有机组合，称为才能。

能力是保证活动取得成功的基本条件，但不是唯一条件。活动能否顺利进行，能否取得成功，往往还与人的整体个性特点、知识技能、工作态度、物质条件、健康状况及人际关系等因素有关。但是，在这些条件相同的情况下能力强的人比能力弱的人更能使活动顺利进行，更容易取得成功。

二、能力的种类

人的能力很多，可以用不同的标准对其进行分类，通常有以下几种分类。

（一）一般能力和特殊能力

根据能力发挥作用的范围的不同，可以把能力分为一般能力和特殊能力。

一般能力是指在许多基本活动中都表现出来，或在各种活动中都必须具备的能力。例如，观察力、记忆力、想象力等都属于一般能力。学习、工作、创造发明、任何活动的顺利完成，都离不开这些能力，一般能力的综合也称为智力。

特殊能力是在某种专业活动中表现出来的能力。例如，数学能力、音乐能力、绘画能力、机械操作能力等，这些能力对于完成相应的活动是必须具备的。每一种特殊能力都是由该活动性质所制约的几种基本的心理品质构成的。例如，构成音乐能力的基本组成成分有：①曲调感，即区分旋律的曲调特点的能力；②听觉表象，即能随意地使用反映音高关系的听觉能力；③音乐的节奏感，即感受音乐的节奏并能准确地再现它的能力。

个人要顺利地完成某种活动，必须具备一般能力和从事该种活动的特殊能力。一般能力和特殊能力的关系是辩证统一的。一方面，一般能力在某种活动中的特别发展，可能会成为特殊能力。例如，观察力是一般能力，但在农业技术工作中，除了需要一般的观察力外，还需要区别各种作物的形态、结构细节，察看作物个体的生长、发育、繁殖和类群的特征及其相互关系的敏锐观察能力，这就是对农作物的特殊观察力。另一方面，特殊能力得到发展的同时也发展了一般能力。农技师在培育过程中的精细观察能力，有可能迁移到其他活动领域，表现为其一般观察能力的发展。

（二）模仿能力和创造能力

根据能力的创造性程度，可以把能力分为模仿能力和创造能力。

模仿就是仿效，模仿能力就是仿照他人的言行举止去行动，以便使自己的行为方式与被模仿者相同的能力。模仿主要包括两种成分：观察和仿效。儿童在家里模仿父母的声音和表情；人们从电视中模仿演员的动作、服饰等。模仿是人和动物的一种重要的学习能力，是个体社会化的重要途径。

创造能力是指产生新颖思想和产品的能力。一个具有创造力的人往往能超脱具体的知觉情境、思维定式、传统观念和习惯势力的束缚，在习以为常的事物和现象中发现新的联系，提出新的思想，产生新的产品。如艺术作品、科学理论、有创见性的谈话和奇特的建筑等都是创造力的具体体现。

模仿能力和创造能力有密切的联系。人们通常是先模仿，然后进行创造，从这个意义上可以说模仿是创造的前提和基础。人们的模仿能力和创造能力有明显的个别差异。

(三)认知能力、操作能力和社交能力

根据能力发挥作用的领域的不同，可以把能力分为认知能力、操作能力和社交能力。

认知能力是指人脑加工、存储和提取信息的能力，即平时我们所讲的智力，如观察力、记忆力、想象力等。人们认识客观世界，获得各种各样的知识，主要依赖于人的认知能力。

操作能力是指人们运用自己的肢体完成各项活动的能力，如艺术表演能力、体育运动能力、实验操作能力、劳动能力等。操作能力是在操作技能的基础上发展起来的，又成为顺利掌握操作技能的重要条件。操作能力与认知能力也不能分开。操作能力的形成和发展，必须以一定的知识和经验为前提；反过来，操作能力的发展，也可以推动认知能力的发展。

社交能力是在人们的社会交往活动中表现出来的能力，如组织管理能力、言语感染力、判断决策能力、调解纠纷能力、处理意外事故的能力等。社交能力对组织团体、促进人际交往和信息沟通具有重要作用。

(四)优势能力和非优势能力

根据能力在人的能力系统中所处的地位不同，能力可以分为优势能力和非优势能力。

一个人往往具有多种能力，这些能力形成一个能力系统。在这一能力系统中，通常有一种能力占优势，其他的能力从属于它。因此优势能力就是在能力系统中占优势地位、起主导作用的能力。许多人都是一种能力占优势，其他能力增强优势能力。例如：马克思是思想巨匠，同时具有数学和语言才能；丘吉尔不仅是著名的政治家，同时是诺贝尔文学奖获得者；西蒙因计算经济学理论获得诺贝尔经济学奖，同时是著名的认知心理学家和计算机专家；我国古代杰出的数学家祖冲之具有卓越的数学才能，同时具有物理学和史学方面的才能；赵丹具有卓越的戏剧和电影方面的表演才能，同时具有绘画和作诗的才能。

不少人都能顺利地完成同样的活动，但是完成这种活动的能力组成因素所处的地位可能不同。有的因素在一些人身上是优势能力，但在另一些人身上是非优势能力。例如，音乐能力的基本成分是曲调感、听觉表象和音乐节奏感。但是对于具有音乐才能的人来说，这三种因素所起的作用可能是不同的。研究表明，音乐成绩良好的学前儿童中，一些儿童具有强烈的曲调感和听觉表象，但节奏感不足；另一些儿童具有很好的听觉表象和节奏感，但曲调感较弱；还有一些儿童有强烈的曲调感和节奏感，但听觉表象较弱。又如，数学能力的基本组成部分是运算能力、逻辑推理能力、空间想象能力。有的学生空间想象能力占优势，而逻辑推理能力可能要差一些；另一些学生则可能逻辑推理能力占优势，而空间想象能力要差一些。但他们都能正确、迅速地进行运算。再如，在运动竞技中，两个优秀乒乓球运动员，一个主要依靠动作的稳健和准确，另一个主要依靠动作的强度和灵活，他们同样可以表现出乒乓球运动方面的卓越才能。在这种情况下，优势能力在完成某种活动时能够补偿非优势能力的不足。

区分优势能力和非优势能力，发挥优势能力的作用，对于因材施教、促进人才培养具有重要的意义。

三、能力结构的理论

能力是由多种心理品质所构成的系统，具有复杂的结构。分析能力的结构，对于深入理解能力的本质，合理地设计出能力的测量手段，科学地拟订能力培养计划，都有重要的意义。心理学家对人类能力的结构提出了许多假设，大体上可分为三种理论模型：因素说，结构说和能力的信息加工理论。

（一）因素说

1. 二因素说

在心理学史上，最早对能力结构进行探讨的是英国心理学家斯皮尔曼（C. E. Spearman）。他认为人的能力由一般因素（*G* 因素）和特殊因素（*S* 因素）构成。人完成的任何一种作业都是由 *G* 和 *S* 两种因素决定的。例如，一个人完成算术推理测验作业是由 *G*+*S* 来实现的，完成言语测验作业也是由 *G*+*S* 来实现的。一般因素是个人的基本能力，也是一切能力活动的共同基础。虽然人们都有这种能力，但每个人具有的这种能力的大小是不同的。特殊因素是个人完成各种特殊活动所必须具备的能力。一个人具有完成某种活动的特殊因素，不一定具备完成他种活动的特殊因素。换言之，各人的 *S* 因素既有有无的区别，也有大小的区别。不论个人有几种 *S* 因素，这些 *S* 因素之间，可能彼此互相独立，也可能彼此交叉重叠，但是它们必定都含有一部分的 *G* 因素，如图 12-1 所示。

斯皮尔曼的理论简单明确，为智力测验技术提供了理论依据。很多智力测验的

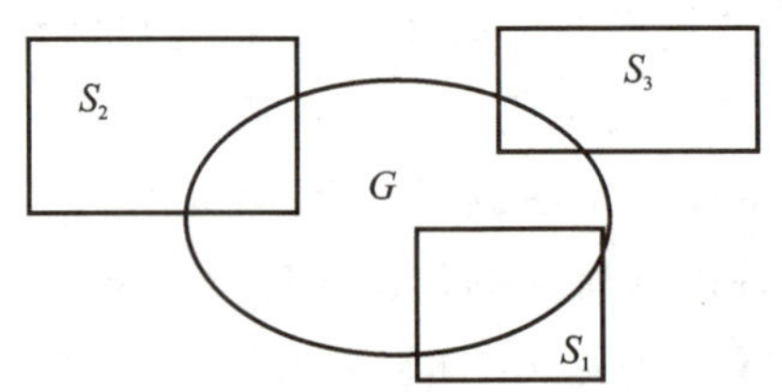

图 12-1 斯皮尔曼的二因素论

理论都是以此为依据建立起来的。但是，这个理论也有局限性。斯皮尔曼强调一般因素和特殊因素的区别，并将它们对立起来，这种做法是不可取的。其实一般因素和特殊因素也是相互联系的，在一定条件下是可以相互转化的。

2. 群因素说

塞斯顿(L. Thurstone)是群因素论的主要倡导者。他认为能力由七种独立的、平行的能力所组成。他用由 56 个标准组成的一组测验对 218 名大学生进行测试，然后用因素分析法求得智力由七种因素构成，称之为群因素论。这七种基本心理能力分别是：①词的理解能力；②语词运用能力；③计算能力，即正确而迅速地解答数学问题的能力；④空间知觉能力；⑤记忆能力；⑥知觉速度；⑦推理能力。

塞斯顿设计了许多测验，然而测验的结果和他的设想相反，测验的结果表明各种能力之间都存在不同程度的正相关。这说明各种能力并非是独立、彼此无关的。后来斯皮尔曼和塞斯顿都修改了自己的看法，观点较为接近。

3. 液态智力和晶态智力说

霍恩和卡特尔(Horn & Cattell)认为，一般能力不是有一个而是有两个。他们将其称为液态智力(fluid intelligence)和晶态智力(crystallized intelligence)。卡特尔认为，液态智力是一个人生来就能进行智力活动的能力，即学习和解决问题的能力，它几乎可以参与到一切活动中去，如知觉、记忆、运算速度和推理能力，它们大部分依赖于先天的禀赋；而晶态智力则是一个人通过其液态智力所学到并得到完善的能力，是通过学习语言和其他经验而发展起来的，晶态智力大部分是从学校学到的能力，如词汇和计算方面的能力。

4. 智力多元理论

美国心理学家加德纳(Gardner)通过对脑损伤病人的研究及对智力特殊群体的分析，提出人类的智力是多元的，是由七种相对独立的智力所构成的，每种智力都是一个单独的功能系统，它们相互作用，产生外显的智力行为。这七种智力包括如下内容。

(1)言语智力。包括阅读、写文章以及用于日常会话的能力。

(2)逻辑-数学智力。包括进行逻辑思考与数学运算的能力。

(3)空间智力。包括认识环境、辨别方向的能力。

(4)音乐智力。包括对声音的辨别与对韵律的表达的能力。

(5)运动智力。包括支配肢体完成精密作业的能力。

(6)社交智力。包括与人交往且能与他人和睦相处的能力。

(7)自知智力。包括认识自己并选择自己生活方向的能力。

(二)结构说

1. 能力层次结构理论

1961年英国心理学家阜南(P. E. Vernon)提出了能力层次结构理论。他认为,能力的最高层次是一般因素(G);第二层次是两个大因素群,即言语和教育方面的因素与操作和机械方面的因素;第三层次为小因素群,包括言语、数量、机械信息、空间信息、手工操作等;第四层次为特殊因素,即各种各样的特殊能力。阜南的能力层次结构模型如图12-2所示。

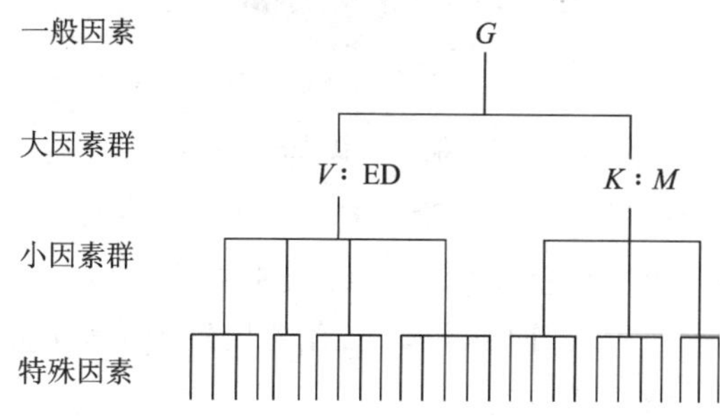

图12-2　阜南的能力层次结构模型

阜南的能力层次结构理论是对斯皮尔曼二因素理论的补充和发展,他在G因素和S因素之间增加了大因素群和小因素群两个层次。

2. 智力三维结构理论

1977年,吉尔福特(J. P. Guilford)提出了智力三维结构模型。他把智力区分为三个维度:内容、操作和产物。智力活动的内容包括听觉的、视觉的、符号的、语义的和行为的。它们是测验时给予的信息,是智力活动的对象和材料。智力操作指智力的加工活动,它根据测验时所给予的信息内容进行加工。智力操作包括认知、记忆、发散式思维、聚合式思维和评价。智力活动的产物是指智力加工所产生的结果。这些结果可以按单位计算(单元),可以分类进行处理(类别),也可以表现为关系、系统、转换和蕴涵。由于三个维度中含有多个因素,因而人的智力可以区分为150种。图12-3中的每个小立方体都代表一种能力因素。

吉尔福特认为,这些不同的智力都可以运用不同的测验来检验。例如,给被试一系列4个字母的组合,如P、I、A、S,F、H、K、Y,D、S、E、L,要求被试将它们重新组合成熟悉的单词,如FISH、PLAY、DESK等。在这一测验中,智力活动的内容为符号,操作为认知(即理解和再认),产物为单元(即按重新组合的字词数来计算成绩)。根据产物的数量即可测度出一个人的符号认知能力。如果给被试呈现10种语音,然后要求他们立即(或延迟一些时间)重学出来。在这一测验中,智力活动的内容为听

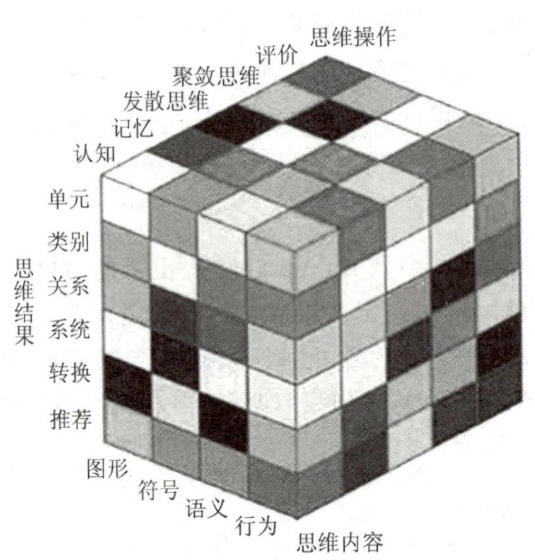

图 12-3　吉尔福特的智力三维结构模型

觉，操作为记忆，产物为单元。这一测验的成绩即可度量一个人的听觉记忆能力。

吉尔福特的智力三维结构模型同时考虑到能力信息加工的内容、操作和产物，这不仅有助于智力测验研究工作的深入，也有助于发现优势能力和非优势能力，对因材施教也是有所帮助的。

（三）能力的信息加工理论

能力的信息加工理论也叫智力的信息加工理论。20 世纪 70 年代以来心理学领域出现了许多用信息加工观点来研究智力结构的理论。

1. 三元智力理论

斯腾伯格(Sternberg)认为，完备的智力理论必须说明智力的三个方面，它们是成分智力(componential intelligence)、经验智力(experiential intelligence)和背景智力(contextual intelligence)。它们在智力活动的信息加工中起着不同的作用。

所谓成分智力是指人们在计划和执行一项任务时的心理机制，它包含有三种机能的成分。一是元成分(metacomponents)，是指人们决定智力问题性质、选择解决问题的策略以及分配资源的过程。例如，一个好的阅读者在阅读时分配在每一段落上的时间是与他要从该段落中准备吸收的知识相一致的。这个决定就是由智力的元成分控制的。二是执行成分(performance components)，是指人实际执行任务的过程。例如，词法存取和工作记忆。三是知识习得成分(knowledge-acquisition components)，是指人筛选相关信息并对已有知识加以整合从而获得新知识的过程。在成分智力中，元成分起着核心作用，它决定着人们解决问题时所使用的策略。

经验智力包括两种能力：一种是处理新任务和面对新环境时所要求的能力；另一种是信息加工过程中自动化的能力。关于经验智力，可以从下面的例子中看出。

一个有能力的人比一个无能力的人能够更有效地适应新环境，他（或她）能较好地分析情况，解决问题，即使面对的是从未遇到过的问题。经过多次解决某个问题之后，有能力的人就能不假思索、自动地启动程序来解决该问题，从而把节省下来的心理资源用在别的工作上。有些人能很快做到，有些人却难以做到这一点。这种能力就称为经验智力。

所谓背景智力是指获得与背景拟合的心理能力。它涉及主体在我们的进化史中选择压力的行为，它有三种形式。一是适应，指人们通过发展有用的技能和行为使自己适应环境的能力。在不同的文化中人们对环境的适应方式是不同的。区分有毒植物和无毒植物是从事狩猎、采集的部落中人们的重要技能，而就业面试技能则是工业化社会的一种重要技能，他们的适应能力是不同的。二是选择，指人们在环境中找到自己适当位置的能力。例如，同样是很聪明的人，有的能在社会上找到自己的适当位置，在事业上有所建树；有的则不会选择，毫无建树。三是塑造，如果个人不能很好地适应他所处的环境或不能选择一个新环境，在这种情况下，智力活动可能对环境本身进行塑造。

斯腾伯格的理论，得到了对脑前叶受损病人的研究结果的支持。例如，有一位以前很成功的物理学家，在偶然的事故中脑前叶受损，痊愈后他虽然仍有很高的智商分数，但不能继续他的工作。他能按指示程序进行工作（如开车），但缺乏适应环境的能力。很明显，这种人的行为缺少了智力中的一些重要成分，而这些成分没有被大多数智力测验测量出来。

2. 智力的 PASS 模型

智力的 PASS 模型是戴斯（Das）、纳格利尔里（Naglieri）等人提出的。这一模型建立在鲁利亚的三个机能系统学说的基础之上。PASS 即“计划—注意—同时性加工—继时性加工”（planning-attention-simultaneous-successive processing）。这三级认知功能系统中包含着四种认知过程的缩写。注意系统又称注意—唤醒（arousal）系统，它是整个系统的基础；同时性加工—继时性加工统称为信息加工系统，处于中间层次；计划系统为最高层次。三个系统的协调合作保证了一切智力活动的运行，如图 12-4 所示。

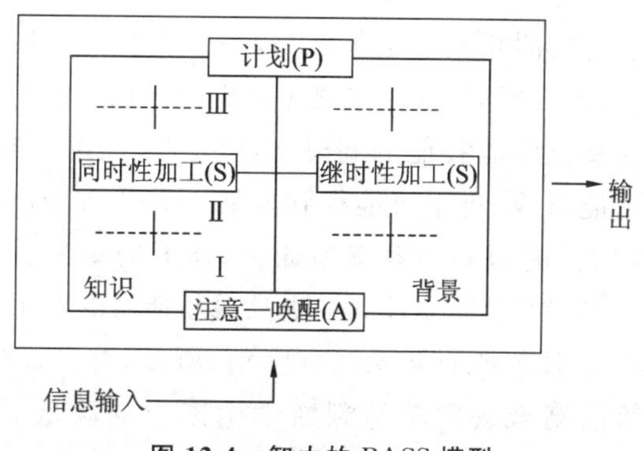

图 12-4　智力的 PASS 模型

第二节　能力的基本原理

一、能力和知识、技能的关系

人的能力有强有弱，人的知识有多有少，人的技能有高有低。那么能力与知识、技能之间的关系是怎样的呢？是不是知识越多，能力就越强呢？

能力和知识、技能之间既有区别又有联系。

1.知识、技能不同于能力

个人所掌握的知识是人类社会历史经验的总结和概括，技能是个人通过练习而掌握的动作方式和动作系统。能力是调节行为、活动的相应心理过程的概括化结果，是一种个性心理特征。例如，证明一道几何题，人在推证的过程中，所应用的公理、定理、定义、公式等属于知识，而在推证过程中思维活动的严密性和灵活性则属于能力。如果一个人不仅在证明这道几何题时思维分析是严密、简练、迅速的，而且这种思维操作方式还能经常迁移到不同的运算场合，这时我们就可以说他具有数学运算思维敏捷的能力。又如，在学骑自行车时，操作自行车的一套动作方式是技能，而支配此动作方式的心理过程的稳定特点则属于能力。如果一个人不仅在学自行车时表现出动作敏捷，而且在掌握其他技能时也经常表现出这一特点，这时我们就可以说他具有动作敏捷的能力。

2.知识和技能的发展与能力的提高是不同步的

能力的发展比知识获得、技能掌握要慢得多，而且不是永远随知识的增加而成正比发展的。知识和技能在一生中可以随着年龄的增长不断积累、日益增长，而人的能力则不一样，在人的一生中，随着年龄的增长，能力表现为逐渐形成、发展、停滞和衰退的过程。人到了老年，仍然能学习新的知识，但他们在学习能力的某些方面在一定程度上衰退了。学习同样的东西，老年人往往比青年人学得慢，较难巩固，运用起来也不如青年人灵活，这是能力减退造成的。

3.能力和知识、技能是密切联系的

能力和知识、技能之间的相互联系表现为，一方面，能力是在掌握知识、技能的过程中形成和发展起来的。例如：学生在掌握知识的同时，也就掌握了思维操作，从而发展了能力；学生在掌握绘画技能的同时，也就形成了绘画能力。离开了学习和训练，任何能力都不可能形成，更不可能得到发展。另一方面，掌握知识、技能又是以一定的能力为前提的。能力制约着掌握知识、技能的难易、深浅、快慢和巩固程度。随着知识、技能的掌握又会带来能力的提高或新能力的发生。

正因为能力和知识、技能既有联系又有区别，所以，首先，教师不能单凭学生知识的多少或考试成绩的高低去简单地判断学生能力的高低。其次，在教学过程中，教师不仅要向学生传授知识，而且要注重对其能力的培养，促使学生的知识转化为能力，这样才能使学生的知识、技能和能力保持协调。最后，由于能力不等于知识，人们有必要研究评定能力的特殊方法，而不能用对知识的评定来代替对能力的鉴定。

二、心理测量的必备条件

我们选用某种测量工具来测定心理特征时，通常会想到：所测得的结果是否稳定可靠(信度)？它能否有效地测出我们想要测的特征(效度)？其他人在同样测验上的得分(常模)如何？信度、效度和常模是任何一种心理测量的必备条件，在进行心理测量时必须考虑到这些条件，只有这样我们才能对被试的心理特征作客观的测量，并对结果的意义作出合理的解释。能力测量属于心理测量，在讨论能力测量之前有必要先讨论心理测量的必备条件。

(一)信度

信度是指一个测验所测得的分数的可靠性或稳定性。运用一个测验来反复测量某种东西，如果其结果是一致的，则该测量是可靠的。我们之所以相信尺子，是因为它能给出同样的测量，无论是今天用或是明天用，无论是木匠用或是裁缝用。同尺子一样，心理测量技术只有在反复测量并能给出相同结果时才是可靠的。当一个测验具有信度时，用它在不同的时间测量同一群人所测得的分数几乎是相同的。

(二)效度

效度是指一个测验欲测量某种心理特征的准确程度。一个有效度的测验，测量的结果必然是该测验要测得的东西。任何一种测量工具都具有一定的目的和使用范围。尺是用来测量长度的，秤是用来测量重量的。用秤来测量重量是有效的，用它来测量长度便是无效的。同样，智力测验只能用来测量智力，用它来测量性格，那便是无效的。因此，在使用测验时，一定要预先了解测验的功能及其使用范围。

(三)常模

个人接受测验所得到的分数叫原始分数。原始分数本身没有任何实际意义，只有把其同别人在该测验上得到的分数进行比较，才有意义。例如，在一个由 78 个题组成的测验中有一个人答对了 47 题，我们无法判断其优劣高低。只有当我们知道绝大多数人只能答对 34 题时，才能对其作出判断。为了使原始分数有意义，同时为了使不同的原始分数可以相互比较，在编制测验时必须建立解释原始分数的参照标准，这个参照标准就是常模。

任何心理测验都必须建立信度、效度和常模。但是在使用测验时没有一定的程序和记分方法，即使具备上述条件也不能发挥测验的作用。因此，在编制测验时必须规定一定的实施程序，例如，如何发卷、收卷，如何对被试说明做法，如何解答问题，如何控制时间等事项，都必须在测验手册中明确加以规定。无论什么人在什么时间使用同一测验时都必须按规定去做。至于记分方法也必须在说明书中加以说明。

三、智力测验

（一）一般能力的测量

1. 斯坦福-比纳智力量表

世界上第一个实用的智力测验是20世纪初法国政府为鉴别智障儿童而聘请心理学家比纳（A. Binet）和他的同事西蒙（T. Simon）编制的。这个量表叫比纳-西蒙智力量表，于1905年首次发表。该量表发表后，美国、英国、德国、日本、意大利等国都有心理学家分别将其译成本国文字并结合各自的国情加以修订。这当中以斯坦福大学的心理学家推孟（Terman）的斯坦福-比纳智力量表最为有名。

视野扩展……

斯坦福-比纳智力量表举例

1.5岁组（每通过一个项目需2个月）题项

(1)在人像画上补笔。

(2)将一张6寸（1寸≈0.03米）见方的纸对角折叠两次。

(3)为皮球、帽子、火炉下定义。

(4)临摹方形。

(5)判断图形的异同。

(6)用两个三角形拼成一个长方形。

备用项目：用鞋带在铅笔上打个结。

2.7岁组（每通过一个项目需2个月）题项

(1)指出图形的谬误。

(2)指出两物的相同点：木和炭，苹果和桃，轮船和汽车，铁和银。

(3)临摹菱形。

(4)理解问题，例如，如果你在马路上遇到一个找不到父母的3岁小孩，你该怎么办？

(5)完成相应的类比：雪是白，炭是(?)；狗有毛，鸟有(?)等。

(6)顺背五位数。

备用项目：倒背三位数。

斯坦福-比纳智力量表中智商的计算公式如下：

$$智商=智力年龄/实际年龄\times 100\%$$

由于智商是智力年龄与实际年龄之比，因此，也称为比率智商。

2. 韦克斯勒智力量表

韦克斯勒（D. Wechsler）智力量表分为言语测验和操作测验，可以分别测量个体的言语能力和操作能力。以韦克斯勒儿童智力量表为例，言语分量表包含的测验项目有：常识，理解问题，算术，发现两物的相似性和词汇等。操作分量表包含的测验项目有:整理图片,积木,图像组合,译码和迷津等。

韦克斯勒智力量表的重要特点是:废弃了智力年龄(心理年龄)的概念,保留了智商的概念。但是韦克斯勒智力量表中的智商已不是传统的比率智商,而是离差智商(deviation IQ)。所谓离差智商就是用标准分数来表示的智商,即一个人的智商偏离本年龄组平均水平的方向和程度。离差智商的计算公式是:

$$IQ = 15 \times (X - M)/S + 100$$

式中:X 为某一年龄组的被试的原始分数;M 为该团体的平均分数;S 是团体分数的标准差。$(X-M)/S$ 是标准分数,它是一种以标准差为单位的相对量数。

韦克斯勒智力量表的另一个特点是,不仅能算出一个人在全量表上的离差智商,还能算出他在言语分量表、操作分量表上的离差智商。虽然言语智商和操作智商之间存在很高的正相关,但这两种分量表测得的毕竟是不同的能力。这就有可能对一个人的智力结构的诸因素进行比较和分析。

智力测验的种类很多,除前面介绍的两种个人智力测验外,还有团体智力测验,如适用于中小学生的洛奇-桑代克智力测验(Lorge-Thorndike Intelligence Test)和美国陆军所使用的陆军普通分类测验(Army General Classification Test)等;此外还有非文字的图形测验,如瑞文推理测验(Raven's Standard Progressive Matrices)等。

(二)特殊能力测验

特殊能力测验包括对艺术能力、音乐能力和机械能力等的测验。要测定从事某种专业活动的能力,就要对该活动进行分析,找出它所要求的心理特征,列出测验项目,进行测验设计。例如梅尔美术判断测验(Meier Art Judgement Test),分析了美术家绘画活动的特点,以比例、平衡、明暗排列顺序、线条排列匀称、构图的统一等为指标,将著名的图画加以改编,制成100对图画,要求被试从每对图画中选出自己感到满意的图画。由于“正确的图画”反映了上述艺术特点,并被25名美术家公认为是较好的图画。因此,被试的得分表明其判断与美术家的判断相一致的程度。又如西肖尔(Seashore)分析了学习音乐的能力,区分出组成音乐才能的特殊能力,即辨别音高、响度、持续性、音色的差别,判断韵律的异同和音调记忆力,从而设计出六个分测验。张厚粲等编制的机械能力测验包括纸笔测验和操作测验。纸笔测验由机械常识、空间知觉、识图理解、工程尺寸计算和注意稳定五个分测验组成;操作测验由手指灵巧、拼板组合、间接手部动觉反馈、双臂随意调节、理解性操作、操作知觉、双手协调和复合操作八个分测验组成。

测验结果表明,一般智力同绘画能力、音乐能力、机械能力的相关性是较低的,但属于正相关。这说明上述特殊能力相对地不依赖于一般智力。

(三)创造力测验

智力测验的内容一般是常识性的,并且只有一个正确答案,测验的结果主要反映个人的观察、记忆、理解和一般推理的能力。创造力测验的内容不强调对现成知识的记忆和理解,而是强调思维的变通性、流畅性和异乎寻常的独特性,测验的结果主要反映个人的发散式思维能力。例如，盖茨尔斯和杰克逊（Getzels & Jackson）设计的一套创造力测验包括如下五个分测验。

（1）词汇联想测验。如让被试对“螺钉”、“口袋”之类十分普通的单词，说出尽可能多、尽可能新颖的定义，以定义的数目、类别、新颖性等进行评分。

（2）物体用途测验。如让被试对“砖”之类的普通物品，说出尽可能多的用途。根据所说出的用途的种类及独创性进行评分。

（3）隐蔽图形测验。给被试看一张印有各种隐蔽图形的卡片，让被试找出这些图形。根据所找出的图形的复杂性和隐蔽性进行评分。

（4）寓言解释测验。向被试呈现几个短寓言，但缺少结尾，要求被试对每个寓言都给出三种不同的结尾：有教育意义的，幽默的，悲伤的。根据结尾的数目、恰当性和独创性进行评分。

（5）组成问题测验。给被试几节短文，让其用所给的材料尽量组成多种数学问题。根据问题的数目、恰当性、复杂性及独创性进行评分。

除上述测验外，还有多种创造力测验。

许多研究表明，智商与创造力分数之间的相关是较低的。也有研究认为智商与创造力之间的相关性的高低是由创造力测验的性质决定的，某种创造力可能要求较高的智力，而另一些创造力又可能与智力相关不高。尽管在智力和创造力的相关上还有不同的看法，但比较一致的意见是，高智商并不能保证高度的创造性，而低智商的人肯定只能得到创造力的低分数。相当数量的智力（一般认为最低阈限智商约为120）对于从事文化教育、科学技术或艺术上的创造、革新是必要的。

视野扩展

怎样看待智商与学习成绩的关系

研究表明，智商与学习成绩之间确实成正相关，即智商越高，一般学习成绩也越好；智商越低，学习成绩也越差。但对此不可作绝对化的理解，在具体看待自己的智商时，应注意以下几点。

（1）要从正规渠道接受智力测验。当前社会上的各种心理测验鱼龙混杂，如果盲目接受智力测验，不仅结果令人怀疑，而且由于缺乏科学的解释，可能产生负面效果。

（2）智商只具有参考价值。智商是智力测验的结果，而智力测验的编制受到很多条件的限制，在公平性、全面性、准确性及有效性等方面较难达到理想的水平。

（3）智商与学习成绩的相关性有限。虽然智商与学习成绩存在正相关，但对中学生的实证研究表明，二者只有中等程度的相关，这是因为学生的学业成绩还受其他因素的影响。

（4）智商不是一成不变的。虽然智力受遗传的影响，智商保持相对稳定，但良好的教育及个人的奋发努力都对智力的发展有促进作用，并可以在智商变化上表现出来。

(5)智商难以预测成就。智商不仅对学习成绩只表现出中等程度的相关性,而且它对个人的未来更加缺乏预测性。

四、能力的发展

(一)能力发展的一般趋势

人的一生大致可分为八个不同的时期,即乳儿期、婴儿期、幼儿期、童年期、少年期、青年期、成年期和老年期。在人的一生中,能力的发展不是等速的(见图12-5),能力发展的一般趋势如下。

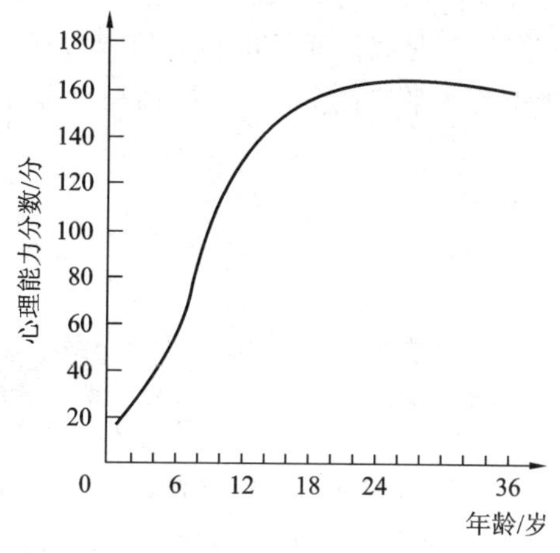

图 12-5 智力发展曲线

1. 出生头几年是儿童智力发展最快的时期

心理学认为,幼儿期是智力发展的关键期。这个阶段的儿童,在良好的环境和教育影响下,智力发展得特别迅速。心理学家平特纳(R. Pintner)指出,从出生到 5 岁是智力发展最迅速的时期。美国心理学家布鲁姆(B. S. Bloom)也认为,出生后头 4 年的智力发展最快,他认为如果把从出生到 17 岁所发展的智力当作 100%的话,那么从出生到 4 岁就已经获得了 50%,4～8 岁获得 30%,最后 20%的智力在 8～17 岁时获得。

2. 童年期和少年期是能力发展最重要的时期

从 3 岁左右到 12 岁左右,智力的发展与年龄的增长几乎是等速的。以后随着年龄的增长,智力的发展呈负加速变化。

3. 人的智力在 18～25 岁间达到顶峰(也有人说到 40 岁)

当然,智力的不同成分达到顶峰的时间是不同的。塞斯顿考察了他所提出的 7 个因素的发展情况,发现各种心理能力的发展速度各不相同。例如,12 岁时知觉速度已发展到成人水平的 80%;而推理能力、词语的理解力和词语的运用能力等则要到 14 岁、18 岁和 20 岁以后才分别达到同一水平。

4. 成年期是人生最漫长的时期，也是能力发展最稳定的时期

成年期是一个工作时期，在 25～40 岁，人们常出现富有创造性的活动。

5. 老年期的智力呈衰退趋势

有人对液态智力和晶态智力的发展研究结果表明，液态智力在中年以后开始下降，而晶态智力则在人的一生中都呈稳定上升的趋势。

（二）能力发展的差异

1. 能力发展的个别差异

人与人之间在能力上存在着明显的个别差异。这种差异主要表现在能力发展的水平、能力表现的早晚和能力结构类型三个方面。

能力发展水平上的差异，就是我们通常讲的人的能力有大小：有的人聪明，有的人愚笨，而大多数人属于中等水平。在全人口中智商呈正态分布（见图 12-6）。

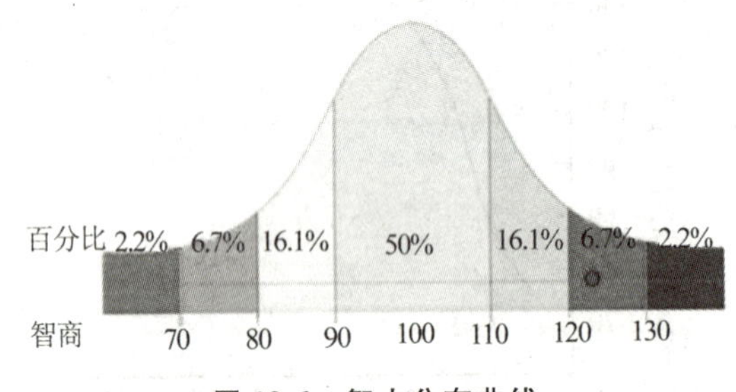

图 12-6　智力分布曲线

能力表现早晚上的差异指的是有些人在少年儿童时期就表现出优异的能力，聪慧超群，这叫“人才早熟”；有些人的能力表现较晚，甚至到了晚年，能力才充分发挥出来，这叫“大器晚成”；也有一些人是中年成才。古今中外“早慧”、“神童”的事例不胜枚举。我国唐代诗人白居易 1 岁开始识字，5 岁左右就可以即席赋诗，9 岁已精通声韵。唐初王勃 6 岁就善于文辞，后来写下了“落霞与孤鹜齐飞，秋水共长天一色”的千古佳句。奥地利古典音乐家莫扎特 3 岁发现三度音程，5 岁谱写了小步舞曲，6 岁举办独奏音乐会。俄罗斯著名诗人普希金 8 岁就用法文写诗。能力早熟现象在文学、音乐、绘画方面最为常见。中年期是个人成就最高、对社会贡献最大的时期，是进行科学创造发明与出成果的黄金年龄。研究表明，30～45 岁是人能力表现的最佳阶段，能力峰值出现在 37 岁左右。大器晚成的例子也很多，如画家齐白石直到 40 岁才显露出杰出的绘画才能；生物学家达尔文 50 多岁才开始有研究成果，并完成巨著《物种起源》；摩尔根发表遗传理论时已经 60 多岁了。

能力结构类型上的差异是指能力中的各种成分在构成方式上的不同。例如，在智力中，有的人观察能力和记忆能力强，而思维能力和想象能力弱；有的人思维能力和想象能力强，而观察能力和记忆力较差；有的人模仿能力强，但缺乏创造能力；有的人既富有模仿能力又富有创造能力。有的人智力发展水平高，但操作能力和社交能力弱；有的人智力发展水平中等，但操作能力和社交能力强。甚至在

观察能力、记忆能力和思维能力等方面，也有结构上的差异。例如在观察力方面，有些人长于分析，对细节感知清晰，但整体性较弱；另一些人富有概括性和整体性，但分析能力较弱；还有一些人既善于分析又善于综合。在记忆力方面，一些人善于形象记忆，另一些人善于语词、符号记忆，还有一些人则既善于形象记忆又善于语词、符号记忆等。

2. 能力发展的群体差异

能力发展上的群体差异是指不同群体之间的能力差异，它包括能力的性别差异、年龄差异、种族差异、社会阶层差异等。在此主要讨论能力的性别差异。

能力的性别差异问题是个比较敏感的问题，对这一问题的许多研究的结论不尽相同，但在以下两个方面则基本一致。

(1)男女两性在能力结构上存在差异，各有不同的优势领域。具体表现在如下几个方面。①女性的言语能力强于男性。言语能力是对语言符号进行加工、提取和操作的能力，表现在听、说、读、写等方面。女性的言语技能的发展要早于男性，并从青少年期开始，女性的言语优势较为明显，尤其是在词语流畅性上。②男性在视觉能力(空间能力)上要优于女性。空间能力是指空间知觉、心理旋转能力、空间视觉能力和时空判断能力等。这是性别差异体现最明显的一种能力。它一般在7～10岁出现，年龄越大，差异越明显。③男性在数学能力上优于女性。数学能力是对数学原理和数字符号的理解与运用能力。一般女性在小学和初中阶段的数学能力优于男性，但到青春期以后，这种优势被男性所占有，并且男性一直把这种优势保持到老年。

(2)男女两性的一般能力发展总体水平大致相等，但在分布上有显著差异。这是从两种性别各自的个别差异来说的，男性之间的差异远大于女性，男性智商的离散程度大于女性。具体来说，男性智商位于两端的比例比女性高，即男性中特别聪明和特别愚笨的人都比女性多。男女智力的这种分布差异在学业成绩上反映很明显。国内外一些调查的结论大致相同：无论是中学还是大学，学习成绩优异和学习成绩较差的，男性均多于女性，成绩中等的女性多于男性。另一些研究发现，在小学教育阶段也出现两种现象：一是学习困难的学生中，男性的人数是女性的6倍；二是数学能力特优的学生中，男性多于女性。

五、影响能力形成和发展的因素

(一)遗传因素

遗传是指父母把自己的性状结构和机能特点传给子女的现象。基因是遗传的基本单元。

关于遗传在人的能力形成和发展中的作用，心理学界曾进行过三类研究：第一类是研究血缘关系疏密不同的人在能力上的类似程度；第二类是研究养子女与亲生父母和养父母能力发展的关系；第三类是对分开抚养的同卵双生子进行的追踪研究。

1963年厄伦迈耶-金林和贾维克(Erlenmeyer-Kimling and Jarvik)总结出过去半个世纪里8个国家中52项关于血缘与智商的研究成果，如表12-1所示。

表12-1 不同血缘关系者的智力相关

序号	关系	相关系数
1	无血缘关系且生活在不同环境者	0.00
2	无血缘关系、在同一环境长大者	0.20
3	养父母与养子女	0.30
4	亲生父母与亲生子女(生活在一起)	0.50
5	同胞兄弟姐妹在不同环境长大者	0.35
6	同胞兄弟姐妹在同一环境长大者	0.50
7	不同性别的异卵双生子在同一环境长大者	0.50
8	同性别的异卵双生子在同一环境长大者	0.60
9	同卵双生子在不同环境长大者	0.75
10	同卵双生子在同一环境长大者	0.88

结果表明，遗传关系越相近，测得的智力越相近。父母和亲生子女IQ的相关系数为0.50，养父母和养子女IQ的相关系数为0.30。同卵双生子是由同一受精卵发育而来的，遗传关系很密切，其IQ的相关性很高，相关系数为0.75以上。异卵双生子是由两个受精卵发育而来，其遗传的相似性类似于同胞兄弟姐妹，他们之间IQ的相关系数为0.50。分开抚养的同卵双生子，其IQ的相关系数为0.75，比在一起抚养的异卵双生子IQ的相关系数高。这些研究一方面说明遗传对智力的重要影响，另一方面说明环境对智力的重要影响。

应当说明的是，能力是一种心理特质，它本身是不能遗传的。遗传对能力的影响主要表现在遗传素质上，如感官的特征，发音器官的特征，四肢和运动器官的特征，脑的形态和结构特征等。遗传素质是能力形成和发展的自然前提。没有这个自然前提，任何能力都无从产生。例如，生来双目失明的人无法形成绘画能力，生来聋哑的人无法形成音乐能力。遗传素质对能力发展的影响是不可忽视的，但遗传素质不能等同于能力本身。具有相同遗传素质的人，可以发展出几种不同的能力；而具有良好素质的人如果得不到应有的培养和训练，能力也不可能形成。这说明在能力形成问题上，否认或夸大遗传的作用都不是科学的态度。良好的遗传素质是能力形成和发展的一个必要条件或重要条件。

（二）环境和教育的作用

环境和教育对能力形成的作用是不可低估的。

1. 产前环境的影响

现代科学已经证明，胎儿的产前环境(即在母体内的环境)对胎儿的生长发育和出生后的智力发展有着重要的影响。如研究发现母亲怀孕的年龄常常影响到儿童智力的正常发展。以唐氏综合征的发病率为例，母亲年龄低于29岁的，其发病率只有1/3 000；而母亲怀孕年龄在30～34岁的，其发病率为1/600；母亲怀孕年龄在35～39岁的，其发病率上升到了1/280；母亲怀孕年龄在40～44岁的，其发病率为1/70；母亲怀孕年龄在45～49岁的，其发病率高达1/40。患唐氏综合征的儿童一般脑袋小而圆，眼睛向外、向上斜，鼻梁翘，嘴巴小，嘴角向下，舌头突出在外，他们大部分智力低下。唐氏综合征不是遗传病，而是母体内的卵子长期暴露在体内环境中受到损害，因而出现额外染色体的结果。

产前环境中影响能力发展的还有母亲服药、患病、营养不良等因素。

2.早期经验的作用

从狼孩等一些极端的例子，我们可以知道人生初期的环境剥夺对正常智力的发育会造成极其显著的负面影响，而丰富的环境刺激有助于儿童智力的发育。一些实验研究表明，丰富的环境刺激有利于儿童能力的发展。孩子出生后，如果睡在有花纹的床单上，床上吊着会转动的音乐玩具，他们仰卧时，能够自由地观察这一切，那么两星期后，他们就会试着用手抓东西。而没有提供刺激的婴儿，这种动作要5个月时才能出现。研究还发现，缺乏母亲抚爱的婴儿，可能出现智力发展上的问题。

3.学校教育的作用

学校教育对年青一代施加有目的、有计划、有组织的影响。学校教育通过使学生系统地接受教育，在能力的形成和发展中具有特殊的意义，甚至起主导作用。通过学校教育，学生不仅掌握了知识和技能，而且也形成和发展了能力。

对于儿童和青少年来说，发展能力是与系统学习和掌握知识、技能分不开的。

（三）实践活动在能力发展中的作用

人的能力是在实践活动中形成和发展起来的。离开了实践活动，即使有良好的素质以及良好的环境和教育，能力也难以形成和发展起来。关于这一点，我国古代思想家王充早就指出“施用累能”，即能力是在使用中积累的。他说：齐的都城世代刺绣，那里的平常女子都能刺绣；襄地有织锦的传统，即使不聪明的女子也变成了巧妇。这是因为天天看到，时时学习，手自然就熟练了。大量的事实和资料表明，音乐能力只有在音乐的实践活动中才能形成和发展，科研能力也只有在科研的实践活动中才能形成和发展。不参加实践活动，就谈不上能力的形成和发展。

（四）人的主观能动性与能力的发展

能力的提高也离不开人的主观努力，即人的主观能动性。一个人刻苦努力，积极向上，具有广泛的兴趣和强烈的求知欲，他的能力就可能得到发展；相反，一个人饱食终日，无所用心，工作上没要求，事业上无大志，对周围的一切事物态度冷淡，他的能力就不可能有较好的发展。正如高尔基所说，才能不是什么别的东西，而是对事业的热爱。人的能力的发展与其他心理品质的发展也是分不开的。坚强的意志对能力的发展也具有重要意义。一些人的成功往往不是因为他们具有高于常人的天分，而是因为他们具有坚强的意志品质，具有目的性、果断性、自制力、独立性和顽强性。推孟曾对800名超常男性被试中成就最大的20%与成就最小的20%的人作了比较研究，发现在这两组人中，最明显的差异是个性特点不同。成就最大者在谨慎、自信、不屈不挠、进取心、坚持性、不自卑等个性品质上，明显地优于成就最小者。能力的发展还依赖于个体自我分析和自我评价的能力，一个善于自我评价的人，才能及时发现自己在能力方面的优点和弱点，并通过自己的努力加以提高和改进，使能力向确定的目标发展。

视野扩展……

最重要的是教育而不是天赋

——德国教育问题学会会员卡尔·威特的教育观

“只要上帝赐给我一个孩子，而且你们认为他不是白痴，那我就一定能把他培养成非凡的人。”

这是19世纪德国教育问题学会会员卡尔·威特在一次学会上的辩词。在这次会议上，有人发表言论说：“对于孩子来说，最重要的是天赋而不是教育。”卡尔·威特不同意这个见解。他反驳说：“对孩子来说，最重要的是教育而不是天赋。孩子成为天才还是庸人，不是取决于天赋的多少，而是取决于从生下来到五六岁时的教育。就是那些只具备一般禀赋的孩子，只要教育得法，也能成为非凡的人。”

不久，卡尔·威特果然有了一个儿子，也取名为卡尔·威特。小威特不仅不聪明，而且先天不足，体重不过2千克，两只手和两只脚不停地抖动，哇哇的哭叫声像中毒的小老鼠。邻居们背后纷纷议论，说小威特是个白痴。就连小威特的母亲也说：“这样的孩子，就是教育也是白费力的！”然而，老威特没有失望，他认真教育起小威特来。他教小威特读书时，先买来小人书和画册，把其中有趣的故事讲给他听，然后对他说：“如果你能认识字，这些书都能看明白的。”有时他干脆不把书中的故事讲给小威特听，而对他说：“这个画上的故事非常有趣，可爸爸没工夫给你讲。”这样就激起小威特一定要识字的愿望和兴趣。于是，他这才开始教小威特识字。

小威特有了读书的兴趣，就很刻苦了。不久，这个孩子就轰动了附近地区。他七八岁时，已经能够自由地运用德语、法语、拉丁语等6国语言，通晓物理学、化学，尤其擅长数学。9岁时就考入了莱比锡大学。这个大学的校长说：“小威特已经具备了十八九岁青年们所不及的智力和学力。”很显然，这是老威特对他实行早期教育的结果。1814年4月，未满14岁的小威特被授予哲学博士学位。两年后，又获得了法学博士学位，并被任命为柏林大学的法学教授。

后来，老威特把对小威特14岁以前的教育写成一本书，书名叫《卡尔·威特的教育》。

第三节　能力的培养

一、早期教育与能力培养

人的一生中，智力的发展速度是先快后慢的，这一规律告诉我们，人的早期经验是关键的，对个人能力的发展起着极为重要的作用。因此，重视早期教育已经成为广大家长和教师的共识，如何实施早期教育，存在着许多值得探讨的问题。我们认为，在对儿童进行早期教育和早期训练的过程中，应该注意以下几点。

（一）创造良好的心理环境

良好的生活环境是儿童早期智力发展的前提条件。儿童身心发展有赖于成人的培养，他们需要爱、温暖、安全和鼓励，需要游戏活动。在充满爱和温暖的环境里，儿童的智力才可能得到发展。父母、老师要具有正确的教育观和儿童观，给儿童创造一个良好的心理环境。亚伯拉罕提出成人对早期儿童应具有下列观点：尊重儿童的感情、感受和志趣；聆听儿童的问题和困难；欣赏儿童的游戏活动和表现；注意儿童的意见；接受儿童的感受；赞许儿童的成就；了解孩子的才能和提供良好的榜样。美国教育家格林等人研究发现，造成儿童发展阻滞的一个重要原因是不良的家庭环境，主要是家庭成员之间的矛盾，家庭气氛紧张，会使儿童感到一种无形的压力和不畅，阻碍他们学习和活动的兴趣，甚至会使他们出现意志消沉和神经质。

（二）适应儿童身心发展的特点，提供适宜的材料和活动

早期教育应根据儿童身心发展的特点，采取适宜的教育措施，实施适当的教育内容。例如：婴儿期的智力主要表现在动作发展、语言发展和逐步理解周围事物上，此时智力活动的特点是直观性，依赖于动作和实物；幼儿期智力发展的特点是带有明显的具体性和不随意性，主要以具体表象的形式来认识外界事物。因此，如果不顾儿童身心发展的实际，强迫婴幼儿进行大量的识字和计算活动，会挫伤儿童的学习兴趣，影响儿童的身心健康。

婴儿期和幼儿期是儿童语言和感知觉发展的最佳时期，因此，在家庭、托儿所和幼儿园中，就应采取适当的方式，如看图讲故事、表演、游戏、郊游、参观等，使儿童广泛地接触丰富多彩的事物（包括自然的、社会的和文化的），开发儿童的语言交际和学习能力。家庭和托儿所、幼儿园应该给儿童足够的空间、丰富的材料，以利于儿童的游戏和活动。优良的读物、富有启发性的玩具，各种棋类以及绘画的原料等，对于发展儿童的智力是必需的。

二、课堂教学与能力培养

学生的能力培养和智力发展是以掌握知识、技能为中介的。能力的形成、提高是在掌握知识与形成智力技能的基础上通过系统化及广泛的迁移而逐渐形成的。

学校教育教学活动在学生的能力培养和智力发展中起着重要作用。在教学活动中，学生是在教师的指导下，在学习和运用知识技能的过程中获得能力发展的。例如，学生在掌握了三角形、正方形、圆形、菱形、梯形等概念后，形成了几何图形的概念，也培养了概括思维能力；在学习和运用数学知识技能的过程中，提高了运算能力，也发展了逻辑思维能力。所以，教学是培养学生能力、开发学生智力的重要途径。

(一)重视程序性知识的学习和教学

学生在学校的学习，不仅要掌握陈述性知识，知道“是什么”，更关键的是要掌握程序性知识，知道“怎么办”和“如何做”，能够将所学的概念和规则(原理)用于解决问题。因此，教学的关键是使学生的陈述性知识转化为程序性知识，将静态的知识转化为实际操作能力。长期以来，我国学生的操作能力不强，不善于应用所学的知识去解决问题，这其中固然有很多原因，但轻视学生对程序性知识的学习及运用是主要原因之一。因为学生学习的各种陈述性知识是不能直接转化为能力的，需要通过程序性知识这个中介环节。如学生掌握了钢琴键盘和乐理方面的陈述性知识，必须通过实际练习，获得弹奏钢琴的程序性知识，才能发展音乐方面的能力，成为钢琴演奏家。所以，要培养学生的能力，教师只向学生传授陈述性知识是远远不够的，必须把陈述性知识的教学和程序性知识的训练有机结合起来，重视培养学生把陈述性知识转化为程序性知识的能力。

(二)班级中的因材施教

学校教学要因材施教，对于智力发展不同的学生，教师要考虑到他们之间的差异，给予他们不同的学习指导，甚至不同的教材和作业。这样，差生不会因为赶不上其他同学而感到困难，而优等生也不至于因班级水平有限而影响到他们的发展。如对于智商在120以上的优秀生，需要加深教学内容，而对于智商在80以下的中下等智商学生，则需要适当调整课程进度和难度。

同时，在同一班级内，教师还可以按学生的语文和数学能力把学生分为两组或三组，调整教材和教学进度，以适应不同能力结构学生发展的需要。

(三)特定的智力训练

学生的智力是可以通过训练而得到提高的。我国心理学家吴天敏认为，人的智力是指记忆、思维、想象等心理过程在针对某个目标具体活动时所表现出来的相互利用、相互配合的统一协调能力。若一个人有着较好的记忆能力，他记忆中所储存的材料很丰富，但是在思考问题时，不能自如地使用记忆材料，那么，他还不能被称为高智力的人。因此，吴天敏认为，提高学生智力水平的根本办法是培养与训练学生的脑神经活动能力。吴天敏曾在高一和初一开展实验研究。让实验班学生早晨上课前在教室里进行10分钟的课题练习，称之为“动脑筋练习”。练习内容与学生的知识水平一致。经过一学期64次活动以后，实验班与对照班的智商发生了明显变化，高一和初一实验班学生的智商平均分别提高了6和5，而对照班学生的智商则没有变化(见表 12-2)。

表 12-2　动脑筋练习前后智商比较

年　　级	前测智商		后测智商		前后测智商差异提高数显著水平
	平均数	标准差	平均数	标准差	
高一实验班	94.7	0.81	100.7	0.12	6<0.001
初一实验班	100.8	0.67	105.7	0.29	5<0.001
初一对照班	102.9	0.64	102.8	0.19	0<0.05

美国心理学家波诺以直接授课的形式,训练学生的思维,教给学生有效的思维方法,从而培养他们良好的思维习惯,提高他们的思维能力,取得了显著的教学效果。根据波诺的理论,我国学者张绪扬在初一学生中开设了思维方法课,经过 10 周的思维方法学习,实验班学生思维的速度、广度都比对照班有显著提高。

因此,在教学中采取适当的训练方法,对提高学生的智力水平是有效的。

三、性别差异与能力培养

在教育和教学中,老师应该根据不同性别学生的能力特点对他们提出不同的要求,使用不同的教育方法。如在教学上,教师可针对男性语言表达能力不强,但数学能力、空间能力较好的特点,一方面加强其语言表达能力的训练,同时借助他们较好的数学成绩给他们提供成功的经验和感受,以他们数学能力的发展带动其语言能力的提高。对女性则可以较好的语文成绩给学生提供成功感,进而提高其数学学习的兴趣。

四、在实践活动中培养学生的能力

人的能力是在实践活动中形成和发展起来的,离开了实践活动,即使有良好的遗传素质和环境,能力也难以形成和发展。大量的事实有力证明:音乐能力只有在音乐实践活动中才能得以形成和发展,语言表达能力也只有在各种情境中充分进行语言表达的训练和实践才能得以形成和发展。

因此,学校要组织学生参加各种实践活动,如科技活动,各种课外活动等,都是培养学生能力的重要途径。健康、丰富的科技和课外活动,有助于培养学生的广泛兴趣,发展学生的观察力、想象力、动手操作能力和创造力。再比如,学校还可以根据学生的年龄特点,组织开发游戏、棋类、球类、航模、手工制作、文学艺术等多种形式的实践活动。这些活动不仅可以增长学生的知识和技能,培养学生实际运用知识、解决问题的能力,还能促进学生思维的敏捷性、判断的准确性和反应的灵活性,对于发展学生的能力大有裨益。

思考与练习

1. 名词解释

能力	智力	一般能力	特殊能力	模仿能力
创造力	液态智力	晶态智力	比率智商	离差智商

2. 能力与知识、技能有什么关系？
3. 能力结构有哪几种主要的学说？
4. 心理测量应具备哪些必要的条件？
5. 在智力测验中怎样衡量一个人的智力水平？
6. 能力发展的一般趋势有什么特点？
7. 哪些因素制约着能力的形成和发展？
8. 能力发展的个别差异主要表现在哪些方面？
9. 在教学中如何培养学生的能力？

课外延伸

利用网络资源或其他途径，对自己或同学做一个智力测验。并用已学的任一智力理论分析测试的结果。

第十三章 人际交往与群体心理

本章学习目标

- 掌握人际交往的概念、人际交往的基本成分及特点
- 掌握人际交往的原理、原则
- 了解人际交往的影响因素、人际交往的意义
- 掌握群体的定义及特征，了解影响群体形成的因素
- 掌握群体的社会影响，了解群体中的相互作用
- 掌握人际关系的测量方法及其应用

人是社会性动物，与他人进行有意义的交往是人类社会生活的前提。心理学家鲍麦斯特(Baumeister)等人指出：归属的需要是人类最重要、最基本、最广泛的社会动机。拉尔森(Larson)研究人们对时间的利用时，发现人们大部分的时间与他人在一起，并且和他人在一起的时候，个体表现得更快乐、警觉和兴奋。

研究表明，人类最显著的特性之一就是群体性。群体性的生活离不开个体之间的相互作用和交往，离不开个体之间的信息交流与沟通。在社会交往中，人与人之间不但在认知层面相互沟通、相互知觉，而且会形成一定的情感联系，形成各种各样的群体，产生不同的行为，从而建立各种人际关系。而生活在群体之中的个体，其心理与行为必然要打上所属群体的烙印。以东西方差异为例，两种群体生活方式的差异，决定了生活于其中的人们的种种不同。

本章我们将从社会心理学的角度分析人际交往的内涵、基础以及群体心理特征，介绍人际交往的心理规律与原则、群体中的相互作用、人际关系的测量及其在教育实践中的应用等内容。

第一节　人际交往与群体心理概述

·名人名言·

财富不是永久的朋友，但朋友是永久的财富。

——列夫·托尔斯泰

（一）人际交往的含义

人际交往是指人与人之间的相互作用过程及人们在相互往来的过程中所形成的一种稳定的关系。人际交往可以表现出人与人之间的心理距离，反映人们寻求需要的满足的心理状态。从动态的角度讲，人际交往是指人与人之间一切直接或间接的相互作用，但都超不出信息沟通与物质交换的范围；从静态的角度讲，人际交往是指人与人之间通过非物质的和物质的相互作用过程所建立起来的相对稳定的关系或联系，即通常所说的人际关系。

人际关系是指人与人之间通过直接交往形成的相互之间的情感联系。这种联系是交往所产生的情感的积淀，是人与人之间相对稳定的情感纽带。

日常生活中，人与人之间由于所处的社会位置和所扮演的社会角色而产生的社会角色关系，被称为人际关系，如师生关系、同事关系、亲子关系、夫妻关系、上下级关系和买卖关系等。

（二）人际交往的基本成分

人际交往反映了人与人之间在内心、情感及行为方面的全部交往，其基本因素包括认知、动机、情感、态度与行为等。人际认知是个体对人际关系的知觉状态，是人际关系的前提。人与人的交往首先从感知、识别、理解开始，彼此之间不相识、不相知，就不可能建立人际关系。认知包括个体对自己与他人、他人与自己关系的了解与把握，它使个体在交往中能够更好地、有针对性地调节与他人的关系。动机在人际关系中有着引发、指向和强化的功能，人与人的交往总是缘于某种需要、愿望与诱因。情感是人际关系的重要调节因素，人们在交往过程中，总是伴随着一定的情感体验，如满意与不满意、喜爱与厌恶等，人们正是根据自身的情感体验而不断调整人际关系的。情感直接关系到交往双方在情感需要方面的满足程度，即心理距离。可以说，情感是人际关系中最重要的部分，它常常被当作判断人际关系状态的决定性指标。人时刻都在表现某种态度，态度是人际交往的重要变量，直接影响着人际关系的建立、形成与发展。例如偏见、歧视直接影响着人们的人际交往。行为则是与人际交往有关的个体的外在表现，如语言、动作、表情等。如果行为表现发自内心，可将其当作人际交往的一个比较灵敏的衡量指标；如果行为经过掩饰的话，则需要从其他角度来考察人际交往的实际情况。改善人际关系既需要对别人和自己作出正确的认识，也要改变对对方的态度和行为，并形成积极的人际情感。

（三）人际交往的社会心理基础

1. 人际交往需要是人的一种本能

人需要别人、需要交往的动机有很多。强调本能（instinct）作用的心理学家认为，人的交往需要是一种本能，一种已由人类祖先很好地形成的生存能力，是在个体发展进化过程中逐渐形成的适应社会生活的能力，它可以直接遗传给后代。

经典实验

恒河猴实验研究

动物学家哈罗曾做过一项关于恒河猴的有趣研究。研究者将小猴与猴妈妈分开，而让它与一个用金属制成的及一个用绒布制成的假妈妈一起生活。金属猴妈妈能为小猴提供食物，绒布猴妈妈不能提供食物。结果，在165天的实验过程中，小猴同金属猴妈妈和绒布猴妈妈待在一起的时间具有显著差异。小猴在绒布猴妈妈身旁的时间平均每天达到16小时以上，它总是设法呆在绒布猴妈妈身旁，与其拥抱、亲昵或在绒布猴妈妈的怀里睡觉。相反，小猴每天在金属猴妈妈身旁待的时间只有1.5个小时，而这还包括吃奶的时间在内。可见，动物之间的依附行为或交往行为取决于机体寻求温暖、舒适的本能需要，温暖和舒适能为机体提供安全感。

沃尔对大猩猩和猴子的比较研究也暗示这种依附和需求存在着生物基础，也就是说，人们寻求与他人交往并进一步发展成为亲密关系的倾向，主要源于自身生存的遗传特质，为了生存，人们需要和他人交往。

我们已经知道，古猿的自我保护能力很差，它们既不像许多巨大动物那样有拔树毁屋的能力，也没有尖利的牙齿和爪子来充当自卫武器，奔跑的速度也远远不如其他许多动物。因此，古猿要想保护自己，保证自己的下一代出生后能够生存，维持种族繁衍，它们必须集群活动，依靠集体的力量来抵御敌害。经过长期进化，古猿形成了一种集群习性，并通过种族繁衍流传给后代。因此，人天生就有与别人共处，与别人交往的需要，也只有与别人保持正常的、充分的人际交往，人才能真正具有安全感。

人际交往的生物学意义，从婴儿一出生就十分明显。作为有机体，人一出生就需要在周围环境中存在某个能为其提供温暖、舒适、食物和安全的对象，以满足本能需要。一般来说，这个对象就是母亲。寻找母亲、需要母亲、依恋母亲，是婴儿出生后自我保护的自然手段。

2. 人际交往需要是人合群的需要

人际交往对人类的健康发展不仅具有深刻的生物学意义，还具有心理学意义。从社会心理学的角度来看，所有人际交往的具体动机，都可以归结为人们对于确立自我价值、安全的需要。在社会生活中，个体不能没有人际交往，适当的人际交往是人类个体满足自身合群需要的手段，与人交往能增加人的安全感，减少恐惧感。

心理学家沙赫特(S. Schachter)曾经做过一项实验，探讨处于孤独状态下的个体的合群需要。研究者先将被试分为高恐惧组和低恐惧组，在高恐惧组条件下，主试告诉被试，他们将参加一项电击实验，电击会很厉害，很痛，但不会留下永久性伤害，且这项研究是为了获取有关人类发展的某些有用的资料；在低恐惧组条件下，被试被告知，电击时只是有点痛，感觉有些轻微的震动，不会有任何伤害性后果。然后，在被试等待接受电击的时间里，研究者逐个询问他们，是愿意独自等待，还是想与其他人一起等待。表13-1的结果显示，当个体对周围环境缺乏了解和把握，心情紧张、高度恐惧时，倾向于寻求与他人在一起，寻求他人伴同；而在处于低恐惧的情况下，这种合群的需要并不那么强烈。研究表明，在能够区分开自己与他人的关系时，他们就有了了解、认识自己的需要，也就是产生了自我意识。但是个体对自己真正的了解，还必须依赖于与他人的交往。

表13-1　沙赫特的实验研究结果选择的百分比

	选择的百分比			
条件	与别人待在一起	无所谓	单独	合群程度
高恐惧组	62.5	28.1	9.4	0.88
低恐惧组	33.0	60.0	7.0	0.35

3.人际交往需要是自我肯定的需要

每个个体对自身的了解都来源于社会学习过程。随着生理方面的成熟，婴儿对周围环境的认识加深，他们逐渐能够区分自己与周围环境的关系。自我意识的形成标志着个体社会性的发展，而自我意识最初是通过别人的评价而发展的。这个过程类似于个体通过照镜子来认识和辨别自己。通过"镜像自我"，个体的自我概念引导自己塑造了实际的自我，否则，个体就无法正确地认识自己。

在社会生活中，与他人进行有效的交往，了解别人对自己的态度和评价，可以使我们更好地了解自己，确立自己在群体中的地位，并树立相应的奋斗目标。

经典实验……

动物和婴儿的照镜子行为研究

盖洛普(Gallup)进行了一项有趣的研究，他观察黑猩猩、猫和狗等动物在镜子面前的表现，发现黑猩猩比猫、狗等动物在镜子前的自我注意更长久，而且还会用镜子来整理仪容和自娱、扮鬼脸等。Gallup将黑猩猩麻醉后，在其眉毛和耳朵上抹上红颜色，发现黑猩猩醒来后再照镜子时，能够马上摸到自己的红眉毛和红耳朵。后来，这项实验也在婴儿身上做过。路易斯Lewis等发现，21～25个月大的婴儿中有四分之三能够摸到抹有胭脂的鼻子，但在9～11个月大的婴儿中，只有四分之一能够做到。

高格里(CooCooley)认为他人对我们建立自我概念起着决定作用：如果我们不能透过他人的眼光看待自己，那么我们的自我意识就是模糊的，因为我们无法从社会的角度去看自己。

（四）人际交往的意义

人的成长、发展、成功、幸福都与人际关系密切相关。没有人与人之间的关系，就没有生活基础。对任何人而言，正常的人际交往和良好的人际关系都是其心理正常发展、个性保持健康和生活具有幸福感的必要前提。

1. 人际交往与个性发展

心理学研究结果表明，儿童与其照看者之间通过积极的交往形成的稳定的亲密关系，是其心理乃至身体正常发展不可缺少的条件。如果儿童缺乏与成人的正常交往及由此建立起来的亲密关系，不仅性格发展会出现问题，连智力也会出现明显障碍。

人际交往是个性发展与人格健全的必经之路。个体只有通过与其他个体发生联系，才有可能学习社会知识、技能与文化，才能取得社会生活的资格。离开社会的交往环境，离开与他人的合作，个体无法成为一个合格的社会人。狼孩由于错过了与他人交往的最佳时期，失去了其作为“人”的成长环境，即使后来被带回，也已经很难成为一个正常的“人”。人生在世，需要与他人交流信息、沟通情感。困难时，他人一句温暖的话语、一个真诚的关怀，会令你倍感亲切、慰藉；成功时，与他人分享你的快乐与喜悦，也会令你开心、畅快。

2. 人际交往与心理健康

新精神分析学家霍妮(Karen Horney，1885—1952)认为，神经症是人际关系紊乱的表现。人类的心理病态，主要是由于人际关系失调，也就是说，人际关系紧张的人，不但事业会受阻，心情也会不好，会陷入极大的痛苦之中。

研究表明，如果一个人长期缺乏与别人的积极交往，缺乏稳定、良好的人际关系，那么这个人往往会有明显的性格缺陷。在心理健康教育实践中，我们也注意到，绝大多数大学生的心理危机是与其缺乏正常人际交往和良好人际关系相联系的。在同一宿舍里，同伴之间的心理交往状况往往决定了一个大学生是否对大学生活感到满意。那些生活在没有形成友好、合作、融洽的人际关系的宿舍中的大学生，常常显示出压抑、敏感、自我防卫、难以合作的特点，情绪的满意程度较低。在融洽的宿舍里生活的大学生，则以欢乐、注重学习与成就、乐于与人交往和帮助别人为主要特点。

心理学家曾从不同角度做过大量研究，结果表明：健康的个性总是与健康的人际交往相伴随，心理健康水平越高，与别人的交往就越积极，越符合社会期望，与别人的关系也越深刻。心理学家奥尔波特发现个性成熟的人，都同别人有着良好的交往与融洽的关系，他们可以很好地理解别人，容忍别人的不足和缺陷，能够对别人表示同情，具有给人以温暖、关怀、亲密和爱的能力。人本主义心理学家马斯洛发现高水平的“自我实现者”，对别人有更强烈、更深刻的友谊与更崇高的爱。

3. 人际交往与成才

大学时期是走向成人的关键时期，大学期间也是面临各种各样复杂人际关系的时期，大学生在这一段时期的交往经验将会对其今后的成长产生重要影响。21世纪是一个人才竞争的时代，对于一个事业成功的佼佼者来说，能在人才竞争中脱颖而出，靠的不仅仅是他出众的才华，更重要的是其良好的适应社会生活的能力、良好的人际关系协调能力。在科技发展日新月异的当代，知识的更新换代极为频繁，每个人都需要不断进行知识的补充与更新。但是，单个人的能力是有限的，光靠书本上的知识很难适应社会发展的实际需要，而积极的人际沟通与交往，是个人获取新知识的有效途径。“独学而无友，孤陋而寡闻”，对青年大学生而言，他们思想活跃、成就动机强，但是，由于社会经验不足、知识有限，他们在看问题时难免会出现偏差。因此，大学生彼此间的畅所欲言、互通有无，将会使他们在思想碰撞中产生新的火花，增长他们对事业、人生、成功的积极看法。在现代社会，各门学科间的相互渗透越来越强，单靠一门学科的知识很难有大的成就。对于大学生来说，应该具备与不同学科人才进行交流的能力，从而在心灵上相互沟通、行为上相互协调，共同促进、共同提高。

4.群体的类型

群体可从不同的角度划分为各种类型，主要有以下几种。

(1)正式群体和非正式群体。正式群体也叫组织，是按组织文件规定，为了达到某种目标而有目的地建立起来的群体。非正式群体不是由组织文件规定而建立起来的，是自发形成的，是在心理一致性或相容性的基础上建立起来的团体。

(2)首属群体和次属群体。根据群体内部人与人之间关系的密切程度，可以将群体划分为首属群体和次属群体。首属群体是指个人直接生活在其中，与群体成员有充分的直接交往和亲密人际关系的群体，也称初级群体。这些群体之所以是初级的，主要是指其在形成个体的社会性和思想观念等方面所起的初始作用。如家庭、班级、邻里等，都属于首属群体。次属群体是指按照一定规范建立起来的、有明确社会结构的群体，如公司、企业、学校等。次属群体的结构较为严密，群体成员有明确的社会分工，群体的运转依赖于明晰的规范和成员的社会分工。由上可见，首属群体和次属群体在人的社会化过程中所起的作用是不同的。在社会化初期，首属群体起着重要作用；到了社会化中后期，次属群体成为人们介入更广泛的正式社会的主要途径，对人们自我同一性的发展起着重要影响。

(3)隶属群体和参照群体。隶属群体是指有正式成员的群体，成员对这个群体有较高的认同感。参照群体是与隶属群体相对应的群体形式，是指个体在实际上没有参加，但接受其规范，为个体提供如何评价自己的价值观、信念、行为和目标的群体。

(4)面对面群体与虚拟群体。传统意义上群体的成员必须有直接的相互接触和交流的机会。成员之间通过面对面的交流，形成一定的交互作用和沟通，并在一定的规范指导下，完成一定的目标、任务。这种以直接接触为基础运行的群体称为面对面群体。随着计算机和网络技术的发展，现代社会逐渐形成了一种新的群体形式——虚拟群体。所谓虚拟群体，是指群体成员之间分布于不同的物理位置，可以跨地域、跨组织甚至超越国家界限，通过计算机网络通信技术进行沟通而形成的一种群体形式。目前的虚拟群体常见于企业中，尤其是电子商务发达的今天，更成为一种新型的团队工作方式。

第二节　交往与群体心理的基本原理

一、人际交往的基本原理

（一）人际交往理论

涉及人际交往过程的个体心理需要满足方面的社会心理学理论主要有人际需要三维理论、社会交换理论、人群关系理论、戏剧交往理论等。

1. 人际需要三维理论

社会心理学家舒茨（Alfred Schutz，1899—1959）提出的人际需要三维理论分为两个方面：一方面，他提出了三种基本的人际需要；另一方面，他根据三种基本的人际需要，以及个体在表现这三种基本人际需要时的主动性和被动性，将人的社会行为划分为六种人际关系的行为模式。舒茨认为包容需要、支配需要和情感需要是三种基本的人际需要。包容需要是指个体想要与人接触、交往，隶属于某个群体，与他人建立并维持一种满意的相互关系的需要。支配需要是指个体控制别人或被别人控制的需要，是个体在权力关系上与他人建立或维持满意人际关系的需要。情感需要是指个体爱别人或被别人爱的需要，是个体在人际交往中建立并维持与他人亲密的情感联系的需要。六种基本的人际行为倾向包括主动与他人交往、期待与他人交往、支配他人、期待他人支配、主动表示友好、期待他人的情感表达等。

2. 社会交换理论

社会学家霍曼斯（George Casper Homans，1910—1989）认为人和动物都有寻求奖赏、快乐，并尽少付出代价的倾向，在社会互动过程中，人的社会行为实际上就是一种商品交换。人们所付出的行为是为了获得某种收获，或者逃避某种惩罚，希望能够以最小的代价来获得最大的收益。人的行为服从社会交换规律，如果某一特定行为获得的奖赏越多，他就越会表现这种行为，而某一行为付出的代价很大，且获得的收益又不大的话，个体就不会继续从事这种行为，这就是社会交换。社会交换不仅包括物质的交换，而且包括赞许、荣誉、地位、声望等非物质的交换和心理财富的交换。个体在进行社会交换时，付出的是代价，得到的是报偿，利润就是报偿与代价的差值。社会交换过程包含了深层的心理估价问题。个体在进行社会交往时，对报偿和代价的认识并不是固定不变的，也不一定是根据物质的绝对价值来估计的，这是一个与心理效价有关的问题，所以，当个体对自己的报偿与代价之比的认识高于他人的报偿与代价之比时，也许不会被别人理解或认可。由此我们不难理解，为什么在人们的社会交往过程中，有时会出现在有些人看来根本不值得做的事情，却被当事人做得很有趣，而有些时候在别人看来值得做的事情，却被另一些人所不齿的现象。

3. 人群关系理论

美国心理学家梅奥（George Elton Mago，1880—1949）在芝加哥西方电器公司霍桑工厂进行了长达5年的实验研究,研究结果表明影响生产率的最重要因素不是物理因素和生理因素,而是社会因素和心理因素,特别是生产中发展起来的人际关系。因此,他主张从改善人际关系、提高职工士气着手,即要注意倾听及与职工沟通意见,掌握咨询、激励、引导和信息交流等处理人际关系方面的技能,以提高生产率。

4. 戏剧交往理论

美国社会学家戈夫曼(Erving Goffman,1922—1982)认为,人们在日常生活中,愿意与他人交往时,就会有意无意地运用某些技巧来整饰自己,以便给对方留下一个良好的印象。由于戈夫曼把人们的交际行为化作戏剧表演艺术,并且借用艺术的范畴和术语来解释人际互动和印象整饰,故被称为戏剧交往理论,有时也被称为印象整饰理论。

(二)人际交往的原则

1. 真诚原则

近年来,心理学家对各种类型不同的对象做过调查,发现不同类型的人们在回答人际交往上你最喜欢什么特征的人,最期望别人采取什么样的交往方式同自己交往,自己会采取什么样的方式与别人交往等问题时,答案会高度汇聚于同一个答案——真诚。可见,真诚的品质与交往方式,在人际交往中具有尤为特殊的地位。

真诚使人们对与自己交往的人对自己会有怎样的行为有明确的预见性,因而更容易建立安全感和信任感。而不真诚或欺骗,则意味着人们对与自己交往的人对自己究竟会做什么是不确定的,这就意味着自己有可能受到侵害。在心理上,最使人感到恐惧的不是一件不幸事件的发生,而是要随时担心一件事情的发生。这种担心会使人们长期处于高度自我防卫状态,并使人在主观上感到焦虑和不安。为此,对于会引发焦虑的不真诚对象,人们通常选择拒绝或逃避。

2. 交互原则

根据自我价值定向理论,他人的评价是自我价值的重要来源,为此,人们希望别人能够接纳自己、喜欢自己、支持自己、承认自己的价值。这种寻求自我价值确立和情绪安全感的倾向,会引导人们在社会交往中愿意表现自己,对吸引别人的注意感兴趣,并处处期待别人首先接纳自己、喜欢自己。社会心理学家通过大量的实验研究发现在人际交往中,喜欢与厌恶、接近与疏远是相互的。

视野扩展……

人际交往交互性的产生原因

在北京的某辆公交车上,一位优秀售票员请别人给抱小孩的乘客让座有个非常有效的"绝招"。她先将抱小孩的乘客引到一位坐着的年轻小伙或姑娘面前,引导孩子先说"谢谢叔叔"或"谢谢阿姨",紧接着再说:"请您给这位抱小孩的让个座。谢谢!"

研究者跟踪观察售票员请人让座的方式,发现这种请求方式非常有效,屡试不爽。为什么这种请求别人帮助的方式能获得成功呢？福阿夫妇(E. B. Foa & U. G. Foa)认为，任何人都有保护自己心理平衡的稳定倾向，都要求自身同他人的关系保持某种适当性、合理性，并根据这种适当性、合理性使自己的行为及与别人的关系得到解释。这是人们在社会化过程中学会的解释自己的行为，并由此维护自己的心理平衡的重要适应能力。当实际发生的事情偏离人们已建立的解释轨道时，会发生强烈的情绪反应。因此，日常生活中人们需要使自身与别人保持某种关系的适当性，并根据这种适当性来解释自己的行为及与别人的关系。如果别人对我们作出一种友好行动，对我们表示接纳和支持，我们觉得“应该”对别人报以相应的友好应答的心理反应会被激发，并引导我们用同样的行为方式作出回答。否则我们的行为就是不合理、不适当的，就会妨碍自己以合理性观念为基础的心理平衡。当我们自己对别人作出一种友好行动，表示对别人的接纳以后，我们也会期望别人作出相应的友好应答。如果别人没有作出我们期望的行动，我们会感到不愉快，过于“较真”的人甚至会认为对方不值得自己以友好的态度去对待。同样道理，对于排斥、拒绝我们的人，其排斥与拒绝对我们而言是一种否定，因此我们也只有报之以相应的排斥与拒绝才是合理和适当的。如果我们对这样的人反而报以友好的接纳与喜爱，那么我们的行为就得不到合理的解释，我们就难以达到心理上的平衡。所以，在实际生活中，对于排斥、拒绝我们的人，我们的反应也会是相应的，对他们也会合理地采取排斥、拒绝的行为方式。佛家倡导“以德报怨”，实际上是一种理想的至高境界，并不是常人的心态结构。

3. 功利原则

人际交往的本质是社会交换。在人际关系领域，社会交换理论(social exchange theory)是非常有影响力的理论观点。根据该理论的观点，人与人之间的交往，本质上是一种社会交换过程。这种交换不仅涉及物质品的交换，而且包括非物质品(如情感、信息、服务等)的交换。

“费力最小原则”是人类行为的基本原则之一，即人都有以最小付出换取最大回报的倾向，因此人们会讨价还价，走路会倾向于走捷径。具体到人际交换上，人们都希望交换一种对自己来说是值得的关系，希望在交换关系的过程中得大于或至少等于失。不值得的交换是没有理由去实施的，不值得的人际关系也没有理由去维持，不然我们就无法保持自己的心理平衡。所以，人们的交往行动和人际关系的建立与维持，都是根据一定的价值观进行选择的结果。

4. 自我价值保护原则

根据自我价值定向理论，保护自我价值不受威胁和提高自我价值，是个人先天的优势心理倾向。大量的社会心理学研究证明，任何一个人，其心理活动的各个方面，从知觉信息的选择到内部信息的加工，从对行为的解释到人际交往，都具有明显的自我价值保护倾向。人们对自我评价的敏感和强烈的自我价值保护倾向，要求我们在人际交往和人际关系的维持上，必须遵守自我价值保护原则，即必须在同别人的交往和关系维持中作为别人的支持力量而存在,只有支持别人的自我价值,才可能被别人接受和得到别人的支持。

需要说明的是,支持别人的价值并不意味着要处处讨好别人。而关于讨好的研究已经证明,虚伪地讨好同样会引起人们的警惕。在人际交往方面,人是非常敏感的动物。在我们真心支持对方的前提下,即使我们是批评别人,对方也能从中感受到真情的支持。此时让人感受到的批评非但不会妨碍人情,反而可以深化人情。

5. 情境控制原则

我们可能注意过猴子进入新情境时的行为。它们总是东张西望,这摸摸,那拍拍。巴甫洛夫称这种行为是"这是什么反射"。人进入新情境时,也有同样的行为表现。

那么,我们为什么一定要弄清"这是什么"呢?是为了探究环境,了解环境对我们的意义,从而把握环境,使我们在该环境中的行为有一个明确的定向。情境的不明确,或不能达到对情境的把握,会引起机体的强烈焦虑。我们走夜路害怕,到陌生的地方不安,旅途上感到焦躁等,都是由于不能达到对情境的控制引起的。

情境控制原则的含义是指人都需要达到对所处情境的自我控制。因此,我们要想别人从内心深处真正接纳我们,就必须保证别人在同我们共处的时候能够实现对情境的自我控制,保持表现自身的自由。如果我们增加了别人达到情境自我控制的难度,或是与别人对情境的控制不对等,使别人的自我表现受到限制,而不得不保持一定水平的自我防卫,那么,别人实际上不可能对我们有深层的接纳,我们与别人的关系状况也只能停留在正式的、表层的水平。心理学家研究发现,任何一种关系,无论在社会位置意义上的关系多么紧密,只要关联的双方对于情境的控制是不均衡的,一方必须受到另一方的限制,那么这种关系就必定不能深入,必定缺乏深刻的情感联系。即使是亲子关系、夫妻关系也不例外。所以,当父母或领导以权威的身份出现在我们面前时,无论他们怎样强烈地希望了解我们的内心世界,我们都难以对其报以真正的信任,并暴露自己的内心真情。因此,当教师抱怨难以了解学生、家长抱怨孩子不信任自己、领导者抱怨下属不容易合作时,更可能是因为他们没有摆脱权威身份的束缚而与人们保持真正平等的交往。

(三)影响人际交往的因素

1. 交往目的

每个人都有各种社会需求,而这些社会需求是在人际交往过程中获得满足的。这些需求可以分为三种:被他人接纳的需求,影响他人的需求,情感的需求。首先,人们都希望被别人所关注、承认和重视,并通过各种人际交往活动来满足这种需求。一般来说,人们是通过展示自己的优点来吸引别人,让别人关注自己、接纳自己的。虽然有的学生调皮捣蛋、故意犯错误,其实,很多时候他们是希望通过这样的方式让别人注意自己,接纳自己。一名优秀的教师应拥有宽大的胸怀,在与学生的交往中发现他们的优点,容纳并帮助学生改正缺点。其次,影响他人的需求往往表现为对别人行为、观念起决定作用的影响，如有的学生与别人交往的目的是为了让别人在决定某件事时作出能满足自己意愿的选择。再次，人人都需要别人的关爱以避免孤独，情感需求在人际交往中有着举足轻重的作用。以满足情感需求为主的人际交往是建立在友爱、关怀的基础之上的。当交往双方彼此关心、互相爱护时，情感需求得到了满足，人际交往就会朝着积极的方向发展；反之，则会使双方疏远，人际交往活动减少。

2. 交往工具

人际交往必须借助一定的工具才能进行，交往的工具大致可分为语言工具和非语言工具。语言是人类传递信息最重要的工具，复杂的思想、知识、观点等只有通过语言才能被明确表达。

3. 交往情境

情境是指影响事物发生或对有机体行为产生影响的环境条件，有客观情境和心理情境之分。客观情境是指诸如光线的明暗、温度的高低等物理环境。心理情境则是指如交往的场合、气氛等由个体主观体验到的环境。不同的社会背景、不同的社交场合，存在不同的社会行为规范。人们必须根据交往情境作出相应的行为，才能使交往活动达到好的效果。

4. 人际吸引

人际吸引(interpersonal attraction)也称人际魅力，是人与人之间在情感方面相互喜欢、相互悦纳的现象。影响人际吸引的因素，主要有时空接近性，相似性与互补性，特质因素，外表吸引力，以及宽容与热情等。

(1)时空接近性。在学校里，我们常常可以发现，同桌或邻桌的学生往往更易于成为朋友，经常碰面的人也很容易拉近关系。这些现象表明时空接近性(proximity)是导致人际吸引的重要因素之一。

(2)相似性与互补性。相似性(similarity)是指人们倾向于喜欢那些跟自己在态度、兴趣、价值观、背景，以及人格方面相似的人，即"物以类聚，人以群分"。相似性之所以能导致人际吸引，一方面是因为从与自己相似的人那里可以得到更多的赞同和支持；另一方面，人们总是为别人的优点所吸引，但如果对方的条件太好，被对方拒绝的可能性也越大，跟自己相似的人往往是理想与现实的最佳结合点。相似性的作用是有一定范围的，当得知与自己相似的人具有某种不好的特质时，人们会担心自己也跟别人一样，因此拒绝和他们来往。需求的互补性(complementarity)也会导致人际吸引。如果一方所表现出来的行为或品质正好能满足另一方的心理需求，则很可能彼此产生强烈的吸引力，让人际关系变得密切。

(3)特质因素。个性品质也是人际吸引的一个重要因素，如性格开朗的人总是比性格内向的人更容易交到朋友，而能力高的人也常成为别人接近的对象。个性中哪些因素才是人际关系中最重要的呢？安德森(Anderson)向一群大学生呈现了555个描述人的性格的形容词，并让他们评价当另一个人拥有这些形容词所描述的特质时，他们对这个人的喜欢程度。结果发现：与信任有关的词受欢迎的程度最高，如真诚、诚实、忠诚、坦率、可靠，而得分最低的则是不诚实和弄虚作假等词。由此可见，诚信的人才是最受欢迎的人。

(4)外表吸引力。虽然以貌取人是不正确的，但事实上人们很难消除在形成对别人的印象时对方外表所起的巨大作用。外表吸引力既包括相貌、身材这些生理因素，也包括穿着、仪态等非生理因素。人们不但会对别人的外表进行评价，而且会根据外表来评价别人的内在品质。外表吸引力除了会与个人品质联系起来外，还有一个重要的作用是人们认为拥有一个漂亮的朋友会有助于提高自己的公众形象，因而从中获益。但外表吸引力存在很多局限，不同文化、时代，甚至不同的个人对美的评判标准是不一样的。例如一个追求时尚的人可能会得到大多数年轻人的喜爱，但也可能受到年长者的排斥。更重要的是，外表吸引力对人们判断力的影响会随时间而减弱，在交往时间较长后，人们更多依据个人的特质来对其进行评价。

(5)宽容与热情。宽容与热情也是影响人际吸引的重要因素。其中，宽容是指待人温和、友好、宽厚及知足，它是人际交往中接纳对方、表示友爱的重要条件。一个苛求他人、对别人缺点和错误耿耿于怀的人，在人际交往中是难以被别人接受的。

二、群体中的相互作用

(一)影响群体形成的因素

1.互动与共同目的

一般情况下，成员之间的互动是群体形成的前提。如果想形成一个群体，那么准群体中的成员之间必须有一个较高水平的互动。充分的交往、频繁的互动才能使成员之间有感情和思想的交流，为形成一个群体奠定良好的基础。

共同的目的既是群体的特征之一，也是形成群体的重要因素。通常，无论是在何种情况下形成的群体都应该有一个共同的目的。研究表明，当人们在一定情境下必须去共同面对一种情境时，就倾向于形成一个群体。比如旅游途中一次意外事故，可能让先前并不相识的几个人共同面临一种困境，虽然平时这几个人并没有关联，但是也会为了共同的目的——脱离困境而频繁互动，从集群状态演变成为一个群体。

2.隶属需要

人在社会中的存在不能仅仅以个体的形式出现，大多数情况下需要归属于一定的群体。这就像人一出生就归属于某个家庭一样，人在之后的成长过程中也离不开一定的群体，需要依靠群体找到自己的归属和定位。人的隶属需要主要包括以下内容。

(1)安全需要。通过加入一个群体，个体能够减小独处时的不安全感。个体加入一个群体后会感到自己更有力量，自我怀疑会减少，在威胁面前更有韧性。

(2)地位需要。加入一个被别人认为很重要的群体，个体能够得到被别人承认的满足感，使自身感受到一种被接纳、被肯定的积极体验。

(3)自尊需要。群体能够使成员感受到自己存在的价值。

(4)情感需要。也可以称为社交需要。不管处于何种群体中,在成员的相互作用中,人们可以沟通思想、交流感情,获得情感上的满足。

(5)权利需要。权利需要只有在群体活动中才能实现,单个人无法进行自我满足。在群体中可以满足人们的权利需要,尤其是一些成就动机较高的人群,更需要从群体中获得权利需要的满足。

3. 工具作用与情境压力

人们加入某一群体有时是为了某种功利目的,因为群体成员的身份可以使这个目标更容易达到,而通常此目标与群体的共同目标不相吻合。心理学家罗斯特(I. Rost)研究发现,工会成员认为其身份意义在于得到高薪和更多的工作保障。威勒曼(B. Willerman & L. Swanson)等人的研究也显示,女大学生参加联谊会的原因之一是通过这种身份增加自己在学校的声誉。

大量社会心理学的研究结果显示,高压力的情境会直接促进人们形成群体或加入群体。

(二)群体的心理功能

知识链接

人们为什么要加入团体?

人类的许多活动实际上完全可以独自完成,但这并不意味着群体不重要。实际上团体成员资格对我们的社会生活是极为重要的,正如心理学家 Shaw 所言,这种资格给我们的生活增添了许多重要的特色,一系列的原因使得我们要加入团体。

我们之所以期望加入团体,一是由于团体活动和团体目标对我们具有吸引力,通过团体我们可以获得单个人难以达到的目标。二是由于人们喜欢以及需要成为团体成员。人们喜欢具有团体成员资格,主要与团体内部的人际吸引有关,像朋友圈、街头团体以及各种各样的俱乐部都由此而来。而人们本身也具有加入团体的需要,因为加入团体可以满足其社会与情绪需求。

群体给人们提供了重要的心理保障,群体对个人心理方面的作用主要体现在以下几个方面。

1. 归属感

归属感是指成员所具有的一种属于自己团体的感觉,比如落叶归根就是个人归属感的体现。人们正是因为具有团体归属感,才会产生一系列独特的情感,比如民族情感、国家情感,甚至包括家庭情感。

2. 认同感

认同感指团体成员对一些重大事件与原则问题的认识与团体的要求相一致,个体往往把团体作为自己社会认同的对象。尤其是当情境不明确的时候,团体的认同感对个体的心理与行为具有更大的影响。比如大学生对恋爱问题的观点往往受同伴团体的影响，同伴团体对恋爱的态度与行为常常是自己认同的对象。

3. 社会支持

当个体的思想、行为符合团体的要求时，团体往往会加以赞许与鼓励，从而强化这种思想与行为，得到团体的社会支持是个体心理得以健康发展的重要条件。

（三）群体的社会影响

我们时刻感受着来自社会与团体的影响，这些影响在很大程度上决定着我们的生活。团体生活是人类生活的基本方式，接受团体的影响对个体来说是不可避免的事情。从心理学的角度看，团体对个体行为的影响是多方面的，这些影响体现在人类生活的许多方面。

1. 群体规范的作用

群体规范对群体成员来说是一种重要的约束，它的作用表现在以下几个方面。一是保持群体的一致性。群体最重要的特色就是成员在某些方面具有一致性，而只有群体规范的存在才能使这种一致性落到实处。二是为成员提供认知标准与行为准则。即使对同一件事情，不同的人也会有不同的看法。在这种情况下，群体规范往往能为成员提供衡量自己与他人言行的标准。三是规范的惰性作用。团体规范有时候也会制约成员的努力水平，使某些成员不至于表现得太好或太差，而是处于一个适中的水平上。

2. 群体凝聚力

群体凝聚力(group cohesiveness)是指能使群体团结一致的力量，它往往用群体对成员的吸引力和成员彼此之间的吸引力来衡量。但费斯廷格(Festinger)认为，群体凝聚力不只包括由成员之间人际吸引所决定的正性力量，也包括由于离开群体要付出高代价所决定的负性力量。对一个团体而言，它的凝聚力的高低在很多方面有着重要的影响。首先，凝聚力对成员的稳定性有影响，凝聚力越大对成员的吸引力越大，成员也就越不愿意离开该团体，团体也就越稳定。其次，凝聚力大的团体对其成员的影响力也大，高的凝聚力导致人们对团体产生更高的依从性。再次，凝聚力也影响着人们的自尊。与凝聚力低的群体的成员相比，凝聚力高的群体的成员有更高的自尊心，同时表现出更少的焦虑感。Julian、Bishop 和 Fiedler 认为，高凝聚力的团体能导致相互信任，而这种信任使成员感到安全，并进一步导致自尊心的提高。最后，凝聚力影响群体的产出，由参与所引起的工作满意感的增加必然会导致凝聚力的提高，从而也会影响到实际的工作效率。但是在这里要注意，在凝聚力强的团体中，只有团体的规范倡导高效时，生产效率才会提高；如果团体规范不鼓励高效，则凝聚力越高，生产效率反而会越低。

3. 社会促进

社会促进(social facilitation)是指人们在有他人旁观的情况下的工作表现比自己单独进行时更好的现象。最早对此问题进行研究的是崔普雷特(Triplett)，他对社会促进的证明也是最早的社会心理学实验。崔普雷特注意到在有竞争时人们骑车的速度比单独骑的时候快，因此设计了一项实验，探讨儿童在有他人存在时是否会工作得更勤快。结果证明了他的预期，儿童在拉钓鱼线的实验中，当有他人存在时个体工作更卖力。

对于社会促进作用为什么发生有许多不同的解释，其中扎荣克(Zajonc)用他人存在解释了这一现象。他认为，当他人出现的时候，会使人们的激起增强，而这种生理激起会进一步强化人们的表现。但是，这种激起对作业成绩所起的作用还与作业的性质有关，当所完成的任务是我们已经掌握的行为反应时，他人的存在对作业成绩起促进作用；而当从事的工作是新的任务，我们还没有学会时，他人的存在对作业成绩起阻碍作用。也就是说，他人的出现对完成简单工作起促进作用，而对完成复杂工作起损害作用，两方面加在一起统称社会促进。评价恐惧理论则从害怕被他人评价的角度解释了这一现象。Cottrell 认为，在有他人存在的环境中，人们由于担心他人对自己的评价而引发了激起，并进而对工作绩效产生影响。还有解释称为分心冲突。由于社会促进作用不仅在人类身上存在，在许多动物身上也存在，而我们相信动物是用不着“担心”评价的。为了解释这一点，Baron 和 Sanders 提出了分心冲突理论。按照这一理论，当一个人在从事一项工作时，他人或新奇刺激的出现会使其分心，这种分心使得个体在注意任务还是注意新奇刺激之间产生了一种冲突，这种冲突使得激起增强，从而导致社会促进效果。该理论解释了噪音、闪光等刺激对作业成绩的促进或损害作用。

4. 社会懈怠

社会懈怠(social loafing)是指在团体中由于个体的成绩没有被单独加以评价，而是被看作一个总体时所引发的个体努力水平下降的现象，也称社会惰化。心理学家黎格曼(Ringelman)最早发现了社会懈怠现象，他发现当人们一起拉绳子时的平均拉力要比一个人单独拉时的平均拉力小。在研究中他让参加实验的工人用力拉绳子并测量拉力，实验包括三种情境：①工人单独拉；②3 人一组拉；③8 人一组拉。按照社会促进的观点，人们会认为这些工人在团体情境中更卖力。但事实恰恰相反：独自拉时，拉力为 63 千克；3 人一起拉时，总拉力为 160 千克，人均约 53 千克；8 个人一起拉时，总拉力为 248 千克，人均只有 31 千克，不到单独拉时的一半。

拉塔纳和他的同事对社会懈怠现象提供了进一步的证据。在其中的一项研究中，他让大学生以欢呼或鼓掌的方式尽可能地制造噪音，每个人分别在独自、2 人、4 人或 6 人一组的情况下做。结果如图 13-1 所示，每个人所制造的噪音随团体人数的增加而下降。社会懈怠现象不仅发生在上述情境中，而且也发生在人们完成认知任务的时候。另外，社会懈怠也是一种跨文化的现象，需要注意的是，在集体主义社会中，社会懈怠现象没有个人主义社会多。

为什么团体情境会产生社会懈怠？Kerr、Bruun 和 Harkins 等人认为，在团体中，由于个体认识到自己的努力会埋没在人群中(lost in the crowd)，所以对自己行为的责任感降低，从而不大去努力，致使作业水平下降。从这一点上来看，社会懈怠现象的产生与责任分担有关。

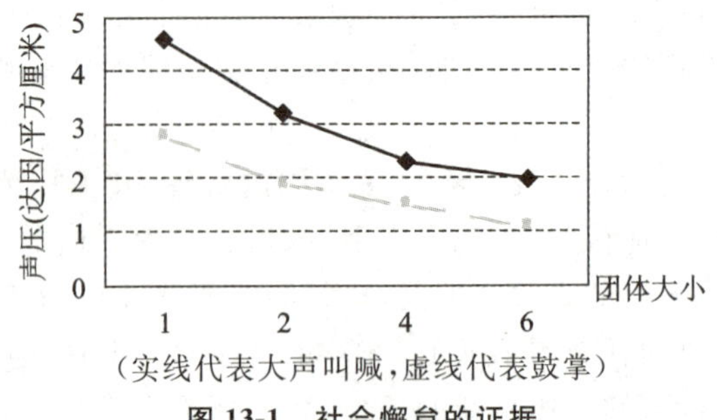

（实线代表大声叫喊，虚线代表鼓掌）

图 13-1　社会懈怠的证据

也许人们已经注意到，团体情境有时候对个体作业水平起促进作用，而有时候会引发社会懈怠，为什么呢？拉塔纳认为社会促进和社会懈怠产生于不同的情境之中，如图 13-2 所示，在社会促进情境中（见图 13-2(a)），个体是他人影响的唯一目标，所有的社会影响均指向该个体，当在场的他人增加时，社会影响也增加；社会懈怠现象则发生在团体成员完成团体外他人指定的作业时，每一个个体仅仅是外人影响的目标之一，外人的社会影响会分散到每一个人身上（见图 13-2(b)），随着团体规模增加，每一个人感受到的压力随之降低。也有研究者认为，社会懈怠产生的最根本原因在于群体成员缺乏对群体的认同感。派克威斯齐(A. V. Petrovsky)经研究发现，当工作人员的群体感很少时，社会懈怠最有可能发生。卡饶和威廉姆斯(S. J. Karau & M. Williams)的集体模型认为，个体努力工作的条件有三个：①个体相信努力工作会有好成绩；②个体相信努力工作会被认可和重视；③个体相信努力工作会得到奖励。而当个体结合成群体进行工作时，这三个条件都会打折扣，因为这时个体不再是决定群体成绩的唯一因素，其他成员的努力水平也会影响最终绩效，而个体努力工作的成果也可能被均分。在付出和所得由于其他成员的加入而变得不再确定时，社会懈怠便会发生。

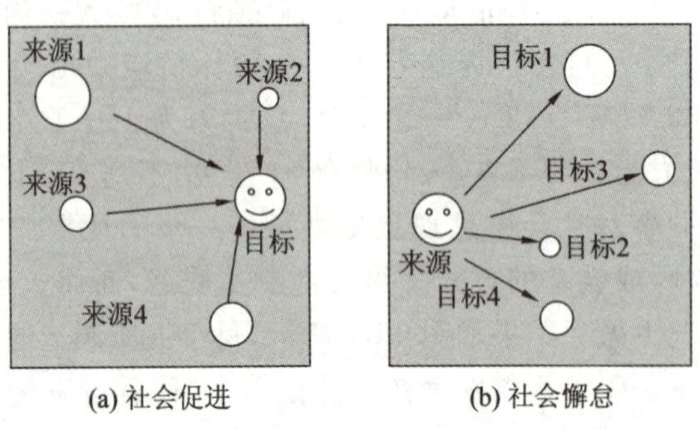

图 13-2　对社会促进与社会懈怠产生情境的区分

由于社会懈怠现象对团体的工作表现有害，所以人们一直在探讨如何消除社会懈怠。拉塔纳认为，个体可能相信团体当中其他人并不像自己那样卖力，而且个体也可能会觉得在团体活动中自己的贡献会被忽略，产生责任分散。因此，要克服社会懈怠现象，最好的方式是让个体感受到更多的责任。

5. 去个体化

团体对个人行为影响的另一种例证是去个体化(deindividuation)现象,它是指个体丧失了抵制从事与自己内在准则相矛盾行为的自我认同,从而作出了一些平常自己不会作出的反社会行为,去个体化现象是个体的自我认同被团体认同所取代的直接结果。生活中常见的去个体化现象并不多,但它的危害十分严重,比如当某一个足球队的球迷因为自己的球队输球而聚集在一起闹事的时候,他们往往会做出自己平时想都不敢想的事情:烧汽车,砸商店,甚至杀人放火。

对此现象的研究最早源于法国社会学家Le Bon,他发现激动的群众倾向于具有相同的感受和行为,因为个体的情绪可以传染给群体。在这种情况下,即使一个成员做了一件大部分人反对的事情,其他人也会倾向于仿效它。Le Bon把这种现象叫做社会传染(social contagion)。Le Bon把社会传染解释为正常控制机制的崩溃,即道德意识、价值系统以及社会规范不再能够约束人们的行为,自私、侵犯及性冲动随便发泄,从而导致暴力与反道德的行为。社会心理学家费斯廷格、津巴多把这种想法转换成了一个更现代的名词——去个体化:在某些情境中,个体的自我认同被团体认同所取代,个体越来越难以意识到自己的价值与行为,而将注意力集中于团体情境之上。去个体化包括个体责任感的丧失,以及对团体行为的敏感度增加。

趣味案例

集体歇斯底里症

生理疾病有时候也会发生社会传染。Stahl在一份报告中提到,某一年的春天,35名在一个电脑中心工作的人大部分突然病了,他们所报告的症状几乎相似:头痛、恶心、呼吸困难以及泪流不止。同时,这些人都抱怨说工作环境中有一种奇特的、烧焦的味道。有人怀疑是一种神秘气体引起了这起突发事件。为此他们请来了医生与环境专家进行调查,却没有发现任何可导致这场灾难的因素。为了消除人们的疑虑,专家向工人解释说附近发电厂的浓烟是事件的罪魁祸首,结果这场传染病很快就被控制下来了。

1983年,在以色列占领的约旦西方银行区,正面临军事冲突,当地的阿拉伯人突然得了一场集体疾病,在一天之内有300多名女学生被送到医院,这件事很快就引发了以色列士兵与阿拉伯人之间的冲突。这些病人大部分是十来岁的女学生,她们诉说的症状包括:头昏、反胃、胃痛、眼花等。当地人指责以色列士兵对她们下毒,但以色列官方的报告则断然否决了这种指责。

上述两件真实的案例实际上描述了一种被称为集体歇斯底里症的现象,这种病在病理学上被称为集体心因性疾病。Golligan、Pennebaker和Murphy认为这种疾病的产生与团体运作有关,而非生理病因所致。集体歇斯底里症的发生通常是个体对严重压力情境的反应。比如在第一个案例中,工作人员面对单调、低薪及过重的工作压力,再加上附近工地噪音的干扰,使得他们整天生活在无法预期的混乱环境中。而在第二个例子中，压力则来自当地的紧张气氛以及长久以来的敌对行动。

集体歇斯底里症经常发生在同事或同班同学间，受害人通常是年轻人、低收入者及女性。第一个受害者通常是严重社会隔离者，没有朋友，并且可能有连续性昏厥的病历。这种病很快就会经沟通网络散布到团体的其他成员。在此需要强调的是，这些个案所经历的症状都是真实且痛苦的。

津巴多认为去个体化现象的产生与三个方面的因素有关：激起（arousal），匿名性（anonymity），责任分担（diffused responsibility）。匿名性是引起去个体化现象的关键，团体成员越隐匿，他们就越会觉得不需要对自我认同与行为负责。在一群暴民中，大部分人觉得他们不代表自己，而是混杂于群众中，也就是说没有自我认同；相反，如果他们具有某种程度的自我认同，并且保持着个体存在的感觉，就不会出现那些不负责任的行为。

迪纳等人对儿童偷窃行为的研究也证明了这一点。在研究开始的时候，他们问了一些孩子的名字并记下，对另一些儿童则未作这样的处理。研究的情境是当大人不在场时，孩子有机会偷拿额外的糖果，结果也支持了匿名性的效果。如图 13-3 所示，那些被问及姓名的小朋友不大会去多拿，即使他们知道自己不会被抓住，也不去做这样的事情。

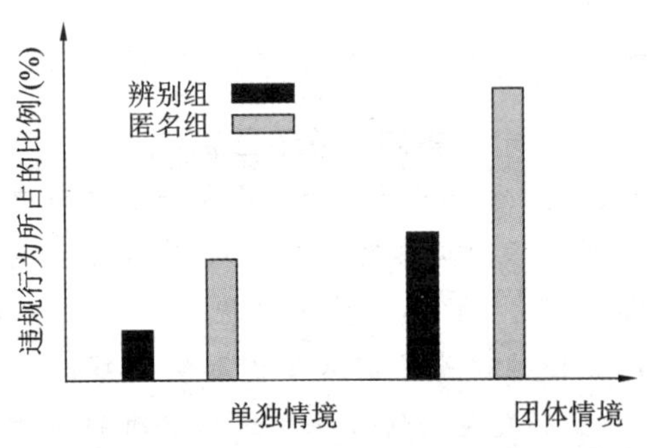

图 13-3　匿名性与违规行为所占的比例

去个体化现象产生的第二个原因与个体自我意识功能的下降有关。迪纳认为，引发去个体化行为的最主要的认知因素是缺乏自我意识，人们的行为通常受道德意识、价值系统以及所习得的社会规范的控制。但在某些情境中，个体的自我意识会失去这些控制功能。比如在群体中个体认为自己的行为是群体的一部分，这使得人们觉得没有必要对自己的行为负责，也不顾及行为的严重后果，从而作出不道德与反社会的行为。实际上，人们大多数的去个体化行为是由于自我意识的能动作用丧失而引起的。

（四）群体的决策行为

社会心理学中有研究证明群体常常能比个体作出更好的决策。但是，也有研究显示，群体决策的正确性有时不如个体单独决策，甚至有时所作出的决策是完全错误的。群体极化与群体思维就是群体决策中可能出现的偏差现象。

1. 群体极化

群体极化(group polarization)是指群体成员中原已存在的倾向性得到加强，使一种观点或态度从原来的群体平均水平加强到具有支配性地位的现象。我们可能有这样的体验:在一个群体中进行群体讨论的时候，会出现原来群体中大部分人所持的观点得到正向加强的现象。也就是说，讨论使群体中原本大多数人的意见变得更强，使原来同意这一意见的人更相信意见是正确的。这样，原先群体中被支持的意见，讨论后更有可能会成为主导观点，从而得到更多支持，原先群体中被反对的意见，讨论后反对的程度也会加强，从而最终使群体的意见出现极化(见图 13-4)。

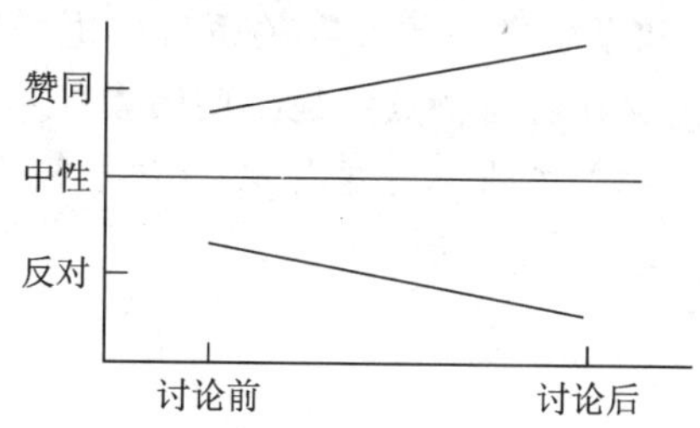

图 13-4　群体讨论前后态度的变化倾向

群体极化的影响是巨大的。在一些重大的商业、军事和政治决策失误中，都可以找到群体极化的影子。因此，如何避免决策的极端化，是今后社会心理学家应该深入研究的问题。

2. 群体思维

群体思维(group think)是指一种群体在作出决策时的倾向性思维方式。在会议上、课题中或其他凝聚力很强的群体中，如果有人的意见与大家不一致，那么他很可能最终放弃说出自己的想法而顺从群体的意见，这就是群体思维现象。群体思维是群体极化的一种表现，即高凝聚力的群体在进行决策时，人们的思维会高度倾向于一致，以致其他变通行动路线的现实性评价受到压制。群体思维往往导致错误的决策结果。尽管群体决策有时会比个人决策更好，但是大多数研究发现，群体思维会带来一些不良影响，甚至会造成巨大的决策失误。

如何才能打破群体思维以增进群体决策的有效性呢?

Janis 认为应该从以下五个方面入手。①领导者应该鼓励每一个成员踊跃发言，并且对已经提出的主张加以质疑，为此领导者必须能够接受成员对自己的批评。②领导者在讨论中应该保持公平，在团体所有成员表达了观点之后，领导才能提出自己的期望。③最好先把团体分成若干个小组独立讨论，然后再一起讨论以找出差异。④邀请专家参与团体讨论，鼓励专家对成员的意见提出批评。⑤在每次讨论的时候，指定一个人扮演批评者的角色，向团体的主张挑战。

Janis 提出的群体思维是一个相当复杂的群体历程，事实上许多有强有力的领导且凝聚力强的群体并不会犯此错误，因此，群体思维和强凝聚力自身并没有必然的联系。在 Janis 提出这个概念 25 年之后，美国的一个心理学期刊为此出了一期专刊，专门讨论群体思维的问题。当代心理学家重新审视这个问题的时候，依然争论不休。

第三节　交往与群体心理原理的应用

为什么有的教师广受学生欢迎，有的教师却被学生嫌恶？同样，为何有的学生有很多朋友，有的学生却孤家寡人？人际关系如此微妙，是什么使人们之间相互吸引，而本来关系很好的两个人又为什么会因一点小事就断绝来往呢？教育是一种人对人的工作，可以说，教师和学生之间的人际关系直接决定着教育的成功与否。既然如此，教师和学生之间的交往有何特点？是哪些因素影响着师生关系呢？下面将从师生关系、学生之间的人际关系两个角度出发，探讨学校人际关系的特点，以及如何用工具来测量学校中人际关系的状况。

视野扩展……

中学生需要什么样的仪表？

仪表是指包括外貌、姿态、风度等在内的人的外表。爱美是人类的天性，人们总是期望向别人展示自己美好的一面，以期留下美好的印象。因此，对仪表的修饰成为人际交往的主要活动之一，对仪表的注重也成为一种对交往对象尊重的表现。

随着生理的发育和成熟，中学生越来越关注自己的外表。如何让自己表现得更"美"，是他们时常考虑的问题。但他们对美的认识往往来自大众媒体的宣传，因此模仿成为中学生修饰仪表的主要途径，而模仿的内容则往往是娱乐节目、书刊所宣传的标准，或明星的生活风格。同时，随着人们思想的开放，中学生多追求个性张扬。在中学校园里穿着时尚、打扮前卫的学生并不少见。然而，这些追求仪表美的方法显然是不可取的。人的仪表风貌应符合自己的身份和交往的情境，并将其作为反映内心世界的一扇窗户。媒体所宣传的形象的仪表风貌受其职业的影响，很多时候与现实生活中人们所处的情境存在巨大差异。中学生的仪表应该怎样才是美的呢？陈红等人对700多名14岁、17岁、20岁青少年的研究结果发现，对于男性来说，理想身体特征中最重要的是运动健康特征；而对于女性来说，匀称健康则是最重要的特征。可见，健康、充满活力才是最吸引人的外在因素，而这跟青少年的生理和心理都正处于蓬勃成长期是相符合的。

学校中的基本人际关系主要包括师生间人际关系和学生间人际关系两种。由于教书育人是学校的主要功能，而学生正处于心理发展的特殊时期，因此学校中的人际关系除了遵循一般人际交往规律外，还具有一些社会中其他人际关系所没有的特点。了解这些特点，是实现教育目标所必需的。而掌握对学校中人际关系进行测量的方法，则有助于了解学校人际关系的状况，为管理学校的人际关系提供重要信息。

一、师生间人际关系

师生间人际关系是学校中最重要的人际关系。它直接影响着教学活动的进行、教学目标的达成及教育理念的实现。受学校这一特定环境的制约，师生间人际关系具有独特的社会心理结构和鲜明的人际关系特点。

（一）师生间人际关系的特点

师生间人际关系是指教师与学生在教与学等活动过程中形成的以情感为基本特征的相互联系。教师和学生各自所扮演的特殊社会角色，使他们的人际关系具有鲜明的特点，这可以从领导与服从、民主与合作以及关爱与依赖三个方面来进行考察。

1.领导与服从

在师生交往活动中，教师往往处于主导地位，如教师吩咐学生应该学习哪些内容、如何学习等。在这些过程中，教师所扮演的角色是权威和领导角色，学生则处于服从地位。但随着年龄的增长，这种领导与服从的关系是不断变化的，这就需要教师根据学生的不同特点采用不同的方式来进行沟通。在不同情境中，师生间的领导与服从关系也会有不同表现。所以，教师在运用自己的权威和领导角色时，应注意照顾学生对民主与平等交流的需求，在不同情况下采取不同的教育手段。

2.民主与合作

研究表明，合作-支配型教师是最受欢迎的。合作-支配型师生关系的主要行为特征有领导、友好帮助、理解、学生自主这几个方面。实际教学活动中，那些平易近人、善于与学生打成一片的教师往往更受学生欢迎，而处于以这种关系为基础的运行模式中的学生自主性也更高，独立性更强。不过要注意，民主与合作并非放任学生。学生的心智发育尚未成熟，社会化也尚未完成，许多时候他们还需要教师的引导才能健康成长。

3.关爱与依赖

在学校里，教师不仅起着教育者的作用，在一定程度上也扮演着家长的角色，因此教师和学生之间还存在着关爱与依赖的关系。教师不仅要关心学生的学习，也要关注他们的情感、生活等，而学生在很多时候也需要教师的帮助来适应学校的生活。但是，学生如果过分依赖教师，会带来消极的影响。

师生关系所包含的三方面特点是相互联系、相互补充的。青少年时期是人格形成的关键时期，学生既有追求独立自主的愿望，又有依赖长者帮助其解决问题和引导其发展的需要。在不同的时候采取不同的策略进行教育，是培养学生健全人格所必需的。只有领导与服从、民主与合作、关爱与依赖三者的有机结合，才是建立和谐师生关系的基础。

（二）影响师生间人际关系的因素

1.交往情境

师生交往经常在不同的情境里发生，如课堂、办公室、校园、宿舍等。很多时候，人们需要作出不同的人际行为，因而人际关系有不同的表现形式。例如，在课堂上，教师与学生的交流主要是一对多的方式，因此带有明显的领导与被领导的色彩；而在日常生活中，教师与学生的交往则更多地体现着关爱与依赖的关系。交往情境对师生关系的影响还体现在处理不同问题时所作出的不同行为上。例如，学生犯了严重错误时，教师应当表现出严肃的姿态，使学生认真对待自己的问题，而在娱乐活动中，教师则不宜显得刻板、严肃。

2.认知差异

从正面看待自己和他人，处理好人与人之间的关系，是建立和谐人际关系的前提。刘桂珍等人的研究表明，教师所持的教育理念是影响师生关系的重要因素。具有自由、开放、学生本位、发展导向信念的教师，在师生交往中更可能作出如帮助、理解、自主等积极的人际行为；而怀有限制、保守、教师本位、规范取向信念的教师更容易作出如不满、惩戒、犹豫等消极的人际行为。在学生方面，年级越高的学生，其独立和叛逆意识越强，因此在师生交往中消极人际行为也越多，师生冲突也随之增加。在个性层面，不同学生对教师的认识影响着他们与教师的关系，同样的，教师对某个学生的认识也影响着他对该生作出的人际行为，如一个教师认为某学生天资聪明，对其格外照顾，这对该生的发展可能是有利的，但会伤害其他学生的感情，与他们的关系也会因而疏远，甚至恶化。

（三）师生间人际关系对立的常见原因

1.教师方面

师生间人际关系对立与教师的素养有关。下面是几种导致师生关系紧张的常见的心理原因：①教师对学生提出的要求没有反映学生的需求，不符合学生的年龄特征或脱离实际，学生经过努力也无法做到；②要求过于频繁，且不严格检查执行，言而无信；③偏爱某些学生；④不尊重学生的人格尊严，甚至采取压制学生个性的教育方式；⑤不尊重学生家长；⑥陈旧的教师权威心理等。

2.学生方面

学生的幼稚、无知，学习基础差，意志薄弱，不能自律以及社会的、家庭的不良影响给学生造成的庸俗心理、猜疑心理等，也是造成师生间人际关系对立的重要因素。

教师应该冷静分析导致师生间人际关系对立的各种原因，采取措施尽可能缩小师生间的心理距离，进而建立民主、和谐的师生关系。

二、学生间人际关系

（一）学生间的友谊

学生对友谊的看法和态度随年龄的增长而有所不同，如小学生的友谊主要是在游戏和共同活动的基础上建立起来的，到小学结束时学生之间才开始有真正意义上的个人交流。在进入中学以后，感情和兴趣成为学生间友谊关系的基础。具体来说，中学生的友谊观念主要包括四个方面：关心与帮助，重情轻利，信任与尊重，兴趣相投。

(二)异性间的交往

人际关系问题在中学生心理困扰中占很大比重，而与异性交往的困扰在其中尤为突出。吴晶等人对高中生的研究表明，中学生大多并不害怕和回避异性交往，他们缺乏的是如何正确地与异性交往，以及如何适度地与异性交往的技巧，且中学生的异性交往受多方面因素影响，既有学生自身的原因，也有环境的原因。

首先，对自己的认识是否积极，对中学生异性交往影响很大。由于与异性交往对中学生而言存在很多阻力，自信的学生能很好地面对，向与异性交往迈出第一步。中学生的学业压力很大，许多人担心人际交往活动会影响学习，而自信的学生自我评价较高，能较好地面对这些压力，在人际交往中显得活跃，也容易被异性所接受。此外，在中学生异性交往中，双方更关注的是对方的能力和内在修养，而自信的人往往被看作是有能力的，所以自信的中学生在人际交往中更受欢迎。

其次，中学生在人际交往中的主动性和努力程度对其异性交往状况也有很大影响。中学生正处在性格形成的关键时期，他们所追求的品质是独立性、有主见，能主动在同学面前展示自己特长的学生人际魅力更高。

最后，学校领导和教师的看法与引导也是影响中学生异性交往的重要因素。由于中学生的恋爱会带来诸多负面影响，许多学校和教师采用严厉措施限制男女同学的交往，这无疑给中学生异性交往设下了一道障碍，较好的做法是用爱心和耐心告诉他们中学期间谈恋爱可能带来的不利影响，同时配合做好学生的心理健康和性健康教育，避免出现不良后果。

(三)学生间人际接纳和排斥

是否被同伴所接纳，能否与他人建立起友谊关系，对学生的学业成绩、学校生活适应有很大影响。在学校中，总会有学生间人际排斥的现象出现，教育者必须了解学生间人际接纳和排斥的特点与原因，妥善地对待和处理这些问题。

(四)同伴关系的指导与协调

进行人际交往的知识教育，奠定良好的人际关系认知基础，不断提高学生的道德认识，引导他们的交往向正确方向发展；组织学生学习必要的人际交往知识，使学生掌握人际交往的基本原则和基本方法，懂得人际交往中的基本礼仪；创造机会，提高交往水平；处理好学生间的冲突，协调好学生间的人际关系；建立良好的师生关系是协调好同伴关系的重要前提。

三、人际关系的测量

(一)社会测量法

了解群体内部的人际关系结构，对群体内部人际关系进行有效的测量，有助于更好地发挥群体的整体力量。了解人际关系的内部结构及其特征的方法有很多，最常用的方法是社会测量法，也称社交测量或社会测量，是由社会学家莫雷诺（J. Moreno）于 1934 年首创的。它是从群体的角度，定量地揭示整个群体的人际关系状况以及各成员在该群体内人际关系状况的一种方法。

社会测量法的原理与假设：在每一个群体中，成员与成员之间由于存在着交往和相互作用的关系，所以，他们在心理上必然会产生相互影响，而这种相互影响也一定会反映在他们彼此之间的行为上。那么，如果考察成员之间在特定情境下的相互选择行为或行为意向，就应该能够了解成员之间的心理联系状况。在一个群体中，成员在不同评价意义上进行肯定或否定选择的时候，就反映出了这些成员之间在该评价意义方面的人际关系状况。因此，只要测定成员在群体中对其他人的选择和他自己被选择的情况，就可以了解成员与他人的关系状况，也可以了解该成员在群体中的地位以及整个群体的结构状况。

社会测量法的实施包括两个步骤：一是进行社会测量问卷调查或访谈；二是对问卷或访谈结果进行分析处理。

例如："我过生日最愿意请的朋友，第一是________，第二是________，第三是________。"

对选择结果的处理，需先根据群体总人数 n 制成 $n\times n$ 矩阵表，表内记入各成员的选择关系或排斥关系，最喜欢的给 3 分，其次的给 2 分，再次的给 1 分（见表 13-2）。这样就可从表中一目了然地知道群体中谁是最受大家喜欢的人，或谁是最不受大家所欢迎的人，还可看出谁与谁之间是互选的，以及整个群体中的心理气氛和人员之间的结构关系等。从表 13-2 中可以看出，"B"最受大家喜欢，"D"最不受大家喜欢。通过这样的矩阵表，就可将一个群体内部人际关系的大致状况显示出来了。

表 13-2　人际关系矩阵表

被选者 选者	A	B	C	D	E	F	G
A	—	3	2	1	3	1	2
B	1	—	1	1	2	3	2
C	2	3	—	2	2	1	3
D	3	3	1	—	3	2	1
E	2	2	2	1	—	3	3
F	1	3	2	1	2	—	2
G	3	3	2	1	2	2	—
分类合计	12	17	10	7	14	12	13

通过社会测量法可以了解群体内部三个方面的问题：①群体中最受欢迎的人是谁；②群体中有无非正式小群体；③群体内部的人际关系整体状况如何。这种方法

可将群体成员心理上的结合程度加以数量化，且揭示出的群体内的人际关系状况能不被当事人所觉察。

（二）量表测验法

使用经过严格程序编制的心理量表来评价人际关系状况，具有简便、快捷的优点。心理量表有自评量表和他评量表两种，前者是指测验者自己对量表中各个题目作选择或记录，而后者则是由他人来评价被测试者的人际关系状况。黄希庭曾修订过人际关系自我评定量表，以下是该量表的样例。

请你仔细阅读下列16个问题。每一个问题后面各有A、B、C三种答案，请你根据自己的真实情况任选其一。

1. 在人际关系中，我的信条是（ ）。

A. 大多数人是友善的，可与之为友

B. 人群中有一半是狡诈的，一半是善良的，我将选择善良者与之为友

C. 大多数人是狡诈虚伪的，不可与之为友

2. 外出旅游时，我总是（ ）。

A. 很容易交上新朋友

B. 喜欢一个人独处

C. 想交朋友，但又感到困难

……

该量表根据被测者的选择对每个问题进行记分，分值为1～3分，整个量表总分值为48分，被测者总分越高，表明其人际关系越融洽。自评量表的使用会受到如认知能力、主观性等条件限制，被试可能作出不符合实际情况的选择或评价，而他评量表正好可以弥补这方面的不足。

他评量表要求与被测者关系较近的一些人，如同学、教师、家长、同事等，对其人际关系状况的各个方面进行评价。儿童行为量表（child behavior checklist，CBCL）是一种常用的他评量表，由教师或家长评价学生近半年的情况，以测量其社会交往能力和行为问题，适用于4～16岁的学生。他评量表包括一般情况、社会交往能力、行为问题三个部分，这里以第三部分为例简单地介绍其使用方法。

使用时，由家长或教师在他评量表的各个项目上根据学生的实际情况打分，分值为0～2，分别代表学生表现出的该题目所描述情况的程度，从“无”到“轻度或有时有”、“明显或经常有”，最后根据总分来判断该学生是否有问题。以下是家长用表样例。

以下是描述你孩子的项目，只根据最近半年内的情况作答。每一项目后面都有三个数字（0，1，2），若你孩子明显有或经常有此项表现，选2；若偶尔有，选1；若无此项表现，选0。

……

37 经常打架 0 1 2

38　常被人戏弄 0 1 2

……

思考与练习

1. 名词解释

人际交往　　人际关系　　群体　　群体规范　　凝聚力

群体极化　　去个体化　　情境控制　　首属群体与次属群体

2. 简述社会促进和社会懈怠。

3. 什么是群体思维？如何防止群体思维？

4. 简述人际交往的意义。

5. 简述人际交往的社会交换理论。

6. 怎样理解非正式群体及其对班集体的影响？

7. 简述人际交往的基本原则。

8. 人际关系有哪些测量方法？

9. 试分析学校人际交往的特点及影响因素。

10. 联系中国的实际，谈谈怎样才能有效克服社会懈怠？

11. 试述去个体化现象及其产生的原因。

12. 试论述大学生人际交往存在的主要问题及影响因素。

课外延伸

1. 请用人际关系量表对自己的人际交往情况进行自我评价。

2. 请运用人际交往的相关理论知识，做一次以“大学生如何建立和维护良好的人际关系”为主题的团体辅导活动。

第十四章 态度与品德心理

本章学习目标 ……

- 掌握态度的由来、特点、种类、结构和功能
- 了解态度的实验与研究进展
- 掌握品德的含义、结构
- 了解品德与态度、情感、价值观的关系
- 掌握品德发展的主要理论

在两间墙壁上镶嵌着许多镜子的房间里，将两只猩猩分别放进去。一只猩猩性情温顺，它刚进房间，就高兴地看到镜子里面有许多“同伴”对自己的到来都报以友善的态度，于是它很快和这个新的“群体”打成一片，奔跑嬉戏，彼此和睦相处，关系十分融洽。直到3天后，当它被实验人员牵出房间时还恋恋不舍。另一只猩猩性格暴烈，从它进入房间的那一刻起，就被镜子里面的“同类”凶恶的态度激怒了，于是它就与这个新的“群体”进行无休止的追逐和厮斗。三天后，它被实验人员拖出房间，这只性格暴烈的猩猩早已因气急败坏、心力交瘁而丧命。

读完这个故事，我们可以从中感悟到什么？很多时候，态度真的可以决定一切！我们给予生活什么样的态度，生活就会反馈给我们什么样的态度。而且，与态度密切相关的品德也是如此。良好的品德有助于我们开创幸福的生活，而不良的品德势必会被社会唾弃、为人们所不齿。那么，究竟什么是态度？什么是品德？它们是怎样形成的？对于教育问题的解决，有哪些启示？下面，本章将和大家一起探讨态度和品德心理。

第一节　态度与品德心理概述

·名人名言·

在社会心理学的全部领域中，也许没有一个概念占据的位置能比态度更接近中心的了。

——墨菲·纽科姆

一、态度的含义

在现实社会生活中，态度(attitude)几乎无处不在。我们的许多行为，如阐述个人的观点、了解他人的看法、说服他人等，都与态度有关。而且，无论对于个人还是团体，良好的态度都有助于取得成功。但是，对于什么是态度，社会心理学界并未形成统一的定义。

(一)态度概念的由来

态度的英文一词 attitude 来源于拉丁语 aptus。其基本含义包括两个方面：①对特定对象的肯定或否定的内在反应倾向；②雕塑或绘画作品中人物外在的和可见的姿态。前一种含义与现代社会心理学中的态度概念最为接近。

美国心理学家斯彭斯(Kenneth Wartinbee Spence，1907—1967)最早注意到态度这一心理现象。他在1962年提出，态度是一种个体判断和思考后产生的有一定方向的先有之见或先有倾向。

经典实验……

涉及态度的最早的实验研究

心理学家朗格有关反应时间的实验可以算是涉及态度的最早的实验研究。他在实验中发现，被试若将注意集中在反应动作上，其反应时间要比将注意集中在刺激上的反应时间短。实验说明，有精神准备和没有精神准备，其反应时间是不一样的。也就是说，人的精神准备影响了人对刺激的反应。这种预先的准备或倾向就是态度。

(引自周晓虹《现代社会心理学》，江苏人民出版社 1991 年版)

态度真正成为社会心理学中引人注目的概念，是从托马斯(William Thomas)等人的研究开始的。1918 年，托马斯等人在研究波兰移民问题时，为了说明社会环境的变化对个人行为的影响以及个人与社会之间的关系，明确地使用了态度一词，托马斯认为态度就是动作的趋向。奥尔波特(Gordon W. Allport)在当时有关态度的定义基础上，总结归纳出 6 个要素：①结构；②行为的准备状态；③心理基础；④持续性；⑤学习性；⑥评价性。他认为，所谓态度是根据经验而组织起来的一种心理和神经中枢的准备状态，它对个人的反应具有指导性或动力性的影响。这个定义曾一度被心理学界认为是态度的经典定义。

(二)态度概念的界定

不同时代的理论家、同一时代的理论家从各个角度对态度作了界定并进行了大量的研究。美国学者菲什拜因(Fishbein)和阿耶兹(Ajzen)认为，到目前为止，态度至少有 500 种操作定义，而且许多研究都是“以一种以上的方式来定义态度”，即使在同一研究中，对态度的操作定义前后也存在着或多或少的矛盾。

其实，态度定义虽然众说纷纭，却也不是毫无头绪。有关态度的定义主要是围绕着态度的认知、情感和行为三大组成部分展开的。从这一角度出发，周晓虹将关于态度的一些经典定义归纳为四类。

第一类定义偏重认知方面，将态度纳入认知体系中，把态度视为一种具有结构性的复杂的认知体系，强调内在的信念组织。如罗卡奇(Rokeach)认为，态度是个体对同一对象的数个相关联的信念的组织。

第二类定义偏重情感方面，将态度看成是情感的标志，强调态度是赞成或不赞成的表达。如爱德华兹(Edwards)认为，态度是与某个心理对象有联系的肯定或否定情感的程度。

第三类定义偏重行为方面，强调行为的准备状态。如奥尔波特认为，态度是根据经验而组织起来的一种心理和神经中枢的准备状态，它对个人的反应具有指导性或动力性的影响。

第四类定义力图包容所有方面，将认知、情感和行为都纳入态度的定义中，如弗里德曼(Freedman)指出，态度对任何给定的客观对象、思想或人，都是具有认知成分、表达情感成分和行为倾向成分的持久体系。

(三)态度的特点

1.评价性

所谓评价，是指依据一定的价值准则对事物进行分析、比较、判断和决策的过程。这是态度最为核心的特征。这种评价可以通过言语、表情表现出来，也可以通过生理反应和行为表现出来。而且，这种评价既可以在意识水平上运行，也可以在无意识水平上运行。

2.方向性

态度有不同的方向。个体对同一事物的态度，其方向不一定相同，除了正向、逆向之外，还有介于两者之间的中性态度及异向态度。也就是说，态度一般具有赞成或反对的方向特点，并具有程度的差异，有时反映出态度的极端性，有时则反映出态度的中性。

3.稳定性

态度一旦形成，就会成为一种持续的心理状态，在一定时间内不易改变，相对比较稳定。态度的稳定性使其有别于暂时性的情绪体验和生物性的需要。当然，这种稳定性是相对的，一旦影响态度的某些内部因素和外部因素发生改变，就可能引起态度的改变。

4.内隐性

态度不能被直接观察到，只能依据人们的言论、表情和行为等表现间接地进行分析、推测、判断。态度本身是无法直接测定的，必须从个人的行为或与行为有关的语言行为表现中间接推断出来，测定态度需要一定的中间变量。

5.复杂性

态度是一种有着不同层次的、复杂的心理结构。这些不同的层次都会对行为产生不同的影响。而且,在一定条件下,个体并不是经常表现出与内心态度相一致的外部行为。所以,简单地观察个体的行为不一定能推导出其真实的态度。

二、态度的结构、种类与功能

态度有结构吗?如果有,它由哪些成分组成?态度可以分成哪几类?对我们来说,态度真的很重要吗?它在我们的生活中究竟发挥着怎样的功能?带着对这些问题的思考,我们一起来探讨态度的结构、种类与功能。

(一)态度的结构

1. 单维度态度模型

菲什拜因和阿耶兹提出了态度的单维度模型。在这一模型中,评价是核心因素,是对态度客体的评价。评价有性质(积极评价和消极评价)和强度(由弱到强)之分。他们认为,态度由关于态度客体属性的各种预期以及对态度客体属性的评价所决定。

菲什拜因和阿耶兹的单维度态度模型的缺陷在于没有考虑各种预期的相对重要性。而且,这一模型假定在态度形成的过程中人们对预期和评价会进行认真思考,但有时在决定态度时人们只考虑一种重要的预期,或者有时人们在形成态度时根本没有进行太多的思考。

2. 双重态度模型

威尔逊(T. D. Wilson)等人于 2000 年提出"双重态度模型"(a model of dual attitude)。他们指出,人们对同一态度客体有两种不同的评价,分别形成外显态度(explicit attitude)和内隐态度(implicit attitude)。外显态度是指人们能够意识到的,即通过自我反省就能表现出来的态度;而内隐态度则是人们对态度客体的自动反应。

双重态度模型拓宽了态度的研究领域,但关于外显态度和内隐态度的关系尚有不同的看法,在许多方面有待于进一步证实。

3. 三维度态度模型

三维度态度模型由霍夫兰(Hoveland)和卢森堡(Rosenberg)于 1960 年提出。其基本观点是:态度是按照一定方式对特定对象的预先反应倾向。这种预先反应倾向由 3 种成分构成:认知、情感和行为。态度是刺激与反应之间的中介变量。这里,刺激就是态度对象,是可测的独立变量(自变量),包括个人、事件、社会问题、社会群体、组织等;反应则包括生理的、心理的和行为的反应等三方面,是可测的依从变量(因变量)。

三维度态度模型的优点在于:①从态度产生的角度明确了 3 种变量,即刺激变量、中介变量和反应变量,并阐明了 3 种变量的关系,这有助于人们理解态度的形成过程,也便于人们对态度进行控制研究;②把态度的反应变量分解为 3 种可测的成分,有助于人们对态度的测量。但是,三维度态度模型只考虑了自我信息加工的外显方式，而对自我信息加工的内隐方式没有涉及。而且，这一模型假定态度的3种成分是一致的或协调的，但实际上，不一致的情况是普遍存在的。

在上述三种态度模型中，三维度态度模型得到了普遍认可，即普遍认为态度由认知、情感、行为倾向三种成分组成。

（二）态度的种类

1. 从态度主体的角度来分

从主体角度，态度可分为个体态度与群体态度。

所谓个体态度（individual attitude），是指处于社会关系中的个体对某一对象的态度，群体态度（group attitude）是指某一社会群体多数成员或全体成员对某一对象的态度。社会生活中，每一个个体都隶属于某一个或某几个群体，反过来讲，每一个社会群体又是由许多个体组成的。群体成员中，个体之间对某一对象的态度具有差异，这是个体态度的差异。除了这些差异外，群体成员之间还可能有一些共同的看法和见解，这些共同的看法和见解就是群体态度。群体态度产生的心理压力对个体态度具有改造作用。

2. 从态度对象的具体性角度来分

从对象的具体性角度，态度可分为具体态度与一般态度。

所谓具体态度（specific attitude），是指对某一具体对象的态度。比如，对水果的态度。而一般态度（general attitude）则是指对某一概括性对象的态度。比如，对种族歧视的态度。一般而言，具体态度有明确的指向性，与行为之间的关系比较紧密，而一般态度比较笼统，与行为的关系比较薄弱。

3. 从态度的成分角度来分

从成分角度，态度可分为认知性态度、情感性态度与行为性态度。

建立在对态度对象有关事实的认知基础上的态度为认知性态度（cognitive attitude），以情感和直觉为基础形成的态度为情感性态度（affective attitude），而通过行为而形成的态度为行为性态度（behavioral attitude）。比如，对某一部电影，你可能对它有直觉性情感反应，或一见倾心，或厌恶不屑，这就是情感性态度。你也可能对这部电影有认知反应，了解它的故事情节、拍摄手法、主要演员等，这是认知性态度。你或许可能有行为反应，认真把这部电影看完。然后，别人问你，这部电影怎么样，你可能回答，这电影不错，这是行为性态度。

（三）态度的功能

1. 知识功能

因为有了态度，人们才能对现实生活中的各种信息进行汇集、整理和分类。正因为有了各种态度，人们才能把从电视和报纸等媒体中获得的知识以及从其他日常生活中偶然获得的许多零碎的知识组织成一个知识整体，这个世界才能被人所理解。

2. 社会适应功能

(1)调节适应功能。个体为了适应社会环境，获得接受和承认，就必须判断所接触事物的价值，决定其行动，并且预先做好行动的准备。态度正好具备这方面的功能，可以保证个体对社会生活的适应。一方面，个体通过言语或行动表明自己的态度，使他人理解并据此调节本身的行动，从而保证个体与他人之间互动的顺利进行。另一方面，个体通过表达社会态度，从周围人那里获得有利于自己发展的反应。尤其是面对一些社会组织如宗教或职业团体时，个体持一定的态度支持这些团体，就会获得一种归属感。

(2)价值表达功能。人们在社会适应过程中都有着自己对生命和生活意义的理解。这种对生命和生活意义的理解构成了态度的价值内涵。如果个体认为生命的意义在于对美的追求，那么他对艺术就会持积极和肯定的态度；如果个体认为生命的最高意义是追求物质享受，那么他就会向往舒适的生活，对其持肯定和积极的态度。

(3)自我防御功能。在这个竞争激烈的社会里，人们经常会遇到各种内外压力的威胁，会产生相应的心理紧张、焦虑和不安。为了应付内外压力，就必须进行自我防御或自我保护。而态度则具有自我防御的功能。首先，态度有助于创建和维持积极的自我形象。比如，当个体持有与某些重要人物相同的态度时，就有可能导致个体更加积极地看待自己。其次，态度有助于个体获得自尊。比如，个体通过努力取得了一定成绩，别人给予肯定和赞许，个体的自尊感就会随之增加。

(四)态度与情感、价值观的关系

态度与情感、价值观三者的关系极为密切，成为构成人的整体意识的三个侧面。情感是客观事物是否符合人的需要与愿望、观点而产生的体验，是感情、内心体验、需要、愿望、价值追求等一系列心理现象的统称。价值观是个人对事物和行为的意义、重要性的总评价和总看法。态度、情感与价值观都属于人的意识范畴，态度、情感属于社会心理领域，价值观属于更高层次的社会意识形态领域。两大领域是相互联系、相互制约的。首先，社会心理是社会意识形成的基础；其次，社会意识一旦产生后，又反过来强烈影响、制约着社会心理，某一种思想观念往往支配相应的态度、情感；最后，在一定条件下，社会心理和社会意识形态可以相互转化。对某一社会中的伦理心理，经过概括加工就转化为道德意识形态。反之，某种社会意识形态被全社会普遍接受以后，就转化为社会心理。一个人的价值观念往往决定着他的态度、情感。人对同一事物的看法不同，伴随着的内心体验即情感也不同，相应产生的心理倾向(即态度)也不同。

三、品德概述

和态度心理一样，品德心理也是心理学领域中的一个重要课题。如果教育者能够熟悉品德心理并能将有关品德心理的原理灵活运用到教育教学中，必将对受教育者的心理健康和个性心理发展起到重要的作用。

(一)品德的含义

品德是道德品质的简称,是社会的道德现象在个人身上的体现,是个人按照社会规定的道德准则,在行为上所表现出来的稳定特点或倾向,是个人的道德信念和道德意向在言行中表现出来的稳固的心理特征。它决定着个体在一定的社会情境中的价值取向与行为方式的选择。

品德的实质是人际交往经验结构,是一种以情感为核心的知、情、行的整体结构,集中体现为对人、对事、对己的基本态度,其形成和发展既受客观社会生活条件的制约,又服从于个体心理发展的规律,是人的个性中最具有道德评价意义的核心部分。

(二)品德的结构

品德由多种维度的心理要素构成,主要包括品德的心理形式、品德的心理内容和品德的心理功能。

1.品德的形式结构

任何一种品德总要借助于一定的形式而存在。比较多见的是将其分解为道德认识、道德情感、道德意志和道德行为。道德认识是对于道德规范及其意义的认识。道德情感是在道德认识的基础上产生的,指的是因道德需要是否得到满足而引起的内心体验。道德认识同相应的道德情感相结合,产生强烈的道德需要,并转化为道德动机,成为人们实现道德行为的推动力。道德意志是根据人们自觉确定的目标,去支配、调节自己的行动,并不断克服困难,执行和实现目的的一系列心理过程。道德行为是实践道德动机的手段,也是道德认识和道德情感的具体表现。

2.品德的内容结构

品德的内容是指在个体意识中形成的道德规范体系,这种道德规范体系具有较强的社会性,是个体对社会道德规范体系的内化。个体道德规范体系形成的过程也是个体社会化的过程。个体的品德结构由道德规范方针、道德规范原则、具体道德规范等层次构成。道德规范方针具有世界观、人生观的意义,体现了每个个体在道德追求上的最终目标。道德规范原则是人们观察、处理道德问题的标准,是衡量人们行为是非、正邪、荣辱、善恶的准则。具体道德规范则是个体在一定范围、一定条件下所遵循的道德准则,如爱国主义规范、集体主义规范,以及对待婚姻、家庭、职业等的规范。

3.品德的能力结构

所谓品德的能力,是指道德意识能力,表现于个体对外部道德现象的反映以及对自身活动实行调节的过程之中。道德意识能力一般可分为道德认识能力、道德意志能力、道德控制能力、道德决策能力等。道德认识能力既表现为对各种道德现象和事实进行感知、抽象概括,形成道德概念和知识的能力,也是对道德现象和知识的反映、理解、掌握的能力,还表现为运用道德知识去分析具体的道德情境、道德问题,作出正确道德判断和评价的能力。道德意志能力是指个体能对外界事物产生一定的道德态度，形成一定的道德意向，并推动个体据此行动的能力。道德决策能力是指个体所具备的一种确定道德行动策略的能力。道德决策能力是形成道德行为的直接基础，也是个体品德水平的具体表现。

(三)品德的特点

1. 社会性

品德是一定社会道德关系的体现，其最显著的特性是社会性。品德反映着一定历史条件下的某种社会关系，并且是历史性、阶级性和全人类性的统一。而且，品德的形成、发展和变化，从根本上说，受社会条件，尤其是社会生产方式的制约。

2. 稳定性

品德表现为一个人某种持续行为的稳定倾向。它是个体在某一实践领域、某一活动阶段以至一生全部行为的综合。而且，品德是道德行为整体的稳定倾向。每一个人的道德行为都是各种道德行为独特的组合，反映出个体完整的道德面貌。

3. 统一性

品德是一种极为复杂的整体结构。它既是道德动机与道德行为的有机统一，又是道德意识倾向性与道德心理特征的有机统一，也是道德认识(知)、道德情感(情)、道德意志(意)与道德行为(行)的有机统一，还是道德内容与道德形式的有机统一。

4. 差异性

品德是一种个性心理现象，在不同的个体身上会表现出不同的水平、等级和层次。从品德结构来说，人与人之间品德的差异分别表现在这些组成品德结构的成分上。针对品德各成分间的差异，会产生多种多样的品德标准。

5. 调节性

品德调节着主体的行为，从而使一个人完善其社会关系、人际关系和自身修养。品德的调节性突出地表现在自觉的调节上。品德一般通过“良心”调节，不具备政治和法律那样的强制性和惩罚性。如果说在品德调节过程中也具有一定程度的强制性，那么它往往出自内心自省而产生的内疚、不安、惭愧的道德心理。

6. 自觉性

品德是自觉意志的凝结，它是一种自觉意志的行动过程。品德一旦稳定后，能指导个体自觉地对行为作出抉择，自觉地按照一定道德准则来控制行为。一方面，主体的行为根据自觉的目的来进行；另一方面，正是通过这种意志对行动的支配、调节或控制，自觉的目的才能得以实现。

(四)品德与道德的关系

品德与道德既相互联系，又相互区别。道德是一种社会意识，是调整人与人之间以及个人与社会之间关系的行为规范的总称。它不依靠国家权力强制执行，而是依靠教育和社会舆论来维持的。它属于一定社会、一定阶级、一定集团、一定群体。品德即道德品质，也叫思想品德，属于个体现象。它是社会道德在个人身上的内化和表现，是个人的道德。具体来说，品德就是每一个具体的人在处理人与人之间、个人与社会之间关系的表现，具有相对稳定的特征。由于个体差异的存在，品德与道德既可能相符，也可能不符，符合或不符合的程度也不尽相同。

（五）品德与态度的关系

品德与态度涉及的问题基本上是同质的。二者具有如下两方面的区别。①态度所涉及的范围远远大于品德所涉及的范围，前者包括对集体、他人、本人的态度，以及对工作、学习和物品的态度等。这些态度有的涉及社会道德规范，有的不涉及社会道德规范。只有涉及社会道德规范部分的稳定的态度才能被称为品德。②二者价值（或行为规范）的内化程度不同。态度可以从轻微持有、不稳定到受到高度评价且稳定之间，有多种程度的变化，价值内化由低到高的各级水平就是态度变化的水平。只有价值内化达到高级水平的态度才能被称为品德。可以说，态度与品德的关系是一般与个别的的关系，即品德是一种特殊的态度，是个体对社会道德规范的态度。品德的形成与发展其实是个体对社会道德规范的态度改变过程。

第二节　态度与品德心理的基本原理

你喜欢你学的专业吗？你如何看待择校现象？你觉得电影《唐山大地震》怎么样？可以肯定地说，每一个人对这些问题都有自己独特的看法。那么，我们为什么会有这些看法？还有，为什么有的人乐于助人，而有的人自私自利？为什么有的人拾金不昧，而有的人贪赃枉法？这些态度和品德到底从何而来？是天生就有的还是后天形成的？态度和品德一旦形成，还能改变吗？

一、态度的形成

（一）态度形成的主要理论

1. 条件作用理论

（1）经典条件作用理论。雷哈布（Rahab）和杜布（Doob）等人用巴甫洛夫的经典条件反射学说解释社会态度的形成过程。如果把社会态度作为对社会对象的评价或情感，以态度对象作为条件刺激，将其与人已经具有的肯定或否定性评价、情感等无条件刺激多次结合强化，那么对于条件刺激的态度对象也会形成与无条件刺激同样的评价和情感，即形成特定的社会态度。斯戴兹（A. W. Stats）在对被试播放不同国家名称的幻灯片的同时，让其反复听带有肯定或否定性评价的单词（如 good，happy，mess 等），然后测定被试对各个国名的态度。结果发现，对于与肯定性单词结合的国名的态度多具肯定性，而对于与否定性单词相结合的国名的态度则多具否定性。

（2）操作条件作用理论。希尔苏姆（Hilsum）、布朗（Brown）于 1956 年借助斯金纳提出的操作性条件反射机制解释社会态度形成或改变的过程。他们利用电话对大学生进行有关大学教育情况的采访，当学生的回答偏于褒奖之类时便立即给予鼓励性的言语报酬，相反则给予批判性话语。结果发现，前者的肯定性发言有所增加，而后者的否定性发言有所减少。

2. 社会学习理论

社会学习理论由班杜拉（Bandura）提出。此理论有两个核心概念，即观察学习和模仿。所谓观察学习，是指个体只以旁观者的身份，观察别人的行为表现，自己不必亲身参与活动即可获得学习的行为。所谓模仿，是指在观察学习时向社会情境中某个个人或团体行为学习的过程。按社会学习理论的解释，人们通过对他人行为的观察和模仿而习得态度。

3. 认知理论

凯尔曼（H. C. Kelman）从认知的角度研究了态度的形成过程，提出了态度形成的三阶段理论。他认为，态度的形成不可能立竿见影，而要经过模仿或服从、同化以及内化三个阶段。

（1）模仿或服从阶段。这是态度形成的初始阶段。首先，人们都有模仿和认同他人的倾向，尤其是倾向于认同他所敬爱、崇拜的对象。在这个过程中，会因认同对象的不同而习得不同的态度。父母是孩子最早的老师，孩子模仿父母的态度作为自己态度的开端。随着年龄的增长和交往的增多，孩子通过模仿不同的对象，不断习得态度或改变态度。其次，服从是人们为了获得某种物质或精神上的满足，或为了避免惩罚而表现出来的一种行为。服从往往表现为自身的行为和观点因受到外界的影响而被迫发生。导致服从的外界影响主要有两种情况：一种是在外力的强制下被迫服从，另一种是受权威的压力而产生服从。被迫的服从形成习惯之后，就变成自觉的服从，形成相应的态度。

（2）同化阶段。在这一阶段，个体自愿接受他人的观点、信念，使自己的态度与所要接受的态度相接近。态度从被迫接受转入自觉接受。这时，态度形成不再像第一阶段那样，是为了获得奖励或免于惩罚，而是因为同化者希望自己成为与施加影响者一样的人。个体由于在同化过程中确定了自己与所认同的人或团体的关系，因而采取了一种与他人相同的态度和行为。可见，他人或团体的吸引力是影响同化能否实现的重要因素。不过，此时新的态度还没有同自己原有的全部态度体系融合。

（3）内化阶段。在这一阶段，个体的内心已真正发生了变化，接受了新的观点、新的情感、新的打算，并将其纳入了自己的价值体系之内，成为自己态度体系的有机组成部分，即彻底形成了新的态度。如果说在同化阶段个体还需要有意无意地将他人作为榜样的话，那么到了内化阶段，个体就不再需要具体的、外在的榜样来学习了。进入这个阶段之后，态度比较稳固，不易改变。

综上所述，态度的形成，从模仿或服从到同化再到内化，是一个复杂的过程。但并非所有的人对所有的态度都能完成这一全部过程。有的人对某一事物的态度可能完成了整个过程，但对另一些事物的态度则可能只停留在服从或同化的阶段。有时，态度到了同化阶段也还要经过多次反复，才有可能进入内化阶段，但也可能一直停滞在同化阶段而徘徊不前。

(二)影响态度形成的主要因素

态度的形成过程实际上是个体社会化的过程。在这个过程中,先天遗传因素、主体自身因素以及社会环境因素等发生交互作用。

1. 先天遗传因素

凯勒(Keller)等人探讨了基因因素对态度形成的作用。他们发现,同卵双生子之间态度的相关程度要比异卵双生子之间态度的相关程度要高。这里的态度涉及从宗教态度到工作满意度等多个方面,而且,不论双生子是一起抚养,还是分开抚养,都存在这种结果。结果表明,基因对态度形成有一定的作用。

2. 个体自身因素

(1)个体的需要是否得到满足。需要的满足与否是态度产生和发展的基础。个体对那些能满足自己需要的事物,或者能够帮助自己达到目标的事物,必然会产生积极的、喜爱的态度;相反,则会产生消极的、厌恶的态度。而对与自己的需要毫不相干或者关系不大的事物,人们往往会产生无所谓或不置可否的态度。

(2)个体的知识结构。从态度形成的内在过程来看,经验的作用是非常重要的,尤其是经验的情绪效应。"一朝被蛇咬,十年怕井绳",就是典型的写照。知识在态度形成中也有重要的作用。在认知性态度中,知识的作用尤为显著。在日常的心理咨询工作中,很多时候通过改变来访者的认知来改变来访者的态度,从而达到恢复来访者心理平衡的目的。

(3)个人的价值观。人们对某一事物的态度往往不是直接取决于这一事物的客观存在价值,而是取决于人们对这一事物客观价值的认识。人们认为某一事物越有价值,所采取的态度就越强烈。在现实生活中,人的价值观受人的世界观、人生观支配。在不同的世界观、人生观的影响下,价值观一般是不同的。由此所形成的态度也是不一样的。

3. 社会环境因素

(1)家庭。家庭是个体社会化的第一场所。父母是个体成长过程中的第一任教师,是儿童首先认同的对象。人们对许多事物的态度都来自父母的影响。个体的价值观、行为习惯很多是在父母的影响下发展起来的。

(2)同伴。随着个体年龄的增长,父母及家庭的影响力会逐渐减少,而同伴、朋友的影响力会越来越大。个体开始把自身所持有的态度、观点与自己同伴的态度、观点作比较,并以同伴的态度、观点为依据来调整自己原有的态度。

(3)社会团体。首先,每一个团体都有自己的行为规范和准则,并要求团体成员共同遵守;其次,个体会认同所参加的社会团体,自愿采纳团体的态度;再次,对于同一团体的隶属,由于实际上有许多共同的生活内容,使人们有相同或相近的知识、经验和社会视角,从而使团体各成员的态度趋向一致。

(4)文化因素。文化作为人们社会化的大背景,深刻地影响着人们态度的形成。著名人类学家米德曾对南太平洋新几内亚岛的3个原始部落进行长期研究,发现文化背景直接决定着人们对许多事物的态度，乃至整个思维方式。

二、态度的改变

在日常工作和生活中，态度的改变是十分常见的。每一个人都面临着不同程度的态度改变。态度的改变，不仅有态度方向或性质上的变化，也有态度强度上的变化。

（一）认知平衡理论

认知平衡理论由心理学家海德(F. Heider)提出。他指出，在人们的认知体系中，存在着趋向一致或平衡的压力。人们的认知对象范围很广，包括外界的一切事物以及世界上的各种人、各种观念。这些对象有些是有联系的，有些没有直接联系。他在1958年出版的《人际关系心理学》一书中提出了著名的“P—O—X”模式。在这一模式中，P代表个体，即认知主体；O代表认知对象；X代表与P、O有某种关系的某种情境、事件、观念或第三个人。反映在P的认知结构中的这一三角关系可以是平衡的，也可以是不平衡的。

认知平衡理论揭示了个人态度的变化过程，而且强调他人对于主体态度变化的作用，在理论上具有重要启发意义。这一理论突破了传统格式塔心理学只从主体与客体关系上考察个人认知的局限，把人际关系引入认知研究领域，以极为简便的模式从主客体及主体与他人的多重关系上研究认知，从而在20世纪五六十年代的社会心理学界独树一帜。但是，这一理论也引发了一些批评。比如，该理论未能对人际关系本身作出令人满意的说明，“P—O—X”模式未能涉及正或负的关系程度。

（二）认知不协调理论

费斯汀格(L. Festinger)在《认知不协调理论》中提出了认知不协调理论。所谓认知不协调，是指个体所持有的认知(包括思想、态度、信念，以及人们认知上所感到的行为)彼此发生矛盾冲突，处于相互对立的状态。而个体对环境、他人及人的行为、知识、观点、信念的态度的总和，称为认知结构。认知元素是认知结构中的基本单位，认知元素之间的关系一般会表现出以下三种情况。①协调。“我喜欢看书”和“书籍能帮助人增长见识”这两个认知是协调的。②不协调。“我吸烟很厉害”和“吸烟等于慢性自杀”这两个认知是相互矛盾的、不协调的。③无关。“她喜欢逛街”和“对面电线杆上有许多麻雀”这两个认知就是无关的。

经典实验……

被迫依从实验

该实验以大学男生为被试，每次一个人轮流进入实验室，从事一种事前并不知情的单调乏味的工作。历经一小时的工作内容是将盘中12把汤勺一把一把地拿出，然后再一把一把地放回去。

结束后，研究者要求被试出门时对在外等候的人(助理员)说：“工作非常有趣。”

并按两种标准付给被试报酬:对一半人付给1美元,对另一半人付给20美元。但是被试彼此之间并不知道报酬有差异。被试在心理上产生了两种认知:①他知道工作是单调乏味的,这是他真实的认知;②他对别人说工作是有趣的,这是他因接受了报酬不得不这样说。

另一个实验者私下询问每一个被试,要他们坦白表示工作是否有趣。按常理推断,接受高额报酬者应该说假话才是。实则不然,接受20美元的被试多数表示对工作无兴趣,承认他告诉别人的话是假的;接受1美元报酬的被试,多数仍表示对工作有兴趣,维持了他们出门后告诉别人的他对工作的态度。

结果显示,前后两个认知不一致时,将在心理上产生认知不协调而促使个人改变其中的一个认知,从而维持其态度的一致性。

认知不协调理论的意义在于它把复杂的认知关系简化为认知因素之间的协调和不协调的关系。该理论具有较大的灵活性和适用范围,不仅适用于认知者的认知体系,而且能够适用于更为广泛的包括认知者以外的社会领域。但是,这一理论对协调与不协调本身的规定是模糊的,不易把握,也很难测量。

(三)认知说服理论

美国心理学家、传播学家霍夫兰(C. Hovland)于1959年提出认知说服理论。他认为态度的改变是一个系统工程,既受劝导者可信度和专业性的影响,又受信息沟通的艺术和方式、方法的影响;同时还受接受者原有的态度和各种人格因素及当时环境状况的制约。

任何一个说服过程都是从某一"可见的说服刺激"开始的(见图14-1)。也就是说,必须有一位信息的传递者——说服者,他对某一问题有一定的看法,并力图说服他人也持有同样的看法。要做到这一点,说服者必须设计好一套"传递的信息",即对所传递的信息内容精心组织,对信息传递的方式精心安排,以说服他人相信他的观点是正确的,并诱导和劝说他人放弃原有的态度与观点,接受说服者的态度与观点。同时,这一说服过程并不单纯是在信息传递者和接受者之间进行的,还有一定的客观情境影响说服的效果。此外,说服效果还受到被说服者目标对象本身特点的影响。被说服者已有的态度及其心理特质将影响其对有关说服信息的接受程度。

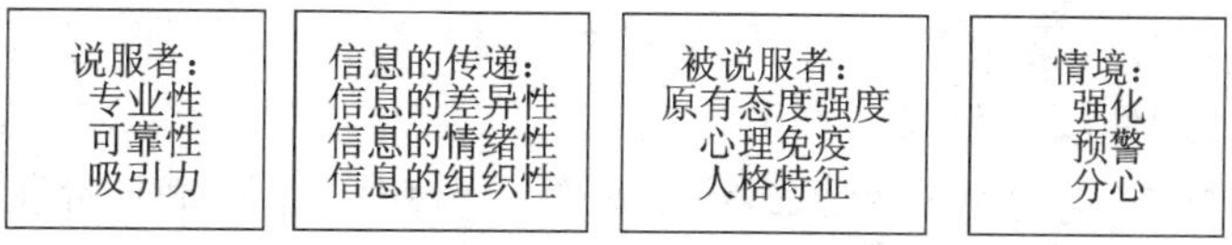

说服者: 专业性 可靠性 吸引力	信息的传递: 信息的差异性 信息的情绪性 信息的组织性	被说服者: 原有态度强度 心理免疫 人格特征	情境: 强化 预警 分心

图14-1　霍夫兰的认知说服模型

认知说服理论把复杂的态度变化放到程序化的信息模式中去考察、去理解,从而使复杂的态度改变问题简单化、明了化,打开了态度改变研究的新思路。而且认知说服模型在信息交流的基础之上考虑到情绪、情境、人格特点等因素对态度改变的影响，其有效性得到了社会心理学界的公认。

三、品德的形成与发展

（一）国外主要的品德发展理论

1. 皮亚杰的道德发展阶段理论

通过分析儿童对游戏（打弹子游戏）守则的理解与遵守过程以及两难故事的观察实验，皮亚杰把儿童的道德品质发展划分为以下四个阶段。

（1）自我中心阶段（2～5岁）。这一阶段的儿童接受成人的指导往往以自己想要做的意愿为前提。如果自己不愿意，就表现为对成人要求的不服从、执拗甚至反抗。

（2）权威阶段（6～8岁）。这一阶段的儿童的道德观念处于对权威的绝对尊敬和服从状态。

（3）可逆性阶段（9～10岁）。这一阶段的儿童已不把准则看成是不可改变的。他们既不单纯服从权威，也不机械地遵守规则，他们已经认识到人们之间的相互关系应该平等、合理。

（4）公正阶段（11～12岁）。这一阶段的儿童的道德观念发展倾向于公正，出现了对同伴给予关心和同情的利他主义品德，从互惠的道德原则发展到内在的道德需要，道德判断已达到成人的道德判断水平。

2. 柯尔伯格的道德发展阶段理论

柯尔伯格认为，道德品质的发展基本有三级水平、六个阶段。

（1）第一级水平：前习俗的道德水平。此水平的儿童常常行为良好，对好或坏的评语敏感。而所谓好或坏，则仅仅以奖赏、处罚为准则。所以，前习俗的道德水平并没有真正的道德标准。这一级水平有两个阶段。第一阶段：惩罚和服从的倾向阶段，此阶段的儿童把惩罚和服从看作权威性，以是否受到奖赏或惩罚作为判定行为好坏的标准，认为凡不受到惩罚和顺从权威的行为都是对的。第二阶段：朴素的工具性享乐主义阶段，此阶段的儿童评价行为的是非首先看是否符合自己的需要，有时也包括别人的需要，而好与坏的评价是以自己的利益为根据的。

（2）第二级水平：习俗的道德水平。对于此水平的儿童的主要特点是具有满足社会的希望，比较全面地关心别人的需要，遵守传统的秩序，把道德看作维护社会的秩序和适合别人的期望。这一级水平有两个阶段。第一阶段，即人际协调的倾向阶段（或好孩子的道德倾向阶段），此阶段的儿童以是否讨人喜欢、对人是否有帮助来确定行为的正确与否。第二阶段，即维护权威或秩序的道德倾向阶段，此阶段的儿童认为只有维护已建立的权威和社会秩序的行为才是正确的行为。

（3）第三级水平：后习俗的道德水平。处于此水平的人的主要特点是履行自己选择的道德标准，按照自己选择的原则来处理问题，努力摆脱权威来考虑整个社会和人类的利益。这一水平也有两个阶段。第一阶段，即法定的社会契约的道德阶段。进入这个阶段的人认识到法律和道德仅是一种社会契约，是可以改变的，既要遵从道德和法律，同时要根据对于社会和多数人的利益是否有用与合理来考虑修改法律的可能性。第二阶段，即普遍的道德原则的倾向阶段，人们受良心（道德心）的指导，根据良心（道德心）来作出道德决定。

3.埃里克森的个性品质发展阶段理论

埃里克森认为，个性品质的发展是自我和社会生活相互作用的过程，可分为八个阶段。

（1）信任对怀疑（0～2岁）阶段：婴儿前期。这一阶段的主要任务是获得信任感、克服怀疑感。其良好的人格特征是希望品质。

（2）自主对羞怯（2～4岁）阶段：婴儿后期。这一阶段的主要任务是获得自主感、克服羞怯感。其良好的人格特征是意志品质。

（3）主动对内疚（4～7岁）阶段：幼儿期。这一阶段的主要任务是获得主动感、克服内疚感。其良好的人格特征是目标品质。

（4）勤奋对自卑（7～12岁）阶段：童年期。这一阶段的主要任务是获得勤奋感、克服自卑感。其良好的人格特征是能力品质。

（5）同一性对角色混乱（12～18岁）阶段：青少年期。这一阶段的主要任务是形成角色同一性、防止角色混乱。其良好的人格特征是诚实品质。

（6）亲密对孤独（18～25岁）阶段：成年早期。这一阶段的主要任务是获得亲密感、避免孤独感。其良好的人格特征是爱的品质。

（7）创造性对自我专注（25～50岁）阶段：成年中期。这一阶段的主要任务是获得繁衍感、避免停滞感。其良好的人格特征是关心品质。

（8）完善对绝望（50岁以上）阶段：成年后期。这一阶段的主要任务是获得完善感、避免失望感或厌恶感。其良好的人格特征是智慧、贤明品质。

4.班杜拉的社会学习理论

班杜拉认为，道德行为不是由年龄规定的，而是通过学习获得和发展的。影响道德发展的是外部因素（包括环境、社会文化关系、榜样强化等）和内部因素（包括智力、学习成绩、自我的强度等）两方面相结合的综合过程。因而道德行为的发展是通过认知对行为发生中介作用来实现的，即道德行为是以认知为中间环节，经过思维而形成的。班杜拉强调道德行为是通过学习（“观察学习”是班杜拉学习理论的核心）得到和改变的，决定道德行为的是环境、客观条件、榜样强化等。只要利用这些条件，提供良好的榜样，鼓励学生的适当行为，就可以形成和发展良好的道德行为。

经典实验

“塑料娃娃”实验

班杜拉把儿童分成两组，让一组儿童看成人拳打脚踢塑料娃娃。成人边打边叫：“揍它鼻子！”“把它打倒！”“扔到外面去！”他采取真人真打、电视录像和图片显示三种方法进行实验。

结果表明，当儿童独自和塑料娃娃在一起时，他们会模仿成人的行动，拳打脚踢塑料娃娃。其攻击性行为远远高于第二组无示范的控制组。而且,直接观察成人示范行为和观看电视录像的效果是一样的。班杜拉由此推断,“坏”的行为既然能有效地被儿童所模仿,“好”的行为也必定能有效地被儿童所模仿。

(二)影响品德发展的心理表现形式

心理问题是影响中学生品德形成和发展的主要因素。它以多种表现形式影响品德发展。

1.反叛性自我

这类学生往往是在严厉的家庭环境中长大的。作为子女,他们已感到要得到父母的抚爱并不容易,长此以往,学生感到唯有靠自己“调皮捣蛋”才能唤起父母的注意。这种行为迁移到学校,就成了他们不良品德形成的一种定式。

2.寻证行为

寻证行为是指学生在偏激、执迷不悟等心理影响下,在面对批评时自觉或不自觉地搜寻证据、为自己开脱的一种表现。这种行为往往会由于其“护短”心理而阻碍其正确对待批评、责备,因而失去不断克服品德问题的机会,影响品德的发展。

3.固执

固执是指自我中心性格倾向,是偏执、强迫等心理在遇到批评、劝告等情境中的具体表现。这种表现是学生接受教师、家长教育的阻碍,影响其品德的健康发展。

4.疏离感

疏离感是指个体与周围的人、社会、自然以及自己等多种关系网络之间,由于正常关系发生疏远,甚至被支配、控制,从而使个体产生的社会孤立感、不可控制感、无意义感、压迫拘束感、自我疏离感等消极情感。这些情感使个体不能正确对待自我,影响其品德的正常发展。

5.怀疑

此类学生疑心病较重,总是怀疑是否得到教师公平的对待,怀疑教师对其批评、教育的善良动机,怀疑同学,怀疑家长等。过度怀疑是心理不健康的表现,易使学生失去在教师关怀下成长、在同学互动中发展的良机。

6.适应性自我

适应性自我是一种在虚荣心理甚至双重人格的驱使下产生的察言观色、见风使舵等表现。学生为了得到教师、家长的好感、夸奖,以他人的好恶作为自己言行的尺度。这种表现往往会导致不良的品德。

7.谎言

谎言往往是在高压环境中产生的恐惧心理的客观表现。谎言使教育者无法了解学生真实的品德状况,因而无法进行矫正性教育。

8.冲动

冲动就其本身来说是一种非蓄意行为,但它造成的后果对品德发展有消极影响。冲动使人对其他人恶语相加、拳脚相对，冲动过后，虽也后悔，但那种“征服”的感觉会令个体强化这种冲动，再次出现类似的行为。自杀是冲动行为的极端表现。在心理压力达到极限时，自杀成了个体获得解脱的唯一途径。

四、品德不良

品德好是我们平时所说的“三好学生”的标准之一。而品德不良则是与品德好相反的，是由不良需要引起，受已形成的某些不良意识倾向或个性特点所支配，有意识地采取有害的行为方式，产生的违反道德规范、损害他人和集体利益的不良行为。

（一）品德不良学生的心理特点

1. 道德认识无知，行为消极盲目

绝大多数品德不良学生的道德观念十分模糊，缺乏正确的道德判断能力和是非辨别能力。例如，他们把欺侮同学、损坏公物、打架斗殴看作勇敢，把包庇同伴的错误认为是讲“哥们儿义气”，把助人为乐看作假积极。他们的法治观念非常淡薄，往往出于好奇心和寻求新异刺激的想法，作出不轨行为，常常在所谓“朋友”的怂恿下，不假思索地干出冒险的事情。他们不同程度地形成了一些错误的处世哲学，吃喝玩乐被他们追捧，打架斗殴成了家常便饭。

2. 道德情感匮乏，情绪消极多变

品德不良学生一般缺乏正确的道德情感，往往是非颠倒、荣辱不分。例如，他们重江湖义气，缺乏真正的正义感。同时，因为这些学生受到人们的批评和嫌弃，在情绪上常与教师、家长对立。自己瞧不起自己，又不允许别人看不起自己。在这种“受伤”的情感支持下，常以粗暴蛮横的行动来发泄自己的不满，与老师、家长作对，动不动就拳脚相加。

3. 道德意志薄弱，难以约束自己

品德不良学生往往意志薄弱，缺乏自制能力。一方面表现为在履行道德义务时，不能坚持用正确的道德动机战胜错误的道德动机，不能用正确的思想约束自己，常常屈从个人欲望和情绪冲动，产生不道德行为。另一方面表现为犯了错误，经过教育有了悔改之意，但由于缺乏坚强的意志，往往经不起考验，在同伙的怂恿、煽惑下产生动摇，或在涉及自身利益而引起内心冲突时失去控制，因而导致其不道德行为反复发生。

（二）导致学生品德不良的原因

1. 外部原因

外部原因主要包括家庭的不良影响、学校教育不当、社会环境的不良影响等。

（1）家庭的不良影响。父母缺乏正确管教子女的原则与方法，宽严失度，方法不妥；家庭的危机与矛盾，使学生失去正常的教育环境，如父母离异等；家庭成员不良品德的潜移默化作用，给学生提供了直接模仿的不良榜样；家庭成员道德标准、品德定向不同，使学生无所适从，甚至产生心理矛盾，对道德规范感到困惑。

(2)学校教育不当。轻视思想品德教育,过分强调专业知识的学习与专业能力的培养;教师思想品德教育主导作用发挥不佳。如教育方法运用不当,对学生把握不准,教育效果差等。教师对不良品德学生处理不当,或过分迁就,或过于严厉,综合教育效果差,没有形成多方位、多渠道的立体教育体系,削弱了教育力量。

(3)社会环境的不良影响。社会是一个大染缸。良莠不齐的社会环境从不同方面影响着正处于生理和心理发育期的青少年。许多情趣低下、内容低俗的东西从社会的黑暗角落涌来,形成一股冲击波。这对涉世未深、思想不定型、可塑性很大的学生产生了相当不利的影响。

2. 内部原因

从青少年的内部因素来看,主要是由于这一时期他们自身的心理发展特点决定的。由于他们正处于从半幼稚、半成熟逐步趋于成熟的关键时期,心理上具有过渡性、闭锁性、叛逆性和动荡性。

(1)身心发展的不平衡。青春期被认为是危险年龄期。其间人的身体迅速成长,而心理发展滞后于身体发育。由于学校、家庭、社会三方面在青少年身上的影响和矛盾,导致了许多青少年心理发育的不成熟、道德认识的模糊和所掌握的道德行为标准的错误,在意志上表现为意志薄弱、缺乏自制力,在行为上表现为是非颠倒、善恶不分。

(2)心理存在问题。一些中学生在长期的学习生活中形成了不同程度的行为障碍以及自卑感、焦虑、感知觉障碍、意志薄弱等心理问题。如果不能深入他们的内心世界,就不可能真正解决他们的品德问题,反而会因缺乏针对性而强化不良品德,加重其心理问题,产生恶性循环。

第三节　态度与品德心理原理的应用

教育是培养人的,它需要立足于人的成长过程,需要教育者从受教育者的心理特征出发,帮助他们解决成长中出现的种种问题。对于中学生来说,他们处于由未成年人向成年人转变的过渡时期,自我意识显著增强,心理需求日渐丰富。如果内心失去平衡,就可能表现出对成人世界的怀疑,内心感到痛苦、焦虑、愤怒等,态度发生转变,品德发生变化,从而导致一系列的问题。

一、注重方法,应对偏见和逆反心理

偏见和逆反心理是社会生活中常见的两种特殊态度。所谓偏见(prejudice),是指对某一个人或团体所持有的一种不公平、不合理的消极否定的态度。其主要来源包括首因效应、晕轮效应、近因效应以及刻板印象等。所谓逆反心理(contrast psychology),是指个体对说服信息作出的反向态度反应,是个体心理抗拒信息的一种特殊反应形式。如果教师无视自己对学生的偏见,无视学生的逆反心理,就会严重挫伤学生的学习积极性,加剧学生的逆反心理,影响学生心理的健康发展。

（一）正确应对偏见

由于教师自身的文化素质和心理素质等因素的差异，其在教育实践活动中可能会对学生产生一些消极的看法，甚至产生认知上的偏见，这样会导致教师难以客观地认识和评价学生，影响教育教学活动的正常进行。因此，教师要学会正确应对偏见，增强教育效果。

1.一视同仁，平等对待

金无足赤，人无完人。任何学生都既有优点，又有缺点。教师要学会运用辩证的观点，用一分为二的态度来把握，既要看到学生的优点，又要看到隐藏在优点背后的不足。在处理学生问题的时候，不应从自己的主观意识出发，用“好”或“坏”单方向对学生作出概括。要看到学生既表现出思想活跃、积极向上的品质，又有意志薄弱、知行脱节的方面。要做到不“偏爱”、不“偏恶”，消除由晕轮效应引起的“情人眼里出西施”、“天下乌鸦一般黑”、“一好俱好”、“一坏俱坏”的绝对观念和偏颇认识。

2.平易近人，全面了解

没有调查就没有发言权。教师只有做到平易近人，放下架子，淡化权威意识，深入到学生的日常生活和学习中，关心学生、热爱学生，才能做到全面了解学生。也只有这样，学生才愿意把教师当作朋友，向教师吐露心声，学生的完整形象才能在教师心中建立，教师也才不至于片面地看待和评价学生。

3.因材施教，客观对待

教师要树立终身学习的观念。通过学习，提高辩证思维能力，丰富知识和经验结构，用发展的观点指导教育教学工作。在实际工作中，切实做到既要了解学生身心发展的一般规律和特点，又要了解他们存在的特殊性和个性特征；既要看到学生不同年龄阶段所表现出的共同特点，又要看到由自身主客观原因造成的个体差异；既要认识到学生的现实表现，又要用发展的眼光去观察他们的潜力。从而做到因材施教，客观对待，使每一个学生都尽其所能地向前发展。

（二）正确应对逆反心理

青少年的逆反心理是指在一定的外界因素的影响下，对教育者的教育和要求产生反感情绪，从而故意表现出与教育者的意志、愿望、要求背道而驰的一种心理状态。这种心理具有双重性。作为教育者，既要看到它积极的一面，不作简单地指责与否定，又要千方百计消除其消极影响。

1.旁敲侧击，点到即止

青少年普遍希望教师、家长能把自己当成人看待，希望通过自己的判断来决定事情，但由于他们的社会经验不足，对社会上的一些不良现象、行为方式缺乏正确的判断力，特别是青少年的模仿力强，他们可能会受到社会上不良因素的影响而作出一些自以为正确但有一定危害作用的行为。这时，教师如果不厌其烦地反复说教，只会引起他们的反感甚至抵触情绪，其效果只会事倍功半。因此，在对他们的错误进行批评教育时要以一颗宽容的心去理解他们，注意保护他们的自尊心，不要揪住不放，而是引导他们自己去思考、分析和改正。

2. 真情引导，善于鼓励

任何教育都是伴随着情感进行的。“晓之以理，动之以情”是最常见的一种教育手段。青少年渴望得到教师、家长的尊重、信任、理解。只有真情才能拉近师生之间、亲子之间的感情距离，教师、家长要注意发现他们的优点，要善于用欣赏的眼光去看他们，真诚地帮助他们，指出他们的优点和不足。

3. 实践体验，感悟自我

青少年普遍具有强烈的好奇心和求知欲，渴望自己亲身去探索未知的世界，而许多教师却总是希望他们能够少走弯路，少犯错误。这个不许做，那个不许碰，对他们过度保护，这样只会束缚他们的手脚，扼杀他们的探索精神。只要不会造成太严重的后果，就要放手让他们自己去探索，并承担由此造成的后果。他们自己得到的教训比事前的警告与事后的教训都要好得多，要让他们在实践中领会什么能做、什么不能做，并培养勇于承担责任的意识。

4. 潜移默化，榜样引导

青少年的模仿力极强，容易受外界环境的影响。因此，教师在发现正面教育无效时就要及时改变教育策略，利用他们爱模仿的特点，在日常的学习生活中注意对他们进行“隐性”教育。这就要求教师在平时注意提高自身的修养，注意自己的一言一行，给青少年做榜样，让他们从教师的行动中了解做人做事的道理，从教师的言行中受到潜移默化的影响，养成良好的习惯和优秀的品质。

二、因势利导，转变不良态度和品德

作为教师，努力端正学生的态度，改变其不良品德，是教育成功的关键环节。态度和品德一旦形成，便具有相对稳定性，但并非一成不变，尤其对于青少年来说，他们的态度和品德还具有相当的可塑性。这就为教师矫正学生不良态度和品德提供了客观、有利的条件。

1. 师生朋友情，增加亲切感

具有不良态度和品德的学生常常认为教师轻视自己、厌恶自己，因而对教师存有戒心和敌意，对教师的教育常常持沉默、回避或粗暴无礼的态度。在这种情况下，教育难以取得成效。因此，只有建立了平等、和谐的师生关系，教师才能取信于学生，享有较高的威信，使学生乐于接受他的教育，从而改变学生原有的不良态度和品德。

一般而言，教师向学生传递社会道德规范主要有两条途径：一条是言语教诲，另一条是身体力行。而言语教诲的效果取决于说服者、劝说者的可敬程度和可信程度。因此，为了使教育获得良好的效果，教师本人要有高度的教育责任感，热爱学生，认真工作，使自己在学生心目中成为有威信、可信赖的人，通过自己的榜样力量，帮助学生形成良好的态度和品德。

2. “随风潜入夜”，转变旧观点

一般地说，教师应对学生提出明确的要求。但是，在师生双方有明显的分歧时，教师越是企图说服学生，就越有可能激发学生的逆反心理。此时，如果老师通过开展一些活动或举一些事例，将隐含于其中的观点暗示给学生，那么，学生就会感到教师并非有意把观点强加给自己，因而也就较容易接受教师的意见并端正态度、转变品德。

3. 奖惩须分明，强化正行为

现在的青少年基本上是独生子女，以自我为中心的倾向比较严重，致使其道德发展甚至还停留在他律水平上，不能很好地自律。联结主义认为，人和动物总能自动地作出许多行为，对符合社会规范的个人行为给予认可、奖励，受到强化，以后出现的可能性就会增加；对不符合社会规范的个人行为不给予认可，甚至进行惩罚，以后出现的可能性就会下降，以至消退。在正强化的条件下，对符合社会规范的个人行为给予奖励，旁观者同样受到鼓励，从而得到替代强化。

依据强化理论，教师如想有效地形成学生良好的态度和品德，应针对学生的实际制定班规、校规，适当地通过物质或精神的外在手段（如奖励、惩罚）来促使他们形成良好的态度和品德。例如，学生做了见义勇为的好事，学校给予公开表扬，甚至授予“见义勇为”奖学金，这对其他同学也是一种激励。对犯错误的同学进行惩罚，旁观者也会得到替代惩罚。

4. 发现闪光点，鼓励朝前走

教育要取得成效，就必须调动学生心理的积极因素，消除其消极因素，帮助他们扬长避短，使学生自觉地提高学习积极性，使其具备克服缺点或错误的内在精神力量。因此，教师要善于抓住具有不良态度和品德的学生表现出的“闪光点”，以此作为突破口，改善他们的心理状况，激发其朝前走的信心和力量，使其逐步由品德不良变成品德优良。

进入中学，学生的自省能力显著增强。他们犯错误后，能感觉到继续坚持错误的危险性，开始有了改正错误的愿望，这就是醒悟。此时，他们对教师的态度非常敏感，哪怕是来自教师很微小的肯定、表扬和鼓励，也会激起他们前进的热情和信心，并使其正确的态度和行为得到强化，并巩固下来。

5. 逐步提要求，动力遍全身

冰冻三尺，非一日之寒。改变学生的不良态度和品德不是一朝一夕的事。如果教师的要求（观点）与学生原有的态度相差太远，教师也不应急于求成，而应以学生的态度、立场为起点，先提出学生有可能接受的要求，然后再逐步缩小差距，最终导致学生认同老师的态度立场。针对学生行为的反复，教师应有预见性，要有信心、耐心及恒心，要多从心理学的角度，通过心理辅导，帮助他们解决心理困惑和心理疾病，促进其良好心理素质的形成。

三、自我教育，提高培养效果

借鉴心理学已有的研究成果，遵循态度和品德心理规律，加强中学生的自我教育，有利于拓宽教育的途径，丰富教育的方法，提高教育的成效。

1.发挥教育者的主导作用

教育者具有能动性和诱导性，居于主导地位。这种主导地位意味着要影响或诱导受教育者转变被动态度，调动其能动作用，把接受灌输变成一种自觉需要。而且，受教育者的自我教育不是自发形成的，它需要教育者的指导。因此，在强调自我教育时不能忽视或削弱教育者的职能。同时，受教育者是否接受教育，也取决于其能否将教育转化为自我教育。

在教育过程中，教育者要不断学习新理论、新知识、新技术，不断充实自己。此外，还要注重自身的言行举止，在处理学生问题时要做到公平、公正，以增强自身的可信性。也就是说，教育者在教育过程中不仅要用真理的力量说服受教育者，而且要投入真情实感，用自身的人格魅力吸引、感染受教育者，与受教育者产生感情共鸣，使受教育者心悦诚服地接受教育，并逐步化接受教育为自我教育。

2.尊重受教育者的主体地位

教育者的教育效果会受到受教育者本身特点的影响。受教育者已有的态度及其心理特质将影响其对有关教育信息的接受程度。因此，在教育过程中，应加强教育者和受教育者的双向互动。如果没有这种互动，一味把受教育者当作被动的接受对象，教育不可能取得新的进展。只有在受教育者能动的实践过程中，外在的灌输才能成为对受教育者有价值的活动；反之，如果受教育者的主体性得不到应有的重视，他们只能复制教育者事先编排好的程序，他们的知、情、意、行就会受到不同程度的抑制，其思想就会处于消极封闭状态，甚至产生逆反心理。

3.采取多样化教育方式

教育者应多采取启发、引导的方式，调动学生的情感因素和智力因素，鼓励学生积极参与教育教学活动。而且，要使教育富有成效，就必须选择适当的信息传播方式，以刺激客体的无意注意，进而引发其有意注意。在教育过程中，教育者要更新教育方式，充分开发和利用大众传媒、互联网等现代化信息传播手段，运用声音、色彩、画面等对受教育者的感官进行强烈刺激，进而集中其大脑的注意力，增强灌输的感染力，以达到更好的教育效果。教育者要加强网络在教学过程中的应用，运用多媒体教学，使枯燥严肃的教学内容以生动形象、学生喜闻乐见的形式显现出来，变灌输式教育为渗透式教育，充分发挥隐性教育的作用，使教育由“平面”走向“立体”，让受教育者自觉、自愿地接受教育内容，增强他们学习的积极性和主动性，达到最大限度的自我内化。

4.创造良好的教育环境

环境孕育人，也能改变人。环境的许多因素虽然不与教育过程直接相关，但它们也是影响态度改变的一种背景，或多或少地起着辅助作用。因此，在教育过程中，应该加强校园及周边环境的管理，多组织学生参加各种有益于学生身心健康的活动，利用一切有利因素，营造良好而浓厚的校风、班风、学风，加快学生良好态度和品德的形成。

综上所述，教育是复杂的。在教育过程中出现的问题也是千差万别的。

为此，在对学生进行态度与品德培养的过程中，教育者应针对不同年龄段的学生制定不同的培养目标，紧密结合现实情况，充分借鉴和运用心理学已有理论，获得事半功倍的教育效果。

思考与练习

1. 名词解释

态度	品德	外显态度	内隐态度	个体态度
群体态度	具体态度	一般态度	情感性态度	
认知性态度	行为性态度	偏见	逆反心理	

2. 什么是态度？什么是品德？它们各有哪些特点？
3. 态度和品德分别有着怎样的结构？
4. 态度和品德之间有什么关系？
5. 态度是如何形成的？又是如何改变的？
6. 品德是怎样形成的？中学生的品德发展有什么特点？
7. 什么是品德不良？哪些因素导致品德不良？
8. 你在中学时代遭遇过偏见吗？你是如何应对的？
9. 回忆一下逆反心理在自己中学时代的表现，并谈谈如何应对逆反心理。
10. 结合自身情况谈谈如何转变不良态度和品德。
11. 结合自身情况谈谈如何加强自我教育。

课外延伸

请利用教育实习或实践的机会，调查、了解一名品德不良的中学生，分析其不良行为形成的原因，提出矫正的策略与方法。

第十五章 心理健康与咨询辅导

本章学习目标

● 掌握心理健康的定义和心理健康的层次

● 了解心理辅导的含义与类型

● 掌握心理咨询的定义

● 了解影响青少年心理健康的各种因素，并能举例予以说明

● 了解精神分析心理学、行为主义心理学、人本主义心理学和认知心理学流派的理论与方法

● 掌握提高心理健康水平的方法

有三个打鱼人，聚在一个水潭边钓鱼，发现有人从上游被冲进水潭挣扎求救。于是，有一个打鱼人便跳入水中把落水者救了上来，并用人工呼吸等方法予以抢救。但在这时，他们又见到另一个被冲下来的落水者，另一个打鱼人又跳入水中把他救了上来……不久，他们同时又发现了第三个、第四个和第五个落水者……这三个打鱼人已经是手忙脚乱，难于应付了。此时，有一个打鱼人似乎是想到了什么，他离开现场去了上游，想去做一种性质不同但目的一致的工作。他想去劝说人们不要在这里游泳，并在落水处插上一块木牌以示警告。

他这样做了。可是，仍有无视警告者被冲进水潭，三个打鱼人身处其中，仍然要忙于从水中救人。后来，其中有一个打鱼人似乎最终醒悟了，他说这样仍然不能从根本上解决问题，他要去做另一项工作——去教人们游泳。这似乎是问题的关键，因为如果有了好的水性，像他们三个打鱼人自己那样，那么即使是被冲下深水或急流之中，也能够独立应付，不至于深陷危急，甚至付出生命了。

三个打鱼人的故事生动形象地揭示了心理辅导、心理咨询与心理治疗三者之间的关系。打鱼人跳入水中抢救落水者的工作就好比传统的“心理治疗”，是事后的补救工作，是一项艰巨而充满意义的工作，往往需要花费相当多的时间和精力，“被治疗者”也往往承受着极大的痛苦和不安。打鱼人的劝说工作就好比是“心理咨询”，也是一项富有意义的工作。但一般来说，它也只是对“来咨询者”或愿意接受咨询者发生作用和影响。打鱼人的“教人以好水性”的工作就好比是心理辅导。他想到了“落水者”需要被抢救的根本原因——水性不好，并着眼和致力于从教会溺水者水性这一根本原因来解决问题。“水性的好坏”对于“落水者”是至关重要的，“心理素质”

对于一个人的生活也有着同样的意义。心理素质将在很大程度上决定一个人的心理健康状况，而心理健康状况又会决定与影响一个人的整体健康状况。

那么，什么是“心理健康”？人们的心理怎样才算健康？哪些因素影响人的心理健康？怎样才知道自己的心理是否健康？如何提高心理健康水平？什么是心理辅导？什么是心理咨询？心理咨询有哪些方法和技术？本章将探讨这些问题。

第一节　心理健康、心理辅导与心理咨询概述

·名人名言·

为了使人类达到最充分的健康状况，就必须向所有的人普及医学的、心理的和其他有关的知识。

——《世界卫生组织宪章》

一、心理健康概述

(一)心理健康的定义

世界卫生组织(WHO)早在1948年就指出：健康不仅是指没有疾病或虚弱，而且指包括身体、心理和社会适应在内的健全状态。1980年，该组织对健康的概念又作了新的补充，指出健康应包括：身体健康，心理健康，社会适应良好和道德健康。

心理健康是相对于生理健康而言的。从广义上讲，心理健康是一种持续高效而满意的心理状态；从狭义上讲，心理健康是知、情、意、行的统一，是人格完善协调，社会适应良好。迄今为止，关于心理健康还没有一个统一的定义，国内外学者一般认同心理健康标准的复杂性，认为它既有文化差异，也有个体差异。

有学者提出心理健康“灰色区”的观点(见图15-1)，可以帮助我们更好地理解心理健康。

纯白　浅灰色　深灰色　纯黑

颜色	人员	服务人员	服务模式
纯白	健康人格，自信心强，适应能力强	无需	无需
浅灰色	各种由生活、人际关系压力而产生的心理冲突	心理咨询员 社会工作者	咨询心理学模式
深灰色	各种变态人格和人格异常与障碍之人	心理医师 心理门诊大夫	临床心理学模式
纯黑	精神病人	精神病医生	医学模式

图15-1　心理健康“灰色区”示意图

心理健康状态不是固定的，而是富有弹性和伸缩性的。一个人偶尔出现不健康的心理和行为，并不等于其心理不健康，更不等于已经患有心理疾病。对于心理健康含义的理解，我们应当端正两种认识：首先，心理问题的出现和生理疾病的出现一样是很正常的；其次，心理健康与不健康的界限是相对而言的，心理健康与不健康是一种连续状态。在许多情况下，异常心理与正常心理、变态心理与常态心理之间没有绝对的界限，只有程度的差异。

焦点透视……

他们的心理健康吗？

※当我不受重视时，我就会难过。

※一想到前途，我就会害怕。

※一个人独处时，我会很悲观。

※我经常会自卑。

※我并没有什么特别不幸的事，不知道为什么总会觉得自己可怜。

※我消极、颓废、自卑，认为自己一无所长，会突然暴跳如雷，几乎无法自控，甚至想到自杀。在强迫自己干点什么的时候头会痛，但对愿意干的事情会集中精力去做，也不觉得累。人际关系很差，与人相处时会不知所措，只想不引起他们的反感，但事实往往相反。有时候想要自暴自弃，过后又勉励自己振作。现在不知道做什么好，学习会头痛，不学习又觉得是在堕落。

※我是一名大学生，我原来是一个乐观向上的人，对未来充满了希望，可谈了恋爱以后同学们都说我变了。高兴的时候愿意把寝室的卫生都包了，不高兴的时候谁也不敢惹我，尤其是我和男朋友激烈争吵之后。我一直不能确定他是不是真的爱我，我变得烦躁、易怒和多疑。我开始失眠、厌食、无法集中注意力，而且感到自卑。有时候我很想放弃，可这是我的初恋啊！我总是想发泄：喝酒，跳舞，上网，找人聊天。身边任何人的一句鼓励的话都会让我很感动，可不久以后我发现自己还是不能摆脱内心的苦闷。我的心理是不是出了毛病？

（二）心理健康的层次

中外心理健康专家经过研究，将人的心理健康水平大致分为3个等级。

1. 心理常态

心理常态表现为心情通常较愉快，适应能力强，善于与人相处，具有调节情绪的能力，能较好地完成正常发展水平上同龄人应做的活动。

2. 心理失调

心理失调表现为不具有同龄人所应有的愉快，与他人相处略感困难，生活自理有些吃力，若主动调节或通过心理辅导专业人员帮助，可恢复常态。

3. 心理病态

心理病态表现为严重的适应失调，不能维持正常的生活、工作，若不及时治疗可能会恶化。

二、心理辅导、心理咨询与心理治疗

（一）心理辅导的含义

“辅导”一词泛指帮助和指导，是有关专业人员对当事人的帮助和指导。心理辅导是一种人际关系，在这种关系中，辅导工作者提供一定的心理气氛或条件，使辅导对象发生变化，作出选择，解决自己的问题，并且成为一个有责任感的独立个体，从而成为更好的人和更好的社会成员。

因此，心理辅导是指在专业心理辅导工作者（或辅导教师）创设一定心理气氛的条件下，应用心理学的理论和方法，使受辅者的心理状态向着辅导工作者所期望的方向转化和发展，从而使受辅者的心理矛盾和心理障碍得以缓解，心理健康水平和心理素质得到进一步提高的过程。

寓言故事 ……

人最珍贵的东西

在很久很久以前，诸神造出了人。当他们发现人是如此的聪慧，无所不能，居然跟他们差不多时，他们害怕了。于是，几个合伙造人的神就集中在一起开了一次紧急会议，决定把人最珍贵的东西收起来，但收起来的东西该藏在哪里呢？他们大伤脑筋。有的说，把它藏到最高的高山顶上，但担心人还是能爬上去拿到；又有神建议，把它藏在最深的深海里，马上就有反对意见，说人肯定也会想办法找到。最后，他们想出了一个绝妙的办法：放在人自己身上，放在人的心里！

一个人真正的富有是精神的富有，真正的力量是精神的力量。一切财富和成就，起源于杰出的智慧和健康的心理。

（二）心理辅导的类型

在学校范围内的心理辅导，从其目标和内容上，可以分为两种类型，即适应性辅导和发展性辅导。

适应性辅导主要是针对学生在各个年龄阶段以及相应阶段的生活和学习中遇到的各种问题，结合他们的认知特点和行为特征，给他们提供的一些必要的指导，帮助他们提高学习效率，处理好人际关系，学会自我心理调适，更好地处理因环境变化带来的各类问题，增强对自我和环境的适应能力，更好地解决现实生活问题，更好地完成各个时期的学习任务。

发展性辅导主要是指导学生确立正确的自我认知，特别是自我能力、素质方面的认知，帮助他们认识和开拓自身的潜能，不断突破自我的种种局限，实现全面而充分的发展。

发展性辅导的目标主要在于帮助学生提高心理素质，健全人格，增强学生承受挫折、适应环境的能力。它针对不同年龄阶段学生的心理特点，遵循人的认知发展规律，通过有针对性的教育和训练，帮助学生培养良好的心理素质，塑造健康、完整的人格，成为适应现代社会需要的合格人才。

焦点透视……

心理咨询的常见误解

1.心理咨询就是做思想工作

产生此误解的原因首先是由于我国的心理咨询工作才开展不久，许多人对其不够了解。其次，心理咨询和思想工作有着诸多的共同点：都是以语言指导为主；都是以纠正错误认知为主；都涉及价值观、理想信念、人生观、世界观；都通过影响人的心理活动来达到目的，等等。但是，心理咨询和思想工作还是有着根本区别的。主要区别包括目的不同，工作对象与工作内容不同，对工作人员的要求不同，工作方法与途径不同，效果评价标准不同等。因此二者不能混为一谈，更不能相互替代。

2.心理咨询是咨询师的事

心理咨询的过程需要咨访双方相互配合、共同努力。心理咨询特别强调来访者的自助意愿和努力，也肯定来访者有足够的自助意愿和潜能，来访者在咨询中的参与性决定效果的明显程度。所以来访者要有主人翁的心态、积极参与的心理准备，不能认为心理咨询仅仅是咨询师的事。

3.心理咨询就是信息提供过程

咨询一词，就中文字面来理解，确实有提供信息、析疑解惑、给以忠告和建议的意思，但提供信息远不是心理咨询的主要内容，心理咨询更强调通过构建咨询员与来访者之间的建设性关系和情感沟通以达到解决问题的目的。

4.心理咨询与“谈话”并无区别

心理咨询大多需要宣泄、转移、疏导等，咨询师与来访者的谈话，看上去似乎平淡无奇，其实有心理机制在起作用，所以，在进行心理咨询前要有“咨询谈话是一种治疗”的心理准备和认知。

5.心理咨询“十分轻松”

有些心理问题由来已久，有的已形成一些潜意识的心理变异。要消除这种状态，就要克服困难，战胜“自我”。例如，强迫症、恐惧症患者在作系统脱敏行为矫正时，每取得点滴进步，都要经历一次常人难以想象的痛苦。所以，只有做好充分的心理准备，走出“误区”，心理咨询才能取得预期的效果。

6.心理咨询可以立竿见影

实际情况并非如此简单。许多心理问题通过几次心理咨询后会有明显好转，但不等于彻底解决问题。心理问题常会反复，时有波动，企图在短时间内得到圆满解决的想法是不现实的。因此，在进行心理咨询前要做好“打持久战”的准备。

（三）心理咨询的含义

按照汉语词义的解释，“咨”者，谋也，“询”者，问也。“咨询”就是提出问题来进行商讨和谋划，以求得问题的解决。“心理咨询”是指针对人们在各方面面临的心理问题进行商讨和谋划，并用心理学的理论和方法来加以解决。因此，我们认为心理咨询是通过人际关系，运用心理学方法，帮助来访者实现自立自强的过程。

阅读材料……

“咨询师能做的和不能做的”之不能改变现实，但能改变你的视角

生活不可能只有快乐、没有痛苦，心理咨询当然也不是速效止痛药。对人们的现实困境，心理咨询其实一筹莫展。如果你向咨询师抱怨“他为什么抛弃我？”，“老板为什么炒掉我？”“钱为什么那么难赚？”那么他唯一能做的就是鼓励你接受。

如果一个人失恋了，很痛苦，咨询师必须承认：“失恋当然会痛苦，这很正常也很自然。”但是，如果这种痛苦太深了也太久了，咨询师就会与你一起来分析：“为什么这个痛苦会被如此放大呢，它对你有什么更深层的心理意义，为什么你会久久地抓住它不放？”

你的故事，咨询师在听，但他是在用眼睛“听”。他观察你的表情、情绪、无意识动作，分析你在如何说故事，故事里哪些内容是你的解释，哪些是你的赋义。好的咨询师总是在激发你对自己的反思，使你从你的问题中看到自己。有时候，你受到启发，改变了视角，从“我是一个被动的受害人”变成“我是某一个问题的形成者”，很多东西就会变得不同。

（四）心理辅导与心理咨询、心理治疗的区别

心理辅导与心理咨询、心理治疗在本质上是属于同一性质的概念，三者没有本质的区别，它们都是应用心理学的理论和技术对人的心理施加影响，使当事人的心理状态（包括认知、情感和行为等）向着所期望的方向转化和发展的活动。因此三者在实施专业工作的理论指导、采用技术的主要原则、进行工作的对象，以及在强调帮助来访者成长和改变方面都是相似的。只存在工作的程度、范围或者侧重点的差别。虽然有这些区分，但在开展实际工作时，这种区分常常不是十分严格。

心理辅导的对象是正常人。同心理咨询与心理治疗的根本不同之处在于它服务于教育的目的。心理辅导应用心理学的理论和方法，对受辅者施加影响，是为了使受辅者的心理和人格向着心理辅导者所期望的方向转化和发展，从而使受辅者成长为社会期望的合格人才。

心理咨询的对象大多属于心理正常或有轻微心理异常的人，咨询所采用的方法也都是适用于正常人的心理学方法。但是，对于健康心理咨询和心理卫生咨询来说，咨询的对象可能是正常人，也可能是有某些心理障碍或心理疾病的人，所使用的方法，除了适用于正常人的心理学方法外，也可能采用某些只适用于心理疾病的心

理治疗方法。

心理治疗的对象是患有各种心理障碍或心理疾病(包括神经官能症、精神病和变态人格等)的病人。其主要任务是通过心理治疗使患者的心理向着健康的方向转化和康复,并使其不正常的行为得以矫正。心理治疗除了采用适用于正常人的心理学方法外,还采用适合于患者的药物治疗与其他治疗方法。

第二节　心理健康与咨询辅导的基本原理

一、影响青少年心理健康的因素

人的心理健康是一个极为复杂的动态过程。影响心理健康的因素是各种各样的,既包括个体自身的心理素质,也包括外界环境因素。

(一)社会因素的影响

影响心理健康、造成心理问题的社会因素是复杂的、多方面的,其中关系密切的有家庭、学校、社会等。

1.家庭环境影响

家庭环境对人的一生发展会产生重大影响,特别是早年形成的人格结构会在以后的心理发展中打下深深的烙印。家庭的影响主要包括家庭的情绪氛围、父母的教养态度及家庭结构、家庭经济状况等方面。

2.学校环境影响

在学校教育中,对青少年心理健康不利的因素主要包括以下几个方面:①重智育,轻德育、体育和美育;②学习负担过重,学习动力不足,动机功利化;③业余生活单调,兴趣狭窄;④人际关系紧张,矛盾纠纷不断;⑤对学校学习生活不适应,等等。

3.社会环境影响

社会环境对青少年学生心理健康的影响更是多方面的。青少年是社会上最活跃、最敏感和最有知识的群体,他们常常最先敏锐地感觉到社会的种种变化和冲击。又由于青少年的人格和价值观尚未定型,生理和心理在迅速变化,处于成熟与不成熟之间,社会的变化与冲突在他们心灵中引起的波澜也最为明显、最为强烈。他们既欢迎这种变化,又对某些变化感到迷惘,难以适应。

(二)个体因素的影响

青少年学生处于特定发展阶段,他们由于内心既敏感又脆弱,心理发展不成熟,情绪不稳定,心理冲突与矛盾时有发生,极易导致心理失衡、适应不良,出现心理障碍。影响青少年心理健康的个体因素可以概括如下。

1.心理因素影响

青少年个体心理因素是影响和制约青少年心理健康的主要内因,主要表现在以下几个方面。①自我同一性。青少年时期,由于不断反省自我、探索自我、思考人生，在确定“自我同一性”的过程中，在自我评价与认知时经历种种的内心矛盾和迷惘，情绪起伏大，容易诱发一些心理障碍。②个性。在同样的环境中，面对同样的挫折，不同的个体会有不同的反应。这与人的个性有直接关系。③情绪。青少年的情绪处于最动荡和最复杂的时期，其鲜明特征是情绪的两极性。情绪起伏过大，左右不定，使他们常常体验着人生的各种苦恼，由此产生内心矛盾冲突而诱发各种心理障碍。

2. 生理因素影响

对青少年的心理健康产生影响的生理因素主要包括以下几个方面。①生物遗传因素。一个人作为整体(包括其身心两方面)与遗传因素的关系十分密切。尤其是一个人的体型、气质、神经结构的活动特点、能力与性格的某些成分等，都受遗传因素的明显影响。②病菌、病毒感染造成的影响和大脑的器质性病变，以及一些脑外伤等，也会直接导致各种心理异常表现，出现意识障碍、智力障碍、严重遗忘症、人格异常等。③某些严重的躯体疾病和生理功能障碍及化学中毒的影响，也可能成为心理障碍和精神失常的原因。④性生理因素影响。青春期性生理的成熟，必然会带来相应的心理变化，渴望获得异性的好感与肯定，产生性幻想、性冲动等。由于性教育的严重缺失，很多学生不能正确认识自我的性反应，产生了堕落感、耻辱感与性犯错感。

总之，影响青少年心理健康的因素是多方面的，生物因素、心理因素、社会因素常常交织在一起，互相联系，互相作用，互相制约。

二、青少年心理健康的标准

对于青少年心理健康的标准，我国许多心理学工作者都进行了研究。综合国内外专家学者的观点，根据青少年这一特殊社会群体的生理、心理和社会角色特征，我们认为青少年心理健康标准主要应从以下内容给予着重考虑。①智力正常。智力是青少年学习、生活与工作的基本心理条件，是青少年胜任学习任务、适应周围环境变化所必需的心理保证，因此，它是衡量青少年心理健康的首要标准。此外，一些非智力因素包括理想、兴趣、爱好等也是构成心理健康的重要标准。②情绪健康。情绪健康的主要标志是情绪稳定和心情愉快。这是青少年心理健康的一个重要指标。因为情绪在心理变态中起着核心的作用，情绪异常往往是心理疾病的先兆。③意志健全。意志健全的青少年在各种活动中都有自觉的目的性，能适时地作出决定并运用切实有效的方式解决所遇到的问题，在困难和挫折面前，能采取合理的反应方式，能在行动中控制情绪和言行。④人格完整。人格完整是指有健全统一的人格，即心理和行为和谐统一的人格。青少年人格完整的主要标志是：人格结构的各要素完整统一；具有正确的自我意识，不产生自我同一性混乱；以积极进取的人生观作为人格的核心，并以此支配自己的心理与行为；人格相对稳定。⑤自我评价恰当。正确的自我评价是青少年心理健康的重要条件，一个心理健康的人在进行自我观察、自我认定、自我判断和自我评价时，能做到自知，恰如其分地认识自己，能看到自己存在的价值，对自己的能力、性格、优缺点能作出客观评价。⑥人际关系和谐。良好而深厚的人际关系，是心理健康的标准之一，也是维护心理健康发展的重要条件，是事业成功与生活幸福的前提。⑦社会适应良好。社会适应良好是指对社会环境中的一切刺激能作出恰当、正常的反应。较强的适应能力是心理健康的重要特征，不能有效处理与周围现实环境的关系是导致心理障碍的重要原因。⑧心理行为符合青少年的年龄特征。青少年是处于特定年龄阶段的特殊群体，青少年应具有与年龄及角色相适应的心理行为特征。

心理健康的标准是一种理想尺度，它一方面为人们提供了衡量心理是否健康的标准，另一方面也为人们指出了提高心理健康水平的努力方向。如果每个人都能在自己现有的基础上作出不同程度的努力，都可以追求自身心理发展的更高层次，则可以不断发挥自身的潜能。

三、心理咨询的理论与方法

从 20 世纪 20 年代初至今，各种心理咨询理论此起彼伏，发展迅速。其中，对心理咨询过程的性质、目标、方法等方面影响最大的有四种流派的理论，即心理分析治疗理论、行为治疗理论、以人为中心治疗理论和认知疗法理论。

（一）心理分析治疗理论与方法

在心理分析治疗理论的基本理论中，与心理咨询和心理治疗有关的部分主要有：关于无意识和压抑的理论、性心理的发展学说、人格构成学说及神经症的心理病理学说。心理分析治疗理论认为，心理疾病和症状都有无意识的动机和含义，心理分析治疗的任务就是从无意识中揭示意识，找出症状背后的无意识动机，把压抑在无意识中的动机、愿望召回到意识中来。即通过自由联想与对失误和梦的解释等分析治疗方法使病人自己意识到其无意识中的症结所在，产生意识层次的领悟(insight)，使无意识的心理过程转变为有意识的心理过程，使病人真正了解症状的真实意义，从而使症状消失，由此达到治疗的效果。

心理分析治疗理论对后来发展起来的心理治疗方法有较大影响，许多技术方法或多或少与心理分析治疗理论有联系或汲取了它的营养。经典心理分析治疗的主要技术如下。

1. 自由联想

自由联想是在心理分析中应用得最多的探测无意识内容、释放被压抑的内心冲突的方法。让病人很舒适地躺着或坐好，把自己头脑中出现的一切想法、愿望、身体的感觉和想象都讲出来，而不管这些想法、感受是否特别重要(见图 15-2)。心理分析家的工作则在于对病人所报告的材料加以分析和解释，直到从中找出病人无意识之中的矛盾冲突，即病的起因为止。在弗洛伊德看来，浮现在脑海中的任何东西都不是无缘无故的，都是有一定因果关系的，借此可发掘出无意识之中的症结所在。

2. 释梦

弗洛伊德于 1900 年出版了《梦的释义》一书。他在给神经症病人治疗时发现梦

图 15-2　自由联想情境

的内容与被压抑的无意识幻想有着某种联系。他认为在梦中所出现的几乎所有物体都具有象征性，是性器官和性行为的象征。梦的工作通过凝缩、置换、视像化和再修饰后把原本杂乱无章的东西加工整合为梦境，这就是做梦者能回忆起来的显梦。显梦的背后是隐梦，隐梦是以象征方式表达的潜在内容，需要由心理分析家进行分析和解释才能了解。对梦的解释和分析就是要把显梦的重重包装层层揭开，由显相寻求其隐义。

3. 移情

随着治疗的深入，病人有把治疗师当成自己配偶、父母、仇人的强烈情感或期望，即把早期对别人的情感转移到了治疗师身上，把他当成自己的父母、亲人等。治疗师通过移情可以了解到病人对其亲人或他人的情绪反应，引导其讲出痛苦的经历，从中知道病人生活中主要事件的线索，并帮助他导向适合的情感出路，使移情成为治疗的推动力。移情包括：①正移情，此时病人针对治疗师的情感是爱或崇敬；②负移情，此时病人针对治疗师的情感是敌意或嫉妒。由于心理分析治疗认为病人在分析过程中都会对治疗师产生移情，因此对移情的处理成为病人对症状领悟的重要来源，移情被认为是心理分析治疗中的重要组成部分。

4. 解释

解释是心理分析中最常用的技术。要揭示症状背后的无意识动机，消除阻抗和移情的干扰，使病人领悟其症状的真正含义，解释是必不可少的。解释的目的是让病人正视其所回避的东西或尚未意识到的东西，使无意识之中的内容变成有意识的内容，通过解释，治疗师可以在一段时间内，不断向病人指出其行为、思想或情感背后潜藏着的本质意义。

新精神分析理论保留了弗洛伊德的许多基本观点，但修正了某些治疗的原理和实践内容。概括而言，新弗洛伊德学派的理论与弗洛伊德的理论的不同之处为：①更强调病人现在的社会环境（较少关注过去的情况）；②更强调对个体生活经历具有持续影响的方面(而不是儿童期的冲突);③更强调社会动机和人际关系的角色(而不是生物本能和对自我的关注);④更强调自我功能和自我概念的重要性(较少强调本我和超我之间的冲突)。但是这些治疗方法都强调同一种治疗目的,就是使病人获得有关自己无意识根源的自知力,因此,都可称为自知力治疗或领悟治疗。

(二)行为治疗理论与方法

行为治疗是以条件反射和学习理论为基础的一种治疗方法,目的是增加适应性行为,减少问题行为。行为治疗理论认为,许多问题行为,包括某些所谓“病”的表现,都是在环境中习得的错误行为。既然一些错误行为由学习而来,那么也可以通过学习减轻或消除,并且也可以通过学习形成某些新的合乎要求的行为。因此,这种治疗是直接纠正不良行为或症状本身,而不是针对引起这些行为或症状的心理因素。

行为治疗有许多种类和技术,但都有共同的特点:①重视现在的各种症状;②强调新近的而不是过去的决定因素;③外在行为的改变被看作评定疗效的标准。

行为治疗的具体技术有很多,下面列举数种。

1. 放松训练

放松训练对于应付紧张、焦虑、不安、气愤的情绪与情境非常有用,可以帮助人们振作精神、恢复体力、消除疲劳、稳定情绪。

放松训练的程序是:让来访者以舒服的姿势坐好或躺好,闭上眼睛。环境要安静,光线不要太亮,尽量减少无关刺激。放松的顺序为手臂部、头部、躯干部、腿部。根据需要,也可以适当调整次序。每一部分肌肉放松的步骤是:集中注意—肌肉紧张—保持紧张—解除紧张—肌肉松弛。

这几个步骤结合每部分肌肉的紧张—放松过程,治疗师可按下述方法给来访者以放松指示。如手臂部的放松,治疗师可以这样发出指示:伸出你的右手,握紧拳头,使劲握,就好像要握碎什么东西一样,注意手臂紧张的感觉(集中注意和肌肉保持紧张)……坚持一下……再坚持一下(保持紧张)……好,放松……现在感到手臂很放松了(解除紧张和肌肉松弛)。

另外,像深呼吸放松法、想象性放松法和音乐放松法也能达到放松的效果。

2. 系统脱敏

系统脱敏也称交互抑制,由美国心理学家沃尔帕首创,主要用于治疗恐惧症、焦虑和其他神经症。在病人产生焦虑反应的同时,让他产生一个与焦虑相对抗的其他反应,这样多次结合后,病人的焦虑反应强度就随之减轻,并在最后消失。可以采用的对抗反应有多种,最常用的是肌肉松弛状态。这里的假设是,放松(松弛)同焦虑是对立的,放松可以制约和对抗焦虑。放松的目的就是将这种放松状态同诱发焦虑的情境联系起来,在治疗过程中,采取循序渐进的方式,逐渐提高诱发焦虑的刺激水平,直至“最恐惧”的刺激也不再引起焦虑。系统脱敏包括三个主要步骤。①来访者需要确认引发其焦虑的刺激,并将这些刺激按照引发焦虑的程度由弱至强进行等级排列。例如一个学生患有严重的考试焦虑,他对引起焦虑的刺激情境的等级排列如表 15-1 所示。②来访者必须系统地接受渐进式深度肌肉放松的训练。放松训练需要占用几次治疗的时间,这是因为来访者需要学会区别紧张和放松的肌肉感觉,以便在躯体上和心理上能够达到放松的状态。③按等级层次中列出的项目进行想象或实地脱敏。

表 15-1 一个害怕考试的学生对害怕的等级排列

序号	事　件	会话用户数据
1	考试前一周想到考试时	20
2	考试前一天晚上想到考试时	25
3	走在去考场的路上	30
4	在考场外等候时	50
5	进入考场	60
6	第一遍看考试卷子时	70
7	和其他人一起坐在考场中想着不得不进行考试时	80

案例分析

强迫症的行为主义疗法

拉奇尔(Rachel)有一种强烈的冲动,她无法控制自己作出过度清洗行为。问题最初出现在她生第一个孩子不久。孩子得了病,被诊断为过敏症。尽管孩子很快就痊愈了,但她确信是不够卫生造成了孩子的过敏。从此,她每天花 5 个小时洗澡,后来发展到早餐后用 3 个多小时清洗几个盘子。她在洗涤用品上花了不少钱,同时她避免到屋子的其他地方,因此,家里变得脏乱不堪。如果她必须出门或感到弄脏了自己,如倒了垃圾,她会花很长时间清洗自己。

治疗主要集中在设立目标、建立焦虑层级和使用暴露与阻止反应技术上,即逐渐让患者暴露在令她感到不洁的地方,同时让她忍受随之而来的焦虑,逐渐地使焦虑感自然消退。当拉奇尔对某个行为的焦虑减轻后,就让她面对下一个能引起更大焦虑的事物。例如,经过一段治疗之后,她上午用于清洗的时间从 3 个半小时逐渐减至 45 分钟。虽然时间仍不算短,但已经算是相当大的进步了。认知行为疗法的优点在于,拉奇尔现在已经掌握了许多相关知识和技能,即使治疗师不在场,她仍能利用这些知识和技能继续帮助自己。

3. 厌恶疗法

厌恶疗法是指将作为惩罚的痛苦体验与不良的行为或习惯结合起来,抑制或消除这种不良行为或习惯。以治疗酗酒为例,当病人喝酒时,使用致吐剂使他产生恶心或呕吐,直至他每当想喝酒时就感到恶心,由于对酒的厌恶而自动停喝。作为厌恶性刺激的,也可是药物、电击或其他可以引起疼痛的机械性刺激等。另外,有时也可用想象性厌恶刺激来改变不良行为。厌恶疗法适用于性变态、酗酒、吸毒、遗尿等心理问题。

4. 代币奖励

代币奖励是一种利用强化原理促进更多的适应性行为出现的方法，是使用有形的可以得到实物奖励的正强化的方式之一。根据操作性条件反射原理，病人如果出现良好的行为就给予强化。强化的办法是以代币进行的。代币是指可以在某一范围内兑换物品的证券，其形式有小红星、小红旗、小铁牌、小票券等。累积一定数量的代币可以换取作为奖励的某种物体或活动。这种代币奖励法主要运用于治疗儿童或有学习障碍的人，对于矫正精神病人的病态行为也有一定效果。

5. 满灌疗法

满灌疗法是一种与系统脱敏法相反的方法，也称涌进疗法、冲击疗法。它是由条件化饱和(satiation)原理发展而来的治疗方法。如果使某些反应大量地产生，但不给予强化，则这些反应不久就会消退。让病人置身于引起焦虑反应的情境中，让他重复体验不快的经验，使原来引起症状的内部动因逐渐消退，病人的症状也就消除了。例如对实验室白鼠产生恐惧的人，让他反复看到许多白鼠和触摸白鼠。让具有幽闭恐惧症的人坐在黑暗的小室中，或把一个害怕水的孩子放入游泳池里等。

案例分析

以满灌疗法治疗气球爆炸恐惧症

比尔是一个21岁的大学生，患有噪音恐惧症，特别害怕由气球爆炸引起的声音，所以他躲避一切可能碰到气球爆炸的场合，例如舞会、晚会和体育活动等。比尔自己同意进行满灌疗法，以克服他的这种恐惧症。这一治疗共进行了3次，持续了3天，共打破了上百只气球。在第一天治疗开始时，比尔在由0(完全平静)至100(极度恐惧)的主观感觉尺度上评定的主观不安水平为100，当第一个气球爆炸时，可以明显看到比尔在发抖，而且眼泪也冲出了眼眶。但是，到第三天结束时，比尔在0至100点尺度上评定的不安程度只有5了，而且他还自己打破了第115个气球。满灌治疗的结果是比尔不再回避有气球爆炸的情境了。

(三)以人为中心治疗理论与方法

以人为中心治疗理论由美国心理学家罗杰斯(C. R. Rogers)于20世纪40年代开创。他认为自我概念与体验不一致会导致心理障碍。因此，心理障碍是个人对其环境的知觉和对环境的解释两者之间失去了协调。此时，个人就用自欺的方式逃避，不去实事求是地解决问题。心理治疗的重要目的是设法让来访者自觉地抛弃自欺的外衣，接受和面对现实。

这种疗法的理论要旨是：人本身具有了解其自身存在和行为的建设性变化的巨大潜力，这种潜力或潜在的资源，总是在不断地发挥和充分地表现出来。如果环境不好，或没有良好的指导，这种潜力就得不到发展，或向歪曲的方向发展，从而导致行为异常。在进行心理治疗时，治疗师能体验及表达对来访者的关怀、真诚和理解，这种潜能即可释放出来，治疗师和来访者之间的特殊治疗关系是整个治疗过程的关键所在。罗杰斯认为，成功的治疗包括以下三个重要因素。①治疗师要真诚(genuineness)。这意味着在治疗期间，治疗师必须表现出真实的情感和想法，而不是扮演什么角色。②治疗师必须有共情(empathy)。尽可能理解、体会来访者的感受，把来访者看作是一个有价值、有能力的人，不是被评判的对象，而是一个在发现自身个性的过程中需要帮助的人。③治疗师应当积极地接受和尊重来访者。罗杰斯称之为无条件积极关注(unconditional positive uninforcement)，即接受和尊重来访者而不对其进行任何价值判断。治疗师的这些特点可以克服来访者的防御机制，使问题得以表露，使真实的本性得以探究。

在进行心理治疗时，最重要的是建立一种融洽的环境气氛或治疗关系。治疗师对来访者的行为不作任何解释，也不试图作任何干涉或控制，只是促进来访者的自我知觉和自我接受，因此，这种治疗也称非指导性疗法。治疗师只表示对来访者的了解、同情、关怀、尊重，接受并愿意听其倾诉等。在这种环境中，来访者内部的潜在资源能得到很好发挥，他能说出内心的症结所在，也能获得对自己的清晰的了解，从而达到治疗的效果。这种治疗以来访者本人为主，故又称为来访者中心治疗。

(四)认知疗法理论与方法

认知疗法是20世纪六七十年代在美国发展起来的一种治疗方法，是通过改变人的认知过程和从这一过程中产生的观念来纠正其不良行为与情绪的方法。

认知疗法认为，外部世界作为刺激并不直接引起个体的反应，它先要转换为感觉信息，经过人格结构和过去经验的折射，通过思维过程对信息加以评价解释。正是在此评价与解释的基础上，才产生出各种情绪和有目的的行为。认知上的歪曲与局限，会导致情绪的紊乱和行为的适应不良。因此心理治疗的关键在于改正人的认知。

认知疗法的代表人物有贝克(A. Beck)和艾利斯(A. Ellis)。

在贝克看来，任何情绪问题和行为障碍都伴有认知的歪曲和思维的紊乱。这些歪曲和紊乱的表现有以下几种特征。

1. 以自我为中心

病人对任何事件的解释都是按其与自身的关系来进行的，与自己联系起来再进行判断就容易不客观，这就导致了认知的直接歪曲。

2. 极端化思维

病人常作出片面、抽象、过度的概括，非常武断的推论。这种思维过程会使获得正确感受的信息变形。

3. 超规则化

病人对情境作出有规则的反应，但他不顾客观条件，一味按规则行事，因而其行为与环境不协调。

贝克的主要临床工作在于探察导致不良行为和情绪的观念的认知过程，并通过心理治疗纠正这一过程。

认知疗法旨在对患者的思维方式进行重新建构。治疗师采用以下四种策略来改变抑郁者的认知功能：①向来访者就关于自己的基本假设提出挑战；②评估病人自动式思想的证据，并指出那些自动式思想是不准确的；③对事件再次进行归因，找出当时情境的原因而不是指责病人无能；④与病人一起讨论在面对可能导致失败的复杂任务时，怎样找到其他的解决办法。下面这个案例充分说明了贝克论述的错误观念的类型及认知疗法的一些重要方面。

案例分析……

抑郁症的认知疗法

汤姆，34岁，计算机程序设计员，患有抑郁症和社交焦虑症，总认为周围的人对自己抱有消极的评价。随着治疗的深入，治疗师发现，这种观念的根源在于他认为自己是个没用的人，同时想象别人也一定是这样看自己的。因此，治疗的任务之一就是在这种念头出现时对其加以验证。下面是治疗过程的一个片段。要注意的是，在认知疗法中，治疗师对消极观念是进行验证，而不是简单地用积极观念取而代之。

汤姆："我真的是个没用的人，做什么都不行。"

治疗师："你能举个例子说明你没用吗？"

汤姆："我的工作，嗯，虽然不完全是，但有些事情我总是做得很糟。"

治疗师："哪些事情呢？"

汤姆："嗯，程序设计，或者一些解决问题之类的事情，我总不如别人机敏或有创造性。"

治疗师："为什么你这样想呢？能举个例子吗？"

汤姆："嗯，有时候看到别人设计出来的程序其实是自己早就想过的，就是没有去做。"

治疗师："你的大部分工作，我的意思是，你多久审核一次别人设计的程序？"

汤姆："我想每天都要。"

治疗师："你能不能想一下，去年有几次你感到自己没有考虑到一些该做的事情？"

汤姆（努力地回忆）："我想大概有3次。我懂你的意思了，这并不能证明我的工作能力差。"

治疗师："你真觉得我确实了解了你的想法？"

汤姆："是的，我的这些想法很可笑。"

几乎在贝克提出抑郁的认知模型的同一时期，艾利斯提出了合理情绪疗法（RET）。同贝克一样，艾利斯也认为心理异常是由错误观念导致的。情绪问题不是外部事件导致的，个体对事件的理解和解释才是最重要的。

艾利斯的这一理论被称为 ABC 理论。A 指诱发性事件(activating events);B 指个体在遇到诱发事件后相应而生的信念(beliefs),即对这一事件的看法、解释和评价;C 指在特定情境下,个体的情绪及行为的结果(consequences)。通常,人们会认为人的情绪及行为的结果 C 是直接由诱发性事件 A 引起的,但 ABC 理论指出,诱发性事件 A 只是引起情绪及行为反应的间接原因;而 B——人们对诱发性事件所持的信念、看法、解释才是引起人的情绪及行为反应的更直接的起因。从这个意义上讲,如果个体的价值观念中包含有不合理的假设和标准,那么,他们就有可能产生情绪障碍,尤其是类似"必须"、"应当"、"一定要"等强制性观念。艾利斯称之为"必须性的意识形态"。表 15-2 列出了一些不合理观念的例子。所以,与其说给人带来不适应的是事情本身,还不如说是自己的信念、看法。每个人都要对自己的情绪负责,也就是说当人们陷入情绪障碍之中时,是他们自己使自己感到不快的,是他们自己选择了这样的情绪取向。因此,治疗师旨在使患者明晰这样的信念,并运用不同的技巧对其进行质疑。

表 15-2　导致心理障碍的不合理观念实例

(1)一个人在各个方面都应当是非常有能力的、表现得当的和有成就的,这样才是有价值的。
(2)人类的各种问题永远都应当有一个正确、缜密和完美的答案,如果找不到这种完美答案,将会是一种灾难。
(3)对一个成年人来说,自己生活圈子里的每一个人都爱他和赞同他是绝对必要的。

第三节　心理咨询和辅导原理的应用

一、提高心理健康水平的方法

一位哲人讲过:"一个聪明人,对于挫折、失败或不幸的事情,真正感到痛苦的时间只能有两天。第一天是发生事情的当天,由于一时不能抑制,难免痛苦不堪。第二天是针对事情发生的始末缘由做自我检讨,再痛苦一天。第三天以后的痛苦,就是钻牛角尖了……"

每一个人在自己现有的基础上作出努力,都可以追求心理发展的更高层次,不断发挥自身的潜能。下面是一些提高心理健康水平的具体方法。

(一)减少不必要的心理压力

在日常生活中,人们常常面临来自各方面的压力。压力指由刺激引起的、伴有躯体机能及心理活动改变的一种身心紧张。

适当的压力是身心健康所必须具备的条件,它有助于提高人的学习和生活效率,正所谓"人无压力轻飘飘",但是紧张与松弛状态要维持在合理、平衡的水平上,当平衡点趋近松弛状态时,生活就会变得枯燥无味,生理活动也会停滞下来;当平衡点趋近紧张状态时,生活就会变得具有冒险性、挑战性、刺激性,同时也可能影响身心健康。

1. 学会自我放松

通过默想，使意识范围逐渐缩小，排除外界干扰，全身松弛，纠正情绪的失衡状态，冷静地引导自己从烦恼、愤恨、紧张等消极情绪状态中解脱出来，达到内心的平静和安定。

2. 调整生活节奏

具体方法有：坦诚倾诉，找亲朋好友诉说；调整工作节奏，在还没有达到极度疲劳时，将学习计划、工作步伐放慢；调整生活节奏，经常从事体育运动，调节身心；学会放松，每天用一定的时间安定情绪，如听音乐、看漫画、观赏花草、打太极拳等。

3. 寻找休闲港湾

生活中需要一个能让自己"充电"休养的港湾。无聊时去"充电"，烦恼时去放松，就像一只远航归来的帆船一样，在这宁静的港口及时得到休整。这个港湾可以是一间充满花香的"闺房"，可以是一个深造提高的培训班，也可以是一次独来独往的旅行。

拓展阅读……

栽上一棵烦恼树

一个农场主，雇了一个水管工来安装农场的水管。水管工的运气很糟，头一天，先是由于车子轮胎爆裂，耽误了1个小时。再就是电钻坏了。最后呢，开来的那辆载重1吨的"老爷车"趴了窝。他收工后，雇主开车把他送回家去。到家后，水管工邀请雇主进去坐坐。在门口，满脸晦气的水管工没有马上进去，沉默了一阵子，再伸出双手，抚摸门旁一棵小树的枝丫。待到门打开，水管工笑逐颜开，和两个孩子紧紧拥抱，再给迎上来的妻子一个响亮的吻。在家里，水管工喜气洋洋地招待这位新朋友。雇主离开时，水管工陪他向车子走去。雇主按捺不住好奇心，问："刚才你在门口的动作有什么用意吗？"水管工爽快地回答："有，这是我的烦恼树。我到外头工作，磕磕碰碰，总是有的。可是烦恼不能带进门，因为屋里有太太和孩子嘛。我就把它们挂在树上，让老天爷管着，明天出门再拿走。奇怪的是，第二天我走到树前，烦恼大半都不见了。"

烦恼如果得不到及时排解，淤积于心，往往影响健康，甚至会成为癌症的催化剂。最致命的是，烦恼也会传染，如果把烦恼带回家，家人的心情也会被搞坏，使家庭气氛一下子紧张起来。

（二）培养积极心态和良好心境

心境是一种使人的所有情感体验都染上某种色彩的较持久、较微弱的情绪状态。如人逢喜事精神爽，这就是积极的心境，它有助于人的潜在积极性的发挥，从而提高学习、工作效率。培养良好的心境是人的个性修养的一个重要组成部分。

1. 培养乐观情绪

相信未来，拥有希望。即使遇到失败，也不要为一时一事所困，“风物长宜放眼量”，要相信下次会做得更好。良好的心境需要希望之光的照射。学会体会生活的美丽，学会享受自然的恩赐，学会欣赏别人，也学会自我欣赏。喜剧大师卓别林说过：“用特写镜头看生活，生活是一个悲剧；但用长镜头看生活，生活则是个喜剧。”

拓展阅读

永不绝望

1900 年 7 月，德国一位叫林德曼的精神病学专家独自一人驾着一叶小舟驶进了波涛汹涌的大西洋，他在进行一项历史上从未有过的心理学试验，准备付出的代价是自己的生命。

林德曼博士认为，一个人只要对自己抱有信心，就能保持精神和机体的健康。当时，德国举国上下都在关注独舟横渡大西洋的悲壮的冒险。先后已经有 100 多位勇士相继驾舟横渡大西洋，结果均遭失败，无人生还。林德曼博士认为，这些死难者首先不是从肉体上败下阵来的，主要是死于精神上的崩溃，死于恐惧和绝望。为了验证自己的观点，他不顾亲友们的反对，亲自进行了试验。

在航行中，林德曼博士遇到了难以想象的困难，多次濒临死亡，他的眼前甚至出现了幻觉，运动感也处于麻木状态，有时真有绝望之感。但只要这个念头一出现，他马上就大声自责：“懦夫，你想重蹈覆辙，葬身此地吗？不，我一定能够成功。”生的希望支撑着林德曼，终于，他成功了。他在回顾自己成功的体会时说：“我从内心深处相信一定会成功，这个信念在艰难中与我自身融为一体，它充满了身体的每一个细胞。”他的试验表明，人只要对自己不失望，充满信心，精神就不会崩溃，就可能战胜困难而存活下来，并取得成功。

心理学家从大量的事实观察中发现：在危险的情境中，经常是那些性格乐观、富于自信的人存活下来，因为他们没有泯灭希望。

2. 清除心中垃圾

心理学家曾说过：“人是最会制造垃圾污染自己的动物之一。”清扫心灵不像日常生活中扫地那样简单，它充满着心灵的挣扎与奋斗。不过，你可以告诉自己：每天扫一点，每一次的清扫，并不表示这就是最后一次，而且没有人规定你一次必须扫完。但你至少要经常清扫，及时丢弃或扫掉拖累你心灵的东西。

3. 转换心情

人生活在世上，总是要遇到这样或那样的惊喜或悲哀、矛盾或坎坷，于是人们就会被各种情绪所左右并产生不同的心境。同样一件事，因为面对的人和所持的态度不一样，所产生的结果也会有所不同。

快乐宣言

只为今天，我要很快乐。

只为今天，我要让自己适应一切，而不是试着调整一切来适应我的欲望。

只为今天，我要爱护我的身体。我要多运动、善待自己、珍惜自己，不损伤它、不忽视它，让它成为我争取成功的好基础。

只为今天，要用三件事来锻炼我的灵魂：我要为别人做一件好事，但不让别人知道；我要做两件我并不想做的事，是为了锻炼自己。

只为今天，我要加强我的思想。我要学一些有用的东西，我绝不做一个胡思乱想的人。我要读一些需要思考，更需要集中精力才能读的书。

只为今天，我要做个讨人喜欢的人，外表要尽力修饰，衣着要尽量得体，轻声说话，举止优雅，不在乎别人的褒贬。对所有事都不挑毛病，也不干涉或教训别人。

只为今天，我要试着只思考如何度过今天，而不是如何把我一生的问题都一次性解决掉。

只为今天，我要订下一个计划。我要写下每个钟头该做些什么事，也许我不会完全照着做，但还是要订下这个计划。这样至少可以避免两种缺点：过分仓促和犹豫不决。

只为今天，我要为自己留下清静的半小时，轻松一下。在这半小时里，我要思考如何让我的生命充满希望。

只为今天，我要消除心中的恐惧。尤其是，我不再去怕，我要去欣赏美好的一切，去爱，去坚信我爱的那些人也会爱我。

4. 进行积极暗示

积极的自我暗示对人的心理活动和行为的影响是很显著的。失败时，安慰自己："没关系，还有下一次。"困难时，告诉自己："已经渡过很多难关了，这一次也一样会顺利解决的。"受到打击时，想想："我很棒，暂时的低潮影响不大。"积极的自我暗示实际上是当不良情绪即将发生时，及时进行心理上的自我放松，使自己心态平和地面对困难。

（三）学会应对挫折

1. 容忍和接受挫折情境

在挫折中学习和掌握应对挫折的方式和技巧，是增强挫折适应力的有效方法。例如：好心为他人做事，却受到误解，这时千万不要大发牢骚或生闷气，而要学会理智地看待。在工作中连连碰壁、屡遭拒绝时，也可以把它视为一种磨炼，下决心再试几次，改变方法而不放弃目标。经常迎难而上磨砺自己，就可以逐渐学会面对挫折坦然自若，增强耐受力。

2.正视并做好挫折准备

在人的生命旅程中，谁也不能保证会永远成功，相反，人们可能会经常遇到挫折和磨难。要成为优秀的人才，必须具备较高的心理耐受力，在遇到挫折时不轻易产生悲观心理、动摇心理和畏难心理，能够勇敢地承受并战胜困难与挫折。即使遇到了意外打击或突如其来的灾难，也应处变不惊、泰然处之，“不管风吹浪打，胜似闲庭信步”。用乐观、自信的态度和顽强的意志力去战胜困难，最终走出困境。

在茫茫人海中，我们难免会与别人产生误会、摩擦。如果不注意，在我们轻动仇恨之时，仇恨便会悄悄成长，最终会堵塞通往成功的道路。所以我们一定要记着在自己的心里装满宽容，那样我们就会少一分烦恼，多一分机遇，对别人宽容也就是对自己宽容。

二、运用心理咨询的技术

(一)参与性会谈技术

心理咨询的参与性会谈技术主要包括倾听、探询、鼓励、具体化、内容反应与情感反应、非言语行为的理解与把握等。

1.倾听

倾听是心理咨询活动的开始，也是治疗师必须具备的基本功，是治疗师最重要的本领。倾听表示对来访者的关心与尊重、关注与理解，是建立良好咨询关系的必要条件；能强化来访者的自我表露、自我剖析、自我探索；可以通过倾听技巧将来访者的思路引向预定的方向；倾听对于寻求理解、安慰、宣泄的来访者具有治疗作用。

要做到正确倾听，首先要求治疗师学会关注，即用目光、表情、姿态等非语言来表达对来访者的关切，以共情的态度深入来访者的烦恼中；其次，要求治疗师注意把握咨询对象的谈话要领；再次，倾听时要有参与，有适当的反应。

倾听时要避免下述失误：急于下结论，轻视来访者的问题，干扰、转移来访者的话题，作出是非道德评判，不恰当地应用咨询技巧等。

2.探询

会谈中探询的方法有很多，疑问的眼神、语气词、直接的询问，都可以起到探询的作用，但最常见的是提问，提问又分开放式提问和封闭式提问。

开放式提问通常以“什么”、“如何”、“为什么”、“能不能”、“愿不愿”等词开始，来访者无法仅用两三个字加以回答，能让来访者就有关问题、思想、情感给予较详细的说明。封闭式提问通常以“是不是”、“要不要”等词开始，来访者可以“是”、“否”或“其他”作为回答，可用来收集信息、澄清事实、获取重点、缩小讨论范围。

3.鼓励

鼓励指复述来访者谈话中的一两个关键词或短语，或点头，或使用简单的应答性词语，来鼓励对方进一步讲下去，或强调对方所讲的某部分内容。

4.具体化

具体化是指治疗师协助来访者清楚、准确地表述其观点、所用的概念、所体验到的情感及所经历的事件。具体化可以澄清来访者所表达的那些模糊不清的观念及问题，把握真实情况；同时，也可使来访者弄清自己的所思所感。

5. 内容反应与情感反应

内容反应是指治疗师把来访者的主要言谈、思想加以综合整理，再反馈给来访者。内容反应有助于使来访者所述内容更加明朗化。

情感反应与内容反应接近，区别在于情感反应的侧重点是来访者的情绪反应。情感反应有助于治疗师了解来访者的思想、情感，同时也有助于澄清事件后隐藏的情绪。

6. 非言语行为的理解与把握

非言语行为能提供许多言语不能直接提供的信息，甚至是来访者想要回避、隐藏、作假的内容。根据来访者的非言语行为，治疗师可以更全面地了解来访者的心理活动，也可以更好地表达自己对来访者的支持和理解。

（二）影响性会谈技术

心理咨询的影响性会谈技术主要包括解释、指导、自我开放、情感表达与内容表达、面质等。

1. 解释

解释是指治疗师依据某一理论构架或个人经验，对来访者的问题、困扰作出合理化说明，从而使来访者能够从一个新的角度来看待自己的问题。解释被认为是会谈技巧中最复杂的一种。

2. 指导

指导是指治疗师直接指示来访者做什么和说什么，或如何做和如何说。指导可能是影响力最强的技巧之一。指导的本质在于直接造成行为改变，它清楚地指示改变什么，学习什么，以及如何改变、如何学习。所以指导有强烈的行为取向。

3. 自我开放

自我开放也称自我暴露、自我表露、自我揭示，指治疗师说出自己的情感、思想、经验与来访者共同分享。自我开放的主要功能在于增进咨询关系，促进来访者的自我开放。

4. 情感表达与内容表达

情感表达即治疗师告知来访者自己的情绪、情感的活动状况。内容表达是指治疗师传递信息，提供建议、忠告，给予保证，进行褒贬和反馈等。在心理咨询中，许多影响性技巧都离不开内容表达，都是通过内容表达起作用的。从广义上说，指导、解释、自我开放等都是一种内容表达。

5. 面质

面质又称质疑、对质、对峙、对抗等，即治疗师指出来访者身上存在的矛盾。其目的是协助来访者促进对自身的感受、信念、行为及其所处境况的深入了解；激励来访者放下自己有意无意的防卫心理、掩饰心理来面对自己、面对现实；促进来访者明白自己所具有并被自己掩盖的能力、优势，并加以利用；通过面质为来访者树立学习、模仿的榜样，以便来访者将来有能力去面对他人或自己的面质。

（三）常用的矫正性技术

1.放松技术

人的心理紧张与生理紧张是相通的，生理上的松弛往往会引起心理上的放松。克服心理紧张的方法主要有如下几种。

（1）呼吸松弛。用腹式呼吸，分立式、坐式、卧式三种。以坐式为例，双脚踏平，身体坐正，双目微闭，排除杂念，将注意力放在腹部，用鼻慢慢吸气，吸气时腹部鼓起来，气吸足后稍微屏住一会儿，然后用嘴把气慢慢吐出来。

（2）冥想松弛。坐或站在一个清静的地方，回忆过去发生过的最愉快的事，回忆得越具体、越生动、越形象越好。如可以回忆自己某一年过生日的快乐情境，或某一次开心的旅游经历等。

（3）肌肉松弛。见“行为治疗的具体技术”。

2.行为改变技术

1）降低不良行为发生率的方法

（1）消退。消退是为了达到降低某种特定行为的发生率或使其不再发生的目的，在该行为发生之后不再给予任何强化的一种方法。如某学生在课堂经常以讲话、做小动作来吸引他人的注意，老师的批评会进一步强化他的这种行为，如果老师采取不予理睬的方法，该学生的行为就会逐渐得到改变。

（2）暂停。暂停又叫强化暂停，是为了抑制某种特定行为的发生或使其发生率下降，而让行为者在一段时间内得不到对行为的任何强化刺激的一种行为干预方法。强化暂停有两种做法。其一是在一段时间内对目标行为不进行强化，或者是在一段时间内使情境中不存在对目标行为的任何强化。如当孩子在家看电视过度兴奋，大声喧闹，影响他人时，家长可以把电视关上几分钟，等孩子安静后再允许他看。其二是指行为者必须离开当前行为发生的情境，到指定的场所即暂停区域待上一段时间。如在节假日聚会时，有的孩子看到许多亲朋好友兴奋得“发疯”，家长可让孩子到某一房间静坐，使其恢复平静。

（3）反应代价。反应代价也称剥夺，即在未达到某项行为标准时即剥夺某项权利，使行为者失去自己所拥有的部分强化物的一种方法。如某些家长发现子女不打扫整理房间，批评后仍然无效，就可以把此行为与每周的零用钱发放挂起钩来。反应代价的使用有一个前提，即行为者必须自己拥有一定量的强化物可供剥夺。

（4）橡皮圈拉弹法。橡皮圈拉弹法是指问题行为者拉弹套在其手腕上的一根橡皮圈，以此作为无条件厌恶刺激，来抑制不正常行为。问题行为者使用橡皮圈拉弹时，注意力必须集中在拉弹动作上，必须对拉弹次数逐一计数，并坚持到问题行为及有关观念得到抑制为止。由于拉弹橡皮圈会使手腕产生疼痛感，因而行为者集中于拉弹和感受疼痛，并由此取代行为者的问题行为和有关观念。橡皮圈拉弹法必须由问题行为者自己来实施，故要求使用者本人具有强烈的动机和意志。如果动机不强、意志不坚，拉弹橡皮圈往往难以取得应有的效果。

2)提高良好行为发生率的方法

(1)阳性强化。阳性强化又称正强化，是指将令人愉快、喜爱的事物或事件耦联于特定的目标行为，达到提高该行为发生率目的的一种方法。阳性强化相当于学校和日常生活中的表扬、奖励。其原理是，在特定情境中，如果一个人的某种行为之后伴随的是使自己感到满意的结果，那么以后他面临相似情境时更有可能再次表现出这一行为。

(2)间隙强化。间隙强化是指对所发生的目标行为间隙地给予强化，以使其发生率提高的一种行为方式。根据不同的目标行为，可以采取不同的强化程序，包括固定比率强化程序、可变比率强化程序、固定时间间隔强化程序、可变时间间隔强化程序、固定持续时间强化程序、可变持续时间强化程序等。

(3)代币制。见“行为治疗的具体技术”。

3.模仿技术

模仿技术又称模仿法、示范法，是向来访者呈现某种行为榜样，让其观察示范者如何行为及他们的行为得到什么样的后果，以引起其从事相似行为的方法。

模仿法是建立在班杜拉的社会学习理论基础上的一种咨询治疗方法。具体来说，有以下几种方式。

(1)生活示范。是指让来访者在生活中观察示范者的演示。一般示范要演示几次，在看过后，让来访者重复他所看到的行为。

(2)象征性示范。生活中的示范有时不方便，这就需要使用象征性示范。常用的象征性示范载体是记录适当行为的电影和录像带，以及图画书和游戏。

(3)角色扮演。由治疗师和来访者一起扮演一个确定的情境，治疗师扮演来访者生活中遇到的人。这个方法常常由几个类似于生活中人际交往的情境部分组成，用来帮助来访者学习与别人交往的技巧。

(4)参与示范。由治疗师为来访者示范行为，然后引导来访者使用这一行为。如来访者害怕上楼梯，治疗师首先做爬楼梯示范，在治疗师的鼓励下，让来访者加以模仿。

(5)内隐示范。如果示范行为是不可观察的，可以通过治疗师的描述，让来访者想象示范行为。

思考与练习

1.名词解释

心理健康	心理咨询	心理辅导	心理治疗	自由联想
释梦	移情	解释	系统脱敏	内隐示范
间隙强化	面质	自我开放	倾听	内容反应与情感反应

2. 什么是心理健康？如何理解心理健康的科学含义？
3. 谈谈你对心理健康标准的认识。
4. 结合你所在班级和学校，谈谈你对当代大学生心理健康状况的看法。
5. 影响大学生心理健康的因素有哪些？
6. 如何增进大学生的心理健康？
7. 什么是心理咨询？
8. 试列举几种心理咨询理论。
9. 参与性会谈技术有哪些？
10. 试举几例影响性会谈技术。
11. 试列举几种行为矫正技术。

课外延伸

运用心理咨询技术，找一位同学进行模拟心理咨询，并将咨询记录整理成案例交流。

参考文献

[1] Dennis Coon . 心理学导论——思想和行为的认识之路[M]. 郑钢，等，译. 北京：中国轻工业出版社，2004.

[2] B H 坎特威茨，H L 罗迪格(Ⅲ)，D G 埃尔姆斯. 实验心理学——掌握心理学的研究[M]. 郭秀艳，等，译. 上海：华东师范大学出版社，2001.

[3] Roger R Hock. 改变心理学的 40 项研究——探索心理学研究的历史[M]. 白学军，等，译. 北京：中国轻工业出版社，2004.

[4] Keith E Stanovich . 与“众”不同的心理学——如何正视心理学[M]. 范照，邹智敏，等，译. 北京：中国轻工业出版社，2005.

[5] 罗伯特·费尔德曼，黄希庭. 心理学与我们[M]. 北京：人民邮电出版社，2008.

[6] 阿恩海姆. 艺术与视知觉[M]. 滕守尧，朱疆源，译. 成都：四川人民出版社，1998.

[7] 博赞. 唤醒创造天才的 10 种方法[M]. 周作宇，张学文，译. 北京：外语教学与研究出版社，2005.

[8] J R 安德森. 认知心理学[M]. 长春：吉林教育出版社，1989.

[9] Pawlik ，K Rosen，Zweig. 国际心理学手册[M]. 张厚粲，等，译. 上 海：华东师范大学出版社，2002.

[10] M W 艾森克 ，M T 基恩. 认知心理学[M]. 高定国，肖晓云，译. 上海：华东师范大学出版社，2000.

[11] M P 德里斯科尔. 学习心理学——面向教学的取向[M]. 3 版. 王小明，等，译. 上海：华东师范大学出版社，2008.

[12] 约翰·D 布兰思福特. 人是如何学习的——大脑心理经验及学校[M]. 程可拉，等，译. 上海：华东师范大学出版社，2002.

[13] 托马斯·费兹科，约翰·麦克卢尔. 教育心理学——课堂决策的整合之路[M]. 吴庆麟，等，译. 上海：上海人民出版社，2008.

[14] 罗伯特·斯莱文. 教育心理学：理论与实践[M]. 7 版. 姚梅林，等，译. 北京：人民邮电出版社，2004.

[15] 丹纪尔·戈尔曼. 情感智商[M]. 耿文秀，查波，译. 上海：上海科学技术出版社，1997.

[16] Herbert L Petri，John M Govern. 动机心理学[M]. 郭本禹，等，译. 西安：陕西师范大学出版社，2005.

[17] 戴维·迈尔斯. 心理学精要[M]. 黄希庭，译. 北京：人民邮电出版社，2009.

[18] 理查德·格里格，菲利普·津巴多. 心理学与生活[M]. 王垒，王甦，译. 北京：人民邮电出版社，2003.

[19] 郭永玉，王伟. 心理学导引[M]. 武汉：华中师范大学出版社，2007.

[20] 张春兴. 现代心理学——现代人研究自身问题的科学[M]. 上海：上海人民出版

社,1994.
[21] 章志光.心理学[M].北京:人民教育出版社,2002.
[22] 张世富.心理学[M].北京:人民教育出版社,1999.
[23] 刘启珍.心理学导论[M].武汉:湖北人民出版社,2006.
[24] 蔡笑岳.心理学[M].北京:高等教育出版社,2000.
[25] 王雁.普通心理学[M].北京:人民教育出版社,2002.
[26] 王有智,欧阳仑.心理学基础——原理与应用[M].北京:首都经济贸易大学出版社,2003.
[27] 王爱兰.心理学[M].兰州:甘肃文化出版社,2002.
[28] 韩永昌.心理学[M].上海:华东师范大学出版社,2001.
[29] 莫雷.青少年心理健康教育[M].上海:华东师范大学出版社,2003.
[30] 吴增强.当代青少年心理辅导[M].上海:上海科学技术文献出版社,2003.
[31] 王玲.高中生常见心理问题及疏导[M].广州:暨南大学出版社,2006.
[32] 徐学俊.心理健康导引[M].武汉:华中科技大学出版社,2009.
[33] 邵瑞珍.教育心理学[M].上海:上海教育出版社,1988.
[34] 刘黎岩.心理学[M].2版.南京:南京大学出版社,2006.
[35] 黄希庭.心理学导论[M].2版.北京:人民教育出版社,2007.
[36] 王家奇.心理学基础与应用[M].哈尔滨:哈尔滨工业大学出版社,2004.
[37] 孟昭兰.普通心理学[M].北京:北京大学出版社,1994 .
[38] 彭聃龄.普通心理学[M].北京:北京师范大学出版社,2004.
[39] 陶本一.学科教育学[M].北京:人民教育出版社,2001.
[40] 俞国良,戴斌荣.基础心理学[M].武汉:武汉大学出版社,2007.
[41] 周瑛,胡玉平.心理学[M].长春:吉林大学出版社,2007.
[42] 陶国富.创造心理学[M].上海:立信会计出版社,2002.
[43] 梁宁建.心理学导论[M].上海:上海教育出版社,2006.
[44] 郭秀艳.实验心理学[M].北京:人民教育出版社,2004.
[45] 林崇德.心理学大词典[M].上海:上海教育出版社,2003.
[46] 王甦,汪安圣.认知心理学[M].北京:北京大学出版社,2007.
[47] 卢家楣,魏庆,李具维.心理学:基础理论及其教育应用[M].上海:上海人民出版社,2004.
[48] 杨治良.实验心理学[M].杭州:浙江教育出版社,2004.
[49] 尹邓安,徐学俊,尹立.教育、学习、心理实用妙方[M].西安:陕西人民教育出版社,2008.
[50] 陈琦,刘儒德.当代教育心理学[M].2版.北京:北京师范大学出版社,2007.
[51] 皮连生.教育心理学[M].3版.上海:上海教育出版社,2004.
[52] 吴庆麟,胡谊.教育心理学——献给教师的书[M].上海:华东师范大学出版社,2003.

[53] 吴庆麟.认知教学心理学[M].上海:上海科学技术出版社,2000.
[54] 刘儒德.教育中的心理效应[M].上海:华东师范大学出版社,2006.
[55] 陈琦.教育心理学[M].北京:高等教育出版社,2000.
[56] 张春兴.教育心理学——三化取向的理论与实践[M].杭州:浙江教育出版社,2000.
[57] 张爱卿.动机论:迈向21世纪的动机心理学研究[M].武汉:华中师范大学出版社,1999.
[58] 李小平.新编基础心理学[M].南京:南京师范大学出版社,2005.
[59] 李红.现代心理学[M].成都:四川教育出版社,2009.
[60] 李虹.健康心理学[M].武汉:武汉大学出版社,2007.
[61] 叶奕乾.普通心理学[M].上海:华东师范大学出版社,2007.
[62] 姚本先.心理学[M].北京:高等教育出版社,2005.
[63] 张玲.心理健康研究与指导[M].北京:教育科学出版社,2001.
[64] 郑日昌.大学生心理咨询[M].济南:山东教育出版社,1996.
[65] 李伯黍,燕国材.教育心理学[M].上海:华东师范大学出版社,1995.
[66] 程甫,张旭东.基础心理学教程[M].北京:人民教育出版社,2007.
[67] 多俊岗.基础心理学[M].北京:化学工业出版社,2008.
[68] 高玉祥.人际交往心理学[M].北京:中国社会科学出版社,1990.
[69] 郑全,俞国良.人际关系心理学[M].北京:人民教育出版社,1999.
[70] 易锦海,李晓玲.交际心理学[M].武汉:华中理工大学出版社,1997.
[71] 凡禹.人际交往的艺术[M].北京:北京工业大学出版社,2002.
[72] 易凌峰,杨丽华.润滑心灵——人际交往的奥妙与技巧[M].上海:学林出版社,1998.
[73] 王承璐.人际心理学[M].上海:上海人民出版社,1987.
[74] 王垒.组织管理心理学[M].北京:北京大学出版社,1993.
[75] 黄希庭.心理学基础[M].上海:华东师范大学出版社,2008.
[76] 金盛华.社会心理学[M].北京:高等教育出版社,2005.
[77] 张承芬.教育心理学[M].济南:山东教育出版社,2000.
[78] 李文华.现代社会心理学[M].武汉:华中科技大学出版社, 2007.
[79] 林秉贤.社会心理学[M].北京:群众出版社,1987.
[80] 陈砚秋.社会心理学原理与应用[M].哈尔滨:哈尔滨地图出版社,2006.
[81] 吴江霖,戴健林,陈卫旗.社会心理学[M].广州:广东高等教育出版社,2004.
[82] 欧阳文珍.品德心理学[M].合肥:安徽大学出版社,2005.
[83] 黄希庭.大学生心理健康教育[M].上海:华东师范大学出版社,2004.
[84] 李开复.做最好的自己[M].北京:人民出版社,2005.
[85] 牧之.心理调节一日一箴言[M].北京:当代世界出版社,2005.
[86] 孔燕.微笑成长:大学生心理健康教育案例[M].合肥:安徽人民出版社,2003.

［87］ 章金敏.心灵地图[M].北京:中国发展出版社,2005.
［88］ 陈国海.大学生心理与训练[M].广州:中山大学出版社,2005.
［89］ 张人俊.咨询心理学[M].北京:知识出版社,1987.
［90］ 张伯源,陈仲庚.变态心理学[M].北京:北京科学技术出版社,1986.
［91］ 钱铭怡.心理咨询[M].北京:光明日报出版社,1989.
［92］ 马斯洛.人的潜能和价值[M].北京:华夏出版社,1987.

第三版后记

本教材第一版于2010年12月出版，第二版2013年7月出版，经过近五年全国部分高等师范院校使用，受到了广大师生的一致好评，他们普遍认为本教材内容比较全，材料比较新，操作性比较强，比较实用。

五年多来，我们经过广泛征求意见，发现有的章节在表述上概括性比较强，内容中教学实例相对比较少，师范生不容易理解，教师也不好教，必须及时修订，以应教学之需。在修订过程中，在保持第一版、第二版特色的基础上，增加了教材的实践性，以利于各院校在使用本教材时，辅以必要的实践活动，来达到提高师范生的心理学知识水平和实际应用能力的目的。另外，增加了一些新的研究成果，并且在增加教学分析和教学原理及策略的可操作性的同时，不增大教材的篇幅。本教材的作者凭借多年教学和科研实践经验的积累，在保持第一版、第二版编写特色的基础上，参考了国内外许多新的研究资料，对相关章节的内容进行了仔细分析，对文字表述进行了认真修改，以确保全书能够全面、准确反映当代心理学学科的核心内容和研究的最新成果。

在第三版修订的过程中，对于如何妥善处理本课程的理论部分与实践环节（活动）之间的关系，编者仍感到是一个难以解决的问题。作为教学系统中处于主导和主体地位的人的要素——教师和学生，理应充分利用和发挥教材及其他教学媒体的功能，以弥补当前课程设置、教学设施与文字教材本身之不足。这一点，对于缺少中小学教学体验的师范生教学来说，显得尤为重要。

基于此，我们认为本教材第一版、第二版前言中提到的课程设置和课时方面的问题，仅仅依靠修订教材是难以解决的，需要主讲教师根据学生的实际需要，增加、补充、拓展必要的课程资源。当然，我们在第三版修订时仍力求从加强基础理论、改革教材内容、更新教材体系的角度出发，反映当代心理学教学研究成果，为师生教学及学习提供参考。

衷心期望本教材能够继续得到广大读者、同行专家的批评、指正。

编　者

2015年7月